Die Java™-2-Fibel

Ralf Kühnel

Die Java™-2-Fibel

**Programmierung von Threads und Applets.
Mit Beispielen zu Swing, Java2D, Security, Beans,
RMI, IDL, SQL, Servlets, Sockets**

3., aktualisierte und erweiterte Auflage

ADDISON-WESLEY

An imprint of Addison Wesley Longman, Inc.
Bonn • Reading, Massachusetts • Menlo Park, California • New York • Harlow, England
Don Mills, Ontario • Sydney • Mexico City • Madrid • Amsterdam

Die Deutsche Bibliothek – CIP-Einheitsaufnahme

Die Java-2-Fibel [Medienkombination]: Programmierung von Threads und Applets. / Ralf Kühnel. – Bonn : Addison Wesley Longman
 2.Aufl. u.d.T: Die Java-1.1-Fibel
 ISBN 3-8273-1410-0

Buch. - 3., aktualisierte und erw. Aufl.- 1999

CD-ROM. - 3., aktualisierte und erw. Aufl.- 1999

©1999 Addison Wesley Longmann Verlag GmbH
3., aktualisierte und erweiterte Auflage 1999

Lektorat: Susanne Spitzer, München
Satz: Henrik Pletat. Gesetzt aus der European Computer Modern 10 pt
Belichtung: Kösel, Kempten
Druck und Bindung: Kösel, Kempten
Produktion: TYPisch Müller, München
Umschlaggestaltung: Hommer Grafik-Design, Haar bei München

Das verwendete Papier ist aus chlorfrei gebleichten Rohstoffen hergestellt und alterungsbeständig. Die Produktion erfolgt mit Hilfe umweltschonender Technologien und unter strengsten Auflagen in einem geschlossenen Wasserkreislauf unter Wiederverwertung unbedruckter, zurückgeführter Papiere.

Text, Abbildungen und Programme wurden mit größter Sorgfalt erarbeitet. Verlag, Übersetzer und Autoren können jedoch für eventuell verbliebene fehlerhafte Angaben und deren Folgen weder eine juristische Verantwortung noch irgendeine Haftung übernehmen.
Die vorliegende Publikation ist urheberrechtlich geschützt. Alle Rechte vorbehalten. Kein Teil dieses Buches darf ohne schriftliche Genehmigung des Verlages in irgendeiner Form durch Fotokopie, Mikrofilm oder andere Verfahren reproduziert oder in eine für Maschinen, insbesondere Datenverarbeitungsanlagen, verwendbare Sprache übertragen werden. Auch die Rechte der Wiedergabe durch Vortrag, Funk und Fernsehen sind vorbehalten.
Die in diesem Buch erwähnten Soft- und Hardwarebezeichnungen sind in den meisten Fällen auch eingetragene Warenzeichen und unterliegen als solche den gesetzlichen Bestimmungen.

Dieses Buch ist auf 100% chlorfrei gebleichtem Papier gedruckt.

Vorspann

Vorwort

Seitdem Java als Programmiersprache für die Anwendung im Internet, insbesondere im World Wide Web, entdeckt wurde, erfuhr sie eine enorme Verbreitung. Sie war die erste Sprache, mit deren Hilfe gleichzeitig Musik und Animationen in eine World Wide Web-Seite eingebunden und interaktive World Wide Web-Seiten entworfen werden konnten. Diese Fähigkeiten, ihre enge syntaktische Verwandtschaft mit C++, die strikte Objektorientierung und die Konzentration der Sprache auf wenige wichtige Konzepte erhöhten die Akzeptanz bei den Programmierern.

Auf vielen World Wide Web-Seiten sind mittlerweile Java-Anwendungen zu finden, sei es in Form von Hintergrundmusik, Animationen, Videos, interaktiven Spielen oder Benutzeroberflächen für Dienstleistungen. Java ergänzt das World Wide Web um eine neue Qualität. Das reizt, die Möglichkeiten von Java selbst auszuprobieren.

Natürlich ist Java außer alledem auch eine normale Programmiersprache, in der man eigenständige Programme entwickeln kann.

Die Java-Fibel ist eine verständliche Einführung in die Konzepte und Syntax der Sprache. Das Buch enthält zahlreiche einfache Beispiele, die dem Leser das Verständnis erleichtern sollen. Es erläutert die gegenüber C++ verbesserten objektorientierten Konzepte der Sprache, die Programmierung von WWW-Applets und eigenständigen Java-Programmen, die für die Parallelisierung von Java-Programmen bereitgestellten Threads, die Netzwerkprogrammierung mit Sockets, RMI und CORBA-IDL, die Abfrage einer Datenbank aus einem Java-Programm heraus, die Benutzung der Elemente grafischer Benutzerschnittstellen sowie viele Neuerungen des JDK-1.2. Zu den einzelnen Gebieten stellt es Übungsaufgaben, mit deren Hilfe der Leser sein Wissen überprüfen kann.

Mit der beiliegenden CD kann das Buch auch mit einem WWW-Browser studiert werden. Darüber hinaus sind die Quelltexte aller im Buch präsentierten Beispielprogramme enthalten. Das frei verfügbare JDK-1.2 von SunSoft ergänzt die CD, so daß sofort mit der Entwicklung von Java-Programmen begonnen werden kann.

Danksagung

Viele Menschen haben bei der Entstehung dieses Buches mitgewirkt. Ihnen danke ich für ihre Unterstützung.

Für die erste Auflage. Ulrich Kunitz hielt mich auf Trab, las und kritisierte frühere Versionen und schrieb das Kapitel zur Java-Software. Matthias Jurke unterstützte mich beim Satz und korrigierte mehrere Manuskripte des Buches. Helmar Prehn und Cornelia Döge hielten mich bei Laune, gaben Anstöße zu Beispielprogrammen und sorgten für Theater unterm Dach.

Martin Hunger, Felix Salfner, Andreas Marwinski und Jan Kirstein machten mich auf schwer verständliche Passagen des Textes aufmerksam, steuerten Ideen für Beispielprogramme bei, trugen durch ihre Fragen zum Verständnis der Programmiersprache bei und kritisierten frühere Manuskripte. Thomas Baar, Gerd Kurzbach und Stefan Röhl lasen und korrigierten Textversionen und diskutierten fachliche Aspekte mit mir. Harald Böhme half mir bei der Zusammenstellung der CD-ROM.

Für die zweite Auflage. Für die zweite Auflage danke ich zusätzlich Henrik Pletat für den Satz, die Fehlerkorrektur und weitere nützliche Hinweise, Ralf Staudemeier für das Lesen eines früheren Manuskripts. Meiner Lektorin Susanne Spitzer danke ich für die Motivierung und ihre Geduld.

Für die dritte Auflage. Susanne Spitzer motivierte mich, eine dritte Auflage des Buches in Angriff zu nehmen. Henrik Pletat danke ich für den erneuten Satz. Jaqueline Wojatzke machte mich auf einige Fehler und unverständliche Passagen aufmerksam.

Neu in der 3. Auflage

Das Buch enthält neue Kapitel zu den neuen Merkmalen des Java 2. Den Namen Java 2 erhielt das JDK-1.2 erst kurz vor Drucklegung des Buches. Im weiteren Text wird Java 2 deshalb mit JDK-1.2 bezeichnet. Viele Beispiele wurden überarbeitet, die Namensgebung und Kommentierung verständlicher gewählt. In einigen Kapiteln dienen neue Beispiele dem besseren Verständnis. Die Verzeichnisstruktur der Beispiele lehnt sich an die Struktur des Buches an, für jedes Kapitel existiert ein eigenes Verzeichnis mit den im Kapitel enthaltenen Beispielen.

Alle Abschnitte erhielten Übungsaufgaben, an denen der Leser sein Wissen überprüfen kann.

Das Buch

Das Buch wendet sich an Leser, die schon Hintergrundwissen in der Benutzung von objektorientierten Programmiersprachen besitzen. Es enthält jedoch Einführungskapitel zu bestimmten Themen, die den Einstieg in die Programmiersprache für Leser ohne dieses Wissen erleichtern.

Die Grundlage für das Buch legte ein Programmierpraktikum, das im Wintersemester 1995/1996 an der Humboldt-Universität zu Berlin stattfand. Seit der Herausgabe der ersten Auflage fanden weitere Lehrveranstaltungen zu Java statt, deren Erfahrungen in die zweite und dritte Auflage einflossen.

Das Buch gibt eine Einführung in die Programmierung mit Java. Es geht dabei wie eine Spielanleitung vor.

Das *erste Kapitel* beschreibt, was Java überhaupt ist. Es führt anhand eines Beispiels in die Programmiersprache ein.

Das *zweite Kapitel* erläutert die Spielregeln, also die Syntax und weitere Bedingungen, die den Leser in die Lage versetzen, ein Programm zu schreiben, welches der Compiler übersetzt.

Die *nächsten beiden Kapitel* gehen auf Spielarten der Anwendung von Java ein: Applets und für sich laufende Programme. Viele Beispiele erleichtern hier das Verständnis.

Dem *vorletzten Kapitel* sind Beispiele vorbehalten. Der Leser lernt Herangehensweisen und Hilfsmittel kennen. Hilfsmittel ist die Klassenhierarchie Java Core API des JDK-1.2, die dem Programmierer eigenen Aufwand abnimmt, indem sie Klassen für verschiedene Anwendungen bereitstellt.

Das *letzte Kapitel* gibt einen Ausblick auf weitere interessante Themen im Zusammenhang mit Java und Hinweise zu anderen Informationsquellen.

Im *Anhang* sind Syntax, Begriffserläuterungen, Index, Klassenindex und Literaturverzeichnis zusammengefaßt.

Wie bei einem Spiel liegt es dann am Programmierer, die Sprache kreativ einzusetzen.

Inhaltsverzeichnis

1	Einführung	13
1.1	Die Geschichte	13
1.2	Java – Design und Eigenschaften	14
1.3	Installation	16
1.4	Werkzeuge	18
1.5	Neue Elemente des JDK-1.1	22
1.6	Neue Elemente des JDK-1.2	24
1.7	Objektorientierung	25
1.8	Vorgeschmack	29
2	**Die Regeln**	**39**
2.1	Lexikalische Struktur	40
2.2	Kommentare	41
2.3	Programmstruktur	42
2.4	Klassen	46
2.5	Methoden und Konstruktoren	48
2.6	Typen	53
2.7	Variablen	57
2.8	Ablaufsteuerung und Anweisungen	61
2.9	Ausdrücke	73
2.10	Schnittstellen	84
2.11	Innere Klassen	86
2.12	Sichtbarkeit von Bezeichnern	93
3	**Das erste Spiel – Applikationen**	**101**
3.1	Beispiel – Eine Uhr	101
3.2	Kommandozeile	108
3.3	Ein- und Ausgabe	111
3.4	Wichtige Datenstrukturen	132
3.5	Programmierung mit Ausnahmen	151
3.6	Programmierung von Threads	155
3.7	Programmierung von Fenstern	171
3.8	Test von Programmen	182

4 Das zweite Spiel – Applets   185
4.1 Beispiel – Eine Uhr 186
4.2 HTML und das Applet-Tag 187
4.3 Parameterübergabe an Applets 190
4.4 Die Klasse Applet 191
4.5 Interaktion in Applets 199
4.6 Benutzeroberflächen in Applets 210
4.7 Test von Applets 220
4.8 Einschränkungen von Applets 220

5 Die Hilfsmittel   225
5.1 Übersicht 225
5.2 Grafiken und Bilder 227
5.3 Sound 239
5.4 Netz 240
5.5 Datenbanken 257
5.6 Beans 299
5.7 Globalisierung 319
5.8 Security und Unterzeichnung von Applets 326
5.9 Kompression 335
5.10 Remote Method Invocation 338
5.11 Corba 350
5.12 Swing 364
5.13 Java2D 370
5.14 Drag & Drop 384
5.15 Servlets 391

6 Abspann   405
6.1 Die CD-ROM 405
6.2 Java und JavaScript 406
6.3 Java und Design Patterns 407
6.4 Was fehlt? 407
6.5 Java-Software und Informationsquellen im Netz 408

A Syntax – kompakt   411

B Glossar   421

I	Index	**429**
K	Klassenindex	**439**
L	Literaturverzeichnis	**443**

1

Einführung

Das Kapitel führt in die Geschichte von Java ein, nennt Eigenschaften der Sprache, beschreibt, wie das JDK-1.2-Paket zu installieren ist, welche Werkzeuge es enthält und wie diese zu bedienen sind. Es nennt schließlich die vielen Veränderungen und Ergänzungen, die das JDK erhalten hat. Der vorletzte Abschnitt des Kapitels ist für Leser gedacht, die noch nicht mit der Terminologie der objektorientierten Programmierung vertraut sind, und am Ende des Kapitels findet der Leser zwei einführende Beispiele, ein eigenständiges Programm und ein Applet, um einen ersten Eindruck von der Sprache zu gewinnen.

1.1 Die Geschichte

Die direkte Arbeit an Java begann ungefähr 1990, die Idee einer solchen Programmiersprache bestand schon länger. Eine Gruppe von Programmierern um James Gosling und Bill Joy wollte eine an C++ angelehnte, jedoch bei weitem einfachere und für die Programmierung kleiner spezieller Anwendungen geeignete Programmiersprache entwickeln und im Green Project von SUN anwenden. Das Projekt beschäftigte sich zunächst weniger erfolgreich mit Consumer Electronics, Interactive TV und Settop Boxes, bevor es die Eignung der Programmiersprache für den Einsatz im Internet, insbesondere im World Wide Web erkannte.

Seit 1995 arbeitet die Gruppe nun in dieser Richtung. Die erste größere Anwendung von Java für das World Wide Web war der HotJava-Browser, ein Browser, der während der Laufzeit neue Protokolle und neue Datenformate anbinden und außerdem in Java geschriebene über das Netz geladene Programme ausführen kann.

Inzwischen hat die Entwicklung das Beta-Stadium der Version 2 überwunden (aktuelle Version: 2). Die Sprache ist für den nicht kommerziellen Gebrauch unter dem Namen Java 2 im Netz frei verfügbar.

Durch den Erfolg des Konzeptes fühlten sich auch andere Anbieter von WWW-Browsern motiviert, ihre Produkte mit einem Java-Byte-Code-Interpreter auszustatten. So kann der Netscape-Navigator ebenfalls Java-Applets abspielen. IBM, Borland, Oracle, Microsoft und andere Firmen haben Java lizenziert, um eigene Anwendungen damit zu entwickeln.

Der Java-Byte-Code, die plattformunabhängige Zwischenrepräsentation von Java, führte ebenfalls zu neuen Entwicklungen im Bereich der Programmiersprachen und Übersetzer. So gibt es einen Compiler, der Ada-Programme in Java-Byte-Code überführt. Damit ist die Implementierung von Applets nicht mehr allein Java vorbehalten.

Der Name Java ist übrigens keine Abkürzung und auch kein Kunstwort, sondern ein umgangssprachliches englisches Wort für Kaffee, das von Programmierern angeblich ständig, zumindest aber häufig getrunkene Gebräu.

1.2 Java – Design und Eigenschaften

Java ist eine einfache, objektorientierte, robuste, sichere, architekturunabhängige, leistungsstarke, interpretierte, Thread-unterstützende, dynamische Programmiersprache.

Das ist viel Lob im ersten Satz. Die Charakterisierung stützt sich aber auf die folgenden Fakten: Java ist

einfach, da die Sprache wenige ausgesuchte Konzepte verbindet. Das sind Klassen, Objekte, Schnittstellen, C-ähnliche Kontrollstrukturen, Ausnahmen und die Programmierung paralleler Abläufe mit der Hilfe von Threads.

Die Entwickler der Sprache verzichten auf Zeigerarithmetik, Mehrfachvererbung, Präprozessoranweisungen, Überladung von Operatoren, automatische Typkonvertierung, GOTO-Anweisungen, C++-Konzepte wie Funktionen, structs und union außerhalb von Klassen.

Die Syntax von Java entspricht weitgehend der Syntax der Programmiersprachen C und C++. Dadurch ist Java vielen Programmierern in ihrer Darstellungsweise geläufig.

objektorientiert, indem sie Erfahrungen aus Eiffel, SmallTalk, Objective C zusammenfaßt. Java ist wie diese durch einen relativ kleinen Sprachumfang und umfangreiche Klassenbibliotheken gekennzeichnet. Java-Programme bestehen aus Klassen.

In der Sprache sind wichtige Konzepte der Objektorientierung wie Informationskapselung, Polymorphie, Vererbung, Dynamisches Binden und Nachrichtenaustausch durch Methodenaufruf realisiert.

robust. Programmierer können in der Programmiersprache Java nicht mittels Zeigerarithmetik auf bestimmte Adressen des Speichers zugreifen. Damit ist eine häufige Fehlerquelle in C- bzw. C++-Programmen beseitigt.

Java verwendet stattdessen nur Referenzen auf Objekte. Die Speicherverwaltung übernimmt das Java-Laufzeitsystem, das nicht mehr referenzierte Objekte aus dem Speicher beseitigt (Garbage Collection).

1.2 Java – Design und Eigenschaften

Java ist eine streng typisierte Sprache. In der Sprachspezifikation sind Kompatibilitätsregeln festgelegt, deren Mißachtung zu Fehlern während der Übersetzung oder während der Laufzeit führen. Diese Fehler zwingen zu sauberer Programmierung und verhindern schwer zu findende semantische Fehler, die z.B. in C- bzw. C++-Programmen durch eine automatische Typkonvertierung enstehen können.

Die Entwickler von Java haben in die Sprache ein Konzept zur Behandlung von Laufzeitfehlern und Ausnahmen eingeführt. Die Nichtbeachtung derartiger Ausnahmen im eigenen Quelltext führt zu Übersetzungsfehlern. Verwendet der Programmierer eine Methode, die eine Ausnahme hervorrufen kann, so muß er dafür sorgen, daß sein Programm im Ausnahmefall ebenfalls weiterarbeiten kann.

interpretativ und besitzt damit die Vorteile interpretierter Sprachen. Seit der Entstehung von Programmiersprachen werden die Vor- und Nachteile interpretierter gegenüber denen compilierter Sprachen gegeneinander abgewogen und führen zu immer neuen Sprachentwürfen. Java verbindet beide Ansätze, indem zunächst der Quelltext in ein Zwischenformat (Java-Byte-Code) compiliert wird und ein Interpreter das Zwischenformat ausführt. Java-Programme sind dadurch schneller als direkt interpretierte Programme und in der Entwicklungsphase leichter zu bearbeiten als compilierte Programme.

architekturunabhängig. Durch die Definition der Zwischenrepräsentation wird die Sprache architekturunabhängig, wenn für jede Architektur ein Interpreter zur Verfügung steht.

sicher, das ist eine der wichtigsten Eigenschaften für das beabsichtigte Anwendungsgebiet. Java ermöglicht die Verteilung und Ausführung von Software über ein Netz, insbesondere über das World Wide Web. Ein Mittel, um die dazu benötigte Sicherheit zu erreichen, ist der Byte Code Verifier. Die Übertragung von Java-Programmen erfolgt weder im Quelltext- noch in einem direkt ausführbaren Format, sondern im Java-Byte-Code-Format. Erst der Java-Interpreter führt Programme dieses Formates aus. Der Byte Code Verifier ist ein Teil des Interpreters; er soll korrumpierte Zeilen im Programmtext finden und Laufzeitregeln überprüfen.

leistungsstark. Java erreicht eine hohe Abarbeitungsgeschwindigkeit von Programmen durch die Trennung von Interpreter und Laufzeitumgebung. Mehrere parallel ablaufende Komponenten sorgen für die korrekte Programmabarbeitung. So arbeitet die Komponente, die nicht mehr referenzierte Objekte aus dem Speicher löscht, mit einer niedrigeren Priorität als der Interpreter. Dadurch wird die Abarbeitung des Interpreters beschleunigt.

Thread-unterstützend. Mit der Hilfe von Threads kann der Programmierer parallele Abläufe beschreiben. Java bietet hierfür die Klasse `Thread` der Klassenbibliothek, auf der syntaktischen Ebene ein Mittel zur Synchronisation von Threads und im Laufzeitsystem einen Scheduling-Mechanismus an.

dynamisch, sie verwendet dynamisches Binden und dynamisches Laden, sie löst Referenzen zur Superklasse erst im Interpreter auf und beseitigt dadurch die Notwendigkeit zur Neuübersetzung von abgeleiteten Klassen nach der Änderung der Superklasse, wenn diese Änderungen nicht die Struktur der Klasse betrafen.

Internet-World Wide Web-tauglich durch die Kombination aller oben aufgeführten Eigenschaften.

1.3 Installation

Die Entwicklungsumgebung von Java enthält im Verzeichnis `bin` (unter win32-Systemen mit der Extension `.exe`)

- den Compiler (`javac`)
- den Interpreter (`java`)
- einen Debugger (`jdb`)
- ein Programm zum Betrachten von Applets (`appletviewer`)
- einen Disassembler, der aus einer Byte-Code-Datei Informationen über die kompilierte Klasse erzeugt (`javap`)
- ein Programm zur Erzeugung von Headerdateien zur Anbindung von nativen Methoden (`javah`)
- zusätzliche Programme für `java.rmi` (`rmic`, `rmiregistry`, `rmid`, `serialver`)
- zusätzliche Programme für die Corba-Anbindung (`tnameserv`)
- ein Programm zum Erzeugen von Java-Archiven (`jar`)
- Programme zur Quelltextdokumentation (`javadoc`)
- Programme zur Erzeugung von Schlüsseln, Zertifikaten und signiertem Code (`keytool`, `jarsigner`, `policytool`)
- ein Programm zur Konvertierung von Texten mit Sonderzeichen nach ASCII (`native2ascii`)

und schließlich eine Klassenbibliothek (Java Core Classes: `jre/lib/rt.jar`) sowie die Quellen der darin enthaltenen öffentlichen Klassen (im Verzeichnis `src`) und Beispiele zu deren Nutzung (im Verzeichnis `demo`), jedoch keinen Editor. Das JDK-1.2 ist die neueste freigegebene Version. Sie ist Gegenstand des Buches.

Alle Programme, die unter dem JDK-1.1 liefen, sollten auch mit dem JDK-1.2 noch funktionieren. Für Applets muß sich der Programmierer allerdings so lange mit dem `appletviewer` begnügen, bis Java-1.2-fähige Browser zur Verfügung stehen.

1.3 Installation

Das JDK-1.2 ist auf vielen FTP-Servern abgelegt. Der Leser findet es unter anderen auf:

ftp://ftp.stud.fh-heilbronn.de/mirrors
        /javasoft.com/pub
        /java.blackdown.org/linux
ftp://sunsite.informatik.rwth-aachen.de
        /pub/mirror/ftp.javasoft.com/pub/
ftp://sunsite.doc.ic.ac.uk/packages/java/pub/
ftp://ftp.javasoft.com/pub/
ftp://java.sun.com/pub/

sowie auf der zum Buch gehörenden CD (im Verzeichnis `archives`). Nach dem Übertragen des entsprechenden Paketes (`jdk12-solaris2-sparc.sh` bzw. `jdk12-win32.exe`) auf den eigenen Rechner sind die folgenden Schritte auszuführen.

1.3.1 Installation unter Windows

Das Windowspaket ist ein selbstextrahierendes Archiv (`*.exe`). Die Extraktion wird durch die Ausführung des Programms (z.B. Doppelklick auf das Icon im Explorer) gestartet. Es ist dabei unwichtig, in welchem Verzeichnis sich Java entfaltet. Auf jeden Fall entstehen neue Verzeichnisse und Dateien.

Nun muß der Leser den Pfad zu den Java-Entwicklungsprogrammen (gewöhnlich `c:\java\bin`) in seine `PATH`-Variable (in der Datei `AUTOEXEC.BAT`) einfügen.

1.3.2 Installation unter Solaris

Die folgenden Kommandos müssen ausgeführt werden, um Java in einem Verzeichnis zu installieren.

```
> chmod a+x jdk12-solaris2-sparc.sh
> ./jdk12-solaris2-sparc.sh
```

Das `bin`-Verzeichnis, das während der Extraktion entsteht, muß in die `PATH`-Variable eingefügt werden.

1.3.3 Die Variable CLASSPATH

Die Variable `CLASSPATH` spielt bei allen enthaltenen Werkzeugen eine wichtige Rolle. Sie gibt eine Menge von Pfaden und ZIP- (bzw. JAR-) Dateien an, in denen die Werkzeuge nach den zu bearbeitenden Byte-Code-Dateien bzw. Klassen suchen. Die Werkzeuge des JDK 1.2 suchen in diesen Verzeichnissen jedoch nicht nach JDK-Klassen. Für den Anfang muß man die Variable deshalb nicht unbedingt setzen. Unter Windows sind die Pfade durch Semikolon getrennt.

```
> SET CLASSPATH=.;a:\examples\classes.zip
```

In Unix geschieht das dagegen mit Doppelpunkten.

> setenv CLASSPATH .:/examples/classes.zip

Die Variable muß gesetzt werden, falls die ursprüngliche Verzeichnisstruktur des JDK-Verzeichnisses verändert wird oder eigene Klassen sich nicht im aktuellen Verzeichnis befinden.

1.4 Werkzeuge

Für die Übersetzung und die Ausführung von Java-Programmen sind im JDK-1.2 die folgenden Werkzeuge enthalten.

1.4.1 Der Java-Compiler

Der Compiler übersetzt Java-Quelltexte in Java-Byte-Code. Der Aufruf erfolgt nach der Syntax:

javac { *Optionen* } *Dateiname* .java
javac_g { *Optionen* } *Dateiname* .java

Der Compiler übersetzt jede in der Quelldatei (Extension .java) enthaltene Klasse und Schnittstelle in eine eigene Datei mit dem Namen der Klasse bzw. Schnittstelle und der Extension .class.

javac_g ist ebenfalls ein Compiler, der aber für die Zusammenarbeit mit einem Debugger (jdb) gedacht ist.

Optionen

-debug.   Der Compiler erzeugt während der Übersetzung Debugausschriften.

-classpath *Pfad*.   Die Option spezifiziert eine durch Semikolon bzw. Doppelpunkt getrennte Liste von Pfadnamen, in denen der Compiler nach Nutzerklassen (Dateien mit der Extension .class) sucht. Sie verdeckt dabei den Wert der Variablen CLASSPATH, die sonst den Suchpfad enthält.

-bootclasspath *Pfad*.   Die Option spezifiziert eine durch Semikolon bzw. Doppelpunkt getrennte Liste von Pfadnamen, in denen der Compiler nach Systemklassen sucht. Diese Option setzt man, wenn man nicht das zum Compiler gehörende JDK verwenden möchte.

-extdirs *Pfad*.   Die Option spezifiziert eine durch Semikolon bzw. Doppelpunkt getrennte Liste von Pfadnamen, in denen der Compiler nach Erweiterungsklassen (in Jar-Archiven) sucht.

-sourcepath *Pfad*. Die Option spezifiziert eine durch Semikolon bzw. Doppelpunkt getrennte Liste von Pfadnamen, in denen der Compiler nach Quelltexten von Nutzerklassen (Extension .java) sucht. Diese Option setzt man, falls man die Byte-Code-Dateien und die Quelldateien in verschiedenen Verzeichnissen hält.

-d *Verzeichnis*. Das Verzeichnis bestimmt den Ort, an dem der Compiler die erzeugten .class-Dateien ablegt. Ohne diese Angabe geschieht das im Verzeichnis der Quelldateien.

-g. Mit der Option erzeugt der Compiler Informationen zur Fehlersuche.

-g:nodebug. Der Compiler erzeugt keine Debuginformationen, auch keine Zeilennummern.

-nowarn. Der Compiler schreibt keine Warnungen mehr aus.

-O. Der Compiler optimiert die Klassen, indem er statische, finale und private Methoden als Inline-Methoden behandelt.

-O:interclass. Der Compiler optimiert auch über Klassengrenzen hinweg. Diese Option sollte man nur anwenden, wenn alle benutzten Klassen, deren Quelltext momentan über den CLASSPATH erreichbar ist, immer zusammen entwickelt werden.

-verbose. Der Compiler gibt die Namen der compilierten Klassen aus.

-depend. Der Compiler übersetzt ebenfalls abhängige Klassen.

-deprecation. Der Compiler zeigt die Verwendung einer Methode aus einem veralteten API an. Zwar kann der Programmierer diese Methode noch verwenden, er sollte aber in der API-Referenz nach einer Alternative suchen (sie ist im allgemeinen bei der veralteten Methode beschrieben).

-encoding *Kodierung*. Mit dieser Option kann der Programmierer angeben, in welcher Art seine Quelltexte kodiert sind. Ist die Option nicht gesetzt, so verwendet der Compiler eine für die Plattform vorgegebene Standardkodierung.

-J*option*. Der Compiler reicht die nach J folgenden Optionen an den ausführenden Java-Interpreter weiter.

1.4.2 Der Java-Interpreter / -Just-In-Time-Compiler

Der Java-Interpreter (bzw. JIT-Compiler) führt Java-Byte-Code aus. Er ist für eigenständige Programme gedacht. Sie müssen eine statische Methode mit der Signatur

```
void main( String[] args )
```

enthalten (Kapitel 3). Der Aufruf genügt folgender Syntax:

java { *Optionen* } *Klassentyp* { *Argumente* }
java_g { *Optionen* } *Klassentyp* { *Argumente* }

Der *Klassentyp* gibt an, welche Klasse auszuführen ist.

Wurde die Klasse in einem Paket definiert, muß sie mit dessen Namen voll qualifiziert sein. Der Interpreter (bzw. JIT-Compiler) verwendet dann eine Datei des Namens *Klassentyp*.class des Paketverzeichnisses (ergibt sich aus der Zusammensetzung eines CLASSPATH-Verzeichnisses mit dem in einen Verzeichnisnamen umgewandelten Paketnamen, siehe Kapitel 2.3).

Anderenfalls muß sich die .class-Datei direkt in einem Verzeichnis der Variablen CLASSPATH befinden.

Die *Argumente* werden beim Aufruf an die Klasse übergeben (Kapitel 3.2).

Für die Verwendung eines anderen als des eingebauten Just-In-Time-Compilers ist die Umgebungsvariable JAVA_COMPILER auf den Namen des JIT-Compilers zu setzen. Für die Verwendung des Interpreters ist sie auf NONE zu setzen. Das ist für den Test von Programmen sinnvoll: Der Interpreter kann bei Ausnahmen Zeilennummern anzeigen, der Just-In-Time-Compiler macht das nicht.

Optionen

-classpath path, -cp path.   siehe javac.

-help, -?.   Bei dieser Option listet der Interpreter (bzw. JIT-Compiler) alle vorhandenen Standardoptionen auf.

-X.   Bei dieser Option listet der Interpreter (bzw. JIT-Compiler) alle vorhandenen Nichtstandardoptionen auf.

-jar.   Der Interpreter (bzw. JIT-Compiler) liest die zu startende Klasse aus einem als Parameter angegebenen JAR-Archiv. Das Archiv muß dazu die Information enthalten, welche in ihm enthaltene Klasse zu starten ist.

-version.   Die aktuelle Version (z.B. 1.2beta4) wird angezeigt.

-verbose, -verbose:class.   Jede geladene Klasse wird angezeigt.

-verbose:gc.   Der Interpreter (bzw. JIT-Compiler) zeigt freigegebenen Speicher an.

-verbose:jni.   Der Interpreter zeigt Informationen zu benutzten nativen Methoden an.

-D*Ressource*=*Wert*.   Die Option ändert die Werte von Ressourcen. Zum Beispiel:
java -Dawt.button.color=green

-debug. Der Interpreter (bzw. JIT-Compiler) gibt ein Paßwort aus, mit dem sich ein Debugger (jdb) an ihn wenden kann, um das abzuarbeitende Programm zu testen (Kapitel 3.8).

-Xbootclasspath:path, -Xbootclasspath/a:path. Die Angabe path setzt bzw. ergänzt die Menge der Verzeichnisse, in denen java nach Systemklassen sucht.

-Xnoclassgc. Es findet keine Speicherbereinigung von Klassen statt.

-Xms x. x gibt die Anfangsgröße des Speicherbereiches für die Allokation von Objekten an. Voreingestellt ist 1 MB.

-Xmx x. x gibt die Größe des maximal verfügbaren Speicherbereiches für die Allokation von Objekten an. Voreingestellt sind 16 MB. x beschreibt Bytes (nur Zahl), Kilobytes (angefügtes k) oder Megabytes (angefügtes m).

-Xprof:file. In der Datei file landen Profileinformationen, also z.B. Angaben darüber, wie oft welche Methode aufgerufen wurde.

-Xhprof:keyword/value. Das Laufzeitsystem führt Heapprofiling durch.

-Xverify, -Xverify:all. Der Byte-Code-Verifier überprüft den gesamten Code.

-Xverify:remote. Der Verifier überprüft den durch den ClassLoader geladenen Code (standardmäßig gesetzt).

-Xverify:none. Es findet keine Überprüfung statt.

-Xrs. Die Benutzung von Betriebssystemsignalen wird minimiert.

-Xcheck:jni. Die Laufzeitumgebung führt zusätzliche Kontrollen bei JNI-Methoden aus.

1.4.3 Der Applet-Viewer

Mit dem appletviewer kann sich der Leser Applets ansehen, ohne sie in einen World Wide Web-Browser zu laden (Abbildung 1.1).

appletviewer [*Option*] { *URL* }

Der appletviewer zeigt alle in den angegebenen HTML-Seiten enthaltenen Applets in einem separaten Fenster an.

Die Optionen sind -debug (Fehlersuche in Applets: Kapitel 4.7), encoding (analog zur Compileroption) und J*option* (analog der Compileroption).

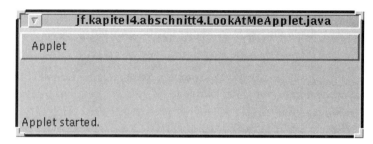

Abbildung 1.1: *Der Applet-Viewer*

1.5 Neue Elemente des JDK-1.1

Das JDK-1.1 hat einige neue Elemente gegenüber dem JDK-1.0 aufgenommen. Insbesondere wurde die Klassenbibliothek um folgende Eigenschaften erweitert.

Klassen zur Globalisierung von Programmen. Seit der Version 1.1 enthält das JDK in `java.util` und `java.text` Klassen, die es einem Anwendungsprogramm ermöglichen, sein Aussehen abhängig vom Standort, an dem es aufgerufen wird, zu gestalten (Kapitel 5.7).

Security-API und Signierung von Applets. Signierte Applets haben im `appletviewer` des JDK-1.1 dieselben Rechte wie ein lokal geladenes Applet. Die Grundlage dafür liefert das neue Paket `java.security`, das z.B. digitale Unterschriften implementiert (Kapitel 5.8).

Erweiterungen des AWT. Das AWT wurde um einige neue Oberflächenelemente ergänzt und mit einem in `java.awt.event` zusammengefaßten neuen Ereignismodell ausgestattet, das auf der Delegation von Ereignissen beruht (Kapitel 4.5).

Java Beans. Im Paket `java.beans` enthält das JDK (ab 1.1) Klassen zur Programmierung von Komponenten mit Java. Komponenten sind vorgefertigte und übersetzte Softwareeinheiten, die ein Programmierer konfigurieren und zu einer eigenen Anwendung zusammensetzen kann (Kapitel 5.6).

JAR-Archivformat. In einer JAR-Archivdatei können alle zu einem Applet gehörenden Dateien (Byte-Code der Klassen, Bilder, Sound) gesammelt werden. Ist im Applet-Tag einer HTML-Seite mit dem neuen Parameter `archive` (dann anstelle von `codebase`) eine JAR-Archiv als Datenquelle angegeben, so lädt der Browser das Archiv auf einmal und nicht wie bisher jede Datei einzeln. JAR-Dateien werden mit dem Programm `jar` erzeugt (Kapitel 5.8).

Sockets. Das Paket `java.net` wurde um die Klasse `MulticastSocket` ergänzt, die alten Socket-Klassen verstehen neue Optionen.

Ein- und Ausgabe. Neben den Byte-Ein- und Ausgabeklassen enthält das Paket java.io nun auch Ein- und Ausgabeströme für Unicode-Character (16 Bit) (Kapitel 3.3).

Paket java.math. Dieses JDK-Paket (ab 1.1) enthält zwei Klassen für das Rechnen mit großen Zahlen.

RMI. Das Paket java.rmi, die zugehörenden Pakete und die beiden ab dem JDK-1.1 enthaltenen Programme rmic und rmiregistry unterstützen den Programmierer bei der Implementierung verteilter Java-Anwendungen (Kapitel 5.10).

Abspeicherung von Objekten. Die Klassen ObjectOutputStream und ObjectInputStream und die Schnittstelle Serializable aus dem Paket java.io realisieren die Abspeicherung und das Laden von Objekten. Die gleichen Methoden kann der Programmierer benutzen, um ein Objekt über das Netz zu schicken (Kapitel 5.6).

Inspizierung von Klassen. Mit den im Paket java.lang.reflect enthaltenen Klassen kann man Informationen zu einer Klasse ermitteln, zu ihren Methoden, Variablen und Konstruktoren. Die Klasse Constructor gestattet die Erzeugung eines Objekts über einen parameterbehafteten Konstruktor im Gegensatz zur Methode newInstance() der Klasse Class (Kapitel 3.4).

Datenbanken und Java. Das Paket java.sql implementiert die mit JDBC (Java Database Connectivity) bezeichnete SQL-Schnittstelle zu Datenbanken. Mit einem zusätzlichen Treiber für eine Datenbank oder einer JDBC-ODBC-Verbindung kann ein Java-Programm SQL-Anweisungen an die Datenbank schicken und gegebenenfalls Ergebnisse empfangen und auswerten (Kapitel 5.5).

Klassen in Klassen. Nicht nur die Klassenbibliothek wurde erweitert, sondern auch die Syntax der Sprache selbst. Mit Toplevelklassen hat der Programmierer ein neues Strukurierungsmittel unterhalb der Pakete in der Hand. Innere Klassen gehören zu einem Objekt und haben Zugriff auf dessen Komponenten. Lokale Klassen gehören zu einem Block und haben Zugriff zu lokalen finalen Variablen. Anonyme Klassen sind lokale Klassen ohne Namen (Kapitel 2.12).

Einbindung von in anderen Sprachen implementierten Methoden. Die Methodik zur Einbindung nativer Methoden in ein Java-Programm wurde verändert, wird im Buch allerdings nicht besprochen.

Weitere kleinere Veränderungen wurden vorgenommen; so haben sich einige Methodennamen geändert (das zeigt der Compiler mit der Option -deprecation an) und einige Verbesserungen führen zu einer Steigerung der Abarbeitungsgeschwindigkeit.

1.6 Neue Elemente des JDK-1.2

Auch das JDK-1.2 wartet wieder mit vielen Veränderungen und Ergänzungen gegenüber dem JDK-1.1 auf. Die wichtigsten sind:

Security. Ein großes Hindernis für die Implementierung von Netzdiensten sind die verschiedenen Beschränkungen, denen ein Applet unterliegt. Das JDK-1.2 bietet hier mit seinen neuen Sicherheitsmechanismen einem Benutzer die Möglichkeit, die Rechte eines Applets in Abhängigkeit seiner Herkunft einzustellen. Ein Kunde kann z.B. dem Applet eines Anbieters eine direkte Netzverbindung mit einem dritten Rechner oder das Lesen von lokalen Dateien gestatten (Kapitel 5.8).

Swing. Das Swing-Paket enthält eine Vielzahl von neuen Oberflächenelementen, mit denen Applikationen und Applets ihre Darstellung gegenüber dem Benutzer (im Vergleich zu AWT) verbessern können (Kapitel 5.12).

2D-Grafiken. Mit der Klasse `Graphics` war es schon im bisherigen AWT möglich, 2D-Objekte zu zeichnen. Allerdings war diese Funktionalität sehr eingeschränkt. Man denke nur an die häufig in den entsprechenden Newsgruppen gestellte Frage nach der Transparenz (Durchscheinen des Hintergrunds) von Applets. Andere Einschränkungen gab es beim Füllen von Flächen, bei der Einstellung der Linienart (z.B. gestrichelt) und der Strichdicke. Für all diese Fragen bietet das neue Java-2D-API neue Konzepte (Kapitel 5.13).

Drag & Drop. Mit Drag & Drop ist es Applikationen und Applets möglich, Daten von lokalen Anwendungen zu übernehmen oder an diese zu senden (Kapitel 5.14).

Collections. Das JDK-1.2 gibt dem Programmierer einige neue Klassen für den Entwurf seiner Datenstrukturen in die Hand (Collections) (Kapitel 3.4).

Referenzen. Nach der Klasse für Klassen und der Klasse für Objekte gibt es nun auch eine Klasse für Referenzen. Spezielle Referenzobjekte erlauben den Zugriff auf Objekte, die der Garbage Collector trotzdem löschen kann. Bisher entfernte dieser nur solche Objekte aus dem Speicher, auf die kein Verweis mehr existierte (Kapitel 3.4).

Sound. Beim Abspielen von Sounds mußten sich Applets bisher eher verstecken, da es ihnen direkt nur möglich war, Sun-Audiodateien zu intonieren. Java Sound ergänzt diese Fähigkeit um weitere Formate (Kapitel 5.3).

Corba. Das Java-IDL-Paket zur Programmierung von Corba-Anwendungen war auch schon für das JDK-1.1 verfügbar. Im JDK-1.2 liegt aber eine sehr veränderte Implementierung dieses Paketes vor (Kapitel 5.11).

Servlets. Mit dem JDK-1.2 sind eine Reihe von Standarderweiterungen (javax-Pakete) verbunden. Sie sind zwar nicht direkt enthalten, man kann sie aber zusätzlich installieren. Für die Appletprogrammierung ist hier besonders das Servlet-API interessant. Mit Servlets kann man Server-seitige Gegenstücke zu Applets programmieren (Kapitel 5.15).

In vielen weiteren Paketen sind Veränderungen und Ergänzungen enthalten, auf die an den entsprechenden Stellen hingewiesen wird.

1.7 Objektorientierung

Java ist eine objektorientierte Programmiersprache. Dem Leser werden in den Beispielen der Einleitung schon viele auf diese Eigenschaft hinweisende Begriffe, wie Klasse, Objekt, Instanz und Methode, begegnen.

Wenn man in Java ein Programm aufschreiben will, muß man beim Programmieren in diesen Begriffen denken. Mittlerweile gibt es zum Thema der Objektorientierung ein reichhaltiges Literaturangebot sowohl zu theoretischen Fragen als auch zu konkreten Themenbereichen der einzelnen Programmiersprachen. Vielen Lesern wird die darin vorgestellte Begriffswelt geläufig sein. Da aber Java so grundsätzlich auf der Methodik aufbaut, sollen die wesentlichen Zusammenhänge hier kurz erläutert werden.

Leser, die mit der Thematik vertraut sind, interessiert vielleicht trotzdem der angeführte Vergleich zu C++.

1.7.1 Methodik

Ein Programmsystem objektorientiert entwerfen heißt, es in Pakete aufzuteilen, in denen separate Klassen von Objekten implementiert sind. Klassen definieren die für sie erforderlichen Grundoperationen sowie die gewünschten komplexen Operationen. Die Arbeit des Gesamtsystems ist durch das Versenden von Nachrichten an die Objekte zu realisieren, die als Instanzen der Objektklassen gebildet wurden.

1.7.2 Klassen und Objekte

Eine Klasse beschreibt die Eigenschaften gleichartiger Objekte, ein Objektmuster. Ein Objekt (bzw. Instanz) ist eine spezielle Ausprägung einer Klasse (der atlantische Ozean ist eine spezielle Ausprägung des Begriffs/der Klasse Ozean), wird erst während der Abarbeitung eines Programms erzeugt und besitzt genau die beschriebenen Eigenschaften. Eigenschaften gliedern sich in Verhalten (Objekt- bzw. Instanzmethoden) und Zustand (Objekt- bzw. Instanzvariablen). Neben den Eigenschaften definiert eine Klasse auch Schritte, die zur Erzeugung und zur Beseitigung ihrer Objekte abgearbeitet werden müssen (Konstruktor).

Genauso wie den Objekten kann auch der Klasse ein Zustand (Klassenvariablen) und ein Verhalten (Klassenmethoden) zugeordnet werden. Eine Klasse besteht dabei während der gesamten Laufzeit (statisch) oder ab dem Zeitpunkt des Ladens (dynamisch), Objekte werden erzeugt und wieder gelöscht (dynamisch).

In Java deklariert der Programmierer Klassen mit dem Schlüsselwort `class`. Das Schlüsselwort `struct` (für spezielle C++-Klassen) gibt es nicht. Die Klassenbeschreibung erfolgt in Java in einem Block und nicht verteilt, wie es C++ erlaubt. Der Java-Interpreter kann zur Laufzeit Klassen laden. Seit dem JDK-1.1 kann eine Klasse andere Klassen enthalten.

1.7.3 Verhalten und Zustand

Eine Klassenbeschreibung enthält vier Arten von Komponenten: Klassenmethoden, Klassenvariablen, Objektmethoden und Objektvariablen. Die Werte von Variablen bestimmen den Zustand der Klasse bzw. eines Objekts; Methoden legen das Verhalten fest.

Klassenkomponenten existieren einmal pro Klasse. Ändert ein Objekt der Klasse eine Klassenvariable, so hat sie auch in allen anderen Objekten der Klasse den veränderten Wert. Objektkomponenten existieren einmal pro erzeugtem Objekt. Die Änderung einer Objektvariablen hat keinen Einfluß auf dieselbe Variable eines anderen Objekts.

In Java gehören statische Komponenten (`static` wie in C++) zur Klasse, alle anderen zu Objekten.

1.7.4 Vererbung und Besitz

Der Unterschied zwischen Vererbung und Besitz ist der Unterschied zwischen Ist und Hat. Ein Objekt einer Subklasse ist Objekt der Superklasse, erbt damit deren Komponenten und hat außerdem alle seinen Objektvariablen zugewiesenen Objekte.

Eine erbende Klasse darf geerbte Methoden und Variablen überschreiben (durch Verwendung derselben Signatur oder desselben Variablenbezeichners). Objekte der erbenden Klasse zeigen dann das veränderte Verhalten.

Ein Objekt kann ein anderes als Komponente enthalten und es so einsetzen, als wäre es selbst das Komponentenobjekt. Damit wird der zunächst klare Unterschied verwischt. Genau das Konzept wird jedoch angewendet, um auf Mehrfachvererbung zu verzichten.

In Java kennzeichnet das Schlüsselwort `extends` die Vererbungsbeziehung (im Gegensatz zu C++: :). Endgültig implementierte (`final`) Methoden dürfen nicht, abstrakte (`abstract`) Methoden müssen von einer Subklasse überschrieben werden.

1.7.5 Mehrfachvererbung

Mehrfachvererbung kennzeichnet das Konzept, in dem eine Subklasse Eigenschaften mehrerer Superklassen erbt. Sie ist ein umstrittenes Konzept in der Theorie der objektorientierten Programmierung und fehlt in einigen objektorientierten Programmiersprachen. Mehrfachvererbung kann man im allgemeinen durch Ausnutzung von Komponentenbeziehungen umschreiben.

Man unterscheidet zwischen der Mehrfachvererbung von Klassen und der Mehrfachvererbung von Schnittstellen.

In Java gibt es nur Mehrfachvererbung von Schnittstellen. Eine Klasse kann mehrere Schnittstellen implementieren. Es ist an jeder Stelle klar, zu welcher Klasse eine Methode gehört.

1.7.6 Schnittstellen

Eine Schnittstelle ist eine Zusammenfassung von abstrakten, d.h. noch nicht implementierten Methoden und von Konstanten. Eine Klasse implementiert eine Schnittstelle, indem sie alle in ihr enthaltenen abstrakten Methoden konkretisiert. Man kann sich das vorstellen wie das Ausfüllen einer Schablone.

Mit der Deklaration einer Schnittstelle zeigt eine Klasse an, wie sich ihre Objekte nach außen verhalten können. Die Klasse muß die in der Schnittstelle beschriebenen Methoden implementieren. Das erreicht sie unter anderem durch den Besitz einer die Schnittstelle ebenfalls implementierenden Komponente.

Objekte der Klasse können genutzt werden, als ob sie Objekte der Schnittstelle wären, die Schablone verdeckt dann alle anderen Teile der Klasse.

In Java werden Schnittstellen mit dem Schlüsselwort `interface` deklariert und mit `implements` benutzt. Ein typisches Beispiel hierfür ist die Verbindung von `Thread` und `Applet` über die Schnittstelle `Runnable`, die auch bei dem Uhr-Beispiel im nächsten Abschnitt benutzt wird.

1.7.7 Datenkapselung

Klassen kapseln Daten. Sie verstecken insbesondere die Implementierung von Funktionalität vor der Anwendung. Sie sind in dieser Hinsicht eine Fortsetzung des Modulkonzepts prozeduraler Programmiersprachen. Wie bei der Implementierung eines Moduls sollen nicht alle verwendeten Methoden und Variablen nach außen sichtbar sein. Während Modula-2 das Problem zum Beispiel mit Definitionsmodulen löst und C es mit Header-Dateien zu lösen versucht, führen objektorientierte Sprachen Sichtbarkeitsattribute ein. Der Programmierer kann mit ihrer Hilfe festlegen, welche Komponenten und Klassen wo sichtbar sind.

In Java sind dafür die Schlüsselworte `public`, `protected` und `private` gedacht (`friend` wie in C++ gibt es nicht). Eine Klasse ist überall sichtbar, wenn sie mit `public` attribuiert wurde, sonst nur im eigenen Paket. Als `private` deklarierte Komponenten sieht nur die eigene Klasse, Komponenten ohne Sichtbarkeitsattribut sind zusätzlich in Klassen des eigenen Paketes sichtbar, `protected`-Komponenten außerdem in Subklassen, `public`-Komponenten in allen Klassen.

1.7.8 Überladen von Methoden

Eine Klasse kennt im allgemeinen mehrere Arten, Objekte nach ihrem Muster zu erzeugen. Alle diese Methoden sind jedoch gleich benannt und unterscheiden sich lediglich in den Parametern. Überladung ist das Konzept, das derartige Deklarationen im Gegensatz zu älteren Programmiersprachen möglich macht. Eine Methode wird nicht durch ihren Bezeichner, sondern durch ihre Signatur identifiziert, d.h. durch ihren Namen, die Anzahl und Art der Parameter.

In Java können Methoden überladen werden, Operatoren (wie z.B. in C++) jedoch nicht.

1.7.9 Erzeugung und Beseitigung von Objekten

Für die Erzeugung (Instantiierung) und die Beseitigung von Objekten benutzt eine Klasse spezielle Methoden, die Konstruktoren und Destruktoren genannt werden. Die Anforderung eines neuen Objekts führt zum Aufruf eines Konstruktors der Klasse, die Aufforderung zum Löschen zum Aufruf des Destruktors.

In Java sind Konstruktoren durch ihren Klassennamen bezeichnete Methoden (wie in C++). Die Methode `finalize()` deklariert den Destruktor (im Gegensatz zu C++: ~). Die Anforderung eines neuen Objekts erfolgt wie in C++ mit `new`, über den Aufruf der Objektmethode `newInstance()` der Klasse `Class` oder über eine Methode der Klasse `Constructor`. Für die Beseitigung von Objekten sorgt jedoch ein Mechanismus im Laufzeitsystem, nicht der Programmierer selbst (`delete` aus C++ existiert nicht).

1.7.10 Polymorphie und Binden

Jedes Objekt einer Subklasse ist gleichzeitig Objekt der Superklasse. Überschreibt nun die Subklasse eine Komponente der Superklasse, so beantwortet das Binden die Frage, welche Komponente gemeint ist, wenn man das Objekt als Objekt der Superklasse benutzt. Dynamisches Binden liefert weiterhin die Komponente der Subklasse, statisches Binden die Komponente der Superklasse.

Java benutzt dynamisches Binden für Methoden, statisches Binden für Variablen.

1.7.11 Nutzung von Klassenbibliotheken

Der Sprachumfang objektorientierter Programmiersprachen hält sich im allgemeinen in Grenzen. Dem Programmierer wird vielmehr eine Sammlung von Klassen zur Verfügung gestellt, die ihn unterstützt.

In Java heißt die Klassenbibliothek Java Core API. In C++ gibt es eine große Auswahl solcher Sammlungen, aber auch für Java ist das Angebot mittlerweile reichhaltig.

1.8 Vorgeschmack

Die meisten Einführungen in Programmiersprachen beginnen mit dem Programm "Hallo Welt". Dieser Abschnitt beschreibt dagegen zwei komplexere Beispiele. Sie sind vielleicht nicht auf Anhieb verständlich, sollen den Leser aber nicht entmutigen. Der Leser kann sich dadurch an die Java-Terminologie gewöhnen. Beide Beispiele implementieren eine Uhr, einmal als eigenständiges Java-Programm und dann als Java-Applet.

1.8.1 Eine Uhr als eigenständiges Programm

Ein eigenständiges Programm wird mit dem Compiler übersetzt, der dabei entstehende Java-Byte-Code mit dem Interpreter ausgeführt (Abbildung 1.2).

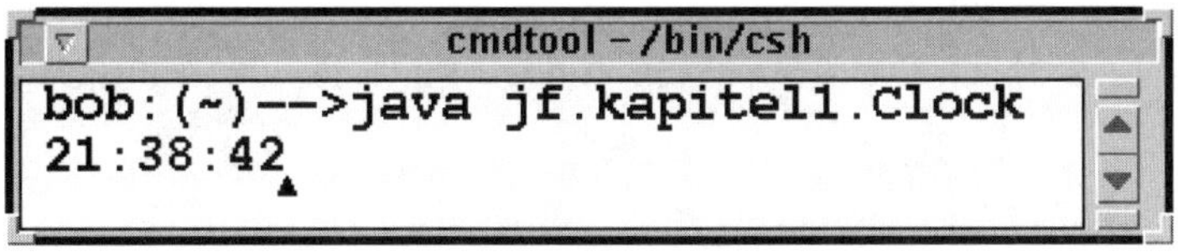

```
cmdtool - /bin/csh
bob:(~)-->java jf.kapitel1.Clock
21:38:42
```

Abbildung 1.2: *Uhr als eigenständiges Programm*

Das folgende Programm ist in der Datei `jf/kapitel1/Clock.java` enthalten.

Beispiel:
    // Datei jf/kapitel1/Clock.java

In der ersten Zeile legt die Datei fest, daß in ihr definierte Klassen zum Paket `jf.kapitel1` gehören, die zugehörende Byte-Code-Datei in einem Verzeichnis `jf/kapitel1` zu finden ist.

    1 package jf.kapitel1;

Die Datei importiert die Klassen `Calendar`, `TimeZone` und `Date` aus dem Paket `java.util`, die es später verwenden will.

    2 import java.util.Calendar;
    3 import java.util.TimeZone;
    4 import java.util.Date;

In der Zeile 5 beginnt die Definition der Klasse `Clock`. Sie ist eine öffentliche Klasse (d.h. auch in anderen Paketen benutzbar), die von der Klasse `Thread` des Paketes `java.lang` abgeleitet ist. Diese Vererbungsbeziehung bedeutet, daß die Klasse `Clock` neben den Methoden, die sie selbst einführt, auch die Methoden aus `Thread` enthält und benutzen kann.

```
5  public class Clock extends Thread {
```

Die Klasse legt eine Instanzvariable vom Typ `Calendar` mit dem Namen `calendar` fest und initialisiert sie mit dem Wert `null`. Als Instanzvariable ist diese Variable in jedem Objekt enthalten, das nach dem Muster der Klasse `Clock` angelegt wird. Und sie ist nur in diesem Objekt zu benutzen (`private`).

```
6      private Calendar calendar = null;
```

Als erste Methode vereinbart die Klasse eine statische (also eine zur Klasse gehörende) Methode mit dem Namen `main`, die kein Ergebnis berechnet (`void`) und einen Parameter (`args`) vom Typ `String[]` (d.h ein Feld von Zeichenketten) als Argument erhält. Diese Methode ruft der Interpreter `java` auf, wenn er wie unten beschrieben gestartet wird.

```
7      public static void main( String args[] ) {
```

Die Methode führt eine lokale Variable `clock` vom Typ `Clock` ein, initialisiert sie mit einem neuen Clock-Objekt und ruft dessen Methode `start()` auf. Diese Methode erbt das Objekt aus der Klasse `Thread`.

```
8          Clock clock = new Clock();
9          clock.start();
10     }
```

Es folgt die Vereinbarung eines argumentlosen Konstruktors der Klasse `Clock`. Die Erzeugung eines Clock-Objekts (wie in Zeile 8) führt zum Aufruf dieses Konstruktors.

```
11     public Clock() {
```

Er initialisiert die Instanzvariable `calendar` mit einem Objekt der Klasse `Calendar`, das die Klassenmethode `getInstance()` der Klasse `Calendar` unter Benutzung der angegebenen Zeitzone erzeugt.

```
12         calendar = Calendar.getInstance(
                   TimeZone.getTimeZone( "ECT" ));
13     }
```

Jedes Clock-Objekt enthält die Methode `run()`, die kein Ergebnis liefert (`void`).

```
14     public void run() {
```

In einer Endlosschleife (so lange wahr gilt) ruft die Methode `run()` die Objektmethode `repaint()` auf, deren Definition in der Zeile 26 folgt

```
15         while ( true ) {
16             repaint();
```

und unterbricht die Abarbeitung mit Hilfe der aus `Thread` geerbten Methode

1.8 Vorgeschmack

`sleep()` für eine Sekunde. Diese Methode kann unter gewissen Umständen abbrechen. Das zeigt sie dem Aufrufer durch ein Signal an. In Java wird ein solches Signal als Ausnahme bezeichnet. Mit der Anweisung `try-catch` muß das aufrufende Programm auf die Ausnahme reagieren. In diesem Fall bricht die Methode in Zeile 20 die Schleife ab.

```
17           try {
18               sleep( 1000 );
19           }
20           catch ( InterruptedException e ) { break; }
21       }
22   }
```

Die Objektmethode `setLeadingZero()` berechnet aus einer Zahl (`int i`) eine Zeichenkette (`String`) und übergibt die Zeichenkette dem aufrufenden Programm.

```
23     protected String setLeadingZero( int i ) {
```

Die `return`-Anweisung beschreibt, welchen Wert die Methode zurückgibt. In der Zeile 24 ist das gekoppelt mit der Berechnung des Wertes, die natürlich vor der Ergebnisübergabe erfolgt. Der Ausdruck hinter der Anweisung `return` bedeutet, daß sich die Zeichenkette aus einer "0" und der textlichen Darstellung der Zahl ergibt, falls die Zahl kleiner als 10 ist, anderenfalls direkt aus der textlichen Darstellung der Zahl. Aus 9 wird so "09" und aus 12 die Zeichenkette "12".

```
24         return ( i < 10 ) ? "0" + String.valueOf( i )
                              : String.valueOf( i );
25     }
```

Die Objektmethode `repaint()` setzt zunächst die Zeit in der Instanzvariablen `calender`. Sie nutzt dazu dessen Methode `setTime()` und ein neues Objekt der Klasse `Date()`, das die aktuelle Zeit bestimmt.

```
26     public void repaint() {
27         calendar.setTime( new Date());
```

Schließlich gibt die Methode die aktuelle Zeit auf dem Bildschirm aus. Sie nutzt dazu die Klasse `System`, die mit der Klassenvariablen `out` weiß, wie sie Text auf dem Bildschirm darstellen kann. Die Variable `out` referenziert einen Ausgabestrom auf den Bildschirm, mit der Methode `print()` erfolgt die Ausgabe. Die Uhrzeit setzt sich wie üblich aus der Stunde (`Calendar.HOUR_OF_DAY`), der Minute (`Calendar.MINUTE`) und der Sekunde (`Calendar.SECOND`) zusammen. Die entsprechende Zahl wird um eine führende Null ergänzt, falls sie einstellig ist.

```
28         System.out.print( "\r"
                   + setLeadingZero( calendar.get( Calendar.HOUR_OF_DAY ))
29                 + ":" + setLeadingZero(
                       calendar.get( Calendar.MINUTE ))
30                 + ":" + setLeadingZero(
                       calendar.get( Calendar.SECOND )));
31         System.out.flush();
32     }
33 }
```

Übersetzt man das Programm mit dem Compiler

`javac Clock.java`

und führt es mit dem Interpreter aus

`java jf.kapitel1.Clock`

dann erscheint auf der Standardausgabe eine digitale Uhr, die man allerdings nur durch Unterbrechung des Programms (^C) wieder stoppen kann.

1.8.2 Funktionsweise

Ein Java-Programm besteht für gewöhnlich aus einer Menge von Klassendeklarationen, die auf mehrere Dateien aufgeteilt sind. Pakete bringen eine Struktur in diese Menge von Dateien. Ein Paket faßt Klassen und Schnittstellen in einem Verzeichnis zusammen, das durch den Paketnamen bestimmt ist. Der Name des Paketes, zu dem die Deklarationen in der Datei gehören sollen, kann als erste Anweisung der Datei festgelegt werden. Eine Quelltextdatei kann aber auf diese Angabe verzichten.

Klassen sind nach Paketen die nächste Strukturierungsebene. Klassen enthalten Methoden (Prozeduren oder Funktionen) und Variablen. Nun muß eine Klasse nicht alle ihre Methoden und Variablen selbst beschreiben, sondern kann die Komponenten einer anderen Klasse (Superklasse) erben, d.h. deren Komponenten als ihre eigenen benutzen. Das ist ein effektives Mittel der Wiederverwendung von Software. Die Klasse `Clock` wird als Subklasse der Klasse `Thread` (aus `java.lang`, das automatisch importiert ist) deklariert.

Danach beginnt die Festlegung der Komponenten der Klasse. Die erste Methode hat den Namen `main()`. Das ist die Methode, die der Interpreter wirklich ausführt, wenn man ihn wie oben beschrieben aufruft. Eine Klasse, die der Programmierer im Interpreter ablaufen lassen will, muß diese Methode enthalten.

Eine Methode ist eine Prozedur oder Funktion, die zu einer Klasse oder einem Objekt gehört. Die Methode `main()` ist eine Klassenmethode, da sie mit dem Schlüsselwort `static` gekennzeichnet ist. Wie eine Prozedur in prozeduralen Programmiersprachen definiert eine Methode lokale Variablen und eine Anweisungsfolge, die bei ihrem Aufruf abgearbeitet wird. Die `main()`-Methode führt die Variable `clock` vom Typ `Clock` ein und initialisiert sie mit einem Objekt der Klasse `Clock`.

Klassen und Schnittstellen sind gleichzeitig Typen, sie sind in Java neben den Standardtypen sogar die einzigen Typen. Soll in einer Variablen ein Objekt einer Klasse gespeichert sein, reicht es nicht aus, sie als Variable vom Typ dieser Klasse zu deklarieren, sie muß explizit mit einem erzeugten Objekt belegt werden. Erst dann kann man über sie auf Objektkomponenten zugreifen.

Das geschieht in den beiden Anweisungen der `main()`-Methode. Woher hat das in der Variablen `clock` gespeicherte Objekt die Komponente `start()`? Nun, eine Klassenbeschreibung enthält auch die Festlegung der Komponenten ihrer Objekte. In der Zeile 14 wird zum Beispiel die Objektmethode (nicht `static`) `run()` dekla-

1.8 Vorgeschmack

riert. Damit besitzt jedes nach dem Muster der Klasse `Clock` gebildete Objekt eine Methode `run()` und führt bei deren Aufruf die angegebene Anweisungsfolge aus.

Die Objektmethode `start()` tritt jedoch in der Datei gar nicht auf. Sie ist in der Klasse `Thread` deklariert, damit automatisch in `Clock` enthalten und ruft insbesondere die Methode `run()` auf.

In den Zeilen 15 bis 22 erfolgt die Implementierung der Objektmethode `run()`. Java enthält neben der `while`-Schleife weitere aus anderen Programmiersprachen bekannte Mechanismen zur Ablaufsteuerung, wie bedingte Ausführung, Fallunterscheidung und andere Schleifen.

Eine interessante Struktur beginnt in der zehnten Zeile. Während der Abarbeitung der Methode `sleep()` (übrigens auch in `Thread` deklariert) kann eine Ausnahme, nämlich eine Unterbrechung, auftreten. Das umgebende Programm reagiert darauf mit der Anweisungsfolge im Block einer entsprechenden `catch`-Anweisung. Hier enthält der Block eine `break`-Anweisung, die die Schleife abbricht (Zeile 20).

Was macht nun aber die Methode. Sie ruft alle 1000 Millisekunden die Methode `repaint()` auf. Die Methode `sleep()` bewirkt eine Unterbrechung des Programmablaufs von der angegebenen Dauer. Die umgebende `while`-Schleife bricht den Ablauf nicht selbst ab, sondern sie wiederholt ihre Anweisungen bis zum Abbruch des Programms, da die Entscheidung über die Fortsetzung mit der Angabe `true` (ein Wert des Typs `boolean`) festgelegt ist.

Die Zeile 23 führt eine Methode ein, die bei einstelligen Minuten oder Sekunden eine 0 voranstellt. Java besitzt einen eigenen Typ `String` zur Repräsentation von Zeichenketten. Zusätzlich ist der Operator `+` zu deren Verkettung definiert. Die Klasse `String` enthält eine Klassenmethode `valueOf()`, die Objekte oder Werte von Standardtypen in eine Zeichenkette umwandeln kann.

Im Unterschied zu den ersten beiden Methoden liefert die Methode `setLeadingZero()` ein Resultat zurück. Das Resultat ist vom Typ `String`. Das Schlüsselwort `void` legt eine Methode also als Prozedur (ohne Resultat), eine Typangabe vor dem Methodennamen jedoch als Funktion (mit Resultat) fest.

Ein weiterer Unterschied dieser zu den anderen Methoden ist das Schlüsselwort `protected` gegenüber `public`. Hierbei handelt es sich um Sichtbarkeitsattribute, die festlegen, welche anderen Objekte auf die Komponente zugreifen können. Bei `protected` dürfen das nur Objekte derselben oder abgeleiteter Klassen.

Die tatsächliche Uhrzeit wird in dem von der Instanzvariablen `calendar` referenzierten Objekt der Klasse `Calendar` gespeichert (Zeile 27). Seine Methode `setTime()` setzt mit einem Objekt der Klasse `Date` die aktuelle Zeit. Die Methode `print()` der Klassenvariablen `out` der Klasse `System` des Paketes `java.lang` gibt die Zeit aus. Das hört sich ziemlich verschachtelt an, und es ist tatsächlich eine Anfangsschwierigkeit, eine Übersicht über die vorhandenen Klassen und deren Komponenten zu gewinnen. Die Klassenvariable `out` bezeichnet die Standardausgabe eines Java-Programms (in einem Netscape-Applet ist das zum Beispiel die Java-Console, sonst im allgemeinen das Fenster, in dem der Interpreter gestartet wurde).

Zusammengefaßt passiert also folgendes: Der Interpreter arbeitet die `main()`-Methode der Klasse ab, diese führt ein Objekt der eigenen Klasse ein und ruft insbesondere dessen `run()`-Methode auf, die wiederum dafür sorgt, daß im Abstand von jeweils einer Sekunde eine neue Uhrzeit auf der Standardausgabe angezeigt wird.

1.8.3 Eine Uhr als Applet

Applets werden mit dem Compiler übersetzt, in eine HTML-Seite eingebunden und in einem Browser ausgeführt. Die Datei `jf/kapitel1/ClockApplet.java` enthält folgenden Quelltext.

Beispiel:
```
// Datei jf/kapitel1/ClockApplet.java
```
Auch diese Klasse gehört zum Paket `jf.kapitel1`. Die Paketstruktur im weiteren Buch hält sich an die Einteilung in Kapitel und Abschnitte, so kann der Leser Beispiele leicht wiederfinden. In eigenen Programmen wird der Programmierer Klassen in Paketen zusammenfassen, die inhaltlich zusammengehören.

```
1 package jf.kapitel1;
```

Die Datei importiert die zusätzlichen Klassen `Applet` (aus dem Paket `java.applet`) und `Graphics` (aus dem Paket `java.awt`).

```
2 import java.applet.Applet;
3 import java.awt.Graphics;
4 import java.util.Calendar;
5 import java.util.TimeZone;
6 import java.util.Date;
```

Jede Klasse, die als Applet eingesetzt werden soll, muß die Klasse `Applet` erweitern. Das bedeutet, daß die Variante aus der Klasse `Clock` nicht übernommen werden kann. Denn Java erlaubt keine Mehrfachvererbung, und `ClockApplet` kann also nicht von `Thread` abgeleitet werden. Die Klasse nutzt stattdessen eine andere Variante, Threads einzuführen. Sie gibt zunächst an, daß sie die Schnittstelle `Runnable` aus dem Paket `java.lang` implementieren wird. Die Klasse vereinbart außerdem in der Zeile 9 eine zusätzliche Instanzvariable vom Typ `Thread`.

```
7 public class ClockApplet extends Applet implements Runnable {
8     private Calendar calendar = null;
9     private Thread clock = null;
```

Der Konstruktor hat sich außer im Namen nicht gegenüber der Klasse `Clock` geändert.

```
10    public ClockApplet() {
11        calendar = Calendar.getInstance(
                      TimeZone.getTimeZone( "ECT" ));
12    }
```

Die Objektmethode `start()` übernimmt im Prinzip die Aufgabe der Klassenme-

1.8 Vorgeschmack

thode `main()` der Klasse `Clock`. Sie erzeugt ein Objekt der Klasse `Thread`, übergibt dem Konstruktor die spezielle Variable `this` und startet den Thread.

```
13      public void start() {
14          if ( clock == null ) {
15              clock = new Thread( this );
16              clock.start();
17          }
18      }
```

Die Methode `run()` hat sich nur leicht verändert. Ihre Schleife wird nun wiederholt, bis der Thread mit der Methode `interrupt()` unterbrochen wird. Das kann passieren, wenn die in Zeile 38 definierte Methode `stop()` in Zeile 39 `clock.interrupt()` aufruft. Die Methode `sleep()` ist nun nicht direkt in der Klasse `ClockApplet` sichtbar und wird stattdessen bei dem `Thread`-Objekt `clock` aufgerufen.

```
19      public void run() {
20          while ( Thread.interrupted() ) {
21              repaint();
22              try {
23                  clock.sleep( 1000 );
24              } catch ( InterruptedException e ) { break; }
25          }
26      }
```

Die Methode `setLeadingZero` ist identisch mit der entsprechenden Methode aus `Clock`.

```
27      protected String setLeadingZero( int i ) {
28          return ( i < 10 ) ? "0" + String.valueOf( i )
                              : String.valueOf( i );
29      }
```

Die Aufgabe der Methode `repaint()` aus `Clock` übernimmt hier die Methode `paint()`. Sie wird vom `appletviewer` (bzw. dem Browser) angestoßen und erhält von ihm einen grafischen Kontext (d.h. eine Umgebung, in der die Methode Ausgaben plazieren kann) in dem Parameter g vom Typ `Graphics` übergeben.

```
30      public void paint( Graphics g ) {
31          calendar.setTime( new Date());
```

Ein `Graphics`-Objekt enthält Methoden zur Anzeige von Texten, Linien, Rechtecken usw. Hier ist die Methode `drawString()` wichtig, die neben dem anzuzeigenden Text auch die Koordinaten dafür benötigt, wo der Text erscheinen soll.

```
32          g.drawString( "\r"
                  + setLeadingZero( calendar.get( Calendar.HOUR_OF_DAY ))
33                + ":" + setLeadingZero(
                          calendar.get( Calendar.MINUTE ))
34                + ":" + setLeadingZero(
                          calendar.get( Calendar.SECOND )),
35                20, 10 );
36          System.out.flush();
37      }
```

Die Methode `stop()` wird ebenfalls von `appletviewer` (bzw. dem Browser) angestoßen. Sie unterbricht den Thread, setzt die Variable `clock` auf `null` und beendet damit auch die Schleife in der Zeile 20.

```
38      public void stop() {
39          clock.interrupt();
40          clock = null;
41      }
42  }
```

Dieses Java-Beispiel implementiert ein Applet, das bei entsprechender Einbindung in eine HTML-Seite (z.B. `ClockApplet.html`)

```
<applet code=jf.kapitel1.ClockApplet codebase=/cd/book/classes
        width=80 height=10></applet>
```

und vorheriger Übersetzung

```
javac jf/kapitel1/ClockApplet.java
```

nach dem Aufruf des Applet-Viewers

```
appletviewer ClockApplet.html
```

eine Uhr anzeigt (Abbildung 1.3).

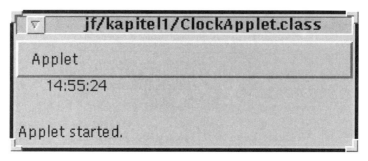

Abbildung 1.3: Uhr als Applet

1.8.4 Funktionsweise

Ein Applet ist ein Java-Programm, das ein World Wide Web-Browser über das Netz laden und ausführen kann. Es muß von der Klasse `Applet` abgeleitet sein. Da Java keine Mehrfachvererbung zuläßt, besteht die Schwierigkeit, daß man die Methoden der Klasse `Thread`, insbesondere die Methode `sleep()` nicht direkt erben kann. Wenn andererseits ein Objekt der Klasse `Thread` als Komponente eingeführt und dann dessen `sleep()`-Methode verwendet wird, so unterbricht sie lediglich den Ablauf im Thread-Objekt, nicht jedoch das Applet. Threads sind nämlich ein Konzept zur Programmierung paralleler Abläufe. Wird ein Thread gestartet, so läuft er neben dem ursprünglichen Programm her, seine Unterbrechung wirkt sich nicht auf das Programm aus.

Zur Lösung dieser Schwierigkeiten gibt es in Java das Konzept der Schnittstellen. In der Zeile 7 weist die Klasse `ClockApplet` aus, daß sie die Schnittstelle `Runnable` implementiert, d.h. eine Methode `run()` enthält. Objekte der Klasse `ClockApplet` dürfen fortan als Objekte der Schnittstelle `Runnable` verwendet werden. Mit genau einem solchen Objekt kann ein Thread initialisiert werden (Zeile 15). Der Thread läuft dann so, als wäre er selbst die Uhr.

Aber der Reihe nach: Wird ein Applet in einen Browser geladen, so wird ein Objekt der `Applet`-Klasse erzeugt und dessen `start()`-Methode aufgerufen.

In der `start()`-Methode der Uhr (Zeile 13) wird die Objektvariable `clock` belegt (Zeile 15). Die Variable verweist danach auf ein `Thread`-Objekt, das mit dem Uhr-Objekt selbst (`this`) initialisiert und in der Zeile 16 gestartet wird.

Wie schon im letzten Programm beschrieben, ruft die `start()`-Methode eines Threads die eigene `run()`-Methode auf. Das ist nun aber nach der Initialisierung mit dem `ClockApplet`-Objekt dessen `run()`-Methode. Gerade deshalb muß ein Objekt, das dem Konstruktor (Methode zur Erzeugung eines Objekts) eines `Thread`s übergeben wird, den Besitz einer Objektmethode `run()` garantieren.

Nachdem so die richtige `run()`-Methode (Zeile 19) gestartet ist, funktioniert alles weitere analog zum ersten Programm. Eine Besonderheit ist noch die Verbindung der Methoden `paint()` (Zeile 30) und `repaint()` (Aufruf in Zeile 21). Anders als im ersten Programm ist die Methode `repaint()` nicht direkt implementiert. Die Uhr hat sie statt dessen von der Klasse `Applet` geerbt. `repaint()` sorgt für die korrekte Anzeige des Applets, auch dann, wenn es nach einer Überdeckung wieder sichtbar wird, und ruft insbesondere die Methode `paint()` mit einem `Graphics`-Objekt als Argument auf. Dieses Objekt steht für die Umgebung, die dem Applet auf der HTML-Seite eingeräumt wird. Es enthält unter anderem die Methode `drawString()` (Zeile 32) zur Anzeige einer Zeichenkette.

Die `stop()`-Methode des Applets sorgt beim Verlassen der Seite für das Anhalten des Threads.

Wie der Leser sieht, sind in beiden Programmen einige Passagen doppelt enthalten. Bei einem guten Softwaredesign sollte das nicht geschehen. Die Objektorientierung bietet gerade Möglichkeiten, Software wieder zu nutzen. In Kapitel 3.1 wird das Design des Beispiels aufgenommen und diskutiert.

2

Die Regeln

Dieses Kapitel beschreibt die lexikalische und syntaktische Struktur eines Java-Programms anhand des einführenden Beispiels und eines zu entwerfenden Sortierprogramms, geht auf die Bedeutung der einzelnen Bestandteile ein und erläutert diese mit Hilfe kleiner zusätzlicher Beispiele. Am Ende des Kapitels sollte der Leser in der Lage sein, ein syntaktisch korrektes Java-Programm zu schreiben. Nicht jedes syntaktisch korrekte Programm ist jedoch auch sinnvoll.

Natürlich kann man das auch erreichen, indem man dem Compiler zunächst ein Programmwirrwarr vorsetzt und nach und nach Fehler beseitigt, schließlich kennt er die Syntax am besten. Leser, die diesen eher unsystematischen Ansatz bevorzugen, sollten das Kapitel überspringen, es könnte langweilig für sie sein. Lernen durch Erfahrung ist zwar im allgemeinen einprägsamer, dauert zuweilen aber länger.

Die vollständige zusammenhängende Syntax findet der Leser im Anhang.

Zur Darstellung der Syntax wird eine erweiterte Backus-Naur-Form verwendet. Deren Symbole haben folgende Bedeutung:

[*Inhalt*]: Eckige Klammern kennzeichnen den eingeschlossenen *Inhalt* als optional, d.h. er tritt gar nicht oder nur einmal im Quelltext auf.

{ *Inhalt* }: Geschweifte Klammern drücken aus, daß der eingeschlossene *Inhalt* 0, 1 oder mehrmals im Quelltext auftritt.

(*Inhalt*): Runde Klammern gruppieren den *Inhalt* und grenzen ihn gegenüber dem umgebenden Text ab. Sie führen zur Änderung von Vorrangregeln.

Inhalt1 | *Inhalt2*: Der Längsstrich trennt Alternativen. Im Quelltext kann *Inhalt1* oder *Inhalt2* erscheinen.

< *Inhalt*, **aber nicht** `Ausnahme` >: Im Quelltext darf *Inhalt* stehen, jedoch nicht die `Ausnahme`.

Jede EBNF-Regel endet mit einem Punkt. Ein Java-Kommentar wird zum Beispiel mit der folgenden Regel beschrieben.

Beispiel:

Kommentar ::= /* < *Zeichen*, **aber nicht** * > { *Kommentarinhalt* } */ |
  /** { *Kommentarinhalt* } */ |
  // *Kommentarzeile Zeilenendekennzeichen*.

Diese Syntaxregel bedeutet, daß ein Kommentar drei mögliche Formen hat, deren erste mit /* beginnt, mit einem dem Stern ungleichen Zeichen fortsetzt und dann aus einer Folge von *Kommentarinhalt*en besteht, bevor sie mit */ endet. Für Nichtterminale (z.B. *Kommentarinhalt*) existieren weitere Ersetzungsregeln, Terminale (z.B. /*) erscheinen so im Quelltext.

2.1 Lexikalische Struktur

Java-Quelltextdateien sind im Unicode-Zeichenformat kodiert. Entsprechend ist der Zeichen- und Ziffernvorrat nicht auf den ASCII-Zeichensatz beschränkt. Auf Architekturen, die eine andere Zeichenkodierung benutzen, muß diese zunächst in die Unicode-Darstellung übersetzt werden (keine Angst, das übernimmt der Compiler).

Der Compiler zerlegt einen Quelltext im ersten Übersetzungsschritt, der lexikalischen Analyse, zunächst in die enthaltenen Sprachelemente. Leerzeichen und Kommentare spielen im weiteren Verlauf der Übersetzung keine Rolle mehr.

Quelltext ::= { *Kommentar* | *Leerzeichen* | *Sprachelement* }.

Leerzeichen ::= ASCII-SP | ASCII-HT | ASCII-FF
  | *Zeilenendekennzeichen*.

Auf den folgenden Sprachelementen baut die Syntax von Java auf.

Sprachelement ::= *Schlüsselwort* | *Identifikator* | *Literal* | *Separator*
  | *Operator*.

Das bedeutet, daß der Programmierer an beliebigen Stellen des Quelltextes außerhalb von Sprachelementen Kommentare und Leerzeichen einfügen kann. Nur die Java-Schlüsselwörter (Tabelle 2.1), vom Programmierer eingeführte Bezeichner (*Identifikator*), Wertkonstanten (*Literal*) und besondere Zeichen zur Trennung und Gruppierung von Text (*Separator*) sowie Zeichen zur Ausführung von Operationen (*Operator*) sind für die weitere Übersetzung wichtig.

abstract	boolean	break	byte	case
cast	catch	char	class	const
continue	default	do	double	else
extends	final	finally	float	for
future	generic	goto	if	implements
import	inner	instanceof	int	interface
long	native	new	null	operator
outer	package	private	protected	public
rest	return	short	static	super
switch	synchronized	this	throw	throws
transient	try	var	void	while

Tabelle 2.1: Java-Schlüsselwörter

2.2 Kommentare

Kommentare sind für die Dokumentation und Erklärung des Quelltextes gedacht. Der Compiler beachtet sie nicht. Es gibt drei Varianten eines Kommentars.

Kommentar   ::=   *C-Kommentar* | *Dokumentation* | *Zeilenkommentar*.

Die erste Form ist aus der C-Syntax übernommen. Alle Zeichen zwischen den Kommentarmarkierungen (/* und */) werden als Kommentar aufgefaßt und in der Programmübersetzung nicht berücksichtigt. Zu beachten ist dabei, daß verschachtelte Kommentare nicht zugelassen sind.

C-Kommentar   ::=   /* < *Zeichen,* **aber nicht** * > { *Kommentarinhalt* } */.

Ein Kommentar, der mit /** beginnt, ist für eine automatische Dokumentation des Quelltextes mit dem JDK-1.2-Programm `javadoc` vorgesehen. Der Kommentar muß einer bestimmten Syntax genügen, in der der folgende Quelltext dokumentiert wird.

Dokumentation   ::=   /** { *Kommentarinhalt* } */.

Einzeilige Kommentare können abkürzend mit // eingeleitet werden. Sie enden am Ende der Zeile.

Zeilenkommentar   ::=   // *Kommentarzeile Zeilenendekennzeichen*.

Beispiel: Die folgenden Kommentare sind syntaktisch falsch

```
/* Kommentare dürfen /*nicht*/ verschachtelt werden */
/** Ein Dokumentationskommentar darf /*keinen*/ normalen
    Kommentar enthalten */
```

Beispiel: Die folgenden Kommentare sind unwirksam. Sie werden nicht wie Kommentare behandelt, sondern mit übersetzt.

```
"Kommentare in einer /*Zeichenkette*/ gehören zu ihr"
'Dasselbe gilt /*für*/ Zeichenliterale'
```

Beispiel: Innerhalb eines Kommentars haben weitere Kommentaranfangskennzeichen keine Bedeutung.

```
/*Ein Kommentar // endet beim /** ersten /* Endekennzeichen:*/
```

2.3 Programmstruktur

Wie sieht nun eine Datei aus, die der Java-Compiler übersetzen kann? Zunächst erkennt man sie "von außen" an ihrer Extension .java. Die innere Struktur sieht wie folgt aus.

Eine Java-Quelltextdatei kann in der ersten Anweisung festlegen, zu welchem Paket sie gehört. Für die ersten kleinen Beispielprogramme kann der Programmierer diese Anweisung jedoch weglassen. Ein Paket faßt eine Menge von Klassen und Schnittstellen unter einem Namen zusammen und erfüllt damit zwei gute Zwecke: Es strukturiert Anwendungen, und es definiert einen Namensraum. Das Einführungsbeispiel legt in der Zeile 1 seine Zugehörigkeit zum Paket jf.kapitel1 fest (Abbildung 2.1).

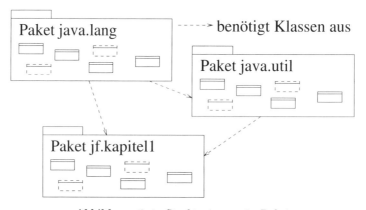

Abbildung 2.1: Strukturierung in Pakete

Im nächsten Abschnitt einer Quelltextdatei erfolgt der Import von Klassen und Schnittstellen aus anderen Paketen. Diese können dann im weiteren Quelltext verwendet werden. Das Einführungsbeispiel importiert in den Zeilen 2 bis 4 verschiedene Klassen aus dem JDK-Paket java.util.

Der wichtigste Teil der Quelltextdatei ist dann jedoch die eigentliche Beschreibung von Klassen bzw. Schnittstellen. Das Einführungsbeispiel definiert ab Zeile 5 die

2.3 Programmstruktur

Klasse `Clock` mit ihren Methoden und Variablen.

Quelltextdatei ::= [*Paketfestlegung*] { *Import* } { *Typdeklaration* }.

Paketfestlegung ::= `package` *Paketname* ;.

Der *Paketname* ist als ein *Bezeichner* definiert und dieser wiederum als eine Folge von durch Punkte getrennten Identifikatoren.

Paketname ::= *Bezeichner*.

Die Wahl des Paketnamens ist in zweierlei Hinsicht wichtig. Zum einen legt der Name fest, wo das Paket und insbesondere die zu ihm gehörenden Byte-Code-Dateien (Extension `.class`) in der Verzeichnisstruktur zu finden sind, zum anderen muß der Programmierer darauf achten, daß er einen eindeutigen Namen wählt, wenn er beabsichtigt, sein Programm weiterzugeben.

Läßt der Programmierer die *Paketfestlegung* weg, so sammelt Java die im Programm enthaltenen Elemente in einem anonymen Paket. Die deklarierten Klassen und Schnittstellen können dann nur von Programmen im selben Verzeichnis verwendet werden.

Eine Strategie zur Wahl eines eindeutigen Paketnamens ist seine Konstruktion aus dem Namen der eigenen Internet-Domäne in umgekehrter Reihenfolge.

Beispiel: Die Byte-Code-Dateien des Paketes `jf.kapitel1` aus dem Einführungsbeispiel sucht der Java-Interpreter `java` im Verzeichnis

`/cd/book/classes/jf/kapitel1/`

bzw.

`c:\cd\book\classes\jf\kapitel1\`

wenn die Variable `CLASSPATH` je nach Betriebssystem einen der folgenden Werte hat.

`UNIX:   /cd/book/classes`

bzw.

`Win32: c:\cd\book\classes`

Beispiel: Der Paketname

`de.hu-berlin.informatik.kuehnel.jf.kapitel1`

sollte zumindest außerhalb der Domäne eindeutig sein. Das Paket muß sich dann allerdings entsprechend in dem Verzeichnis

`/cd/book/classes/de/hu-berlin/informatik/kuehnel/jf/kapitel1`

befinden.

Durch den Import von Klassen bzw. Schnittstellen aus Paketen kann der Programmierer externe Klassen- oder Schnittstellenbezeichner in seinem eigenen Programm sichtbar machen. Er hat dabei zwei unterschiedliche Möglichkeiten des Imports; er kann die zu importierende Klasse oder Schnittstelle direkt benennen oder alle entsprechenden Bezeichner eines Paketes importieren.

Import   ::=   *Typimport | Paket-Typimport.*

Beispiel: Der Programmierer importiert z.B. nur die Klasse `Vector` aus dem JDK-Paket `java.util`, wenn er den *Typimport* verwendet.
```
import java.util.Vector;
```
Die Klasse ist nun als `Vector` und als `java.util.Vector` sichtbar.

Beispiel: Die zweite Variante, der *Paket-Typimport*, macht alle Namen von öffentlichen Klassen und Schnittstellen des angegebenen Paketes sichtbar, wenn sie gebraucht werden.
```
import java.util.*;
```
Kann Java einen Namen nicht im eigenen Paket auflösen, so steht der Name für eine Klasse bzw. Schnittstelle aus einem Paket, das auf die obige Art importiert wurde.

Benutzt der Programmierer also den Namen `Vector`, ohne ihn vorher definiert zu haben, so bezeichnet er `java.util.Vector`.

Beispiel: Für das Einführungsbeispiel ist die folgende Quelltextzeile ein gleichwertiger Ersatz der Zeilen 2 bis 4.
```
2'   import java.util.*;
```
Alle Namen des Paketes `java.lang` sind automatisch in jeder Quelltextdatei sichtbar. Dieses Paket enthält zum Beispiel die Definition der Klasse `String`.

Der Hauptbestandteil einer Quelltextdatei sind die enthaltenen Klassen- und die Schnittstellendeklarationen.

Typdeklaration   ::=   *Klassendeklaration | Schnittstellendeklaration.*

Für jede Klasse bzw. Schnittstelle wird während der Übersetzung eine eigene Byte-Code-Datei (Extension: `.class`) angelegt. In einer Quelltextdatei darf nur eine Klasse als `public` deklariert sein. Ihr Name muß nämlich mit der ersten Komponente des Dateinamens übereinstimmen. Anderenfalls zeigt der Compiler einen Übersetzungsfehler an.

Beispiel: Die Klasse `Clock` des Einführungsbeispiels ist demnach in der Datei `Clock.java` beschrieben.

2.3 Programmstruktur

Am Ende dieses und der nächsten Abschnitte wird schrittweise ein Sortierprogramm in Java implementiert, indem es jeweils um die neu eingeführten Bestandteile ergänzt wird. Das Sortierprogramm soll Elemente eines mit einer Ordnung versehenen Typs entsprechend dieser Ordnung anordnen. Es soll am Ende die Möglichkeit offenlassen, verschiedene Sortieralgorithmen auszuprobieren und den Typ der zu sortierenden Elemente zu ändern.

Beispiel: Um die Paketstrukturierung in diesem Buch beizubehalten, sammeln wir die für das Sortierprogramm benötigten Klassen und Schnittstellen in dem Paket jf.kapitel2. Die Aufgabenstellung verlangt nun eine Flexibilität sowohl im verwendeten Sortieralgorithmus als auch im Typ der zu sortierenden Elemente. Eine Variante, diese Anforderung zu erfüllen, ist die Einführung von Klassen, in denen zum einen der Algorithmus (SortAlgorithm), zum anderen der Typ (SortType) beschrieben ist. Das Hauptprogramm implementieren wir in einer eigenen Klasse (Sort). Auf einen Import verzichten wir zunächst; es ist ja noch nicht klar, welche Klassen der JDK-Bibliothek wir benötigen werden. Mit den bisherigen Kenntnissen ergibt sich die folgende Java-Quelltextdatei (/cd/book/sources/jf/kapitel2/Sort.java), die in dieser Form (natürlich ohne Numerierung der Zeilen) bereits übersetzt werden kann, allerdings noch nichts tut.

```
  // Datei Sort.java
1 package jf.kapitel2;

2 // Hier steht später die Implementierung der Klasse Sort

3 // Hier steht später die Implementierung der Klasse SortAlgorithm

4 // Hier steht später die Implementierung der Klasse SortType
```

Übung

- In welchem Verzeichnis muß sich die Byte-Code-Datei der Klasse sunw.corba.Orb befinden, einer Klasse der Java-CORBA-Anbindung von SUN? Beachten Sie, daß die Antwort von dem Wert Ihrer CLASSPATH-Variablen abhängt.

- Kopieren Sie die Datei /cd/book/sources/jf/kapitel1/Clock.java auf Ihre Festplatte, verändern Sie den Paketnamen, übersetzen Sie die Datei neu (mit der javac-Option -d kann man dabei das Zielverzeichnis angeben), und bringen Sie das Programm wieder zum Laufen. Denken Sie auch hier an die richtige Einstellung der CLASSPATH-Variablen.

- Legen Sie analog zum Sortierprogramm Dateien für die Implementierung der Maximumsuche an. Auch hier sollen der verwendete Algorithmus und der Typ der Elemente flexibel sein.

2.4 Klassen

Klassen und von ihnen instantiierte Objekte sind die wichtigsten Komponenten eines Java-Programms. In Klassen bündelt der Programmierer ein bestimmtes Verhalten, Objekte zeigen das implementierte Verhalten. Auf das Zusammenspiel von Klassen, Schnittstellen, Methoden, Konstruktoren, Objekten und Variablen ging das Kapitel 1.7 näher ein, hier geht es um die syntaktische Struktur von Klassen.

Eine Klasse ist durch ihren Namen, ihre Sichtbarkeit und ihre Abstraktionsebene, ihre Superklasse, die Angabe in ihr implementierter Schnittstellen und ihre eigentliche Implementierung im Klassenkörper bestimmt.

Beispiel: In der Zeile 5 des Einführungsbeispiels ist die Klasse `Clock` als öffentlich sichtbar (`public`) beschrieben. Sie erweitert die Klasse `Thread`. Sie implementiert keine zusätzliche Schnittstelle. Eine spezielle Abstraktionsebene ist nicht angegeben, die Klasse ist damit nicht zu abstrakt, so daß keine Instanzen von ihr abgeleitet werden könnten, und nicht zu konkret, so daß keine Erweiterungen möglich wären.

```
5 public class Clock extends Thread {
```

Der volle Bezeichner der Klasse ergibt sich aus der Kombination des Paketnamens und des Klassennamens (*Paketname.Identifikator*). Mit diesem Namen ist sie in anderen Java-Programmen sichtbar. Das gilt allerdings nur für öffentliche Klassen (`public`), anderenfalls ist die Klasse nur im eigenen Paket sichtbar.

Toplevelklasse ::= [`public`]*Klassendeklaration*.

Klassendeklaration ::=
[*Abstraktionsebene*] `class` *Identifikator* [`extends` *Klassentyp*]
[`implements` *Schnittstellentyp* { , *Schnittstellentyp* }] *Klassenkörper*.

Die *Abstraktionsebene* kann als `abstract` oder `final` angegeben werden. Abstrakte Klassen bedürfen einer weiteren Verfeinerung; in ihnen sind nicht alle Methoden vollständig implementiert und sie können daher nicht instantiiert werden.

Die Implementierung finaler Klassen ist, wie das Wort schon sagt, abgeschlossen. Ableitungen dieser Klasse gibt es nicht.

Java sieht keine Mehrfachvererbung vor. Der Programmierer kann höchstens eine durch *Klassentyp* bezeichnete Superklasse angeben. Läßt er sie weg, wird `Object` aus `java.lang` zur Superklasse.

Schnittstellentyp bezeichnet eine Schnittstelle. Eine Klasse kann mehrere Schnittstellen implementieren. Jedoch reicht es nicht aus, daß eine Klasse alle von einer Schnittstelle vorgegebenen Methoden implementiert, sondern die Schnittstelle muß explizit angegeben sein, damit man die Klasse in ihrem Sinne verwenden kann.

2.4 Klassen

Schnittstellen sind Schablonen, die durch die Klasse ausgefüllt werden. Für Benutzer der Klasse ist durch diese Angabe gesichert, daß die Klasse bestimmte in der Schnittstelle festgelegte Methoden besitzt. Schnittstellen kann der Programmierer nutzen, um Mehrfachvererbung auf wohldefinierte Weise nachzubilden.

Auf den Unterschied zwischen Schnittstellen und abstrakten Klassen geht das Kapitel 2.10 näher ein.

Beispiel: Mit der folgenden Deklaration aus dem Einführungsbeispiel erklärt der Programmierer die Klasse `ClockApplet` zu einer Subklasse von `Applet` und garantiert gleichzeitig, daß er in ihr die Methoden der Schnittstelle `Runnable` (das ist nur die Methode `void run()`) implementiert.

```
7 public class ClockApplet extends Applet implements Runnable {
```

Im *Klassenkörper* erfolgt die Implementierung und die Initialisierung der Klasse.

Klassenkörper ::= { { *Komponentendeklaration* | *Initialisierung* } }.

Eine Klasse wird während des Ladens zur Laufzeit initialisiert. Das geschieht durch die Ausführung aller in der Klassendeklaration enthaltenen statischen Blöcke in der Reihenfolge ihrer Deklaration.

Initialisierung ::= [`static`] *Block*.

Beispiel:
```
    public class Beispiel {
        // Initialisierung in der Deklaration:
        public static int x = 0;
        // Initialisierung in separatem Block:
        static { x = 0; }
    }
```
Die Initialisierung von Variablen ist auch bereits bei ihrer Deklaration möglich.

Ab dem JDK-1.1 existieren neben den statischen Initialisierungen für die Klasse auch Initialisierungen für die Objekte. Ein *Block* ohne das Attribut `static` enthält den Code zur Initialisierung von Objekten. Dieser Code wird bei der Objekterzeugung nach dem Superklassenkonstruktor aber vor den Anweisungen des eigenen Konstruktors ausgeführt.

In der Komponentendeklaration können innere Klassen (ab JDK-1.1), Variablen, Methoden und Konstruktoren vereinbart werden.

Komponentendeklaration ::= *Variablendeklaration* | *Methodendeklaration* | *Konstruktordeklaration* | *InnereKlasse*.

Die inneren Klassen werden in Kapitel 2.11 beschrieben.

Beispiel: Das Sortierprogramm können wir nun um Klassen- und Schnittstellendeklarationen erweitern. Wir führen sowohl für den Algorithmus als auch für den Typ jeweils eine Schnittstelle ein, die später die zu verwendenden Methoden enthält (Abbildung 2.2).

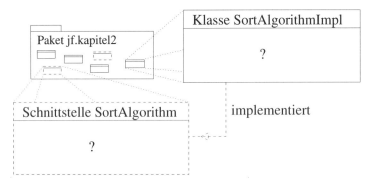

Abbildung 2.2: Klassen und Schnittstellen aus jf.kapitel2

```
  // Datei Sort.java
1 package jf.kapitel2;

2 public class Sort {}

3 interface SortAlgorithm {}

4 class SortAlgorithmImpl implements SortAlgorithm {}

5 interface SortType {}

6 class SortTypeImpl implements SortType {}
```

Übung

- Schreiben Sie die kürzeste mögliche Klasse auf, und übersetzen Sie diese.

- Bestimmen Sie die einzelnen Komponenten der Klasse `Clock` aus dem Einführungsbeispiel.

- Erweitern Sie Ihr Programm zur Maximumsuche um Klassen- und Schnittstellendeklarationen.

2.5 Methoden und Konstruktoren

Methoden beschreiben die Funktionalität von Klassen und damit das Verhalten instantiierter Objekte bzw. das der Klassen selbst. Methoden stehen für die aus der prozeduralen Programmierung bekannten Prozeduren und Funktionen.

2.5.1 Methodendeklaration

Die Signatur einer Methode definiert deren Namen, die Anzahl der Argumente und ihre Typen. Der Kopf einer Methodendeklaration kann außer der Signatur Angaben zur Sichtbarkeit, Zugehörigkeit, der Abstraktionsebene und zu den erzeugten Ausnahmen enthalten.

Beispiel:
```
7    public static void main( String[] arg ) {
```
Die Methode `main()` der Klasse `Clock` aus dem Einführungsbeispiel ist eine öffentlich sichtbare, zur Klasse gehörende Methode mit dem Argument `arg` vom Typ `String[]`.

Methodendeklaration ::= [`public` | `protected` | `private`] [`static`]
  [`abstract` | `final`] [`native`] [`synchronized`]
  Methodensignatur [*Ausnahmeerzeugung*] *Methodenkörper*.

Folgende Punkte sind zu beachten.

- Statische Methoden sind Methoden, die zur Klasse, nicht zu Objekten der Klasse gehören. In ihrem Körper können deshalb nur Variablen und Methoden benutzt werden, die ebenfalls klasseneigen, d.h. als statisch definiert sind. Die gleichzeitige Angabe `abstract` widerspricht der statischen Semantik und führt zu einem Übersetzungsfehler.

- Private Methoden sind außerhalb der eigenen Klasse nicht sichtbar, können also nicht in erbenden Klassen angesprochen werden.

- Nur abstrakte Klassen enthalten abstrakte Methoden, in anderen Klassen führen abstrakte Methoden zu einem Übersetzungsfehler. Java verlangt, daß alle Methoden einer nicht abstrakten Klasse wohldefiniert sind. Das Schlüsselwort `abstract` deutet jedoch darauf hin, daß die eigentliche Implementierung der Methode in einer erbenden Klasse erfolgt.

- Abstrakte sowie in einer anderen Programmiersprache implementierte Methoden (`native`) besitzen einen leeren Methodenkörper (;).

- Finale Methoden dürfen in erbenden Klassen nicht überschrieben werden.

Das Schlüsselwort `synchronized` wird bei der Thread-Programmierung verwendet und in diesem Zusammenhang erläutert (Kapitel 3.6).

2.5.2 Erzeugung von Ausnahmen

Methoden können Ausnahmen erzeugen, die bei ihrer Benutzung beachtet werden müssen. Der Programmierer muß den Methodenaufruf in diesem Fall in eine entsprechende *Ausnahmeanweisung* einbinden. In der Version 1.2 von Java führt die Mißachtung von möglichen Ausnahmen zu einem Übersetzungsfehler.

Ausnahmeerzeugung ::= throws *Referenztyp* { , *Referenztyp* }.

Der *Referenztyp* ist dabei ein Bezeichner für eine Ausnahme- bzw. Fehlerklasse (zuweisungskompatibel zur Klasse Throwable).

Beispiel: In der Klassenbibliothek von Java lösen viele Methoden Ausnahmen aus. Im Clock-Beispiel wird die Ausnahme InterruptedException der Methode sleep() abgefangen.

```
public synchronized void write( int b ) throws IOException;
public static Class forName( String className )
    throws ClassNotFoundException;
public Object newInstance()
    throws InstantiationException, IllegalAccessException;
public Double( String s ) throws NumberFormatException;
public static double sqrt( double a )
    throws ArithmeticException;
public static void sleep( long millis )
    throws InterruptedException;
```

Die Namen der Ausnahmen sind selbsterklärend. Die Berechnung der Wurzel aus einer negativen Zahl führt z.B. zu der Ausnahme ArithmeticException. Alle diese Methoden kann der Programmierer nur in einer try-catch-Umgebung verwenden.

2.5.3 Signatur einer Methode

Ist der *Resultattyp* einer Methodensignatur void, so berechnet die Methode bei ihrem Aufruf keinen Wert, sie kann also nicht in einer *Zuweisung* bzw. allgemein in Ausdrücken verwendet werden.

Die eckigen Klammern deklarieren den *Resultattyp* als Feldtyp. Es spielt dabei keine Rolle, an welcher der vorgesehenen Stellen der Programmierer sie einsetzt (Kapitel 2.6).

Methodensignatur ::=
    Resultattyp *Identifikator* { [] } ([*Parameterliste*]) { [] }.

Resultattyp ::= void | *Typ*.

Parameterliste ::=
    [final] *Typ* *Identifikator* { [] } { ,[final] *Typ* *Identifikator* { [] } }.

2.5 Methoden und Konstruktoren

Die Parameterliste legt die formalen Parameter der Methode und ihre Typen fest. Die formalen Parameter gehören zu den lokalen Variablen der Methode. Auch sie können ab dem JDK-1.1 als `final` gekennzeichnet und dürfen dann im Innern der Methode nicht verändert werden.

Beispiel: Die folgende Methode `read()` besitzt drei formale Parameter, ein Feld vom Basistyp `byte` und zwei Zahlen (`int`).

```
public synchronized int read( byte b[], int off, int len )
    throws IOException { ... }
```

Beim Methodenaufruf erhalten formale Parameter von Standardtypen den Wert des aktuellen Parameters, bei allen anderen Typen wird eine Referenz übergeben.

2.5.4 Implementierung einer Methode

Der *Block* ist die Einheit, in der der Programmierer Anweisungen zusammenfaßt, wie sie aus der prozeduralen Programmierung bekannt sind.

Methodenkörper   ::=   *Block* | ;.

Soll eine Methode keine Anweisung ausführen, so ist als *Methodenkörper* nicht das Semikolon (nur bei `abstract` und `native`), sondern der leere Block (`{}`) einzusetzen.

2.5.5 Konstruktoren

Methoden besitzen in der Form von Konstruktoren eine spezielle Ausprägung. Mit Konstruktoren werden Objekte einer Klasse erzeugt (Kapitel 1.7).

Der Name eines Konstruktors stimmt mit dem Namen der Klasse überein (*Klassentyp*). Durch unterschiedliche Konstruktorsignaturen (Argumente und ihre Typen) definiert der Programmierer verschiedene Konstruktoren für eine Klasse.

Beschreibt der Programmierer für eine Klasse keinen Konstruktor, so ruft Java bei der Erzeugung eines Objekts der Klasse den argumentlosen Konstruktor der Superklasse auf.

Konstruktordeklaration   ::=   [*Sichtbarkeit*] *Klassentyp* ([*Parameterliste*])
   Ausnahmeerzeugung Konstruktorkörper.

Beispiel: Die Klasse `String` aus `java.lang` deklariert sieben verschiedene Konstruktoren.

```
public String()
public String( String value )
public String( char[] value )
public String( char[] value, int offset, int count )
```

```
public String( byte[] ascii, int hibyte, int offset, int count )
public String( byte[] ascii, int hibyte )
public String( StringBuffer buffer )
```

Der Konstruktor kann in seiner ersten Anweisung einen Konstruktor der Superklasse oder einen anderen eigenen Konstruktor aufrufen. Weitere Anweisungen entsprechen denen einer allgemeinen Methode.

Konstruktorkörper ::= { [*Konstruktoraufruf*] [*Blockkörper*] }.

Konstruktoraufruf ::=
  (this | [*Referenzausdruck* .] super) (*Argumentliste*) ;.

Ist die erste Anweisung eines Konstruktors kein Aufruf eines weiteren Konstruktors, so wird vor den Anweisungen des Blockes implizit der argumentlose Konstruktor der Superklasse aufgerufen.

Beispiel: Für das Sortierprogramm lösen wir nun die Klassen IntSortAlgorithmImpl und BubbleSortTypeImpl aus der Datei Sort.java heraus und beschreiben sie in eigenen Dateien. Wir beschreiben zunächst die Sortierung von ganzen Zahlen mittels Bubblesort. Die Klasse Sort enthält lediglich die für den Start mit dem Java-Interpreter java notwendige Methode main().

```
  // Datei Sort.java
1 package jf.kapitel2;

2 public class Sort {

3     public static void main( String[] args ) {}
4 }

5 interface SortAlgorithm {}
6 interface SortType {}
```

Die Klasse IntSortTypeImpl enthält einen Konstruktor zur Aufnahme eines int-Wertes und eine Objektmethode, die den Vergleich von Elementen des Sortiertyps realisiert. Diese Methode soll in ihrem Rückgabewert vom Typ boolean angeben, ob content kleiner als element ist, sie soll eine Ausnahme erzeugen, falls das übergebene Element element nicht vom Typ IntSortTypeImpl ist. Für diese Ausnahme wird eine neue Klasse WrongSortTypeException von der Klasse Exception abgeleitet.

```
  // Datei IntSortTypeImpl.java
1 package jf.kapitel2;

2 public class IntSortTypeImpl implements SortType {

      // Konstruktor:
3     public IntSortTypeImpl( int content ) {}
```

2.6 Typen

```
4    public boolean isLessThan( SortType element )
         throws WrongSortTypeException {
5        return false;
6    }
7 }

8 class WrongSortTypeException extends Exception {}
```

Die Klasse `BubbleSortAlgorithmImpl` enthält eine Objektmethode `sort()`, die ein Feld von `SortType`-Elementen sortiert. Die Methode gibt das sortierte Feld als Ergebnis zurück (Abbildung 2.3).

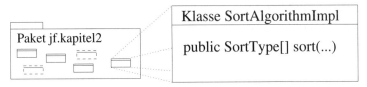

Abbildung 2.3: Methoden der Klasse BubbleSortAlgorithmImpl

```
// Datei BubbleSortAlgorithmImpl.java
1 package jf.kapitel2;

2 public class BubbleSortAlgorithmImpl implements SortAlgorithm {
3    public SortType[] sort( SortType[] field ) {
4        return null;
5    }
6 }
```

Übung

- Vervollständigen Sie Ihr Programm zur Maximumsuche um die Vereinbarung von Methoden. Beachten Sie schon jetzt, daß eine Methode mit einem Rückgabetyp (also nicht `void`) eine entsprechende `return`-Anweisung enthalten muß.

2.6 Typen

Java ist eine streng typisierte Sprache. Während der Übersetzung werden Typkompatibilitätsregeln überprüft, die eine ungewollte falsche Benutzung von Ausdrücken verhindern.

Java unterscheidet vier verschiedene Typen: Standard-, Klassen-, Schnittstellen- und Feldtypen. Der Begriff *Referenztyp* faßt die letzten drei Arten zusammen. Ihre Gemeinsamkeit besteht in der Art ihrer Werte. Variablen von Referenztypen speichern Referenzen auf Objekte, nicht die Objekte selbst.

Ein spezieller Klassentyp ist zum Beispiel der Typ String, der die in vielen Programmiersprachen übliche Repräsentation von Zeichenketten als Feld von Zeichen ersetzt.

Typ ::= *Referenztyp* | *Standardtyp*.

Referenztyp ::= *Klassentyp* | *Schnittstellentyp* | *Feldtyp*.

2.6.1 Standardtypen

Hier ist nun einiges über die in Java verwendeten Standardtypen, ihre Werte, Operatoren und Kompatibilitätsregeln zu sagen.

Standardtyp ::=
  boolean | char | byte | short | int | long | float | double.

boolean: Anders als in C ist in Java ein eigener Typ für Wahrheitswerte vorgesehen. Er enthält die Werte true und false. Als Operatoren sind für den Test auf Gleichheit == und != und für die Verknüpfung von Werten die logischen Operatoren ! (Negation), & und && (Konjunktion), | und || (Disjunktion) sowie ^ (exklusives Oder) vorgesehen.

char: Der Zeichentyp umfaßt 16-Bit-*Unicode-Zeichen*. Die Operatoren == und != stehen für den Test auf Gleichheit zur Verfügung.

Ganze Zahlen. Alle der folgenden Typen definieren Teilbereiche der Menge der ganzen Zahlen. In den weiteren Abschnitten des Buches werden sie deshalb als Typen der ganzen Zahlen bezeichnet. Negative Zahlen repräsentiert Java im Zweierkomplement, vorzeichenlose Typen der ganzen Zahlen existieren nicht.

byte: Der Typ byte stellt den kleinsten Bereich der ganzen Zahlen zur Verfügung. Seine Elemente sind 8 Bit lange ganze Zahlen. (Wertebereich: $-2^7 \cdots 2^7 - 1$)

short: Kurze ganze Zahlen nehmen immerhin schon 16 Bit ein. (Wertebereich: $-2^{15} \cdots 2^{15} - 1$)

int: 32 Bit lange Zahlen bilden den Typ int. (Wertebereich: $-2^{31} \cdots 2^{31} - 1$)

long: Für den umfassendsten Standardtyp im Bereich der ganzen Zahlen sind 64 Bit je Element vorgesehen. (Wertebereich: $-2^{63} \cdots 2^{63} - 1$)

Als Operatoren sind für ganze Zahlen *Ordnungsoperator*en, *Vergleichsoperator*en, *Vorzeichenoperator*en, *Multiplikationsoperator*en, *Additionsoperator*en, *Inkrementoperator*, *Dekrementoperator*, *Schiebeoperator*en und die Bitoperatoren ~, &, |, ^ definiert.

2.6 Typen

Ist kein Operand vom Typ `long`, werden die Operationen als 32-Bit-, anderenfalls als 64-Bit-Operation ausgeführt (dieses Verhalten wird im folgenden als Typanpassung bezeichnet). Entsprechend ist das Ergebnis vom Typ `int`, `long` oder `boolean`.

Gleitkommazahlen Die folgenden beiden Typen werden im weiteren Buch als Gleitkommazahlentypen bezeichnet.

`float`: Die kürzere Variante für die Darstellung sind die 32-Bit-IEEE754-Gleitkommazahlen.

`double`: Die längere umfaßt 64-Bit-IEEE754-Gleitkommazahlen. Beide Typen enthalten Literale für negativ und positiv Unendlich sowie einen Wert `NaN` (Not a Number) zur Repräsentation von nicht definierten Ergebnissen (z.B. 0.0/0.0).

Außer Bit- und Schiebeoperatoren sind für Gleitkommazahlen die gleichen Operatoren wie bei ganzen Zahlen anwendbar. Ist ein Operand vom Typ `double`, wird die Berechnung mit 64 Bit durchgeführt.

Ein Operand kann auch eine ganze Zahl sein, die Berechnung erfolgt dann im Bereich der Gleitkommazahlen.

Die Konvertierung von Standardtypen erfolgt zum einen implizit bei der Verwendung der genannten Operatoren, andere Regeln sind bei der Zuweisung, dem Methodenaufruf und der expliziten Typkonvertierung zu beachten.

2.6.2 Klassen- und Schnittstellentypen

Neben den Standardtypen werden die in Bibliotheken bereitgestellten oder selbstdefinierten Klassen und Schnittstellen als Typen bezeichnet. Die Deklaration von neuen Klassen oder Schnittstellen ist die einzige Möglichkeit für den Programmierer, neue Typen zu definieren. Die Werte dieser Typen sind Objektreferenzen. Insbesondere sind Werte von einem Schnittstellentyp Objektreferenzen von Objekten einer die Schnittstelle implementierenden Klasse.

Klassentyp ::= *Bezeichner.*

Schnittstellentyp ::= *Bezeichner.*

Typdeklaration ::= *Klassendeklaration | Schnittstellendeklaration.*

Ein spezieller Klassentyp ist `String`. Er umfaßt *Zeichenketten-Literale*. Der Operator + fügt zwei Zeichenketten aneinander.

Beispiel:
```
System.out.println( "Das sind zwei " + "Zeichenketten" );
```

2.6.3 Feldtyp

Mit dem Feldtyp führt der Programmierer Felder eines Basistyps ein. Die Dimension des Feldes wird erst beim Anlegen festgelegt.

Feldtyp ::= *Typ* [].

Beispiel: Eine 5×5-Matrix über den ganzen Zahlen hat die folgende Form.

```
int[][] matrix = new int[5][5];
// eine andere gleichbedeutende syntaktische Variante ist:
int matrix[][] = new int[5][5];
```

Mit der linken Seite der Zuweisung wird `matrix` als zweidimensionales Feld deklariert, die rechte Seite legt mit der Objekterzeugung die Größe fest.

2.6.4 Typ zur Laufzeit

Bei Objekten eines Schnittstellen- oder Klassentyps unterscheidet Java zwischen dem Typ bei der Übersetzung und dem Typ während der Laufzeit. Im allgemeinen ist letzterer bei Klassentypen eine Subklasse des Typs bei der Übersetzung oder die Klasse selbst und bei Schnittstellentypen eine die Schnittstelle implementierende Klasse.

Beispiel: Mit den Erläuterungen dieses Kapitels werden manche Vereinbarungen für das Sortierprogramm deutlicher. Führen wir nun zusätzlich eine Klasse zum Sortieren von `char`-Werten ein. Hier eingesetzte Typen sind `boolean` als Rückgabetyp der Methode `isLessThan()`, `char` als Typ des Konstruktorparameters `content` und `SortType` als Typ des Parameters `element`. `SortType` ist dabei der einzige verwendete Referenztyp.

```
  // Datei CharSortTypeImpl.java
1 package jf.kapitel2;

2 public class CharSortTypeImpl implements SortType {

3     public CharSortTypeImpl( char content ) {}
4     public boolean isLessThan( SortType element )
          throws WrongSortTypeException {
5         return false;
6     }
7 }
```

Übung

- Legen Sie eine neue Klasse zur Maximumsuche in `char`-Feldern an.
- Bestimmen Sie alle bisher in diesem Kapitel verwendeten Typen, und klassifizieren Sie diese in Referenztypen und Standardtypen.

2.7 Variablen

Variablen assoziieren einen Namen mit einem Speicherplatz. Die Größe des Platzes hängt vom zur Variablen gehörenden Typ und der Initialisierung ab. Der an dieser Stelle gespeicherte Wert ist entweder ein *Literal* eines Standardtyps oder eine Objekt- bzw. eine Feldreferenz.

Während in anderen Programmiersprachen (C, C++, Modula-2, Pascal) ein Zeigertyp existiert, mit dessen Hilfe der Speicher direkt manipuliert werden kann, verzichtet Java auf dieses Mittel. Variablen stellen also die einzige Verbindung zwischen Programm und Speicher dar (genaugenommen sind Variablen von Referenztypen automatisch Zeigervariablen, da sie ja Objektreferenzen speichern, es ist jedoch keine Zeigerarithmetik möglich).

2.7.1 Klassen- und Instanzvariablen

Variablen werden an unterschiedlichen Stellen eines Programms deklariert. Die erste Variante ist die Deklaration als Klassen- oder Instanzvariable im Körper einer Klasse.

Variablendeklaration ::=
 [*Sichtbarkeit*] ([`static`] [`final`] | [`transient`])
 Typ Variable { , *Variable* } ;.

Mit dem Schlüsselwort `static` wird eine Variable als Klassenvariable (im Gegensatz zur Instanzvariable) festgelegt. Eine Klassenvariable bezeichnet genau einen Speicherplatz. In jedem Objekt der Klasse greift man über die Variable auf diesen Speicherplatz zu. Instanzvariablen verweisen dagegen in jedem Objekt der Klasse auf einen anderen Speicherplatz.

Das Schlüsselwort `transient` signalisiert dem Laufzeitsystem, daß die Variable nicht zum persistenten Zustand eines Objekts gehört. Ihr Wert muß beim Abspeichern des Objekts nicht berücksichtigt werden. Die Variable darf dann nicht gleichzeitig als `static` oder `final` gekennzeichnet sein.

Beispiel: Die Klasse `Clock` aus der Einführung enthält in der Zeile 6 die Vereinbarung der Instanzvariablen `calendar`.

2.7.2 Konstanten

Java sieht kein spezielles Konstrukt für Konstanten vor. Wird aber eine Variable als `final` gekennzeichnet, so kann ihr Wert nicht mehr verändert werden (sie bedarf also einer Initialisierung innerhalb der Deklaration). Sie stellt somit eine Konstante dar.

Beispiel: Die folgende Quelltextzeile legt die Variable `PI` als Konstante mit dem Wert 3.14 fest.

```
final float PI = 3.14;
```

2.7.3 Variableninitialisierung

Variable ::= *Identifikator* { [] } [= *Variableninitialisierung*].

Nach der Festlegung ihres Namens kann der Programmierer Variablen schon bei ihrer Einführung initialisieren. Im Fall von Konstanten ist das sogar notwendig. Eine Feldvariable wird durch die in geschweiften Klammern eingeschlossene Auflistung ihrer Komponenten oder die Erzeugung eines neuen Feldes initialisiert.

Nicht initialisierte Variablen eines Standardtyps nehmen vorgegebene Werte des entsprechenden Typs an (0 (`byte`, `short`, `int`, `long`), 0.0 (`float`, `double`), \u000 (`char`), `false` (`boolean`)). Bei einem Referenztyp (Klassen, Schnittstellen, Felder) nimmt eine nicht initialisierte Variable den Wert `null` an. Java-Programme sollten sich auf die automatische Initialisierung jedoch nicht verlassen.

Variableninitialisierung ::= *Ausdruck* |
  [`new` *Feldtyp*] { [*Variableninitialisierung* { , *Variableninitialisierung* }] }.

Beispiel:
```
public String[] gruesse = { "Hallo", "Hi", "Guten Tag" };
public String[] leer = new String[ 3 ];
```
Die Variable `gruesse` verweist auf ein eindimensionales Feld von Zeichenketten mit drei Elementen. Dasselbe gilt für die Variable `leer`. Der Unterschied besteht darin, daß die Komponenten von `gruesse` initialisiert sind, die von `leer` jedoch nicht. Nach folgenden Zuweisungen hat `leer` dieselbe Gestalt, wie `gruesse`:

```
leer[ 0 ] = "Hallo";
leer[ 1 ] = new String( "Hi" );
leer[ 2 ] = "Guten Tag";
```

2.7.4 Lokale Variablen

Lokale Variablen werden im Körper von Methoden und Konstruktoren, allgemein in Blöcken vereinbart. Ihr Geltungsbereich ist der sie umgebende Block. Zu den lokalen Variablen einer Methode zählen außerdem die in ihrer Signatur enthaltenen formalen Parameter.

Lokalvariablendeklaration ::= [`final`] *Typ Variable* { , *Variable* }.

Ab dem JDK-1.1 kann der Programmierer auch lokale Variablen als `final` kennzeichnen. Ihnen kann lediglich einmal ein Wert zugewiesen werden.

2.7 Variablen

Beispiel: Die Methode `tausche()` der Klasse Nbs deklariert eine lokale Variable als Zwischenspeicher.

```
1 class Nbs {
      // Point ist eine Klasse aus java.awt, die zwei
      // Koordinaten enthält.
2     static void tausche( Point x1, Point x2 ) {
3         Point h;
4         h = x1; x1 = x2; x2 = h;
      }
  }
```

Man beachte, daß die Methode keineswegs das bei diesem Namen erwartete Resultat liefert. Zuweisungen an Variablen von Referenztypen bedeuten die Übergabe der Referenz, nicht die Kopie des Objekts selbst. Zwar sind die Werte der Variablen am Ende der Zeile 4 vertauscht, das ist aber außerhalb der Methode nicht sichtbar. Auswirkung nach außen hat die Änderung des referenzierten Objekts, nicht jedoch die Änderung der Referenz.

Die folgende Klasse ist zwar auch nicht besonders sinnvoll, leistet aber das Erwartete.

```
1 class Anbs {
2     static void tausche( Point x1, Point x2 ) {
3         int x = x1.x, y = x1.y;
4         x1.x = x2.x; x1.y = x2.y; x2.x = x; x2.y = y;
      }
  }
```

Hier wird nicht die Referenz, sondern das Objekt selbst verändert.

Beispiel: Die Klasse `Clock` aus der Einführung enthält in der Zeile 8 die Vereinbarung der bezüglich der Methode `main()` lokalen Variable `clock`.

Beispiel: Statten wir nun das Sortierprogramm mit den notwendigen Instanz- und lokalen Variablen aus. Die Anzahl der verwendeten Variablen kann sich dabei im Laufe der weiteren Implementierung erhöhen. Die Klasse `Sort` definiert für die Methode `main()` zwei lokale Variablen, in denen später der Sortieralgorithmus und das zu sortierende Feld gespeichert werden sollen.

```
  // Datei Sort.java
1 package jf.kapitel2;

2 public class Sort {

3     public static void main( String[] args ) {
4         SortAlgorithm algorithm = null;
5         SortType[] field = new SortType[ 10 ];
6     }
7 }
```

Die Klasse `IntSortTypeImpl` erhält eine Instanzvariable zum Speichern eines `int`-Wertes. Diese Variable wird im Konstruktor mit dem Wert des Konstruktorparameters belegt (Zeile 5). Den Wert der Variablen soll man von außen abfragen können, das realisiert die neue Methode `getContent()`. Außerdem können wir nun die Methode `isLessThan()` implementieren.

```
   // Datei IntSortTypeImpl.java
 1 package jf.kapitel2;

 2 public class IntSortTypeImpl implements SortType {

 3     private int content = 0;

 4     public IntSortTypeImpl( int content ) {
 5         this.content = content;
 6     }
 7     public boolean isLessThan( SortType element )
                         throws WrongSortTypeException {
 8         return ( content < element.getContent() );
 9     }
10     public int getContent() {
11         return content;
12     }
13 }
```

In der Klasse `BubbleSortAlgorithmImpl` benötigen wir wahrscheinlich die Länge des zu sortierenden Feldes als eine lokale Variable der Methode `sort()`, außerdem soll das Sortieren später auf einer Kopie des Parameters stattfinden (Variable `sorted`), um diesen nicht zu verändern.

```
   // Datei BubbleSortAlgorithmImpl.java
 1 package jf.kapitel2;

 2 public class BubbleSortAlgorithmImpl
        implements SortAlgorithm {

 3     public SortType[] sort( SortType[] field ) {
 4         int length = field.length;
 5         SortType[] sorted = field;
 6         return sorted;
 7     }
 8 }
```

Übung

- Erweitern Sie die Klasse `CharSortTypeImpl` um eine Instanzvariable, die einen char-Wert speichert.

- Überlegen Sie, an welchen Stellen bei der Maximumsuche Werte gespeichert werden müssen. Führen Sie an den entsprechenden Stellen Variablen ein.

- Klassifizieren Sie die in den Einführungsbeispielen verwendeten Variablen in Instanz-, Klassen- und lokale Variablen.

2.8 Ablaufsteuerung und Anweisungen

Seit der Einführung von Programmiersprachen wurden unterschiedliche Varianten der Ablaufsteuerung untersucht. Als allgemeine Prinzipien sind heute die Hintereinanderausführung von Anweisungen, die wiederholte Ausführung (Schleife), die bedingte Anweisung (oder Fallunterscheidung) und die Zuweisung geläufig. All diese Methoden findet man auch in Java wieder, dazu kommen Sprunganweisung (keine GOTO-Anweisung), Synchronisationsanweisung (als Leihgabe aus der Theorie paralleler Prozesse) und Ausnahmeanweisung (als Weiterentwicklung des Prinzips der Interruptbehandlungsroutinen).

2.8.1 Der Block

Die übergeordnete syntaktische Einheit, in der Anweisungen spezifiziert werden, ist der Block.

Block ::= { { *Lokalvariablendeklaration* ; | *Anweisung* | *LokaleKlasse* } }.

Der Programmierer kann an beliebigen Stellen eines Blockes lokale Variablen und lokale Klassen (ab JDK-1.1) einführen.

Anweisungen und Variablendeklarationen werden durch ein Semikolon abgeschlossen und in der Reihenfolge ihres Erscheinens bearbeitet. Java kennt die folgenden Anweisungen:

Anweisung ::= *Leeranweisung* | *Ausdrucksberechnung* ; |
  Auswahlanweisung | *Schleifenanweisung* |
  Sprungmarkierung | *Sprunganweisung* ; |
  Synchronisationsanweisung | *Ausnahmeanweisung* |
  Block.

Leeranweisung ::= ;.

Eine leere Anweisung hat keine konkrete Aufgabe. An jede Stelle, an die eine Anweisung gehört, kann der Programmierer ein Semikolon setzen.

Berechnung von Ausdrücken. Eine Ausdrucksberechnung wird entweder als *Anweisung* oder als *Ausdruck* verwendet (je nach Auftreten im Programm). Steht sie für einen Ausdruck, so ist ihr Wert die bestimmende Eigenschaft, die Zuweisung ist Nebeneffekt. Als Anweisung wird ihr Wert ignoriert.

Ausdrucksberechnung ::= *Zuweisung | Präinkrement | Postinkrement
| Prädekrement | Postdekrement | Methodenaufruf | Objekterzeugung.*

2.8.2 Zuweisung

Der Wert des Ausdrucks wird berechnet und an der zur linken Seite gehörenden Speicherstelle abgelegt. Die linke Seite muß also auf einen Speicherplatz verweisen, im allgemeinen wird das eine Variable sein.

Zuweisung ::= *Referenzzugriff Zuweisungsoperator Ausdruck.*

Bei der Zuweisung an eine Variable eines Referenztyps erfolgt keine Kopie des auf der rechten Seite referenzierten Objekts, die Variable referenziert vielmehr danach dasselbe Objekt.

Für die Zuweisung an Variablen eines Standardtyps gibt es neben dem eigentlichen Zuweisungsoperator (=) wie in C und C++ eine Reihe abkürzender Operatoren.

Die rechte Seite der Zuweisung wird dabei zunächst mit der linken entsprechend verknüpft, und das Ergebnis dann der linken Seite zugewiesen.

Der jeweils berechnete Wert einer Zuweisung ist gleichzeitig ihr Wert, wenn sie als Ausdruck auftritt.

Zuweisungsoperator ::= = | += | *= | -= | /= | %= | &= | |= | ^=
| <<= | >>= | >>>=.

Beispiel: Die folgenden Zuweisungen berechnen jeweils den Nachfolger von x im Bereich der ganzen Zahlen. (Ein eventueller Überlauf wird nicht bemerkt!)
```
int x = 0;
x = x + 1; // x hat nun den Wert 1
x += 1;    // x hat nun den Wert 2
           // Beide Anweisungen sind gleichwertig.
```
Die Tabelle 2.2 gibt einen Überblick über die Zuweisungsoperatoren.

Im Vergleich zu C und C++ kann der Programmierer die Zuweisung im allgemeinen nicht als Bedingung in bedingten Anweisungen und Schleifen verwenden, sondern nur dann, wenn das Ergebnis `true` oder `false` war.

Beispiel:
```
// In C:
int x, y = 100; while ( x = y / 2 );

// In Java:
int x, y = 100; while (( x = y / 2 ) != 0 );
// Die Zuweisung ist hier ein Ausdruck !
```

2.8 Ablaufsteuerung und Anweisungen

Operator	Beispiel	Erläuterung
=	i=5	i erhält den Wert 5, der Ausdruck auch.
+=	i+=5	gleichbedeutend zu i=i+5
*=	i*=5	gleichbedeutend zu i=i*5
-=	i-=5	gleichbedeutend zu i=i-5
/=	i/=5	gleichbedeutend zu i=i/5
%=	i%=5	gleichbedeutend zu i=i%5
&=	i&=1	gleichbedeutend zu i=i&1, i hat danach den Wert 1, wenn vorher sein erstes Bit gesetzt war.
|=	i|=1	gleichbedeutend zu i=i|1. Die Zuweisung setzt das erste Bit von i.
^=	i^=j	gleichbedeutend zu i=i^j
<<=	i<<=2	gleichbedeutend zu i=i<<2
>>=	i>>=2	gleichbedeutend zu i=i>>2
>>>=	i>>>=2	gleichbedeutend zu i=i>>>2

Tabelle 2.2: *Zuweisungsoperatoren und ihre Bedeutung*

2.8.3 Dekrement und Inkrement

Dekrement und Inkrement sind aus C übernommen und kürzen eine Folge von Zuweisungen beträchtlich ab. Durch die erreichte Kompaktheit werden Ausdrücke unter Umständen jedoch schwer einsichtig.

Der Programmierer muß sich immer darüber im klaren sein, wann während der Ausdrucksberechnung der Wert der entsprechenden Variablen verändert wird (Kapitel 2.9).

Die häufigste Anwendung finden diese Anweisungen im *Schleifenschritt* einer `for`-Anweisung.

Präinkrement ::= *Inkrementoperator Referenzzugriff*.

Postinkrement ::= *Referenzzugriff Inkrementoperator*.

Prädekrement ::= *Dekrementoperator Referenzzugriff*.

Postdekrement ::= *Referenzzugriff Dekrementoperator*.

Inkrementoperator ::= `++`.

Dekrementoperator ::= `--`.

Sowohl Dekrement als auch Inkrement sind nur für arithmetische Typen definiert.

Beispiel: Die folgenden Anweisungen berechnen wiederum den Nachfolger.

```
int x = 0;
x++; //x hat nun den Wert 1
++x; //x hat nun den Wert 2
```

Beispiel: In den folgenden Anweisungen wird der Nachfolger als Seiteneffekt berechnet.

```
int x = 0, y = 0;
y = x++; //x hat nun den Wert 1, y den Wert 0
y = ++x; //x hat nun den Wert 2, y ebenfalls
```

2.8.4 Methodenaufruf

Wie bei Zuweisungen wird das eventuelle Resultat eines Methodenaufrufs ignoriert, wenn er als Anweisung fungiert. Andererseits darf ein Methodenaufruf nur dann als Ausdruck verwendet werden, wenn der Resultattyp der Methode nicht `void` ist.

Methodenaufruf ::= *Komponentenzugriff* ([*Argumentliste*]).

Die Argumentliste enthält Ausdrücke, die den formalen Parametern der Methode zugewiesen werden. Der Typ eines Ausdrucks muß deshalb zuweisungskompatibel zum Typ des entsprechenden formalen Parameters sein und die Anzahl der Argumente mit der Anzahl der Parameter übereinstimmen. Wie in C sind alle Parameter Wertparameter (call by value), d.h. sie besitzen einen eigenen Speicherplatz, auf den der Wert des zugehörigen Ausdrucks kopiert wird. Da Objekte als Referenz gespeichert werden, kann man Parameter eines Referenztyps jedoch als Referenzparameter betrachten, die Änderung des Objekts im Inneren der Methode wirkt sich nach außen aus (nicht jedoch die Änderung der Referenz!).

Beispiel:
```
public class PTausch {

    public static void main( String[] arg ) {
        Point x1 = new Point( 1, 1 ), x2 = new Point( 2, 2 );
        System.out.println( x1 + " und " + x2 );
        // nicht vertauscht:
        Nbs.tausche( x1, x2 );
        System.out.println( x1 + " und " + x2 );
        // vertauscht:
        Anbs.tausche( x1, x2 );
        System.out.println( x1 + " und " + x2 );
    }
}
```

2.8 Ablaufsteuerung und Anweisungen 65

Die einzige Methode von `PTausch` besteht neben der Einführung von lokalen Variablen nur aus Methodenaufrufen. Die `tausche()`-Methoden der Klassen `Nbs` und `Anbs` (Kapitel 2.7) ändern die Referenz bzw. das Objekt, die Methode `println()` der Klassenvariablen `out` macht das durch die Ausgabe der Punkte deutlich.

2.8.5 Erzeugung von Objekten

Die Erzeugung von Objekten wird in der Sprachspezifikation von Java ([Java95]) als eigenständige Anweisung angeführt. Sie ist jedoch nur sinnvoll, wenn die Referenz auf das erzeugte Objekt auch in einer Variablen gespeichert wird, d.h. wenn sie als Ausdruck verwendet wird oder wenn der gerufene Konstruktor der Klasse neben der Initialisierung auch gleich die Abarbeitung anstößt. Weitere Informationen zu diesem Thema enthält deshalb das Kapitel 2.9.

2.8.6 Bedingte Anweisung

Java unterscheidet zwei Auswahlanweisungen: die bedingte Anweisung und die Fallunterscheidung.

Auswahlanweisung   ::=   *IF-Anweisung* | *SWITCH-Anweisung*.

Bei einer bedingten Anweisung testet der Interpreter eine Bedingung; ist diese Bedingung erfüllt, führt er die angegebene Anweisung aus. Ist sie nicht erfüllt, überspringt er die Anweisung und führt gegebenenfalls eine alternative Anweisung aus. Im Gegensatz zu C oder C++ muß die Bedingung (*Ausdruck*) vom Typ `boolean` sein. Ein `else`-Zweig gehört zur innersten möglichen `if`-Anweisung.

IF-Anweisung   ::=   if (*Ausdruck*) *Anweisung* [else *Anweisung*].

Beispiel:
```
    int x;
    ...
    // x % 2 ist nicht vom Typ boolean -> semantisch falsch
    if ( x % 2 ) System.out.println( "x ist ungerade" );
    // richtig ist:
    if (( x % 2 ) == 1 ) System.out.println( "x ist ungerade" );
    // verschachtelte if-Anweisung
    if ( x > 1 )
       if ( x > 5 )
          System.out.println( "x ist groesser als 5" );
       else System.out.println( "x liegt zwischen 2 und 5" );
```

In der letzten bedingten Anweisung stellt die Einrückung die Zugehörigkeit des `else`-Zweiges dar.

2.8.7 Fallunterscheidung

Der Körper der switch-Anweisung enthält markierte Anweisungen. *Ausdruck* muß vom Typ char, byte, short oder int sein. Der Wert des Ausdrucks wird berechnet und mit den in der Fallunterscheidung aufgeführten Marken verglichen. Stimmt eine Marke mit dem Wert überein, so arbeitet das Programm an dieser Stelle weiter, ansonsten, falls vorhanden, bei default. Die Anweisung break beendet die Abarbeitung innerhalb der switch-Anweisung und führt sie mit der nächsten äußeren Anweisung fort.

SWITCH-Anweisung ::= switch (*Ausdruck*) { { *Fallunterscheidung* } }.

Fallunterscheidung ::= *Anweisung*
 | case *Konstantenausdruck* : *Anweisung*
 | default : *Anweisung*.

Beispiel:
```
int x; ...
switch ( x ) {
case 1:  System.out.println( "x ist 1" );
case 2:  System.out.println( "x ist 1 oder 2" );
         break;
case 3:  System.out.println( "x ist 3" );
         break;
default: System.out.println( "x ist weder 1, 2 noch 3" );
}
```

Die Ausgabe verdeutlicht die ausgeführten Anweisungen. Die mit case 1: markierte Anweisung endet nicht mit break, die mit case 2: markierte Ausgabe wird deshalb ebenfalls ausgeführt, wenn x den Wert 1 hat.

2.8.8 while-Schleife

In Java gibt es drei Typen von Schleifen, alle dienen der wiederholten Ausführung von Anweisungen.

Schleifenanweisung ::= *WHILE-Schleife* | *DO-WHILE-Schleife*
 | *FOR-Schleife*.

Die while-Schleife wertet die Bedingung (*Ausdruck* vom Typ boolean) zur Fortsetzung vor jedem Schleifendurchlauf aus. Ist sie erfüllt (ihr Wert ist dann true), wird die *Anweisung* erneut ausgeführt. Ist sie nicht erfüllt, fährt die Abarbeitung des Programms nach dem Ende der Schleife fort.

WHILE-Schleife ::= while ([*Ausdruck*]) *Anweisung*.

2.8 Ablaufsteuerung und Anweisungen

Beispiel: Im Beispiel erhöht sich der Wert von x jeweils so lange um 1, bis er 10 ist.

```
int x = 0;
while ( x < 10 ) x++;       // x hat danach den Wert 10
while ( x < 10 ) x++;       // x hat danach den Wert 10
x = 0; while ( ++x < 10 );  // x hat danach den Wert 10
```

Beispiel: Für das Sortierprogramm müssen wir den Bubblesort-Algorithmus implementieren. Kurz gesagt tauscht der Algorithmus so lange benachbarte Feldelemente gegeneinander aus, bis alle Elemente in der richtigen Reihenfolge stehen. Die folgende Implementierung benutzt dafür zwei ineinandergeschachtelte `while`-Schleifen.

```
3     public SortType[] sort( SortType[] field ) {
4         int length = field.length;
5         SortType[] sorted = field;
          // Soll die Suche wiederholt werden?
6         boolean again = true;
          // solange Vertauschungen stattfanden ....
7         while ( again ) {
8             again = false;
9             int i = 0;
              // teste alle benachbarten Elemente
10            while ( i < length - 1 ) {
11                if ( ! sorted[ i ].isLessThan( sorted[ i + 1 ] )) {
12                    SortType temp = sorted[ i ];
13                    sorted[ i ] = sorted[ i + 1 ];
14                    sorted[ i + 1 ] = temp;
                      // Es fand eine Vertauschung statt.
15                    again = true;
16                }
17                i++;
18            }
19        }
20        return sorted;
21    }
```

2.8.9 do-while-Schleife

Der einzige Unterschied zur `while`-Schleife besteht darin, daß die Fortsetzungsbedingung erst am Ende des Schleifendurchlaufs überprüft wird. Die *Anweisung* des Schleifenkörpers wird deshalb mindestens einmal ausgeführt.

DO-WHILE-Schleife   ::=   do *Anweisung* while ([*Ausdruck*]) ;.

Beispiel: Im Gegensatz zum letzten Beispiel wird x in der zweiten Schleife einmal um 1 erhöht.

```
int x = 0;
do x++; while ( x < 10 ); // x hat danach den Wert 10
do x++; while ( x < 10 ); // x hat danach den Wert 11
```

Beispiel: Wir hätten Bubblesort auch mit do-while-Schleifen implementieren können:

```
6        boolean again = false;
7        do {
8            again = false;
9            int i = 0;
10           do {
11               if ( ! sorted[ i ].isLessThan( sorted[ i + 1 ] )) {
12                   SortType temp = sorted[ i ];
13                   sorted[ i ] = sorted[ i + 1 ];
14                   sorted[ i + 1 ] = temp;
15                   again = true;
16               }
17               i++;
18           } while ( i < length - 1 );
19       } while ( again );
```

2.8.10 for-Schleife

Die for-Schleife ist die ausdrucksfähigste der drei Schleifen. Im Prinzip könnte der Programmierer die gesamte Funktionalität im Schleifenkopf einer for-Schleife formulieren. Der Lesbarkeit zuliebe sollte er aber darauf verzichten.

Zu Beginn der Abarbeitung der for-Schleife werden einmal alle Anweisungen der *Schleifeninitialisierung* ausgeführt. Vor einem Durchlauf testet der Interpreter den *Ausdruck*. Der Interpreter fährt mit der *Anweisung* fort, wenn der *Ausdruck* den Wert true hat, oder wenn der *Ausdruck* fehlt. Nach jeder Ausführung der *Anweisung* arbeitet der Interpreter die Anweisungen des *Schleifenschrittes* ab, bevor er die Bedingung erneut testet. Ist der *Ausdruck* vorhanden und hat den Wert false, so beendet der Interpreter die Schleife und führt die der Schleife folgende Anweisung aus.

In der *Schleifeninitialisierung* kann der Programmierer lokale Variablen einführen, die dann nur innerhalb der Schleife gültig sind.

FOR-Schleife ::=
    for (*Schleifeninitialisierung* ; [*Ausdruck*] ; *Schleifenschritt*) *Anweisung*.

Schleifeninitialisierung ::= *Schleifenschritt* | *Lokalvariablendeklaration*.

Schleifenschritt ::= [*Ausdrucksberechnung* { , *Ausdrucksberechnung* }].

Beispiel:
```
// Die Schleife wird 10mal durchlaufen,
// danach ist x jedoch nicht mehr bekannt
for ( int x = 0; x < 10; x++ );
int y;
for ( y = 0; y < 10; y++ );           // danach hat y den Wert 10
for ( y = 0; y < 10; y++ ) y *= 2; // danach hat y den Wert 15
```

Eine in der Schleifeninitialisierung eingeführte Variable ist außerhalb der Schleife nicht vorhanden.

Beispiel: Die folgenden Schleifen laufen alle endlos, es sei denn, sie werden durch eine Sprunganweisung unterbrochen.
```
while ( true ) anweisung;
do anweisung; while ( true );
for (;;) anweisung;
```

Beispiel: Insgesamt bietet sich für Bubblesort die Kombination einer while-Schleife mit einer for-Schleife an:

```
 6      boolean again = true;
 7      while ( again ) {
 8          again = false;
 9          for ( int i = 0; i < length - 1; i++ )
10              if ( ! sorted[ i ].isLessThan( sorted[ i + 1 ] )) {
11                  SortType temp = sorted[ i ];
12                  sorted[ i ] = sorted[ i + 1 ];
13                  sorted[ i + 1 ] = temp;
14                  again = true;
15              }
16      }
```

2.8.11 Verlassen einer umgebenden Anweisung

Sprunganweisungen veranlassen den Interpeter, die Abarbeitung an einer vom Programmierer festgelegten Stelle fortzusetzen. Java unterscheidet vier verschiedene dieser Anweisungen. Für den **break**- und den **continue**-Sprung kann der Programmierer die Zeile markieren, in der der Interpreter weiterarbeitet.

Sprungmarkierung   ::=   *Identifikator : Anweisung.*

Sprunganweisung   ::=   *BREAK-Sprung | CONTINUE-Sprung*
  | THROW-Sprung | RETURN-Sprung.

Mit der Sprunganweisung **break** kann der Programmierer sowohl Schleifen als auch Fallunterscheidungen unterbrechen. Verwendet er **break** ohne Argument, beendet das Programm die umgebende Anweisung und setzt bei der folgenden äußeren fort.

Eine Marke als Argument veranlaßt das Programm zu einem Sprung an das Ende der entsprechend markierten umgebenden Anweisung. Der Sprung an beliebige Stellen des Programms ist also nicht erlaubt. Dieses Mittel gestattet das gleichzeitige Verlassen mehrerer äußerer Schleifen.

BREAK-Sprung ::= break [*Identifikator*].

Eine Sprungmarke ist zwar syntaktisch vor jeder Anweisung erlaubt, jedoch nur vor einer Schleifenanweisung sinnvoll.

Beispiel:
```
    int x = 0;
    // Die Schleife wird 10mal durchlaufen,
    // danach hat x den Wert 10.
    while ( true ) if ( ++x == 10 ) break;

    x = 0;
    // Die Schleife wird 10mal durchlaufen,
    // danach hat x den Wert 10.
    hier : while ( true ) {
              while ( true )
                  if ( ++x == 10 ) break hier;
              x = 5;
          }
```

Beispiel: Bei dem folgenden Programm
```
    public class Marke {
        public static void main( String[] arg ) {
            marke: System.out.println( "Hier ist die Marke" );
            for ( int i = 0; i < 10; i++ ) {
                System.out.println( i );
                if ( i > 5 ) break marke;
                System.out.println( i );
            }
        }
    }
```
zeigt der Compiler einen Fehler an:

Marke.java:8: No label definition found for marke.
                           if (i>5) break marke;

Die Marke muß direkt vor der Schleife eingeführt werden.

2.8.12 Fortsetzung einer umgebenden Anweisung

Trifft der Interpreter auf eine `continue`-Anweisung, so beginnt er sofort mit dem nächsten Schleifendurchlauf der markierten oder direkt umgebenden Schleife. Wiederum ist die Anweisung nur für umgebende Schleifen gültig.

2.8 Ablaufsteuerung und Anweisungen

CONTINUE-Sprung ::= `continue` [*Identifikator*].

Beispiel:
```
int x = 0;
while ( x < 10 ) {
    if ( ++x < 10 ) continue;
    System.out.println( "x ist 10" );
}
```
Der Programmauszug gibt einmal den Text `x ist 10` aus, nämlich genau dann, wenn x seinen Wert in der bedingten Anweisung von 9 auf 10 ändert, die Bedingung ist dadurch nicht erfüllt, die `continue`-Anweisung entfällt.

2.8.13 Wertrückgabe

Mit der Wertrückgabe setzt der Ablauf nach der die Methode rufenden Stelle fort. Ist der *Resultattyp* der Methode als `void` angegeben, muß das Argument fehlen (allerdings ist eine `return`-Anweisung in einer solchen Methode nicht notwendig), anderenfalls muß es ihm zuweisungskompatibel sein.

RETURN-Sprung ::= `return` [*Ausdruck*].

Beispiel: Die Methode `setLeadingZero()` der Klasse `Clock` gibt eine Zeichenkette zurück.
```
23      protected String setLeadingZero( int i ) {
24          return ( i < 10 ) ? "0" + String.valueOf( i )
                              : String.valueOf( i );
25      }
```

2.8.14 Erzeugung einer Ausnahme

Die `throw`-Anweisung erzeugt zur Laufzeit eine Ausnahme, auf die das rufende Programm reagieren muß. Der *Referenzausdruck* bezeichnet die erzeugte Ausnahme, ein Objekt einer von `Exception` abgeleiteten Klasse.

THROW-Sprung ::= `throw` *Referenzausdruck*.

Beispiel: Die Methode `teile()` erzeugt bei einer Division durch 0 eine Ausnahme.
```
static int teile( int x, int y ) throws ArithmeticException {
    if ( y == 0 )
        throw( new ArithmeticException( "Division durch 0" ));
    else return x / y;
}
```
Verwendet eine Methode die `throw`-Anweisung, muß sie es nach außen anzeigen.

Beispiel: Die Methode `isLessThan()` aus unserem Sortierbeispiel soll eine Ausnahme auslösen, wenn der Parametertyp nicht mit dem eigenen Typ übereinstimmt:

```
7      public boolean isLessThan( SortType element )
           throws WrongSortTypeException {
8          if ( ! ( element instanceof IntSortTypeImpl ))
9             throw new WrongSortTypeException();
10         return ( content <
                    ( (IntSortTypeImpl) element ).getContent() );
11     }
```

2.8.15 Synchronisation

Mit der Synchronisationsanweisung stimmen Threads ihr Verhalten aufeinander ab. Der Mechanismus wird in Kapitel 3.6 näher beschrieben.

Synchronisationsanweisung ::= `synchronized` (*Ausdruck*) *Anweisung*.

2.8.16 Bearbeitung von Ausnahmen

Die `try`-Anweisung etabliert Behandlungsroutinen für die angegebenen Ausnahmen. Treten sie während der Abarbeitung der Anweisungen im *Block* auf, so wird zunächst die entsprechende Behandlung, dann, falls vorhanden, der Anweisungsblock im `finally`-Teil und anschließend die nachfolgende Anweisung abgearbeitet.

Ausnahmeanweisung ::= `try` *Block* { `catch` (*Bezeichner*) *Block* }
  (`finally` | `catch` (*Klassentyp Identifikator*)) *Block*.

Beispiel: Die Anwendung der Methode `teile()` sieht z.B. so aus:

```
public static void main( String[] arg ) {
   try { int x = teile( 1, 0 ); }
   catch ( ArithmeticException e ) {
      System.out.println( "Ausnahme bei der Division:"
                          + e.getMessage() );
   }
}
```

Die Ausgabe ist:
```
Ausnahme bei der Division: Division durch 0
```

Beispiel: Die fertige Implementierung der Methode `sort()` im Sortierbeispiel muß die von `isLessThan()` erzeugte Ausnahme beachten:

```
8          again = false;
9          for ( int i = 0; i < length - 1; i++ )
10            try {
11               if ( ! sorted[ i ].isLessThan( sorted[ i + 1 ] )) {
```

```
12                        SortType temp = sorted[ i ];
13                        sorted[ i ] = sorted[ i + 1 ];
14                        sorted[ i + 1 ] = temp;
15                        again = true;
16                     }
17                  }
18                  catch ( WrongSortTypeException e ) {
19                     System.err.println(
                           "falsche Argumente: nicht sortiert!" );
20                     return null;
21                  }
```

Übung

- Implementieren Sie einen Algorithmus zur Maximumsuche. Testen Sie dabei alle drei Schleifenvarianten.

- Erzeugen Sie in der Methode eine Ausnahme, wenn das zu untersuchende Feld leer ist bzw. die Länge 0 aufweist.

- Werten Sie die Ausnahme beim Aufruf der Methode aus.

2.9 Ausdrücke

Java-Ausdrücke sind, wie allgemein in Programmiersprachen, durch ihren Wert und ihren Typ gekennzeichnet. Zu jeder Form eines Ausdrucks gibt der folgende Abschnitt deshalb eine Regel zur Berechnung des Ausdruckswertes und zur Bestimmung des Typs an.

Ein Spezialfall ist der *Referenzzugriff*. Er steht entweder für einen Speicherplatz oder für ein referenziertes Objekt. Markant wird der Unterschied, wenn man die Rolle einer Variablen auf der rechten bzw. linken Seite einer Zuweisung betrachtet. Auf der rechten Seite interessiert das referenzierte Objekt, auf der linken ihr Speicherplatz.

Im folgenden gilt: Der Wert bzw. der Typ eines speziellen Ausdrucks ergibt sich aus dem Wert bzw. Typ einer möglichen Alternative.

Literale, also die Werte der Standardtypen, und Referenzausdrücke bilden die Grundausdrücke.

Grundausdruck   ::=   *Literal* | *Referenzausdruck*.

2.9.1 Literale

Die genaue Syntax der Literale kann der Leser dem Anhang entnehmen. Wichtig ist nur, daß aus dem Literal eindeutig der zugehörende Typ abzulesen ist. Dazu sind für sich überlappende Standardtypen spezielle Kennzeichen vorgesehen (z.B. ist 10l aus long). Der Wert eines Literals ist das Literal selbst.

Literal ::= *Zahl-Literal* | *Gleitkommazahl-Literal* |
Wahrheitswert-Literal | *Zeichen-Literal* | *Zeichenkette-Literal* |
Klassen-Literal.

Beispiel: In den folgenden Zuweisungen werden verschiedene Literale zur Initialisierung von Variablen eingesetzt:

```
int i = 5;              // Zahl-Literal
long l = 5l;            // Zahl-Literal
double pi = 3.14;       // Gleitkommazahl-Literal
boolean b = false;      // Wahrheitswert-Literal
char a = 'a';           // Zeichen-Literal
String s = "hallo";     // Zeichenkette-Literal
Class c = String.class; // Klassen-Literal
```

Klassen-Literale wurden neu in das JDK-1.1 eingeführt, entstehen durch das Anhängen von .class an einen Typbezeichner und erzeugen ein Objekt der Klasse Class.

2.9.2 Referenzen

Ein Referenzausdruck verweist auf ein Objekt oder einen Speicherplatz über einen Namen, einen Feld- oder Komponentenzugriff, einen Methodenaufruf oder durch die Erzeugung des Objekts. Sein Wert ist eine Objektreferenz oder der Wert am entsprechenden Speicherplatz, sein Typ die Klasse des Objekts bzw. der Typ aus der Deklaration.

Referenzausdruck ::= *Referenzzugriff* | *Objekterzeugung.*

Referenzzugriff ::= *Bezeichner* | *Feldzugriff* |
Komponentenzugriff | *Methodenaufruf* | (*Ausdruck*).

Der Wert (Typ) eines geklammerten Ausdrucks entspricht dem Wert (Typ) des Ausdrucks selbst.

2.9.3 Feldzugriff

In einem Feld ist eine Menge von Speicherplätzen (Variablen) zusammengefaßt. Analog zu Variablen bezeichnet ein Feldzugriff also einen bestimmten Speicherplatz oder den Wert an dieser Stelle. Sein Typ ist der Basistyp des Feldes.

2.9 Ausdrücke

Bei der Wertberechnung wird zunächst der Wert des Referenzausdrucks, danach der Wert des in eckigen Klammern eingeschlossenen Ausdrucks berechnet.

Feldzugriff   ::=   *Referenzausdruck* [*Ausdruck*] .

Beispiel:
```
int[] x = { 1, 2, 3, 4 }, y = { 5, 6, 7, 8 }, z;
y[ x[ 0 ] ] = 9; // danach ist y[ 1 ] == 9 und nicht mehr 6
( z = y )[ ( y = x )[ 0 ] + y[ 1 ] ] = 0;
                 // danach ist z[ 3 ] == 0 und nicht mehr 8
```

In der zweiten Berechnung wird zuerst z=y berechnet. An dieser Stelle referenziert y noch das an einer Position veränderte Feld aus der Initialisierung. Und das gilt dann auch für z. Nach der nächsten Zuweisung referenziert y dasselbe Feld wie x, die Addition berechnet also 1+2, die gesamte Anweisung verändert demnach die dritte Komponente des Feldes, das jetzt nur noch z referenziert.

2.9.4 Komponentenzugriff

Analoges wie für den Feldzugriff gilt für den Komponentenzugriff. Eine Besonderheit bilden Zeichenketten.

Beispiel:
```
System.out.println( "Die Laenge dieser Zeile ist " +
    String.valueOf( "Die Laenge dieser Zeile ist ".length()));
```
Ein Zeichenkettenliteral referenziert ein anonymes Objekt der Klasse String.

Komponentenzugriff   ::=
   [(*Referenzausdruck* | *Zeichenkette-Literal*) .] *Identifikator* .

2.9.5 Methodenaufruf

Der Methodenaufruf wurde schon im Zusammenhang mit Anweisungen besprochen (Kapitel 2.8). Sein Wert ergibt sich aus dem Wert des Ausdrucks der zugehörenden return-Anweisung, sein Typ aus dem deklarierten *Resultattyp* der Methode, der in diesem Fall nicht void sein darf.

2.9.6 Erzeugung von Objekten

Bei der Objekterzeugung entsteht ein neues Objekt, das durch den Wert des Ausdrucks referenziert wird. Ein Spezialfall ist die Erzeugung eines Feldes.
Durch die Angabe eines *Klassenkörpers* ist es seit dem JDK-1.1 möglich, anonyme Klassen einzuführen. Anonyme Klassen werden in Kapitel 2.11 im Zusammenhang mit inneren Klassen erläutert. Dort wird auch die Qualifizierung von new durch den *Referenzausdruck* beschrieben.

Objekterzeugung ::= [*Referenzausdruck* .] new *Typ*
(

    ([*Argumentliste*]) [*Klassenkörper*] |
    [*Ausdruck*] { [*Ausdruck*] } { [ ] }

).

Die Erzeugung eines neuen Objekts einer Klasse geht einher mit dem Aufruf des entsprechenden Konstruktors der Klasse.

Beispiel:
```
String x = new String( "Das ist eine Zeichenkette" );
int[][] y = new int[ 5 ][];
for ( int i = 0; i < 5; i++ ) y[ i ] = new int[ i + 1 ];
```
Die letzte Schleife erzeugt ein dreieckiges Feld.

Es sei noch einmal daran erinnert, daß keine Objekte von abstrakten Klassen oder Schnittstellen gebildet werden können.

Für Zeichenketten und Felder existiert eine besondere Variante der Objekterzeugung, die Angabe eines Literals.

Beispiel: Das obige Beispiel abgewandelt:
```
String x = "Das ist eine Zeichenkette";
int[][] y = { {1}, {1, 2}, {1, 2, 3}, {1, 2, 3, 4} };
```
Im Unterschied zum ersten Beispiel sind die Feldkomponenten von y hier aber schon mit Werten vorbelegt.

Beispiel: Für das Sortierprogramm kann die Klasse `Sort` die Variable `field` für Testzwecke wie folgt initialisieren:
```
 5      SortType[] field = { new IntSortTypeImpl( 10 ),
 6                           new IntSortTypeImpl( 11 ),
 7                           new IntSortTypeImpl( 14 ),
 8                           new IntSortTypeImpl( 13 ),
 9                           new IntSortTypeImpl(  1 ),
10                           new IntSortTypeImpl(  7 ),
11                           new IntSortTypeImpl(  5 ),
12                           new IntSortTypeImpl( 19 ) };
```

2.9.7 Faktor

Bei allen Operatoren unterliegen arithmetische Operanden einer Typanpassung, wie sie in Kapitel 2.6 beschrieben ist. Weiterhin bestimmt die Reihenfolge der Syntaxregeln den Vorrang der Operatoren untereinander. Operatoren, die am Anfang der Liste stehen, haben einen größeren Vorrang als Operatoren am Ende der Liste. Der Vorrang kann durch Klammerung verändert werden. Eine Kurzreferenz enthält die Tabelle 2.3.

2.9 Ausdrücke

Operator	Beispiel	Erläuterung
++	++i	Gleichbedeutend mit i=i+1, Wert: i nach der Berechnung
--	i--	Gleichbedeutend mit i=i-1, Wert: i vor der Berechnung
+	+5	positives Vorzeichen
-	-5	negatives Vorzeichen
!	!b	Negation, nur für `boolean`
~	~i	bitweise Negation
*	2*j	Multiplikation
/	i/j	Division mit Rest für ganze Zahlen, Division für Gleitkommazahlen
%	i%4	Rest der Division bei ganzen Zahlen, Abweichung vom Ergebnis bei Gleitkommazahlen
+	i+j	Addition
-	i-j	Subtraktion
>>	i>>2	Rechtsverschiebung der Bits von i um zwei Stellen, bei einem negativen Vorzeichen wird die Zahl von links mit Einsen aufgefüllt, sonst mit Nullen.
<<	i<<2	Linksverschiebung der Bits von i um zwei Stellen, die Zahl wird von rechts mit Nullen aufgefüllt.
>>>	i>>>2	Vorzeichenlose Rechtsverschiebung, i wird von links mit Nullen aufgefüllt
>	i>j	Vergleich (größer)
<	i<j	Vergleich (kleiner)
>=	i>=j	Vergleich (größer oder gleich)
<=	i<=j	Vergleich (kleiner oder gleich)
==	i==j	Identität
!=	i!=j	Ungleichheit
&	i&j	bitweises Und
^	i^j	bitweises exklusives Oder
|	i|j	bitweises Oder
&&	a&&b	Und-Verknüpfung Boolescher Ausdrücke
||	a||b	Oder-Verknüpfung Boolescher Ausdrücke
?:	a?i:j	Bedingungsoperator: wenn a gilt, dann i, sonst j

Tabelle 2.3: Operatoren und ihre Bedeutung

Grundfaktor ::= *Grundausdruck* | *Postinkrement* | *Postdekrement* | *Typkonvertierung* | *Negationsoperator Faktor*.

Negationsoperator ::= ~ | !.

Inkrement und Dekrement wurden bereits bei den Anweisungen vorgestellt (Kapitel 2.8). Hier stellt sich die Frage nach dem Wert, wenn sie als Ausdruck eingesetzt werden. Bei nachgestelltem (Post-) Dekrement bzw. Inkrement ist das der Wert der Variablen vor der Berechnung, bei vorgestelltem (Prä-) der Wert nach der Berechnung. Der Ausdruck übernimmt dabei den Typ der Variablen.

Beispiel: Der Unterschied wird am folgenden Beispiel deutlich; in der ersten Zuweisung hat der rechtsseitige Ausdruck den Wert vor der Inkrementberechnung, in der zweiten den danach.

```
int x = 0, y = 0;
y = x++; //x hat nun den Wert 1, y den Wert 0
y = ++x; //x hat nun den Wert 2, y ebenfalls
```

Der Negationsoperator ! beschreibt die logische Negation, ist nur für Boolesche Argumente definiert, sein Ergebnis entspricht der klassischen Negation, und der Typ bleibt `boolean`.

Der Operator ~ berechnet dagegen die bitweise Negation seines Arguments, sein Definitionsbereich sind die Typen der ganzen Zahlen. Der Typ des Ausdrucks ergibt sich aus besagter Typanpassung.

Faktor   ::=   *Präinkrement* | *Prädekrement* | *Grundfaktor* |
  Vorzeichenoperator Faktor.

Vorzeichenoperator   ::=   + | -.

Vorzeichenoperatoren sind nur erlaubt, wenn der Typ des *Faktor*s ein arithmetischer ist. Der Typ wird entsprechend angepaßt. Der Wert ist offensichtlich.

2.9.8 Typkonvertierung

Es gibt zwei Varianten der expliziten Typkonvertierung. Sie sind immer dann notwendig, wenn bei einer Wertübertragung von einem in den anderen Typ ein Informationsverlust auftreten kann. In diesen Fällen paßt Java die Typen nicht selbst an. Einige Typkonvertierungen sind überhaupt nicht möglich, so die Umwandlung von oder nach `boolean` oder im Unterschied zu C++ die Umwandlung von Standard- in Klassentypen.

Typkonvertierung   ::=   (*Standardtyp*) *Faktor* | (*Typ*) *Grundfaktor*.

Der Typ der Typkonvertierung ergibt sich aus dem in runden Klammern benannten Typ, der Wert aus der Umrechnung.

Beispiel: Mit der folgenden Typumwandlung kann man auf die Komponente der Superklasse zugreifen. Das Objekt wurde in ein Objekt der Superklasse umgewandelt.

2.9 Ausdrücke 79

```
public class Hw {
    public static void main( String[] arg ) {
        Hw2 h = new Hw2();
        // Verwendung von h als Objekt der
        // Superklasse Hw1
        System.out.println( ((Hw1) h).s );
    }
}
class Hw1 { String s = "Hw1"; }
class Hw2 extends Hw1 { String s = "Hw2"; }
```

Beispiel: In der Klasse `IntSortTypeImpl` benötigen wir die Typumwandlung, um auf die Methode `getContent()` zugreifen zu können.

```
10          return ( content <
                    ( (IntSortTypeImpl) element ).getContent() );
```

Der Interpreter wandelt zunächst `element` in ein Objekt der Klasse `IntSortTypeImpl` um, ruft dessen Methode `getContent()` auf und vergleicht den durch sie berechneten Wert mit der Variablen `content`. Das Ergebnis dieses Vergleichs, ein Wert vom Typ `boolean`, wird zurückgegeben.

2.9.9 Addition und Multiplikation

Die Berechnung von Multiplikation und Addition erfolgt jeweils von links nach rechts, d.h. zuerst wird der linke Operand berechnet und dann der rechte addiert, subtrahiert, multipliziert ($a + b + c == (a + b) + c$).

Term ::= *Faktor { Multiplikationsoperator Faktor }*.

Multiplikationsoperator ::= * | / | %.

Für ganzzahlige Berechnungen steht der Operator / für die ganzzahlige Division und der Operator % für die Restberechnung.

Im Fall von Gleitkommazahlen ist das Ergebnis von / die dem Quotienten am nächsten in der entsprechenden Kodierung darstellbare Zahl und das Ergebnis von % der Abstand zum tatsächlichen Ergebnis. Für die Typen gelten die Regeln der Typanpassung.

Additionsausdruck ::= *Term { Additionsoperator Term }*.

Additionsoperator ::= + | -.

Neben der üblichen Bedeutung kann der Operator + auch für die Verkettung von Zeichenketten verwendet werden, der Typ des Ausdrucks ist in diesem Fall `String`.

2.9.10 Bitverschiebung

Schiebeausdruck ::=
  Additionsausdruck { *Schiebeoperator Additionsausdruck* }.

Schiebeoperator ::= « | » | »>.

Ist der angepaßte Typ des linken Operanden gleich `int` (`long`), so sind für die Verschiebung nur die untersten 5 (6) Bit des rechten Operanden relevant. Da Java keine vorzeichenlosen Zahlentypen hat, kann der Operator »> zur vorzeichenlosen Rechtsschiebung (Auffüllung mit 0) verwendet werden. Den Typ des Ausdrucks bestimmt der angepaßte linke Operand. Für die Berechnung gilt: links vor rechts.

2.9.11 Vergleiche

Auf den Standardtypen ist eine Ordnung der Literale definiert, so daß man Werte von entsprechenden Ausdrücken ihrer Größe nach vergleichen kann. Der Typ eines Ordnungsausdrucks ist `boolean`.

Die Berechnung der beteiligten Schiebeausdrücke erfolgt wie gehabt von links nach rechts. Der Operator `instanceof` bestimmt für ein Objekt (linker Operand) die Zugehörigkeit zu einer Klasse oder einer Schnittstelle (rechter Operand).

Ordnungsausdruck ::=
  Schiebeausdruck { *Ordnungsoperator Schiebeausdruck* } |
  Schiebeausdruck `instanceof` *Typ* { [ ] }.

Ordnungsoperator ::= < | > | <= | >=.

Der Operator `instanceof` wird eingesetzt, um die Zulässigkeit einer Typkonvertierung zu testen oder um sicherzugehen, daß ein Objekt eine bestimmte Komponente enthält.

Neben dem Vergleich bezüglich einer Ordnung ist natürlich der Vergleich bezüglich der Identität wichtig. Wiederum ist der Typ eines solchen Ausdrucks `boolean`.

Vergleichsausdruck ::=
  Ordnungsausdruck { *Vergleichsoperator Ordnungsausdruck* }.

Vergleichsoperator ::= == | !=.

2.9.12 Binäre Bitoperationen

Bit-Und-Ausdruck ::= *Vergleichsausdruck* { & *Vergleichsausdruck* }.

Bit-Exklusiv-Oder-Ausdruck ::=
Bit-Und-Ausdruck { ^ *Bit-Und-Ausdruck* }.

Bit-Oder-Ausdruck ::=
Bit-Exklusiv-Oder-Ausdruck { | *Bit-Exklusiv-Oder-Ausdruck* }.

Im allgemeinen wendet man Bitoperatoren auf Typen der ganzen Zahlen an, sie sind als logische Operatoren jedoch auch für `boolean` definiert. Ihr Ergebnis stimmt dann mit || und && überein.

Die Berechnung verläuft von links nach rechts, der Typ des Ausdrucks wird durch die Operanden bestimmt.

2.9.13 Logische Operatoren

Und-Ausdruck ::=
Bit-Oder-Ausdruck { && *Bit-Oder-Ausdruck* }.

Oder-Ausdruck ::=
Und-Ausdruck { || *Und-Ausdruck* }.

Der Typ dieser Ausdrücke ist `boolean`, auch die Operanden müssen zu dem Typ gehören. Im Unterschied zu | und & wird jedoch der rechte Operand nicht berechnet (keine Seiteneffekte!), wenn sich im Falle einer Konjunktion der linke Operand schon zu `false` (Ausdruckswert: `false`) und im Falle einer Disjunktion zu `true` (Ausdruckswert: `true`) berechnete.

2.9.14 Bedingungsausdruck

Der erste Operand muß den Typ `boolean` besitzen, denn er bestimmt den Wert des Ausdrucks. Evaluiert der Boolesche Operand zu `true`, berechnet sich der Ausdruckswert aus dem Wert des zweiten, anderenfalls aus dem Wert des dritten Operanden. Der nicht gewählte Operand wird nicht berechnet (keine Seiteneffekte!). Die Typen der anderen zwei Operanden müssen zuweisungskompatibel sein. Der allgemeinere der beiden legt den Typ des Bedingungsausdrucks fest.

Im Gegensatz zu allen anderen Operatoren werden die Operanden eines Bedingungsausdrucks rechtsassoziativ berechnet (`o1 ? o2 : o3 ? o4 : o5` ist äquivalent zu `o1 ? o2 : ( o3 ? o4 : o5 )`).

Bedingungsausdruck ::=
   Oder-Ausdruck { ? *Ausdruck* : *Oder-Ausdruck* }.

Beispiel: Die Methode `setLeadingZero()` der Klasse `Clock` verwendete einen Bedingungsausdruck als Rückgabewert:

```
24      return ( i < 10 ) ? "0" + String.valueOf( i )
                          : String.valueOf( i );
```

2.9.15 Und alles zusammen

Nun ist endlich die Begriffsbestimmung des *Ausdruck*s möglich. Neben der eben hergeleiteten Hierarchie von Ausdrücken fallen nur noch Zuweisungen unter den Begriff **Ausdruck**. Zuweisungsoperatoren besitzen damit den geringsten Vorrang.

Ausdruck ::= *Bedingungsausdruck* | *Zuweisung*.

2.9.16 Konstante Ausdrücke

Einen Ausdruck bezeichnet man als konstant, wenn alle enthaltenen Operanden Konstanten (d.h. Literale oder als final festgelegte Variablen) sind. Als Operatoren sind dabei alle in diesem Abschnitt eingeführten zulässig.

Beispiel:
```
Math.PI/2
```

Konstante Ausdrücke finden Anwendung bei der Initialisierung von Schnittstellenvariablen und als Marken einer Fallunterscheidung.

Beispiel: Wir können nun eine Implementierung der Klassen `IntSortTypeImpl` und `BubbleSortAlgorithmImpl` angeben.

```
        // Datei jf/kapitel2/IntSortTypeImpl.java
1   package jf.kapitel2;
2   public class IntSortTypeImpl implements SortType {

        // Speicherung des Inhalts
3       private int content = 0;

4       public IntSortTypeImpl( int content ) {
            // Übernahme des Parameters in die Instanzvariable
5           this.content = content;
6       }
7       public boolean isLessThan( SortType element )
            throws WrongSortTypeException {
8           if ( ! ( element instanceof IntSortTypeImpl ))
                // falscher Typ
```

2.9 Ausdrücke

```
 9                    throw new WrongSortTypeException();
                  // der Vergleich
10                return ( content <
                          ( (IntSortTypeImpl) element ).getContent() );
11            }
12            public int getContent() {
13                return content;
14            }
15            public String toString() {
16                return String.valueOf( content );
17            }
18  }
```

```
   // Datei jf/kapitel2/BubbleSortAlgorithmImpl.java
 1 package jf.kapitel2;

 2 public class BubbleSortAlgorithmImpl
          implements SortAlgorithm {

 3     public SortType[] sort( SortType[] field ) {
 4         int length = field.length;
 5         SortType[] sorted = (SortType[]) field.clone();
 6         boolean again = true;
 7         while ( again ) {
 8             again = false;
 9             for ( int i = 0; i < length - 1; i++ )
10                 try {
11                     if ( ! sorted[ i ].isLessThan( sorted[ i + 1 ] )) {
12                         SortType temp = sorted[ i ];
13                         sorted[ i ] = sorted[ i + 1 ];
14                         sorted[ i + 1 ] = temp;
15                         again = true;
16                     }
17                 }
18                 catch ( WrongSortTypeException e ) {
19                     System.out.println(
                              "falsche Argumente: nicht sortiert!" );
20                     return null;
21                 }
22         }
23         return sorted;
24     }
25  }
```

Übung

- Implementieren Sie die Klasse `CharSortTypeImpl` vollständig.

- Implementieren Sie die Klasse zur Maximumberechnung vollständig.

2.10 Schnittstellen

Schnittstellen beschreiben Schablonen aus Methoden und Konstanten, ohne ihre Implementierung anzugeben. Klassen füllen diese Schablonen aus, indem sie die geforderten Methoden mit einem Körper versehen.

Schnittstellen werden eingesetzt, wenn der eigentliche Typ einer Variablen nicht bekannt ist oder bewußt nicht genauer festgelegt werden soll. Bestimmte in der Schnittstelle festgelegte Komponenten der Variablen können dann verwendet werden, ohne zu wissen, welche Klasse die Implementierung liefert.

Im Unterschied zu einer abstrakten Klasse enthält eine Schnittstelle überhaupt keine implementierte Methode, alle Methoden sind abstrakt. Abstrakte Klassen verwendet der Programmierer, wenn er abgeleiteten Klassen bereits ein bestimmtes Grundverhalten zur Verfügung stellen will. Eine Schnittstelle definiert dagegen eine Menge von Methoden, die bei einem Objekt angewendet werden können.

Schnittstellendeklaration ::= [`public`] [`abstract`]
     `interface` *Identifikator*
     [`extends` *Schnittstellentyp* { , *Schnittstellentyp* }] *Schnittstellenkörper*.

Während das Fehlen des Schlüsselwortes `public` Auswirkungen auf die Sichtbarkeit der Schnittstelle hat - sie ist dann nur im eigenen Paket sichtbar - kann das Schlüsselwort `abstract` ohne Konsequenzen weggelassen werden. Jede Schnittstelle ist abstrakt.

Eine Schnittstelle kann von mehreren Schnittstellen erben. Hierbei handelt sich es allerdings nicht um die Vererbung von Funktionalität, sondern von Spezifikationen. Namenskonflikte lösen sich auf, indem eine die Schnittstelle implementierende Klasse nur eine Methode für gleichbenannte Spezifikationen bereitstellen muß. Es sind demnach keine zwei unterschiedlichen Methoden in der Implementierung vorhanden.

Schnittstellenkörper ::= { { *Schnittstellenkomponentendeklaration* } }.

Schnittstellenkomponenten unterscheiden sich von Klassenkomponenten, indem alle eingeführten Variablen automatisch als `static` und `final` (finale Variablen sind Konstanten!) und alle Methoden als `abstract` deklariert werden, Variablen initialisiert sein müssen und für Methoden keine Implementierung angegeben ist.

Schnittstellenkomponentendeklaration ::=
     Schnittstellenvariablendeklaration | *Schnittstellenmethodendeklaration* |
     InnereKlasse.

Schnittstellen besitzen keine Konstruktoren, da sie nicht instantiiert werden können. Eine statische Initialisierung entfällt, da alle Variablen schon bei ihrer Deklaration initialisiert sind.

Beispiel: Klassen der Schnittstelle `Anzeigbar` müssen eine Methode `show()` implementieren. Sie können die Konstanten `LAENGE` und `BREITE` verwenden.
```
public interface Anzeigbar { int LAENGE = 100, BREITE = 100;
    void show(); }
```
Auch Schnittstellen können innere Klassen und Schnittstellen als Komponenten enthalten.

2.10.1 Methoden einer Schnittstelle

Eine Schnittstellenmethode ist im Gegensatz zu einer Klassenmethode immer abstrakt. Sie ist außerdem öffentlich, wenn die Schnittstelle öffentlich ist.

Schnittstellenmethodendeklaration ::=
   [`public`] [`abstract`] *Methodensignatur* [*Ausnahmeerzeugung*] ;.

Beispiel: Die Schnittstelle `Runnable` aus `java.lang` deklariert lediglich die Methode `run`.
```
public interface Runnable {
        public abstract void run();
}
```

2.10.2 Variablen in Schnittstellen

Auch Schnittstellen enthalten unter Umständen Variablen, allerdings nur in ihrer Form als Konstanten. Die Variablen sind außerdem automatisch Klassenvariablen.

Schnittstellenvariablendeklaration ::= [`static`] [`public`] [`final`] *Typ*
   Schnittstellenvariable { , *Schnittstellenvariable* } ;.

Da es sich hier um Konstanten handelt, ist eine Initialisierung notwendig. Im Gegensatz zur Initialisierung im Klassenkörper sind jedoch nur Konstantenausdrücke zugelassen.

Schnittstellenvariable ::=
   Identifikator { [] } = *Schnittstellenvariableninitialisierung*.

Schnittstellenvariableninitialisierung ::= *Konstantenausdruck* |
   { [*Schnittstellenvariableninitialisierung*
   { , *Schnittstellenvariableninitialisierung* }] }.

Beispiel: Wir vervollständigen die Implementierung des Sortierprogramms um die Schnittstellen (Abbildung 2.4).

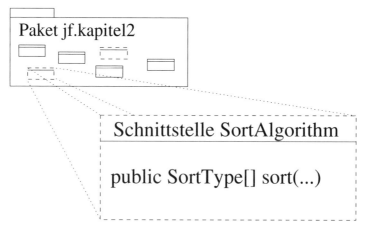

Abbildung 2.4: Methoden der Schnittstelle SortAlgorithm

```
  // Datei jf/kapitel2/SortAlgorithm.java
1 package jf.kapitel2;

2 public interface SortAlgorithm {
3     public SortType[] sort( SortType[] field );
4 }
  // Datei jf/kapitel2/SortType.java
1 package jf.kapitel2;

2 public interface SortType {
3     public boolean isLessThan( SortType element )
          throws WrongSortTypeException;
4     public String toString();
5 }
```

Übung

- Implementieren Sie die entsprechenden Schnittstellen für die Maximumsuche.

2.11 Innere Klassen

Ab dem JDK-1.1 gibt es innere Klassen und Schnittstellen. Der Begriff "innere Klasse (Schnittstelle)" steht für die Möglichkeit, Klassen (Schnittstellen) innerhalb einer Klasse, lokal zu einem Block oder anonym einzuführen.

2.11.1 Toplevelklassen und -schnittstellen

Bei der Definition von Klassen und Schnittstellen in Klassen zählen diese zu den Komponenten der Klasse (`static`) bzw. zur Instanz.

InnereKlasse ::= [*Sichtbarkeit*] [`static`] *Klassendeklaration* |
 [*Sichtbarkeit*] [`static`] *Schnittstellendeklaration*.

Die Festlegung von statischen Klassen und von Schnittstellen innerhalb einer Klasse führt zu einem neuen Strukturierungskonzept unterhalb der Pakete. Derartige Klassen sind Toplevelklassen. Komponentenklassen, die nicht mit `static` gekennzeichnet sind, heißen innere Klassen.

Beispiel: Das Beispiel zeigt die Reihenfolge der Initialisierung von Toplevelklassen und der Objekterzeugung durch die Konstruktoren.

```
    // Datei jf/kapitel2/ClassHolder.java
 1  package jf.kapitel2;

 2  public class ClassHolder {
 3      public static void main( String[] args ) {
 4          new Class1();
 5      }
 6      static class Class1 {
 7          Class2 x = new Class2();
 8          Class1() { System.out.println( "constructor 1" ); }
 9          static { System.out.println( "init 1" ); }
10      }
11      public static class Class2 {
12          ClassHolder.Class3 x = new ClassHolder.Class3();
13          Class2() { System.out.println( "constructor 2" ); }
14          static { System.out.println( "init 2" ); }
15      }
16      static class Class3 {
17          Class3() { System.out.println( "constructor 3" ); }
18          static { System.out.println( "init 3" ); }
19      }
20  }
```

Nach der Übersetzung entstehen Byte-Code-Dateien, deren Namen die Zugehörigkeit der inneren Klassen zu `ClassHolder` zeigen: `ClassHolder$Class1.class`, `ClassHolder$Class2.class` und `ClassHolder$Class3.class`. Das Beispiel erzeugt folgende Ausgabe:

```
init 1
init 2
init 3
constructor 3
```

```
constructor 2
constructor 1
```

Wie andere Komponenten einer Klasse oder einer Instanz können Komponentenklassen (Schnittstellen) von außen durch die Qualifizierung mit der Klasse (Instanz) angesprochen werden (z.B. `ClassHolder.Class3` im obigen Beispiel, Zeile 12), wenn sie als `public` gekennzeichnet sind. Die Klassen können in diesem Fall mittels `import` in anderen Klassen importiert und benutzt werden.

2.11.2 Innere Klassen

Der Vorteil von inneren Klassen (im Gegensatz zu Toplevelklassen) liegt in der Sichtbarkeit anderer Instanzkomponenten. Das wird im folgenden Beispiel deutlich, das in einem Fenster eine Linie malt, die der Maus folgt (Abbildung 2.5).

Abbildung 2.5: Beispiel für innere Klassen

Beispiel: In der ersten Variante muß das Fenster (Frame) zunächst dem Listener bekannt gemacht werden (Zeile 14). Erst dann hat der Listener Zugriff auf die lokalen Variablen, die daraufhin aber auch für andere Klassen des Paketes sichtbar sind. Die weitere Funktionsweise wird später im Buch erläutert.

```
   // Datei jf/kapitel2/DrawOuter.java
 1 package jf.kapitel2;

 2 import java.awt.Frame;
 3 import java.awt.Dimension;
 4 import java.awt.Graphics;
 5 import java.awt.event.MouseMotionAdapter;
 6 import java.awt.event.MouseEvent;

 7 public class DrawOuter extends Frame {

 8     int x = 0, y = 0, oldx = 0, oldy = 0;

12     public DrawOuter() {
13         setSize( new Dimension( 200, 200 ));
           // Übergabe des Objekts selbst an den Konstruktor
14         addMouseMotionListener(
               new OuterMouseMotionListener( this ) );
```

2.11 Innere Klassen

```
15          show();
16      }
17      public void update( Graphics g ) {
18          if ( oldx + oldy != 0 ) g.drawLine( oldx, oldy, x, y );
19      }
20  }
21  class OuterMouseMotionListener extends MouseMotionAdapter {
22      private DrawOuter d = null;
            // Speicherung des DrawOuter-Objekts
23      public OuterMouseMotionListener( DrawOuter d ) {
            this.d = d;
        }
24      public void mouseDragged( MouseEvent e ) {
25          if ( d == null ) return;
            // Zugriff auf die Komponenten des gespeicherten Objekts
26          d.oldx = d.x; d.oldy = d.y;
            d.x = e.getX(); d.y = e.getY();
            // Aufforderung zum erneuten Malen
27          d.repaint();
28      }
29  }
```

Beispiel: Durch die Benutzung eines inneren Listeners wird der Code übersichtlicher:

```
    // Datei jf/kapitel2/DrawInner.java
 1  package jf.kapitel2;
...
 7  public class DrawInner extends Frame {

 8      private int x = 0, y = 0, oldx = 0, oldy = 0;

12      public DrawInner() {
13          setSize( new Dimension( 200, 200 ));
14          addMouseMotionListener( new InnerMouseMotionListener() );
15          show();
16      }
17      class InnerMouseMotionListener extends MouseMotionAdapter {
18          public void mouseDragged( MouseEvent e ) {
                // diese Klasse hat Zugriff auf die privaten
                // Komponenten von DrawInner
19              oldx = x; oldy = y; x = e.getX(); y = e.getY();
20              repaint();
21          }
22      }
23      public void update( Graphics g ) {
24          if ( oldx + oldy != 0 ) g.drawLine( oldx, oldy, x, y );
25      }
26  }
```

Innere Klassen gehören immer zu einem Objekt. Soll ein neues Objekt einer inneren Klasse erzeugt werden, so muß das über ein Objekt geschehen, das die innere Klasse enthält. Im obigen Beispiel erfolgte das in der Zeile 14 einfach durch `new`. Hinter diesem Aufruf steht eigentlich:

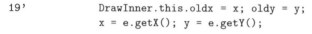

So wird `this` zur umgebenden Instanz des neuen `InnerMouseMotionListener`-Objekts. Statt `this` kann auch ein anderes Objekt der umgebenden Klasse vor dem `new`-Operator stehen. Entsprechend ist dieses Objekt dann die umgebende Instanz des neuen Objekts. Das umgebende Objekt ist in einer inneren Klasse durch *Klassenname*.`this` sichtbar. Die folgende Zeile 19' wäre äquivalent zu der Zeile 19, wenn `oldx` nicht als `private` deklariert wäre.

```
19'            DrawInner.this.oldx = x; oldy = y;
               x = e.getX(); y = e.getY();
```

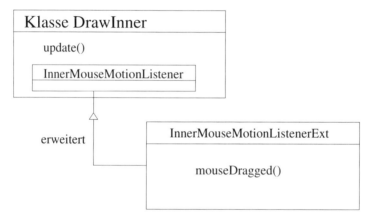

Abbildung 2.6: *Erweiterung innerer Klassen*

Auch innere Klassen können erweitert werden (Abbildung 2.6). Es ist dann notwendig, die Superklasse, d.h. die innere Klasse, mit einer umgebenden Instanz auszustatten. Das geschieht durch einen qualifizierten `super()`-Aufruf, wie in der Zeile 10 des folgenden Beispiels.

Beispiel:
```
  // Datei jf/kapitel2/InnerMouseMotionListenerExt.java
1 package jf.kapitel2;
...
5 public class InnerMouseMotionListenerExt
      extends InnerMouseMotionListener {

6     public static void main( String[] args ) {
          // das neue DrawInner-Objekt wird zur umgebenden Instanz
7         new InnerMouseMotionListenerExt( new DrawInner() );
8     }
9     public InnerMouseMotionListenerExt( DrawInner enclosingInstance ) {
```

2.11 Innere Klassen

```
              // mit der Instanz qualifizierter super()-Aufruf
10            enclosingInstance.super();
11            enclosingInstance.addMouseMotionListener( this );
12       }
13       public void mouseDragged( MouseEvent e ) {
14            System.out.println( "dragged" );
15       }
16 }
```

Das Beispiel zeigt das Prinzip, ist allerdings nicht der typische Anwendungsfall.

2.11.3 Lokale Klassen

Im folgenden Beispiel ist der Listener nicht als Komponente, sondern als lokale Klasse definiert. In lokalen Klassen sind neben den Komponenten auch lokale Variablen des Blocks sichtbar, wenn sie als `final` deklariert wurden. Das wird in dem Beispiel allerdings nicht ausgenutzt.

Beispiel:
```
     // Datei jf/kapitel2/DrawLocal.java
 1 package jf.kapitel2;
   ...
 7 public class DrawLocal extends Frame {

 8     private int x = 0, y = 0, oldx = 0, oldy = 0;

12     public DrawLocal() {
           // der lokale Listener hat ebenfalls Zugriff
           // auf private Komponenten
13         class LocalMouseMotionListener extends MouseMotionAdapter {
14             public void mouseDragged( MouseEvent e ) {
15                 oldx = x; oldy = y;
                   x = e.getX(); y = e.getY();
16                 repaint();
17             }
18         }
19         setSize( new Dimension( 200, 200 ));
20         addMouseMotionListener( new LocalMouseMotionListener() );
21         show();
22     }
23     public void update( Graphics g ) {
24         if ( oldx + oldy != 0 ) g.drawLine( oldx, oldy, x, y );
25     }
26 }
```

Eine lokale Klasse unterscheidet sich syntaktisch nicht von einer Klassendeklaration.

LokaleKlasse   ::=   *Klassendeklaration.*

2.11.4 Anonyme Klassen

Im obigen Beispiel ist die Klasse `DrawLocal` nur innerhalb des Konstruktors verwendbar, und sie wird dort auch nur einmal benutzt. In solchen Fällen, in denen man also eine Klasse nur einmal benötigt, ist das Mittel der anonymen Klassen besser geeignet. Als neue Variante der Objekterzeugung kann der Programmierer nach der Angabe der Superklasse oder einer Schnittstelle eine Beschreibung der tatsächlichen Klasse angeben, ohne sie zu benennen. Der Java-Interpreter erzeugt dann ein Objekt einer Klasse, die die beschriebenen Komponenten enthält und die eine Erweiterung der angegebenen Superklasse oder eine Implementierung der angegebenen Schnittstelle ist.

Beispiel: Die folgende Klasse ist äquivalent zum letzten Beispiel, mit dem Unterschied, daß jetzt die lokale Klasse nicht benannt ist.

```
   // Datei jf/kapitel2/DrawAnonym.java
 1 package jf.kapitel2;
...
 7 public class DrawAnonym extends Frame {

 8     private int x = 0, y = 0, oldx = 0, oldy = 0;

12     public DrawAnonym() {
13         setSize( new Dimension( 200, 200 ));
14         addMouseMotionListener(
               // ein neues Objekt einer anonymen Subklasse
               // von MouseMotionAdapter
15             new MouseMotionAdapter() {
16                 public void mouseDragged( MouseEvent e ) {
17                     oldx = x; oldy = y;
                       x = e.getX(); y = e.getY();
18                     repaint();
19                 }
20             }
21         );
22         show();
23     }
24     public void update( Graphics g ) {
25         if ( oldx + oldy != 0 ) g.drawLine( oldx, oldy, x, y );
26     }
27 }
```

Es gibt eine Einschränkung bei der Verwendung von anonymen Klassen: Sie können keine eigenen Konstruktoren enthalten. Argumente in der Parameterliste bei der Objekterzeugung landen also bei einem Superklassenkonstruktor.

Übung

- Für das Sortierproblem können wir die hier vorgestellten Konzepte nicht recht nutzen. Zur Übung können Sie allerdings versuchen, die Klassen `BubbleSortAlgorithmImpl` und `IntSortTypeImpl` als innere Klassen der Klasse `Sort` zu definieren.

2.12 Sichtbarkeit von Bezeichnern

An vielen Stellen eines Java-Programms treten Bezeichner auf. Dieser Abschnitt beschäftigt sich mit der Frage, welches Objekt, welche Variable, Methode, Marke, dann eigentlich bezeichnet wird, d.h. welche Bedeutung der Bezeichner hat.

Java legt zur Klärung der Frage Namensräume und Regeln zur Sichtbarkeit von Bezeichnern fest.

Was ist überhaupt ein Bezeichner, was kann bezeichnet werden und wie? Viele Beispiele für bezeichnete Konstrukte traten in den vorigen Abschnitten bereits auf und werden hier noch einmal zusammengefaßt.

2.12.1 Bezeichner

Durch die Deklaration von Paketen, Klassen, Schnittstellen, inneren Klassen, lokalen Klassen, Variablen, Methoden und Sprungmarken wird einem Bezeichner eine Bedeutung hinterlegt.

Identifikator ::= *Unicode-Buchstabe*
 { *Unicode-Buchstabe* | *Unicode-Ziffer* }.

Ein *Identifikator* beginnt mit einem Buchstaben, gefolgt von einer Folge aus Buchstaben und Ziffern. Er darf keinem Schlüsselwort von Java gleichen.

Ein Bezeichner kann zusätzlich qualifiziert werden, womit im allgemeinen eine nicht lokale Einheit benannt wird. Besondere Bezeichner sind `this`, `super` und `null`.

Bezeichner ::= [*Qualifikator* .] *Identifikator* |
 `this` | `super` | `null`.

Ein *Qualifikator* bezeichnet ein Paket, eine Klasse, eine Schnittstelle oder ein Objekt (Variable) und qualifiziert den letzten *Identifikator* eines *Bezeichner*s als dem Paket, der Klasse, der Schnittstelle oder dem Objekt zugehörend.

Qualifikator ::= { *Identifikator* . } *Identifikator*.

2.12.2 Indirekte Bezeichnung

Die Überschrift klingt widersinnig. Gemeint ist die Situation, in der ein *Referenzzugriff* eine nicht mit einem Namen versehene Entität bezeichnet.

Beispiel:
```
String x = "Das ist eine Zeichenkette";
System.out.println( x.length() );
```
Mit der Bezeichnung `x.length()` ist nun nicht die Länge der Variablen `x`, sondern die der ihr zugewiesenen Zeichenkette gemeint.

Ein Bezeichner der Variablen eines Referenztyps bezeichnet also die Variable selbst, wenn es auf ihren Speicherplatz ankommt (in Zuweisungen) und indirekt das von ihr referenzierte Objekt, wenn ihr Wert gefragt ist (in Referenzzugriffen).

In Java enthält eine Variable eines Referenztyps immer nur eine Objektreferenz, nie ein Objekt selbst. Der syntaktische Unterschied zwischen dem Komponentenzugriff über einen Zeiger und über eine Variable entfällt deshalb.

Beispiel: Die erste Zuweisung beschreibt jeweils den Zugriff über einen Zeiger, die zweite den Zugriff über eine Variable.

```
Modula-2:   x1^.x := 1; bzw. x1.x := 1;
C:          x1->x  = 1; bzw. x1.x  = 1;
Java:       x1.x   = 1; kein Äquivalent.
```

2.12.3 Bezeichnetes

Es treten zwei verschiedene Situationen auf: zum einen die Einführung eines Bezeichners, wodurch mit ihm eine Bedeutung assoziiert wird, zum anderen die Benutzung eines Bezeichners, wo dessen Bedeutung erkannt werden muß.

Bezeichner (Identifikatoren oder qualifizierte Identifikatoren) bezeichnen mit ihrer Einführung
Pakete,

Paketdefinition ::= **package** *Bezeichner* ;.

Klassen,

Klassendeklaration ::=
  [*Klassensichtbarkeit*] [*Benutzung*] **class** *Identifikator* ....

Schnittstellen,

Schnittstellendeklaration ::= [*Schnittstellensichtbarkeit*]
  [*Schnittstellenbenutzung*] **interface** *Identifikator* ....

Variablen (als lokale, Klassen-, Instanz- oder Schnittstellenvariablen) und nach einer entsprechenden Zuweisung Objekte (indirekte Bezeichnung),

Variable   ::=   *Identifikator* { [] } [= *Variableninitialisierung*].

eine Menge von Methoden mit unterschiedlichen Parameterlisten, aber gleichem Namen, (als Klassen-, Instanz- oder Schnittstellenmethoden),

Methodensignatur   ::=
    Resultattyp Identifikator { [] } ([*Parameterliste*]) { [] }.

formale Parameter einer Methode oder eines Konstruktors

Parameterliste   ::=   [**final**] *Typ Identifikator* { [] }
    { ,[**final**] *Typ Identifikator* { [] } }.

sowie Sprungmarken zur vorzeitigen Beendigung oder Wiederholung von Schleifen.

Sprungmarkierung   ::=   *Identifikator* : *Anweisung*.

In all diesen Bedeutungen werden Bezeichner natürlich auch benutzt: Bezeichner von Paketen in *Import*en sowie als *Qualifikator*; Bezeichner von Klassen als *Typ*, in der *Objekterzeugung*, in *Klassendeklaration*en (**extends**) und als *Qualifikator*; Bezeichner von Schnittstellen in *Klassendeklaration*en, *Schnittstellendeklaration*en (**implements**) und als *Typ* sowie *Qualifikator*; Bezeichner von Methoden im *Methodenaufruf*; Bezeichner von Variablen oder Parametern in allen Facetten des *Ausdruck*s; Bezeichner einer Sprungmarke als Argument von *Sprunganweisung*en.

Verwendet der Programmierer für alle bezeichneten Entitäten eines Programms unterschiedliche Namen, so ist er zumindest das Problem von Namenskonflikten bzw. -überdeckungen los. Trotzdem muß er wissen, welche Namen sichtbar sind und wie er sie anzuwenden hat.

2.12.4 Namensraum und Umgebung

Ein Namensraum bestimmt die Menge der gleichzeitig sichtbaren Bezeichner. Er gilt relativ zu syntaktischen Einheiten. Zu jedem Bezeichner ist auch der vollständig qualifizierte Bezeichner in einem Namensraum enthalten (Qualifizierung durch Paket-, Typnamen). Jeder Namensraum enthält zusätzlich die vollständig qualifizierten Bezeichner aller übersetzten und über die **CLASSPATH**-Umgebungsvariable erreichbaren Klassen und Schnittstellen sowie die qualifizierten Bezeichner ihrer **public**-Komponenten.

Die Umgebung eines Namensraumes enthält Bezeichner, die zwar gültig, aber möglicherweise durch Bezeichner des Namensraumes verdeckt sind.

Der Namensraum einer Quelltextdatei umfaßt, außer den als `private` gekennzeichneten, alle Bezeichner von Klassen und Schnittstellen, die in Quelltextdateien desselben Paketes eingeführt wurden sowie die Bezeichner aller `public`-Klassen aus importierten Paketen (`java.lang.*` und *Typimport-auf-Anforderung*) und die Bezeichner importierter Klassen (*Typimport*).

Beispiel:
```
package jf.kapitel2;
import java.util.Vector;
import java.net.*;
public class Hallo {}
```

Zum Namensraum dieser Quelltextdatei gehören z.B. `Hallo` als eine Klasse des Paketes `jf.kapitel2`, `Vector` (direkt importiert), `Socket` (Paketimport auf Anforderung), `Thread` (aus `java.lang`), jedoch nicht `Label` (aus `java.awt`), aber `java.awt.Label`.

Der Namensraum einer Klasse enthält alle Bezeichner deklarierter Komponenten (Variablen, Methoden, Klassen), den auf `public`- und `protected`-Komponenten eingeschränkten Namensraum der beerbten Klasse (soweit Bezeichner nicht überschrieben wurden) sowie die Bezeichner von durch die Klasse implementierten Schnittstellen. Die Umgebung einer Klasse ist identisch mit dem Namensraum des die Klasse deklarierenden Paketes.

Beispiel:
```
public class Hallo {
    public String gruss;
    public void gruesse() {}
}
```

Zum Namensraum der Klasse `Hallo` gehören zum Beispiel `gruss` und `gruesse` als Komponenten der Klasse und die Methode `getClass()` (aus `Object`).

Für den Namensraum einer inneren Klasse gilt dasselbe wie für eine Klasse, zu ihrem Namensraum gehört der Namensraum und die Umgebung der umgebenden Klasse.

In einem Block eingeführte lokale Variablen und Sprungmarken gehören zum Namensraum des Blockes. Die Umgebung faßt Namensraum und Umgebung des nächstäußeren Blockes oder der Methode zusammen.

Der Namensraum lokaler und anonymer Klassen enthält finale Variablen des umgebenden Blockes sowie die eigenen Komponenten. Die Umgebung ergibt sich aus dem Namensraum und der Umgebung des umgebenden Blockes.

Die formalen Parameter einer Methode bilden einen eigenen Namensraum. Der Namensraum der die Methode implementierenden Klasse sowie deren Umgebung formen die zugehörige Umgebung.

In der *Schleifeninitialisierung* einer for-Schleife kann der Programmierer ebenfalls lokale Variablen einführen. Die Bezeichner der Variablen definieren den Namensraum der for-Schleife. Für die Umgebung gilt dasselbe wie für die Umgebung eines Blockes.

2.12.5 Wahl eines Bezeichners

Alle Schlüsselworte von Java entfallen bei der Wahl eines Bezeichners.

Im allgemeinen halten Programmierer bestimmte Konventionen für Bezeichner ein, um das Verständnis für ein Programm zu erleichtern. Es ist zum Beispiel hilfreich, wenn man schon am Bezeichner erkennen kann, ob es sich bei der bezeichneten Entität um ein Paket, eine Klasse, eine Schnittstelle, eine Methode, eine Variable oder eine Sprungmarke handelt. Zur Identifizierung von Klassennamen beginnen diese im JDK mit großen Buchstaben. Bezeichner von Konstanten bestehen nur aus Großbuchstaben. Methodenbezeichner beginnen mit einem kleinen Buchstaben, jedes weitere Wort des Bezeichners beginnt mit einem großen Buchstaben.

Auch die Widerspiegelung der Paket-, Klassen- bzw. Schnittstellenzugehörigkeit im Bezeichner wirkt sich unterstützend für die Programmierung und das Verständnis aus. Grundsätzlich ist es günstig, wenn der Bezeichner die beabsichtigte Verwendung erkennen läßt.

Bei der Einführung eines Bezeichners in einen Namensraum muß der Programmierer die vorher definierten Bezeichner desselben Namensraumes sowie die Bezeichner der Umgebung berücksichtigen. Ein Namensraum darf keine identischen Bezeichner enthalten. Ein Bezeichner verdeckt einen identischen Bezeichner der Umgebung.

2.12.6 Sichtbarkeit

Nachdem ein Bezeichner nach seiner Einführung tatsächlich etwas bezeichnet, muß bei seiner Benutzung das Bezeichnete identifiziert werden. Das geschieht mit einer Namenssuche in den umgebenden Namensräumen vom spezifischsten zum allgemeinsten (von innen nach außen). Der spezifischste passende Bezeichner ist demnach sichtbar, identische Bezeichner der Umgebung sind verdeckt. Die Nichtexistenz des Bezeichners im Namensraum oder der Umgebung führt zu einem Übersetzungsfehler.

Zusätzlich gilt: Ein Bezeichner einer importierten Entität oder einer lokalen Variablen muß vor seiner Benutzung deklariert sein.

Es stellt sich die Frage, ob dieser Algorithmus schon eindeutig ist. Da Java keine Mehrfachvererbung vorsieht, besteht zunächst nicht das Problem, das zwei identische Bezeichner in einer Ebene der Namensraumhierarchie existieren. Trotzdem könnte diese Situation entstehen, wenn man Pakete mit gleichnamigen Typen importiert oder wenn eine Klasse Schnittstellen mit gleichbenannten Klassenvariablen implementiert.

Den ersten Fall schließt Java explizit aus, eine Mißachtung führt zu einem Übersetzungsfehler. Ähnliches gilt für den zweiten Fall, zwar kann eine Klasse zwei derartige Schnittstellen implementieren, muß jedoch gleichbenannte Variablen beim Zugriff qualifizieren. Die Verwendung des in beiden Schnittstellen enthaltenen Variablenbezeichners veranlaßt den Compiler zur Anzeige eines Übersetzungsfehlers.

Beispiel:
```
public class Sv implements Sv1, Sv2 {
    public static void main( String[] arg ) {
        System.out.println( s );
    }
}
interface Sv1 { String s = "Sv1"; }
interface Sv2 { String s = "Sv2"; }
```
produziert bei der Übersetzung:
```
Sv.java:5: Reference to s is ambiguous.
It is defined in interface Sv2 and interface Sv1.
```

2.12.7 Gültigkeit

Gültig sind alle im Namensraum und der Umgebung enthaltenen Bezeichner. Wird ein Bezeichner der Umgebung verdeckt (nicht überschrieben!), so kann die entsprechende Entität durch den voll qualifizierten Namen bezeichnet werden.

Beispiel: In der Methode setze wird der Objektvariablen zustand der formale Parameter zustand zugewiesen.
```
public class FlipFlop {
    void setze( boolean zustand ) { this.zustand = zustand; }
    private boolean zustand = false;
}
```

2.12.8 this und super

Die beiden Bezeichner this und super referenzieren Objekte im Körper einer Objektmethode oder eines Konstruktors, nur dort dürfen sie verwendet werden. Sie verweisen auf dasselbe Objekt, nämlich das Objekt, bei dem die Methode aufgerufen wurde, unterscheiden sich jedoch durch ihren Typ. Der Bezeichner this hat als Typ die Klasse des Objekts, super die direkte Superklasse. Dementsprechend kann man mit super auf eventuell verdeckte Komponenten der Superklasse zugreifen. In Konstruktoren einer Klasse bezeichnet zusätzlich this() einen anderen Konstruktor der Klasse und super() einen Konstruktor der Superklasse.

Beispiel: In der im nächsten Kapitel verwendeten Struktur zur Umformulierung der Klasse Clock könnte im Konstruktor mit super() der Konstruktor der Super-

2.12 Sichtbarkeit von Bezeichnern

klasse gerufen werden (das ist jedoch überflüssig, da das ohne den Aufruf implizit geschieht), mit `this` wird die Objektvariable qualifiziert (sie ist durch den formalen Parameter verdeckt).

```
public class Clock extends Thread implements ClockModel {

    protected ClockView clockView = null;

    public Clock( ClockView clockView ) {
        super();
        this.zeigerUhr = clockView;
    }
    ...
}
```

Die Wahl des gleichen Bezeichners für den formalen Parameter und die Objektvariable drückt die Übereinstimmung in der Bedeutung aus.

Mit der Einführung innerer Klassen kann `this` zusätzlich mit einem Klassennamen einer umgebenden Klasse qualifiziert werden und bezeichnet dann die umgebende Instanz.

Beispiel: Am Ende dieses Kapitels sind wir nun in der Lage, ein Hauptprogramm für das Sortierproblem zu entwerfen.

```
    // Datei jf/kapitel2/Sort.java
 1  package jf.kapitel2;

 2  public class Sort {

 3      public static void main( String[] args ) {
            // Erzeugung einer Instanz, die sortiert
 4          SortAlgorithm algorithm = new BubbleSortAlgorithmImpl();
            // Erzeugung des zu sortierenden Feldes
 5          SortType[] field = { new IntSortTypeImpl( 10 ),
 6                               new IntSortTypeImpl( 11 ),
 7                               new IntSortTypeImpl( 14 ),
 8                               new IntSortTypeImpl( 13 ),
 9                               new IntSortTypeImpl(  1 ),
10                               new IntSortTypeImpl(  7 ),
11                               new IntSortTypeImpl(  5 ),
12                               new IntSortTypeImpl( 19 ) };
            // sortieren
13          SortType[] result = algorithm.sort( field );
14          for ( int i = 0; i < result.length; i++ ) {
                // ausgeben
15              System.out.println( result[ i ] );
16          }
17      }
18  }
```

Viele bisher besprochene Punkte werden in den größeren Beispielen der nächsten Kapitel deutlicher.

Übung

- Verbessern Sie die Klasse `Sort` um eine Eingabe.

- Vergegenwärtigen Sie sich mit Hilfe der bisherigen Beispielen die jeweiligen Namensräume und Umgebungen.

- Setzen Sie die Klassen zur Maximumsuche zu einem vollständigen Programm zusammen.

3

Das erste Spiel – Applikationen

Es gibt zwei Spielarten der Anwendung von Java, die Programmierung eigenständiger Programmpakete und die Programmierung von Applets. Entsprechend der Art sind unterschiedliche Anforderungen zu beachten.

In diesem Kapitel wird besprochen, wie Java als eine ganz normale Programmiersprache zur Implementierung von Anwendungsprogrammen einzusetzen ist. Java-Anwendungen (im Gegensatz zu Applets) sind dadurch gekennzeichnet, daß sie durch den Java-Interpreter ausgeführt werden. Dafür müssen sie eine Methode mit der folgenden Signatur enthalten, die der Interpreter als Startpunkt verwendet.

```
public static void main( String[] args ) {...}
```

Zunächst greift das Kapitel das Beispiel aus der Einleitung wieder auf, es wird eine bessere Strukturierung entworfen und nach und nach ergänzt.

3.1 Beispiel – Eine Uhr

Das Einführungskapitel zeigt zwei Beispiele zur Anzeige einer Uhr durch ein Programm und durch ein Applet. Beide stimmen in großen Teilen überein. Lediglich die Art der Anzeige und des Aufrufs unterscheiden sich.

Die objektorientierte Programmierung ist dazu da, Wiederholung von Quelltext zu vermeiden, gleichartige Funktionalität in Klassen zusammenzufassen und in Ableitungen zu verfeinern. Im Uhr-Beispiel können sich sowohl das Ziel der Anzeige (auf der Standardausgabe, in einem Fenster) als auch das Aussehen (digital, Zeiger) verändern.

3.1.1 Die Grundfunktionen

Was sind die wesentlichen Komponenten der Uhr? Das ist zum einen ein Thread, der seine Arbeit jeweils für eine Sekunde unterbricht und dann die aktuelle Zeit anzeigt. Zum anderen ist das eine Methode zur Bestimmung der Uhrzeit entsprechend einem angegebenen Format. Genau diese Funktionen bündelt die Klasse `jf.kapitel3.abschnitt1.SimpleClockModelImpl`.

Weitere Kriterien für die Wahl der Strukturierung sind die fehlende Mehrfachvererbung und die unterschiedliche Art, in der Programme und Applets aufgerufen werden. Es bietet sich eine Zerlegung in ein Uhrmodell (Bestimmung der Uhrzeit und Auslösen der Anzeige) und eine Uhrsicht (tatsächliche Anzeige) an. Klassen, die ein Uhrmodell bereitstellen, implementieren die Schnittstelle `ClockModel`, Klassen, die eine Uhrsicht beschreiben, implementieren die Schnittstelle `ClockView`. Mit dieser Einteilung ist eine Vererbung entlang der Modellklassen als auch entlang der Sichtklassen möglich. Dieses Konzept ist aus der Smalltalk-Programmierung als Modell/View/Controller-Konzept bekannt.

```
   // Datei jf/kapitel3/abschnitt1/SimpleClockModelImpl.java
 1 package jf.kapitel3.abschnitt1;

 2 import java.util.Calendar;
 3 import java.util.TimeZone;
 4 import java.util.Date;

 5 public class SimpleClockModelImpl extends Thread
 6         implements ClockModel {
```

Die Klasse enthält eine Instanzvariable zur Speicherung eines Objekts zur Anzeige und eine Instanzvariable für ein `Calendar`-Objekt. Beide sind als `protected` vereinbart, also in abgeleiteten Klassen sichtbar. Die Variable `clockView` wird im Konstruktor mit dem übergebenen Parameter initialisiert, die Variable `calendar` mit einem neuen `Calendar`-Objekt der Zeitzone `ECT`.

```
 7     protected ClockView clockView = null;
 8     protected Calendar calendar = null;

 9     public SimpleClockModelImpl( ClockView clockView ) {
10         this.clockView = clockView;
11         calendar = Calendar.getInstance( TimeZone.getTimeZone( "ECT" ));
12     }
```

Jede Sekunde erhält das Sichtobjekt eine Anforderung zur erneuten Anzeige. Das Objekt enthält dafür die Methode `repaint()`

```
13     public void run() {
14         if ( clockView == null ) return;
15         while ( isAlive() ) {
16             clockView.repaint();

17             try {
18                 sleep( 1000 );
19             }
20             catch ( InterruptedException e ) {}
21         }
```

3.1 Beispiel – Eine Uhr

```
22      }

23      protected String setLeadingZero( int i ) {
24          return ( i < 10 ) ? "0" + String.valueOf( i )
                              : String.valueOf( i );
25      }
```

Diese einfache Variante der Methode `getTime()` beachtet den übergebenen Parameter `format` nicht und setzt stattdessen die Uhrzeit in einem Standardformat (00:00:00) zusammen.

```
26      public String getTime( String format ) {
27          calendar.setTime( new Date());
28          return setLeadingZero( calendar.get( Calendar.HOUR_OF_DAY ))
29                 + ":" + setLeadingZero( calendar.get( Calendar.MINUTE ))
30                 + ":" + setLeadingZero( calendar.get( Calendar.SECOND ));
31      }
32  }
```

Was ist mit dieser Struktur gewonnen? Zunächst erkennt man die Komponenten zur Bestimmung der Uhrzeit und zur Unterbrechung des Ablaufs wieder. Zusätzlich erscheint die Instanzvariable `clockView` vom Schnittstellentyp `ClockView`. Sie verweist auf ein Objekt, das eine Methode zum Anzeigen der Zeit bereitstellt (`repaint()`) und wird mit dem Aufruf des Konstruktors gesetzt. In der Methode `run()` wird ihre `repaint()`-Methode gerufen, um die Uhrzeit anzuzeigen. Das Objekt der Schnittstelle `ClockView` kann nun sowohl ein Applet als auch ein Programm sein.

3.1.2 Die Schnittstellen

Die Schnittstelle `ClockView` enthält einzig die Methode `repaint()` zur erneuten Anzeige.

```
    // Datei jf/kapitel3/abschnitt1/ClockView.java
1   package jf.kapitel3.abschnitt1;

2   public interface ClockView {
3       public void repaint();
4   }
```

Die Klasse `SimpleClockModelImpl` legt fest, daß sie die Schnittstelle `ClockModel` implementiert. Über diese Schnittstelle kann ein `SimpleClockModelImpl`-Objekt aus einem anderen Objekt heraus gestartet werden, auch wenn es dessen genauen Typ nicht kennt, da die Schnittstelle aus `Startable` die Methode `start()` erbt.

```
    // Datei jf/kapitel3/abschnitt1/ClockModel.java
1   package jf.kapitel3.abschnitt1;

2   public interface ClockModel extends Startable {
        // die Uhr soll stoppen
```

```
3    public void stop();
     // die Uhr soll die Uhrzeit entsprechend dem Format liefern
4    public String getTime( String format );
5 }
```

3.1.3 Das Programm – Erster Ansatz

Das Sichtklasse, die sich mit dem Java-Interpreter ausführen läßt, sieht wie folgt aus:

```
  // Datei jf/kapitel3/abschnitt1/SimpleClockViewImpl.java
1 package jf.kapitel3.abschnitt1;
2 public class SimpleClockViewImpl implements ClockView {
```

Die Klasse enthält eine Instanzvariable zur Speicherung eines Modellobjekts.

```
3    private ClockModel clockModel = null;
```

In ihrer `main()`-Methode ezeugt die Klasse eine neue eigene Instanz und ruft deren Methode `start()` auf. Diese Methode sorgt zunächst für die Initialisierung (`init()`), in der ein neues Modellobjekt erzeugt wird, und startet anschließend das Modellobjekt. Der Konstruktor des Modellobjekts erhält den aktuellen Parameter `this` als Argument. Durch diese Konstruktion ist das Sichtobjekt im Modellobjekt bekannt.

```
4    public static void main( String[] args ) {
5        new SimpleClockViewImpl().start();
6    }
7    public void init() {
8        clockModel = new SimpleClockModelImpl( this );
9    }
10   public void start() {
11       init();
12       if ( clockModel != null ) clockModel.start();
13   }
```

Die Methode `repaint()` erfragt die Uhrzeit vom Modellobjekt, ohne ein spezielles Format anzugeben, und zeigt sie auf der Standardausgabe (`System.out`) an.

```
14   public void repaint() {
15       if ( clockModel != null ) {
16           System.out.print( "\r" + clockModel.getTime( null ));
17           System.out.flush();
18       }
19   }
20 }
```

Nach der Übersetzung kann die Uhr durch den Aufruf des Interpreters mit der Sichtklasse gestartet werden:

`java jf.kapitel2.abschnitt1.SimpleClockViewImpl`

Ihr Funktionsprinzip entspricht dem Einführungsbeispiel.

3.1 Beispiel – Eine Uhr

Durch die Neuimplementierung der Methode `init()` in abgeleiteten Klassen kann die Instanzvariable `clockModel` auch mit anderen Objekten einer die Schnittstelle `ClockModel` implementierenden Klasse initialisiert werden. Schnittstellen sind also nicht nur für die Nachempfindung der Mehrfachvererbung nützlich, sondern auch zum Einführen generischer Objektvariablen, die in Subklassen ihre tatsächliche Belegung verändern.

Das Zusammenspiel von Modellobjekt und Sichtobjekt stellt die Abbildung 3.1 dar.

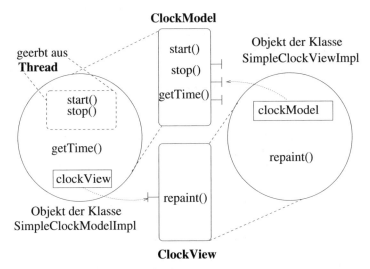

Abbildung 3.1: *Modell- und Sichtobjekt*

Die Architektur läßt sich noch weiter verallgemeinern. Störend ist der Zwang, eine Methode `main()` zu implementieren. Läßt man sie in einer abgeleiteten Klasse weg, ist nicht automatisch die Methode der Superklasse sichtbar. Die abgeleitete Klasse muß die Methode selbst implementieren.

3.1.4 Start von Programmen

Gesucht ist eine Methodik, die zum einen die verlangte statische `main()`-Methode bereitstellt und zum anderen mehr Flexibilität bei der Vererbung erlaubt. Das ist möglich, wenn man sich auf die bei Applets angewandte Variante festlegt (für eine andere Variante siehe `DatabaseApplication` in Kapitel 5.5).

Der Ablauf eines Programms bedeutet dann die Erzeugung eines Objekts der abzuarbeitenden Klasse und den Aufruf seiner Startmethode. Die folgende Klasse implementiert diese Herangehensweise.

```
  // Datei jf/kapitel3/abschnitt1/Starter.java
1 package jf.kapitel3.abschnitt1;
2 public class Starter {
```

Die Klasse enthält eine Klassenvariable, die die Argumente der Kommandozeile (`args`) speichern soll. Über die Methode `getArguments()` kann ein gestartetes Objekt die Variable abfragen.

```
3      private static String[] arguments;
```

Die Methode `main()` legt zunächst zwei lokale Variablen zur Speicherung der Klasse des zu startenden Objekts sowie zur Speicherung des Objekts selbst fest und initialisiert die statische Variable `arguments`.

```
4      public static void main( String[] args ) {
5          Class startableClass = null;
6          Startable startableObject = null;
7          arguments = args;
```

Die statische Methode `forName()` der Klasse `Class` lädt die in `arg[0]` angegebene Klasse. Die Instanzmethode `newInstance()` der Klasse `Class` erzeugt schließlich ein Objekt der geladenen Klasse durch den Aufruf des argumentlosen Konstruktors.

```
8          try {
9              startableClass = Class.forName( args[ 0 ] );
10             startableObject =
                   (Startable) startableClass.newInstance();
11         }
```

Im Fehlerfall erscheint auf der Standardfehlerausgabe eine Fehlermeldung, und das Programm bricht ab.

```
12         catch ( ClassNotFoundException e ){
13             System.err.println(
                   "Klasse nicht gefunden: " + e.toString() );
14             Runtime.getRuntime().exit( -1 );
15         }
16         catch ( Exception e ){
17             System.err.println(
                   "Fehler bei der Objekterzeugung: " + e.toString() );
18             Runtime.getRuntime().exit( -1 );
19         }
```

Schließlich wird die `start()`-Methode des erzeugten Objekts aufgerufen.

```
20         if ( startableObject != null ) startableObject.start();
21     }
22     public static String[] getArguments() {
23         return arguments;
24     }
25 }
```

Der Bezeichner der zu startenden Klasse wird der Klasse `Starter` als Kommandozeilenargument (dessen Erklärung in Kapitel 3.2 erfolgt) übergeben. Mit Hilfe der Klassenmethode `forName()` (Zeile 9) lädt sie die Klasse. Die Objektmethode `newInstance()` (Zeile 10) erzeugt ein Objekt der Schnittstelle `Startable` (das eigentlich ein Objekt der geladenen Klasse ist), dessen Startmethode sie in der Zeile 20 aufruft.

3.1 Beispiel – Eine Uhr 107

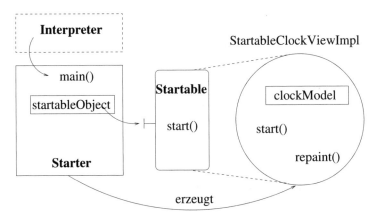

Abbildung 3.2: *Starten eines Objekts*

In Abbildung 3.2 ist das Vorgehen dargestellt.

Die Klasse ist allgemein gehalten und übernimmt lediglich den Anstoß eines Objekts. An sie übergebene Klassen können nun Vererbungshierarchien aufbauen und von der Struktur her genauso wie Applets behandelt werden, unter der Voraussetzung, daß sie die Schnittstelle `Startable` implementieren. Diese enthält nur eine Methode.

```
   // Datei jf/kapitel3/abschnitt1/Startable.java
1  package jf.kapitel3.abschnitt1;

2  public interface Startable {
       // Ein Objekt einer Startbar-Klasse wird mit start() gestartet.
3      void start();
4  }
```

3.1.5 Das Programm – Zweiter Ansatz

Die Sichtklasse erhält dann folgendes einfacheres Aussehen:

```
   // Datei jf/kapitel3/abschnitt1/StartableClockViewImpl.java
1  package jf.kapitel3.abschnitt1;

2  public class StartableClockViewImpl implements ClockView, Startable {
3      protected ClockModel clockModel = null;
4      protected String format = null;

5      public void init() {
6          clockModel = new SimpleClockModelImpl( this );
7      }
8      public void start() {
```

```
 9          init();
10          if ( clockModel != null ) clockModel.start();
11      }
12      public void repaint() {
13          if ( clockModel != null ) {
14              System.out.print( "\r" + clockModel.getTime( format ));
15              System.out.flush();
16          }
17      }
18 }
```

Der folgende Aufruf führt über die `start()`-Methode (Zeile 8) zur Initialisierung der Instanzvariablen (Zeile 6) und zum Start der Uhr (Zeile 10).

```
java jf.kapitel3.abschnitt1.Starter
    jf.kapitel3.abschnitt1.StartableClockViewImpl
```

Für eine konfigurierbare Uhr muß eine Subklasse nun lediglich die Instanzvariable `format` verändern und `init()` überschreiben. Die Methode `init()` muß die Objektvariable `clockModel` dann mit einem Objekt einer Subklasse von `SimpleClockModelImpl` überschreiben, die das Format berücksichtigt.

Die Konstruktion wird einsichtiger, wenn man sie im Zusammenhang mit Applets betrachtet.

Übung

- Implementieren Sie eine Ableitung von `SimpleClockModelImpl`, welche die Zeit in umgekehrter Reihenfolge darstellt. Leiten Sie eine Klasse von `SimpleClockViewImpl` ab, die in der `init()`-Methode ein Objekt der neuen Modellklasse erzeugt.

3.2 Kommandozeile

Beim Aufruf des Interpreters erhält die interpretierte Klasse Argumente von der Kommandozeile überreicht. Zur Aufnahme der Argumente ist der formale Parameter `args` der Klassenmethode `main()` gedacht. Der Parameter verweist auf ein Feld der Klasse `String`. Wie in anderen Feldern auch bezeichnet dabei `args[0]` das erste Kommandozeilenargument.

In C ist das der Name, mit dem das Programm aufgerufen wurde. Java unterscheidet sich hier von C. Weder der Name des ausgeführten Programms (der Interpreter), dessen Argumente (z.B. `-debug`) noch der Name der interpretierten Klasse sind im Feld `args` enthalten. Das erste tatsächliche Argument steht, wenn vorhanden, hinter dem Klassennamen.

Die schon vorgestellte Klasse `Starter` erhält als erstes Argument die Klasse, von der sie ein Objekt erzeugen und dessen Startmethode sie rufen soll. Gleichzeitig merkt

3.2 Kommandozeile

sie sich in der Klassenvariablen `arguments` das `String`-Feld der Argumente (Zeile 7), so daß auch das erzeugte Objekt über die statische Methode `getArguments()` Zugriff auf eigene Argumente hat.

Die Übergabe eines Arguments von der Kommandozeile an das erzeugte Objekt nutzt die Klasse `ConfigClockViewImpl`, um eine im Aussehen konfigurierbare Uhr zu implementieren.

```
  // Datei jf/kapitel3/abschnitt2/ConfigClockViewImpl.java
1 package jf.kapitel3.abschnitt2;

2 import jf.kapitel3.abschnitt1.StartableClockViewImpl;
3 import jf.kapitel3.abschnitt1.Starter;
4 public class ConfigClockViewImpl
        extends StartableClockViewImpl {
```

Die Methode `init()` initialisiert `clockModel` mit einem Objekt einer neuen Klasse und belegt die Variable `format` mit einem Kommandozeilenargument, falls dieses angegeben wurde.

```
 5     public void init() {
 6         clockModel = new ConfigClockModelImpl( this );
 7         String[] args = Starter.getArguments();
 8         format = ( args.length > 1 ) ? args[ 1 ] : "H:M:S";
 9     }
10 }
```

Die Klasse überschreibt dazu die `init()`-Methode und weist der eigenen Instanzvariablen `clockModel` statt eines Objekts der Klasse `SimpleClockModelImpl` eines der von dieser abgeleiteten Klasse `ConfigClockModelImpl` zu.

Gut, aber die Klasse `ConfigClockModelImpl` gibt es noch gar nicht. Sie ist im folgenden Quelltext implementiert.

```
  // Datei jf/kapitel3/abschnitt2/ConfigClockModelImpl.java
1 package jf.kapitel3.abschnitt2;
2 import jf.kapitel3.abschnitt1.SimpleClockModelImpl;
3 import jf.kapitel3.abschnitt1.ClockView;
4 import java.util.Date;
5 public class ConfigClockModelImpl
        extends SimpleClockModelImpl {
```

Die neue Klasse besitzt ebenfalls einen Konstruktor zur Übernahme eines Sichtobjekts. Der Konstruktor leitet dieses an den Konstruktor der Superklasse weiter.

```
6     public ConfigClockModelImpl( ClockView clockView ){
7         super( clockView );
8     }
```

Die neue Methode `getTime()` baut aus dem Parameter `format` nach und nach die Uhrzeit auf. Sie nutzt dazu eine lokale Variable vom Typ `StringBuffer`, die für eine solche Art der Zeichenkettenbearbeitung vorgesehen ist.

```
 9    public String getTime( String format ) {
10        StringBuffer time = new StringBuffer();
11        String form = ( format != null ) ? format : "H:M:S";
12        calendar.setTime( new Date());
13        for( int i=0; i<form.length(); i++ )
14            switch ( form.charAt( i )){
15            case 'H':
16            case 'h': time.append( setLeadingZero(
18                        calendar.get( calendar.HOUR_OF_DAY )));
19                break;
20            case 'M':
21            case 'm': time.append( setLeadingZero(
23                        calendar.get( calendar.MINUTE )));
24                break;
25            case 'S':
26            case 's': time.append( setLeadingZero(
28                        calendar.get( calendar.SECOND )));
29                break;
30            case '\': if ( ++i >= form.length() ) break;
32            default : time.append( form.charAt( i ));
33            }
34        return time.toString();
35    }
36 }
```

Wieder ist die Klasse so gestaltet, daß sie später auch aus einem Applet heraus benutzt werden kann. Sie überschreibt logischerweise die Methode `getTime()` (Zeile 9), die ja das Aussehen bestimmte. In der neuen Methode beachtet sie den Parameter `format` und arbeitet ihn Zeichen für Zeichen ab. Ein S oder s bewirkt das Einbinden der Sekunden und entsprechend M, m, H oder h das der Minuten bzw. Stunden.

Durch die Zeile 30 wird ein Zeichen, das einem Backslash folgt, direkt übernommen. Es verliert dann seine spezielle Bedeutung.

Der folgende Aufruf ändert die Erscheinungsweise der Uhr.

```
java jf.kapitel3.abschnitt1.Starter
    jf.kapitel3.abschnitt2.ConfigClockViewImpl "H<M<S>M>H"
23<17<59>17>23
```

Übung

- Erläutern Sie die Vererbungsbeziehungen aller im vorigen Beispiel involvierten Klassen. Bestimmen Sie, aus welchen Klassen die verwendeten Methoden und Variablen stammen.

- Implementieren Sie eine direkt interpretierbare (ohne Umweg über `Starter`) View-Klasse, die die Uhrzeit abhängig von einem Kommandozeilenparameter anzeigt.

3.3 Ein- und Ausgabe

Die Uhr hat immer noch das Manko, daß sie keine reguläre Abbruchbedingung besitzt.

3.3.1 Uhr mit Reaktion auf Eingabe

Sie wird deshalb nun so erweitert, daß sie bei einer Eingabe auf die Standardeingabe stoppt.

```
   // Datei jf/kapitel3/abschnitt3/StopClockViewImpl.java
 1 package jf.kapitel3.abschnitt3;
 2 import jf.kapitel3.abschnitt2.ConfigClockViewImpl;
 3 import java.io.IOException;

 4 public class StopClockViewImpl extends ConfigClockViewImpl {
 5    public void repaint(){
 6       if ( clockModel == null ) return;
 7       super.repaint();
 8       try {
 9          if ( System.in.available() > 0 ){
10             clockModel.stop();
11             clockModel = null;
12          }
13       }
14       catch ( IOException e ) { clockModel.stop(); }
15    }
16 }
```

Durch die sorgfältige Vorbereitung muß die neue Klasse dazu lediglich die Methode **repaint()** überschreiben. Der zusätzliche Teil beginnt in der Zeile 9 mit der Abfrage der Standardeingabe (durch die Variable **in** vom Typ **InputStream** der Klasse **System** bezeichnet). Die Instanzmethode **available()** zeigt eine vorhandene Eingabe mit einem positiven Rückgabewert an.

Die Uhr startet mit

```
java jf.kapitel3.abschnitt1.Starter
    jf.kapitel3.abschnitt3.StopClockViewImpl H:M:S
```

und stoppt zum Beispiel, wenn der Anwender auf die Eingabetaste drückt. Die Uhr reagiert damit auf Eingaben. Ausgaben enthielt sie schon ab der ersten Version. Die Ein- und Ausgabe von Daten ist ein wesentlicher Bestandteil eines jeden Programms. Java stellt zu diesem Zweck die Bibliothek **java.io** bereit. Darin findet der Programmierer verschiedene Klassen für Ein- und Ausgabeströme.

Der Begriff Datenstrom steht dabei für den in definierter Weise ablaufenden Transport von Daten von einer Datenquelle zu einer Datensenke. Bei einem Eingabestrom liest das Programm die Daten ein, die Datenquelle kann jeweils verschieden sein.

Einen Ausgabestrom benutzt das Programm dagegen zum Transport von Daten an einen äußeren Verbraucher.

3.3.2 Eingabeströme

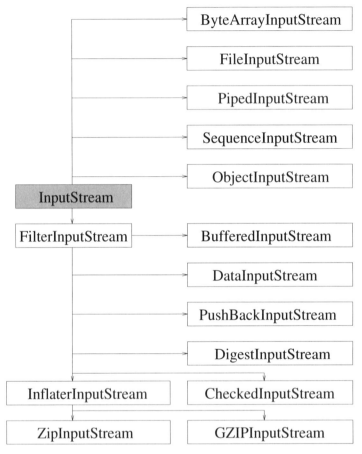

Abbildung 3.3: Klassen für die Eingabe mit Byte-Streams

Das JDK-1.1 und folgende unterscheiden zwischen Eingabeströmen für Byte-Daten (`InputStream` und abgeleitete Klassen) und Eingabeströmen für Character-Daten (`Reader` und abgeleitete Klassen). Das ist notwendig, da Werte vom Typ Character gegenüber Werten vom Type Byte im allgemeinen mehr als acht Bit benötigen.

Der allgemeinste Eingabestrom für Byte-Daten ist die Klasse `InputStream` (die Klassenvariable `in` der Klasse `System` ist z.B. von diesem Typ), von ihr sind sechs Subklassen abgeleitet. Die verschiedenen Klassen unterscheiden sich einerseits in der Art der Datenquelle und andererseits in der Art der transportierten Daten (Abbildung 3.4 und Abbildung 3.3) Der allgemeinste Eingabestrom für Character-

3.3 Ein- und Ausgabe

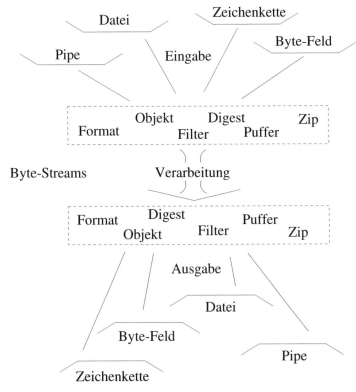

Abbildung 3.4: Byte-Ein- und -Ausgabeströme

Daten ist die Klasse `Reader`. Sie besitzt in `java.io` sechs direkt von ihr abgeleitete Klassen (Abbildung 3.6 und Abbildung 3.5)

InputStream und Reader. Die folgenden Eingabeströme besitzen unterschiedliche Quellen. Die Quelle wird bei der Erzeugung eines Eingabestromes als Argument angegeben. Ein Programm kann so mit Byte-Streams Daten aus einem Feld von Bytes, einer Datei, einer Verbindung mit einem Byte-Ausgabestrom, einer Kombination mehrerer Quellen und einem Objekt sowie mit Character-Streams aus einem Feld von Character-Werten, einem Byte-Stream, einer Verbindung mit einem Character-Ausgabestrom und aus einer Zeichenkette auf gleichartige Weise lesen. Die Eingabeströme abstrahieren von den unterschiedlichen Quellen.

Ein Byte-Eingabestrom (Klasse `InputStream`) stellt die folgenden Methoden zur Verfügung. Sie sind dann unabhängig von der Quelle vorhanden.

```
public abstract int read() throws IOException
    // von abgeleiteten Klassen zu implementieren
public int read( byte[] b ) throws IOException
    // füllt das Bytefeld,
    // gibt Anzahl der gelesenen Bytes zurück
public int read( byte[] b, int off, int len ) throws IOException
```

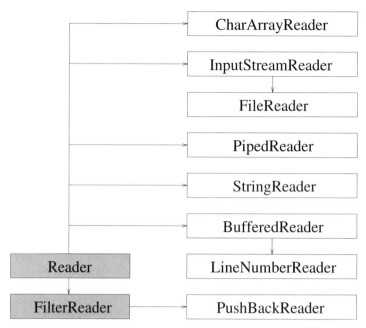

Abbildung 3.5: *Klassen für die Eingabe mit Character-Streams*

```
    // liest ab off höchstens len Bytes
public long skip( long n ) throws IOException
    // überspringt n Bytes
public int available() throws IOException
    // überprüft das Anliegen von Daten
public void close() throws IOException
    // schließt den Eingabestrom
public synchronized void mark( int readlimit )
    // setzt eine Rücksprungmarke für reset()
public synchronized void reset() throws IOException
    // kehrt zur letzten Rücksprungmarke zurück
public boolean markSupported()
    // gibt an, ob der mark()-reset()-Mechanismus
    // implementiert ist
```

Die Klasse `InputStream` selbst ist abstrakt, von ihr abgeleitete Klassen (wie die folgenden) müssen die Methode `read()` implementieren.

In dem Einführungsbeispiel wurde jedoch die Variable `System.in` als Objekt der Klasse `InputStream` bezeichnet. Die Variable ist also tatsächlich ein Objekt einer von ihr abgeleiteten Klasse, z.B. einer der im folgenden vorgestellten.

Ein Character-Eingabestrom (Klasse `Reader`) stellt die folgenden Methoden zur Verfügung.

```
public int read() throws IOException
    // Lesen
```

3.3 Ein- und Ausgabe

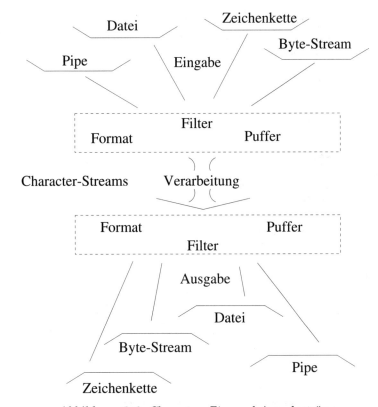

Abbildung 3.6: *Character- Ein- und Ausgabeströme*

```
public int read( char[] b ) throws IOException
    // füllt das Character-Feld,
    // gibt Größe des Feldes zurück
public abstract int read( char[] b, int off, int len )
    throws IOException
    // liest ab off höchstens len Character
public long skip( long n ) throws IOException
    // überspringt n Bytes
public boolean ready() throws IOException
    // überprüft das Anliegen von Daten
public abstract void close() throws IOException
    // schließt den Eingabestrom
public void mark( int readlimit )
    // setzt eine Rücksprungmarke für reset()
public void reset() throws IOException
    // kehrt zur letzten Rücksprungmarke zurück
public boolean markSupported()
    // gibt an, ob der mark()-reset()-Mechanismus
    // implementiert ist
```

Auf den folgenden Seiten sind einige Beispiele zum Gebrauch von Byte- und Character-Streams angegeben. Die Anwendung ist jeweils ähnlich, so daß der Leser ein allgemeines Bild gewinnt.

Lesen aus einer Zeichenkette. Die in früheren Versionen des Paketes `java.io` vorhandene Klasse `StringBufferInputStream` ist ab dem JDK-1.1 durch die Klasse `StringReader` ersetzt worden.

Beispiel:
```
   // Datei jf/kapitel3/abschnitt3/StringInput.java
 1 package jf.kapitel3.abschnitt3;
 2 import java.io.StringReader;
 3 import java.io.BufferedReader;
 4 import java.io.IOException;
 5 public class StringInput {
 6    public static void main ( String[] args ) {
 7       BufferedReader sb = null;
 8       try {
```

Das Beispiel öffnet das erste Argument des Programms als Eingabestrom. Die Methode `ready()` überprüft, ob Daten vorhanden sind.

```
 9          sb = new BufferedReader( new StringReader( args[ 0 ] ));
10          if ( sb.ready() )
11             System.out.println( "fertig" );
12       }
13       catch ( ArrayIndexOutOfBoundsException ex ) {
14             System.err.println( "kein Argument" );
15       }
16       catch ( IOException ioex ) {
17             System.err.println( "Lesefehler" );
18       }
19    }
20 }
```

Lesen aus einem Bytefeld. Als Quelle des Eingabestromes fungiert hier ein Feld des Typs `byte`.

Beispiel:
```
   // Datei jf/kapitel3/abschnitt3/BytefieldInput.java
 1 package jf.kapitel3.abschnitt3;
 2 import java.io.ByteArrayInputStream;
 3 public class BytefieldInput {
 4    public static void main ( String[] args ) {
 5       byte[] ba = new byte[ 100 ];
 6       ByteArrayInputStream ba_es = null;
 7       try {
```

Die lokale Variable `ba` wird durch Eingabe auf die Standardeingabe gefüllt und ist dann die Quelle des `ByteArrayInputStreams`.

3.3 Ein- und Ausgabe

```
 8              System.in.read( ba );
 9              ba_es = new ByteArrayInputStream( ba );
10              if ( ba_es.available() > 0 )
11                  System.out.println( "fertig" );
12          }
13          catch ( Exception e ) {
14              System.err.println( e );
15          }
16      }
17 }
```

Das Programm liest in das Feld `ba` Eingaben des Benutzers ein. Der Eingabestrom `ba_es` benutzt das Feld als Quelle.

Lesen aus einer Datei. Eine wichtige Datenquelle für Programme sind Dateien. Die Klasse `FileInputStream` implementiert eine solche Verbindung zu Dateien.

Beispiel:
```
   // Datei jf/kapitel3/abschnitt3/FileInput.java
 1 package jf.kapitel3.abschnitt3;

 2 import java.io.FileInputStream;
 3 import java.io.FileNotFoundException;
 4 import java.io.IOException;

 5 public class FileInput {
 6     public static void main ( String[] args ) {
 7         FileInputStream f = null;
 8         try {
 9             f = new FileInputStream( args[ 0 ] );
10             if ( f.available() > 0 )
11                 System.err.println(
12                     "Datei ist nicht leer" );
13         }
14         catch ( ArrayIndexOutOfBoundsException e ) {
15             System.err.println( "kein Argument" );
16         }
17         catch ( FileNotFoundException e ) {
18             System.err.println( "nicht vorhanden" );
19         }
20         catch ( IOException e ) {
21             System.err.println( "Lesefehler" );
22         }
23     }
24 }
```

Die obige Klasse öffnet eine als Argument übergebene Datei und überprüft, ob sie Daten enthält. Sie reagiert auf verschiedene Ausnahmen, die bei der Abarbeitung auftreten können; so mag ein Argument fehlen, die Datei nicht vorhanden oder nicht lesbar sein.

Lesen aus einer Pipe. Die Klasse `PipedInputStream` ist besonders für die Kommunikation zwischen Threads geeignet. Ihre Quelle ist nämlich ein Ausgabestrom. Ein anderer Thread schreibt Daten in diesen Ausgabestrom, die der aktuelle Thread in dem erzeugten Eingabestrom lesen kann. Zur Veranschaulichung folgt ein einfaches Beispiel:

Beispiel:
```
   // Datei jf/kapitel3/abschnitt3/PipeInput.java
 1 package jf.kapitel3.abschnitt3;

 2 import java.io.DataInputStream;
 3 import java.io.PipedInputStream;
 4 import java.io.DataOutputStream;
 5 import java.io.PipedOutputStream;

 6 public class PipeInput {
 7    public static void main ( String[] args ) {
 8       PipedOutputStream out = null;
 9       DataOutputStream data_out = null;
10       PipedInputStream in = null;
11       DataInputStream data_in = null;
12       int number = 12345;
13       try {
14          out = new PipedOutputStream();
```

Um den Strom `out` wird ein Filter gelegt, `in` mit ihm verbunden, danach der Integer-Wert von `number` geschrieben und gelesen.

```
15          data_out = new DataOutputStream( out );
16          in = new PipedInputStream( out );
17          data_in = new DataInputStream( in );
18          data_out.writeInt( number );
19          System.out.println( data_in.readInt() );
20       }
21       catch ( Exception e ){
22          System.err.println( e );
23       }
24    }
25 }
```

Das Beispiel erzeugt je ein Objekt der Klasse `PipedInputStream` und der Klasse `PipedOutputStream`. Das Objekt `in` ist durch den speziellen Konstruktoraufruf (Zeile 16) bereits mit dem Ausgabestrom verbunden. Die Objekte der Klassen `DataInputStream` und `DataOutputStream` greifen bereits auf den folgenden Abschnitt vor. Sie definieren eine Form der gefilterten Ein- und Ausgabe, indem sie Lese- bzw. Schreibmethoden für die Standardtypen von Java besitzen. In der Zeile 18 wird eine ganze Zahl in den Ausgabestrom geschrieben, die nächste Zeile liest sie aus dem verbundenen Eingabestrom und gibt sie aus.

3.3 Ein- und Ausgabe

Zur Verbindung derartiger Ein- und Ausgabeströme gibt es neben den Konstruktoren die Methode connect(). Die Zeile 16 ändert ihr Aussehen dann in:

```
16'         in = new PipedInputStream();
16*         in.connect( out );
```

Lesen aus einer Sequenz. Mit der Klasse SequenceInputStream lassen sich mehrere Eingabeströme aneinanderhängen. Die folgende Klasse benutzt den SequenceInputStream, um alle in der Kommandozeile angegebenen Dateien hintereinanderweg zu lesen und sie zeilenweise auszugeben. Dazu verbindet es mehrere Dateieingabeströme zu einem (Abbildung 3.7).

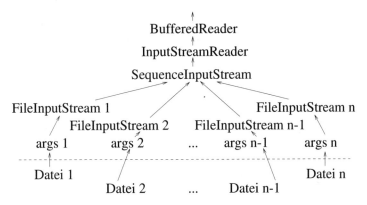

Abbildung 3.7: *Aufeinanderfolgendes Lesen aus mehreren Dateien*

Beispiel:
```
// Datei jf/kapitel3/abschnitt3/FileSequenceInput.java
1 package jf.kapitel3.abschnitt3;
2 import java.io.BufferedReader;
3 import java.io.InputStreamReader;
4 import java.io.SequenceInputStream;
5 import java.io.FileInputStream;
6 import java.io.FileNotFoundException;
7 import java.util.Enumeration;

8 public class FileSequenceInput {
9     public static void main ( String[] args ) {
10        BufferedReader in = null;
11        String zeile;
12        try {
```

Um die Aufzählung der Dateieingabeströme legt die folgende Zuweisung einen SequenceInputStream und um eine zeilenweise Ausgabe zu ermöglichen, wandelt sie diesen über einen InputStreamReader zu einem Character-Stream und schließlich zu einem gepufferten Character-Stream.

```
13              in = new BufferedReader(
14                  new InputStreamReader(
15                      new SequenceInputStream(
16                          new FileSet( args ))));
```

In der Schleife erfolgt die zeilenweise Ausgabe.

```
17              while (( zeile = in.readLine() ) != null )
18                  System.out.println( zeile );
19          }
20          catch ( Exception e ) {}
21      }
22 }
```

Die Klasse `FileSet` implementiert eine Aufzählung, die der Konstruktor der Klasse `SequenceInputStream` benötigt. Die Aufzählung besteht aus `FileInputStreams` zu allen als Argument angegebenen Dateien.

```
23 class FileSet implements Enumeration {
24     String[] args = null;
25     int index = 0;
26     public FileSet ( String[] args ){
27         this.args = args;
28     }
29     public boolean hasMoreElements() {
30         return index < args.length;
31     }
32     public Object nextElement() {
33         try {
34             return new FileInputStream( args[ index++ ] );
35         }
36         catch ( FileNotFoundException e ) {
37             System.err.println( args[ index - 1 ] + "nicht gefunden" );
38             return null;
39         }
40     }
41 }
```

Zeilennummern. Die Ermittlung von Zeilennummern hat sich gegenüber dem JDK-1.0 geändert und zählt nun nicht mehr zu der gefilterten Eingabe. Das folgende Beispiel demonstriert die Vorgehensweise.

Beispiel:
```
   // Datei jf/kapitel3/abschnitt3/LineInput.java
 1 package jf.kapitel3.abschnitt3;
 2 import java.io.LineNumberReader;
 3 import java.io.FileReader;
 4 import java.io.IOException;
 5 import java.io.FileNotFoundException;
```

3.3 Ein- und Ausgabe

```
 6 public class LineInput {
 7     public static void main ( String[] args ) {
 8         LineNumberReader in = null;
 9         String line = null;
10         try {
```

Das erste Kommandozeilenargument gibt den Namen der Datei an, die im folgenden zeilenweise und mit Zeilennummer versehen ausgegeben wird.

```
11             in = new LineNumberReader(
12                 new FileReader( args[ 0 ] ));
13             while (( line = in.readLine() ) != null )
14                 System.out.println( in.getLineNumber() + " " + line );
15         }
16         catch ( ArrayIndexOutOfBoundsException e ) {
17             System.err.println( "kein Argument" );
18         }
19         catch ( FileNotFoundException e ) {
20             System.err.println( "nicht vorhanden" );
21         }
22         catch ( IOException e ) {
23             System.err.println( "Lesefehler" );
24         }
25     }
26 }
```

3.3.3 Gefilterte Eingabe

Gefilterte Eingabeströme ergänzen die einfachen Eingabeströme um die formatierte Eingabe. Ihre Konstruktoren erhalten als Argument einen Eingabestrom. Die Methodik wurde bereits in den letzten beiden Beispielen angewendet. Um einen einfachen Eingabestrom wird ein Filter konstruiert, der die Daten entsprechend einliest.

Als einfacher Eingabestrom kann jeder der vorgestellten fungieren. Es ist deshalb egal, ob das Programm aus einer Datei, einer Zeichenkette oder von der Standardeingabe liest, die Methoden zur formatierten Ausgabe bleiben gleich.

`DataInputStream.` Die Klasse wurde in den obigen Beispielen schon eingesetzt. Sie liefert Methoden, Literale der primitiven Datentypen von Java einzulesen. Gemeint ist damit jedoch keinesfalls die Umwandlung aus der Textrepräsentation in den Typ (wie z.B. bei `scanf()` in C), sondern die Umwandlung von mit der Klasse `DataOutputStream` geschriebenen Daten.

Zur Erläuterung folgendes Beispiel:

Beispiel: Will das Programm eine ganze Zahl vom Benutzer abfragen, geht das nicht mit

```
int number = ( new DataInputStream( System.in )).readInt();
```

sondern mit

```
int zahl = Integer.parseInt(
            ( new BufferedReader( new InputStreamReader(
                   System.in ))).readLine());
```

Das ist wahrhaftig ein Ungeheuer. Die erste Methode funktioniert nicht, weil die Methode `readInt()` genau 4 Bytes einliest und in eine ganze Zahl umwandelt. Der Benutzer gibt aber eine Zahl im Textformat ein.

Die zweite Variante liest eine Zeile der Standardeingabe ein und wandelt sie aus einer Zeichenkette in einen Wert vom Typ `int` um (`Integer.parseInt()`).

Die Klasse `DataInputStream` findet ihre Anwendung hauptsächlich in Verbindung mit der Klasse `DataOutputStream`.

`BufferedInputStream`. Die Klasse stellt einen gepufferten Eingabestrom zur Verfügung. Liest ein Objekt aus einem gepufferten Eingabestrom, so blockiert es so lange, bis der Puffer gefüllt ist (siehe Beispiel zu gepufferten Ausgabeströmen).

`PushbackInputStream`. In ein Objekt der Klasse `PushbackInputStream` kann man ein gelesenes Zeichen wieder zurückschreiben. Diese Funktionalität wird in manchen Compilern angewendet.

`LineNumberInputStream`. Diese Klasse existiert nicht mehr und wurde durch die Klasse `LineNumberReader` ersetzt.

3.3.4 Eingabefilter aus anderen Paketen

Die Pakete `java.security` und `java.util.zip` definieren eigene von `FilteredInputStream` abgeleitete Eingabeströme. Einige von ihnen werden in späteren Beispielen benutzt.

3.3.5 Ausgabeströme

Das JDK-1.1 und folgende unterscheiden wiederum zwischen Byte-Ausgabeströmen (Subklassen von `OutputStream`: Abbildung 3.8) und Character-Ausgabeströmen (Subklassen von `Writer`: Abbildung 3.9). Und wieder unterscheiden sich die vorhandenen Klassen zum einen in der Art ihres Ausgabeziels und zum anderen in der Form der Daten.

OutputStream. Die Klasse `java.io.OutputStream` ist als abstrakte Klasse die Basisklasse aller Byte-Ausgabeströme und enthält folgende Methoden.

Methoden
```
public abstract void write( int b ) throws IOException
    // muß von Subklassen implementiert werden
public void write( byte[] b ) throws IOException
```

3.3 Ein- und Ausgabe

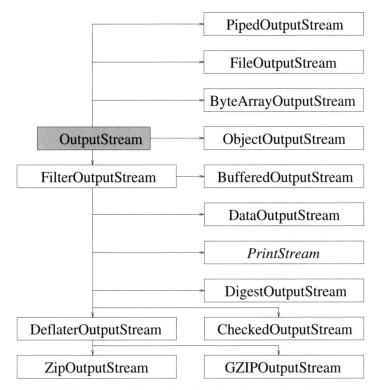

Abbildung 3.8: *Klassen für die Ausgabe mit Byte-Streams*

```
    // Ausgabe eines Bytefeldes
public void write( byte[] b, int off, int len ) throws IOException
    // Ausgabe von len Bytes ab off
public void flush() throws IOException
    // Leeren eventueller Puffer
public void close() throws IOException
    // Schließen
```

Die Klasse java.io.Writer ist als abstrakte Klasse die Basisklasse aller Character-Ausgabeströme und enthält folgende Methoden.

Methoden

```
    public void write( int b ) throws IOException
        // muß von Subklassen implementiert werden
    public void write( char[] b ) throws IOException
        // Ausgabe eines Character-Feldes
    public abstract void write( char[] b, int off, int len )
        throws IOException
        // Ausgabe von len Character aus b ab off
    public void write( String s ) throws IOException
        // Ausgabe einer Zeichenkette
    public void write( String s, int off, int len ) throws IOException
```

```
    // Ausgabe von len Character aus s ab off
public abstract void flush() throws IOException
    // Leeren eventueller Puffer
public abstract void close() throws IOException
    // Schließen
```

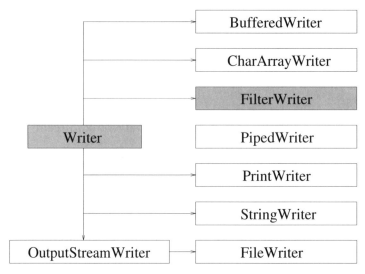

Abbildung 3.9: *Klassen für die Ausgabe mit Character-Streams*

Für unterschiedliche Ausgabeziele (Datensenken) sind folgende Ableitungen der Klassen `OutputStream` und `Writer` definiert.

Schreiben in eine Datei. Die folgende Klasse dient der Ausgabe in eine Datei.

Beispiel:
```
  // Datei jf/kapitel3/abschnitt3/FileOutput.java
1 package jf.kapitel3.abschnitt3;
2 import java.io.PrintWriter;
3 import java.io.File;
4 import java.io.FileOutputStream;

5 public class FileOutput {
6     public static void main ( String[] args ) {

7         File f = null;
8         PrintWriter f_as = null;

9         try {
```

Falls die mit dem ersten Argument angegebene Datei existiert, eine normale Datei und schreibbar ist, dann erzeugt das Programmstück einen neuen Ausgabestrom zu dieser Datei und legt darum einen speziellen Character-Ausgabestrom für die zeilenweise Ausgabe.

3.3 Ein- und Ausgabe

```
10              f = new File( args[ 0 ] );
11              if ( f.exists() &&
12                  f.isFile() &&
13                  f.canWrite() ){
14                  f_as = new PrintWriter(
15                      new FileOutputStream( f ));
16                  f_as.println(
17              "Alles was hier vorher stand ist nun leider weg." );
18                  f_as.flush();
19              }
20          }
21          catch ( Exception e ) {}
22      }
23 }
```

Das Programm löscht den Inhalt der als Argument übergebenen Datei und schreibt den Text an ihren Anfang. Gleichzeitig verwendet sie eine neue Klasse aus dem Paket `java.io`, die Klasse `File`. Diese besitzt eine Reihe von Methoden, um Dateieigenschaften zu bestimmen. Objekte der Klassen `FileInputStream` und `FileOutputStream` können sowohl mit Hilfe eines Dateinamens als auch über ein `File`-Objekt erzeugt werden.

Schreiben in eine Pipe. Ein Objekt der Klasse `PipedOutputStream` schreibt seine Daten in einen Puffer, den ein Objekt der Klasse `PipedInputStream` liest. Ein Beispiel ist bei der gepufferten Ausgabe zu finden.

`ByteArrayOutput`. Die Klasse lenkt die Ausgabe in ein Bytefeld um.

3.3.6 Gefilterte Ausgabe

Um einen einfachen Ausgabestrom legt man einen Filter, wenn man nicht nur Byte- bzw. Characterfelder ausgeben will. Verschiedene Filter sind bereits im Paket `java.io` definiert.

`DataOutputStream`. Ein Objekt der Klasse `DataOutputStream` kodiert Werte von Java-Standardtypen, so daß sie von einem `DataInputStream`-Objekt als solche wieder eingelesen werden können (Kapitel 2.6). Für die textuelle Ausgabe ist die Klasse `PrintWriter` vorgesehen.

`BufferedOutputStream`. Die Klasse `BufferedOutputStream` ist für eine gepufferte Ausgabe vorgesehen. Die Ausgabe erfolgt erst, wenn der Puffer gefüllt ist. Das verdeutlicht das folgende Beispiel, in dem zwei Threads (Kapitel 3.6) eine Pipe für die Kommunikation verwenden (Abbildung 3.10).

Beispiel:
```
  // Datei jf/kapitel3/abschnitt3/BufferedOutput.java
1 package jf.kapitel3.abschnitt3;
```

```
 2 import java.io.BufferedOutputStream;
 3 import java.io.PipedOutputStream;
 4 import java.io.OutputStream;
 5 import java.io.PipedInputStream;
 6 import java.io.InputStream;
 7 import java.io.IOException;
 8 public class BufferedOutput {
 9     public static void main ( String[] args ) {
10         BufferedOutputStream bout = null;
11         PipedOutputStream out = null;
12         PipedInputStream in = null;
13         try {
```

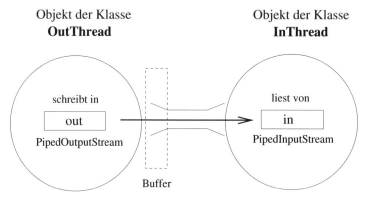

Abbildung 3.10: Gepufferte Pipe

Die lokale Variable bout wird mit einem Ausgabestrom initialisiert, der zwei Bytes puffert. Der Eingabestrom in der Variablen in ist mit diesem verknüpft.

```
14             bout = new BufferedOutputStream(
15                     out = new PipedOutputStream(), 2 );
16             in = new PipedInputStream( out );
17         }
18         catch ( Exception e ){ System.err.println( e ); }
19         new OutThread( bout ).start();
20         new InThread( in ).start();
21     }
22 }
```

Ein Objekt der Klasse OutThread schreibt jede Sekunde eine schrittweise wachsende Zahl in den dem Konstruktor übergebenen Ausgabestrom.

```
23 class OutThread extends Thread {
24     OutputStream out = null;
25     public OutThread( OutputStream out ) { this.out = out; }
26     public void run() {
27         int j = 0;
28         while ( true ) {
```

```
29              System.out.println( "aus: " + j );
30              try { out.write( j++ ); sleep( 1000 ); }
31              catch ( Exception e ) { System.out.println( e ); }
32          }
33      }
34 }
```

Ein Objekt der Klasse `InThread` liest alle im dem Konstruktor übergebenen Eingabestrom eintreffenden Nachrichten.

```
35 class InThread extends Thread {
36      InputStream in = null;
37      public InThread( InputStream in ) { this.in = in; }
38      public void run() {
39          while ( true )
40              try {
                    System.err.println( "     ein: " + in.read());
                }
41              catch ( IOException e ) {
                    System.err.println( e );
                }
42      }
43 }
```

Nach dem Start dieser Klasse laufen zwei Threads, die über eine Pipe verbunden sind. Der erste Thread schreibt jede Sekunde eine aufsteigende Zahl in den gepufferten Ausgabestrom (Zeile 30). Der Puffer speichert zwei Zeichen (Zeile 15). Der andere Thread liest alle eintreffenden Daten. Die Klasse erzeugt die folgende Ausgabe:

aus: 0
aus: 1
aus: 2
 ein: 0
 ein: 1
aus: 3
aus: 4
 ein: 2
 ein: 3
...

Daran erkennt der Leser, daß bei einem gepufferten Ausgabestrom die Ausgabe immer erst erfolgt, wenn der Puffer voll ist. Dann kann der zweite Thread die Daten lesen. Vertauscht man in der obigen Klasse die Zeile 19 durch die Zeile,

```
19          new OutThread( out ).start();
```

so ist die Ausgabe nicht mehr gepuffert, und die beiden Threads wechseln sich im Lesen und Schreiben bei jeder Zahl ab.

aus: 0
 ein: 0
aus: 1
 ein: 1

PrintWriter. Die Klasse PrintStream existiert zwar im JDK-1.2 noch, man soll jedoch stattdessen die Klasse PrintWriter benutzen. Sie reichert einen Character-Ausgabestrom mit nützlichen Funktionen zur textuellen Ausgabe von Werten der Standardtypen, von Zeichenketten und allgemein von Objekten an. Sie verwendet dazu die jeweilige toString()-Methode der Objekte.

Das folgende Programm kopiert eine Character-Datei, falls die Zieldatei noch nicht vorhanden ist.

Beispiel:
```
   // Datei jf/kapitel3/abschnitt3/CopyCharacterFile.java
 1 package jf.kapitel3.abschnitt3;
 2 import java.io.BufferedReader;
 3 import java.io.FileReader;
 4 import java.io.PrintWriter;
 5 import java.io.FileWriter;
 6 import java.io.File;

 7 public class CopyCharacterFile {
 8     public static void main( String[] args ) {
 9         BufferedReader in = null;
10         PrintWriter out = null;
11         File source = null, target = null;
12         String line = null;
```

Die Kommandozeilenargumente sollen die Quelldatei und die Zieldatei benennen. Falls die Quelldatei nicht existiert, bricht das Programm ab.

```
13         if ( args.length != 2 ) {
14             System.err.println( "java CopyCharacterFile quelle ziel");
15             Runtime.getRuntime().exit( -1 );
16         }
17         source = new File( args[ 0 ] );
18         if ( ! source.exists() ) {
19             System.err.println(
20                 "Datei "+args[ 0 ]+" nicht gefunden");
21             Runtime.getRuntime().exit( -1 );
22         }
```

Falls die Zieldatei ein Verzeichnis ist, soll die Quelldatei unter dem gleichen Namen in dieses Verzeichnis kopiert werden. Falls die Zieldatei bereits existiert, bricht das Programm ab.

```
23         target = new File( args[ 1 ] );
24         if ( target.isDirectory() )
25             target = new File( target, args[ 0 ] );
26         if ( target.exists() ) {
27             System.err.println(
28                 "Datei "
```

3.3 Ein- und Ausgabe

```
29                       + target.getPath()
30                       + " existiert bereits" );
31              Runtime.getRuntime().exit( -1 );
32          }
```

Die nächsten Zeilen bauen einen Eingabestrom aus der Quelldatei und einen Ausgabestrom in die Zieldatei auf. In der Schleife werden die Daten zeilenweise übertragen.

```
33          try {
34              in = new BufferedReader(
35                  new FileReader( source ));
36              out = new PrintWriter(
37                  new FileWriter( target ));
38              while ( ( line = in.readLine() ) != null )
39                  out.println( line );
40              out.close();
41          }
42          catch ( Exception e ) {
43              System.err.println( "Fehler: "+e.getMessage() );
44          }
45      }
46  }
```

Dieses Kopierprogramm eignet sich nur für Character-Dateien, enthält eine Datei stattdessen beliebige Bytes, ist das folgende Kopierprogramm angebracht.

Beispiel:
```
    // Datei jf/kapitel3/abschnitt3/CopyBinaryFile.java
 1  package jf.kapitel3.abschnitt3;
 2  import java.io.FileInputStream;
 3  import java.io.FileOutputStream;
 4  import java.io.File;
 5  public class CopyBinaryFile {
 6      public static void main( String[] args ) {
```

Die Daten werden hier in einem Bytefeld der Länge 1024 übertragen. Die lokale Variable `readReturn` speichert die Anzahl der tatsächlich aus dem Eingabestrom gelesenen Bytes.

```
 7          final int bufLength = 1024;
 8          byte[] buffer = new byte[ bufLength ];
 9          int readReturn = 0;
10          File source = null, target = null;
11          FileInputStream in = null;
12          FileOutputStream out = null;
```

Zunächst erfolgen dieselben Schritte wie im letzten Kopierprogramm.

```
13          if ( args.length != 2 ) {
14              System.err.println( "java CopyBinaryFile quelle ziel");
15              Runtime.getRuntime().exit( -1 );
16          }
```

```
17       source = new File( args[ 0 ] );
18       if ( ! source.exists() ) {
19          System.err.println(
20             "Datei "+args[ 0 ]+" nicht gefunden");
21          Runtime.getRuntime().exit( -1 );
22       }
23       target = new File( args[ 1 ] );
24       if ( target.isDirectory() )
25          target = new File( target, args[ 0 ] );
26       if ( target.exists() ) {
27          System.err.println(
28             "Datei "
29             + target.getPath()
30             + " existiert bereits" );
31          Runtime.getRuntime().exit( -1 );
32       }
```

Jetzt werden allerdings statt Character-Ein- bzw. Ausgabeströmen Byte-Ein- und Ausgabeströme verwendet. In der Schleife liest das Programm readReturn Bytes, höchstens jedoch 1024, und schreibt diese in den Ausgabestrom.

```
33       try {
34          in = new FileInputStream( source );
35          out = new FileOutputStream( target );
36          do {
37             readReturn = in.read( buffer );
38             if ( readReturn != -1 )
                   out.write( buffer, 0, readReturn );
39          }
40          while ( readReturn != -1 );
41          out.close();
42       }
43       catch ( Exception e ) {
44          System.err.println( "Fehler: "+e.getMessage() );
45       }
46    }
47 }
```

Die unterschiedliche Wirkung beider Kopierprogramme erkennt der Leser, wenn er eine Byte-Datei kopiert. Während das erste Programm die Länge verfälscht, ist sie beim zweiten identisch.

Ausgabefilter aus anderen Paketen. Die JDK-1.1-Pakete java.security und java.util.zip definieren weitere Ausgabefilter, die in späteren Beispielen des Buches auftreten.

3.3.7 Die Klasse RandomAccessFile

Für die Bearbeitung von Dateien mit wahlfreiem Zugriff ist die Klasse
RandomAccessFile am besten geeignet. Sie enthält zusätzliche Methoden zum
Bewegen in der Datei und außerdem Routinen zum Schreiben und Lesen von
Java-Standardtypen.

Das demonstriert folgendes Beispiel, welches eine Byte-Datei an eine andere anhängt.

Beispiel:
```
   // Datei jf/kapitel3/abschnitt3/Append.java
 1 package jf.kapitel3.abschnitt3;
 2 import java.io.FileInputStream;
 3 import java.io.RandomAccessFile;
 4 import java.io.File;
 5 public class Append {
 6    public static void main( String[] arg ) {
```
Wieder wird die Datei byteweise an die Zieldatei angehängt.
```
 7        final int bufLength = 1024;
 8        byte[] buffer = new byte[ bufLength ];
 9        int readReturn = 0;
10        File source = null, target = null;
11        FileInputStream in = null;
12        RandomAccessFile out = null;
13        if ( arg.length != 2 ) {
14           System.err.println( "java Append quelle ziel" );
15           Runtime.getRuntime().exit( -1 );
16        }
17        source = new File( arg[ 0 ] );
18        target = new File( arg[ 1 ] );
19        if ( ! source.exists() || ! target.isFile() ) {
20           System.err.println(
21              "geht nicht");
22           Runtime.getRuntime().exit( -1 );
23        }
```
Die Eingabemarke der Zieldatei wird auf ihr Ende eingestellt. Die Schleife überträgt den Inhalt der Quelldatei byteweise an das Ende der Zieldatei.
```
24        try {
25           in = new FileInputStream( source );
26           out = new RandomAccessFile( target, "rw" );
27           out.seek( out.length() );
28           do {
29              readReturn = in.read( buffer );
30              if ( readReturn != -1 )
                    out.write( buffer, 0, readReturn );
31           }
```

```
32              while ( readReturn != -1 );
33              out.close();
34          }
35          catch ( Exception e ) {
36              System.err.println( "Fehler: " + e.getMessage() );
37          }
38      }
39 }
```

Die aufgeführten Beispiele für die Ein- und Ausgabe haben gezeigt, daß Java hier eine reiche Auswahl bietet. Außerdem wurde veranschaulicht, daß man mit Java keineswegs objektorientiert programmieren muß. Alle Beispielprogramme dieses Abschnittes bestehen nur aus einer `main()`-Methode, die eine Anweisungsfolge enthält.

Übung

- Implementieren Sie das Unix-Kommando `cat`, das mehrere Dateien aneinanderfügt und gegebenenfalls in einer Zieldatei speichert.

- Implementieren Sie eine Abwandlung des Unix-Kommandos `more`, die alle angegebenen Argumentdateien in Portionen von je zehn Zeilen auf der Standardausgabe anzeigt und auf Drücken der Leertaste weiterblättert.

3.4 Wichtige Datenstrukturen

Viele Strukturen, die der Programmierer häufig benötigt und die andere Programmiersprachen bereits im Sprachumfang bereitstellen, existieren in Java in der Klassenbibliothek. Eine Auswahl dieser Strukturen ist hier angegeben, die einzelnen Methoden sind kommentiert.

3.4.1 Zeichenketten

Für die Darstellung von Zeichenketten existieren in Java die zwei Klassen `String` und `StringBuffer` im Paket `java.lang`.

Die Klasse `java.lang.String`. `String` ist eine Klasse zur Repräsentation von konstanten Zeichenketten.

```
public final class String extends Object
```

Auswahl der Konstruktoren
```
    public String()
        // eine leere Zeichenkette
    public String( String value )
        // z.B. new String( "Das ist ein String" );
    public String( byte[] value )
```

3.4 Wichtige Datenstrukturen

```
        // Initialisierung mit einem Bytefeld
    public String( char[] value )
        // Initialisierung mit einem Character-Feld
    public String( byte[] value, int offset, int count )
        // Ausschnitt aus dem Feld
    public String( char[] value, int offset, int count )
        // Ausschnitt aus dem Feld
    public String( StringBuffer buffer )
        // Initialisierung mit einem StringBuffer
```

Auswahl der Methoden

```
    public int length()
        // Länge der Zeichenkette
    public char charAt( int index )
        // Zeichen an der Position
    public byte[] getBytes()
        // Umwandlung in ein Bytefeld
    public void getChars( int srcBegin, int srcEnd,
                         char[] dst, int dstBegin )
        // Umwandlung in ein Character-Feld
    public boolean equals( Object anObject )
        // Vergleich der Zeichenketten
    public boolean equalsIgnoreCase( String anotherString )
        // Vergleich der Zeichenketten ohne Beachtung von
        // Groß- und Kleinschreibung
    public int compareTo( String anotherString )
        // Vergleich bzgl. der Ordnung
    public boolean startsWith( String prefix, int toffset )
        // Ist prefix erstes Zeichen?
    public boolean endsWith( String suffix )
        // Ist suffix letztes Zeichen?
    public int indexOf( int ch )
        // Position des ersten Auftretens von ch
    public int indexOf( int ch, int fromIndex )
        // Position des ersten Auftretens von ch nach fromIndex
    public int lastIndexOf( int ch )
        // Position des letzten Auftretens von ch
    public int indexOf( String str )
        // Position des ersten Auftretens von str
    public int lastIndexOf( String str )
        // Position des letzten Auftretens von str
    public String substring( int beginIndex )
        // Ende der Zeichenkette
    public String substring( int beginIndex, int endIndex )
        // Ausschnitt der Zeichenkette
    public String replace( char oldChar, char newChar )
        // Ersetzen
    public String toLowerCase()
        // Umwandeln in Kleinbuchstaben
```

```
public String toUpperCase()
    // Umwandeln in Großbuchstaben
public char[] toCharArray()
    // Umwandeln in ein Feld von char
public static String valueOf( ... )
    // Umwandeln von Objekten, Feldern und Werten von
    // Standardwerten in ihre String-Repräsentation.
public String intern()
    // Umwandeln des Strings in eine eindeutige interne
    // Repräsentation
```

Die Klasse String enthält zwar Methoden zur Veränderung von Zeichenketten, erzeugt in diesem Fall jedoch immer neue Zeichenketten.

Beispiel: Die Klasse StringMirror nutzt sowohl Methoden der Klassen String als auch der Klasse StringBuffer, um eine Zeichenkette zu spiegeln.

```
  // Datei jf/kapitel3/abschnitt4/StringMirror.java
1 package jf.kapitel3.abschnitt4;
2 public class StringMirror {
```

Der Argumentstring wird in ein StringBuffer-Objekt umgewandelt, zeichenweise wird es in umgekehrter Reihenfolge gefüllt und als String wieder zurückgegeben.

```
3     public static String doMirror ( String arg ) {
4         StringBuffer sb = new StringBuffer( arg );
5         for ( int i = 0; i < sb.length(); i++ )
6             sb.setCharAt( i, arg.charAt( sb.length() - 1 - i ));
7         return new String( sb );
8     }
9 }
```

Zur direkten Änderung von Zeichenketten ist die Klasse StringBuffer geeignet. In einem Objekt dieser Klasse kann man Zeichen setzen und verändern (Zeile 6).

Die Klasse java.lang.StringBuffer. StringBuffer ist eine Klasse zur Repräsentation von variablen Zeichenketten.

```
    public class StringBuffer extends Object
```

Konstruktoren
```
    public StringBuffer()
        // ein leerer StringBuffer
    public StringBuffer( int length )
        // Festlegung der initialen Länge
    public StringBuffer( String str )
        // Initialisierung mit einem String-Objekt
```

Auswahl der Methoden Einige Methoden, die schon die Klasse String besitzt, wurden weggelassen.

3.4 Wichtige Datenstrukturen

```
public int length()
    // Anzahl der Characters
public int capacity()
    // Kapazität
public synchronized void ensureCapacity(int minimumCapacity )
    // Mindestlänge
public synchronized void setLength( int newLength )
    // Setzen der Länge
public synchronized void setCharAt( int index, char ch )
    // Setzen eines Zeichens
public synchronized StringBuffer append( ... )
    // Anfügen der String-Repräsentation eines
    // Objekts, Feldes oder Wertes eines Standardtyps
public synchronized StringBuffer insert(int offset, ... )
    // Einfügen an der Position offset
public synchronized StringBuffer reverse()
    // Umdrehen der Zeichenfolge
```

Mit der letzten Methode vereinfacht sich die Klasse `StringMirror`. Aus den Zeilen 4 bis 7 wird die folgende einzige Anweisung:

```
4'      return new StringBuffer( arg ).reverse().toString();
```

3.4.2 Listen

Java kennt keine direkte Zeigerarithmetik. Jedoch speichern Variablen von Referenztypen Referenzen auf ein Objekt und nicht das Objekt selbst. Es stellt sich die Frage, wie in Java dynamische Listen programmiert werden.

Beispiel: Eine einfach verkettete Liste mit geordneten `int`-Werten soll die folgende Schnittstelle implementieren.

```
// Datei jf/kapitel3/abschnitt4/SortedListModel.java
1 package jf.kapitel3.abschnitt4;
2 public interface SortedListModel {
3     public void insert( int content );
4     public boolean delete( int content );
5     public String toString();
6 }
```

Mit der Methode `toString()` soll die Liste später angezeigt werden. Unter Ausnutzung der Eigenschaft von Variablen, Referenzen zu speichern, bietet sich folgende Implementierung an.

```
// Datei jf/kapitel3/abschnitt4/SimpleSortedListModelImpl.java
1 package jf.kapitel3.abschnitt4;
2 public class SimpleSortedListModelImpl implements SortedListModel {
```

Objekte der Klasse `ListElement` kapseln die `int`-Werte der Liste. Die Instanzvariable `first` zeigt auf das erste Element.

```
3      protected ListElement first = null;
4      public void insert( int content ){
5          ListElement where = null;
```

Falls die Liste noch leer oder das neu einzufügende Element kleiner als das erste der Liste ist, wird das neue Element vorn eingefügt. Der Konstruktor der Klasse `ListElement` übernimmt die Verkettung.

```
6          if ( first == null || first.content >= content ) {
7              first = new ListElement( first, content );
8              return;
9          }
```

Die lokale Variable `where` bewegt sich so lange in der Liste weiter, bis das nächste Listenelement eine größere Zahl enthält oder sie das Ende erreicht hat. An der erreichten Stelle wird das neue Element eingehängt. Wieder übernimmt das der Konstruktor der Klasse `ListElement`.

```
10         for ( where = first;
11             ( where.next != null ) &&
                   ( where.next.content < content );
12             where = where.next );
13         where.next = new ListElement( where.next, content );
14     }
```

Das zu löschende Element wird in der Liste gesucht, falls es vorhanden ist, wird es aus der Liste herausgenommen. Das tatsächliche Freigeben des Speicherplatzes übernimmt der Garbage Collector von Java. Mit der auf der CD befindlichen Klasse zum Test der Listen (`ListController` aus `jf.kapitel3.abschnitt4`) kann der Leser beobachten, in welchen Abständen der Speicher bereinigt wird.

```
15     public boolean delete( int content ){
16         ListElement where = null;
17         if ( first == null || first.content > content )
               return false;
18         if ( first.content == content ) {
19             first = first.next;
20             return true;
21         }
22         for ( where = first;
23             ( where.next != null ) &&
                   ( where.next.content < content );
24             where = where.next );
25         if ( where.next != null &&
                   where.next.content == content ) {
26             where.next = where.next.next;
27             return true;
28         }
29         else return false;
30     }
```

Für die Anzeige sammelt die lokale `StringBuffer`-Variable `sb` die Textdarstellungen der enthaltenen Elemente.

3.4 Wichtige Datenstrukturen

```
31      public String toString() {
32          ListElement where = null;
33          StringBuffer sb = new StringBuffer();
34          if ( first == null ) return "()";
35          sb.append( "( " );
36          for ( where = first;
                    where.next != null;
                    where = where.next )
37              sb.append( where.toString() + ", " );
38          sb.append( where.toString() + " )" );
39          return new String( sb );
40      }
41 }
```

Ein Objekt der Klasse `ListElement` kapselt einen `int`-Wert. Der Konstruktor initialisiert den Zeiger `next` mit dem übergebenen nächsten Element und realisiert so die Verkettung der Liste.

```
42 class ListElement {
43      ListElement next = null;
44      int content = 0;
45      ListElement( ListElement next, int content ) {
46          this.next = next;
47          this.content = content;
48      }
49      public String toString() {
50          return new Integer( content ).toString();
51      }
```

Die Methode `finalize()` wurde eingefügt, um die Speicherbereinigung deutlich zu machen. Der Garbage Collector ruft die Methode auf, bevor er das Objekt vom Speicher beseitigt. Alle Elemente, die eine durch 1000 teilbare Zahl enthalten, zeigen ihre Beseitigung auf der Standardausgabe an.

```
52      public void finalize() throws Throwable {
53          if ( content % 1000 == 0 )
                System.out.println( "element removed: " + content );
54          super.finalize();
55      }
56 }
```

Eine einfachere Implementierung der Liste ergibt sich unter Ausnutzung der in `java.util` enthaltenen Klasse `Vector`.

```
   // Datei jf/kapitel3/abschnitt4/VectorSortedListModelImpl.java
 1 package jf.kapitel3.abschnitt4;
 2 import java.util.Vector;
 3 public class VectorSortedListModelImpl implements SortedListModel {
```

Jedes Objekt dieser Klasse enthält nun ein `Vector`-Objekt, um die Liste zu speichern. Die Methoden `insert()` und `delete()` bildet es einfach auf entsprechende Methoden seines `Vector`-Objekts ab.

```
 4      Vector sortedVector = new Vector();
 5      public void insert( int content ) {
 6          int where = 0;
 7          for ( where = 0;
 8              ( where < sortedVector.size() ) &&
 9              (( (Integer) sortedVector.elementAt(
                        where )).intValue() < content );
10              where++ );
11          sortedVector.insertElementAt( new Integer( content ), where );
12      }
13      public boolean delete( int content ) {
14          return sortedVector.removeElement( new Integer( content ) );
15      }
```

Die Methode toString() unterscheidet sich kaum von der ersten Listen-Implementierung.

```
16      public String toString() {
17          int where = 0;
18          StringBuffer sb = new StringBuffer();
19          if ( sortedVector.size() == 0 ) return "()";
20          sb.append( "( " );
21          for ( where = 0; where < sortedVector.size() - 1; where++ )
22              sb.append(
                    sortedVector.elementAt( where ).toString() + ", " );
23          sb.append( sortedVector.elementAt( where ).toString() + " )" );
24          return new String( sb );
25      }
26  }
```

Als Fazit ergibt sich, daß die Klasse Vector zusammen mit der Schnittstelle Enumeration dem Programmierer ausreichende Mittel zur Implementierung von Listen bereitstellen. Die Schnittstelle wurde übrigens schon in einem Beispiel (Kapitel 3.3) verwendet.

Die Schnittstelle java.util.Enumeration.
    public interface Enumeration extends Object

Methoden
    public abstract boolean hasMoreElements()
    public abstract Object nextElement()

Die Klasse java.util.Vector.
    public class Vector extends Object implements Cloneable

Konstruktoren
    public Vector(int initialCapacity, int capacityIncrement)
    public Vector(int initialCapacity)
    public Vector()

3.4 Wichtige Datenstrukturen

Auswahl der Methoden

```
public final synchronized void copyInto( Object[] anArray )
    // Kopie in ein Feld
public final synchronized void setSize( int newSize )
    // neue Größe
public final int size()
    // aktuelle Größe
public final boolean isEmpty()
    // leer ?
public final synchronized Enumeration elements()
    // Elemente in einer Aufzählung
public final boolean contains( Object elem )
    // Enthaltenseinstest
public final int indexOf( Object elem )
    // erstes Auftreten
public final int lastIndexOf( Object elem )
    // letztes Auftreten
public final synchronized Object elementAt( int index )
    // Element an der Position int
public final synchronized Object firstElement()
    // erstes Element
public final synchronized Object lastElement()
    // letztes Element
public final synchronized void setElementAt(Object o, int i )
    // Setzen des i-ten Elements
public final synchronized void removeElementAt( int index )
    // Löschen des Elements an der Position index
public final synchronized void insertElementAt(Object o, int i )
    // Einfügen
public final synchronized void addElement( Object obj )
    // Anfügen
public final synchronized boolean removeElement( Object obj )
    // Löschen eines Elements, falls vorhanden
public final synchronized void removeAllElements()
    // alles löschen
public synchronized Object clone()
    // Kopie des Vektors
```

Die Klasse `Vector` bietet alle Funktionen, die man sonst in Listen verwendet.

3.4.3 Collections

Das JDK-1.2 führt im Paket `java.util` eine Menge von Schnittstellen und Klassen für die Darstellung von Objektsammlungen ein. Die Basisschnittstelle ist `Collection` mit der Implementierung `AbstractCollection`. Die Schnittstelle `List` erweitert `Collection`. `AbstractList` ist die Basisklasse für die Listenimplementierung, `Vector`, `ArrayList` und `AbstractSequentialList` (mit der Subklasse `LinkedList`) sind ihre Ausprägungen. Eine weitere von `Collection` abgeleitete

Schnittstelle ist `Set` mit der Basisimplementierung `AbstractSet` und deren Ausprägungen `HashSet`, `SortedSet` und `TreeSet`. Die Basisschnittstelle für die Speicherung von Zuordnungen ist `Map` mit den Implementierungen `Hashtable` und `AbstractMap` (Subklassen: `HashMap`, `SortedMap` und `TreeMap`). Aus einer `Map` bestimmt die Methode `value()` die Menge der enthaltenen Werte als eine `Collection`. Die Methode `iterator()` berechnet eine Aufzählung aller in einer `Collection` enthaltenen Elemente. Diese gibt sie in Form eines `Iterators` an. Das ist eine neue Schnittstelle (Implementierung: `ListIterator`), die `Enumeration` ersetzen wird. Schließlich existiert die Klasse `Arrays`, mit deren Methode `toList()` man Felder in Listen umwandeln kann.

Für die im letzten Abschnitt besprochene Liste ergibt sich folgende neue Variante der Implementierung:

```
   // Datei jf/kapitel3/abschnitt4/LinkedListSortedListModel.java
 1 package jf.kapitel3.abschnitt4;

 2 import java.util.LinkedList;

 3 public class LinkedListSortedListModel extends LinkedList
                                   implements SortedListModel {
 4     public void insert( int content ) {
 5         int where = 0;

 7         for ( where = 0;
 8             ( where < size() ) &&
               (( (Integer) get( where )).intValue() < content );
 9             where++ );
10
11         add( where, new Integer( content ));
12     }

13     public boolean delete( int content ) {
14         return ( remove( indexOf( new Integer( content ))) != null );
15     }
16 }
```

3.4.4 Die Klasse Math

In der Klasse sind viele mathematische Operationen zusammengefaßt. Die Methodenbezeichnungen sind selbsterklärend. Alle Methoden sind öffentliche Klassenmethoden.

Die Klasse `java.lang.Math`.
    `public final class Math extends Object`

Variablen
    `public final static double E,PI`

3.4 Wichtige Datenstrukturen

Methoden
```
double   sin( double a );  double   asin( double a );
double   cos( double a );  double   acos( double a );
double   tan( double a );  double   atan( double a );
double   exp( double a );
double   log( double a )   throws ArithmeticException;
double   sqrt( double a )  throws ArithmeticException;
double   ceil( double a ); double floor( double a );
double   rint( double a ); double atan2( double a, double b );
double   pow( double a,    double b ) throws ArithmeticException;
int      round( float  a ); long round( double a );
int      abs( int     a ); long abs( long a ); float abs( float a );
double   abs( double  a ); double max( double a, double b );
int      max( int     a,   int b);   long max( long  a, long  b );
float    max( float   a,   float b); int min(    int    a, int    b );
long     min( long    a,   long b);  float min( float a, float b );
double   min( double  a,   double b );
double   IEEEremainder(    double f1, double f2 );
synchronized double random();
```

Die Klasse `Math` kann später ebenfalls für eine neue Darstellung der Uhr verwendet werden, nämlich dann, wenn sie Zeiger besitzen soll. Dafür sind natürlich einige Koordinatenumrechnungen notwendig.

Beispiel:
```
    // Datei jf/kapitel3/abschnitt4/ClockPointerCoordinates.java
  1 package jf.kapitel3.abschnitt4;
  2 public class ClockPointerCoordinates {
```

Ein Objekt der Klasse enthält jeweils x- und y-Koordinaten für die drei Uhrenzeiger. Die aktuellen Werte ergeben sich aus der an die Methode `reset()` übergebenen Zeichenkette `timeString`. Die Parameter `x` und `y` geben dabei die maximale Größe der Zeiger an.

```
  3        public int sx = 0, sy = 0, mx = 0, my = 0, hx = 0, hy = 0;
  4        public void reset( String timeString, int x, int y ) {
  5            // timeString = HHMMSS
  6            int timeInt = Integer.valueOf( timeString ).intValue();
  7            int seconds = timeInt % 100;
  8            sx = resetx( seconds, 60, x );
  9            sy = resety( seconds, 60, y );
 10            timeInt /= 100; seconds += ( timeInt % 100 ) * 60;
 11            mx = resetx( seconds, 3600, 0.9 * x );
 12            my = resety( seconds, 3600, 0.9 * y );
 13            timeInt /= 100; seconds += timeInt * 60 * 60;
 14            hx = resetx( seconds, 43200, 0.7 * x );
 15            hy = resety( seconds, 43200, 0.7 * y );
 16        }
```

Die Methoden `resetX()` berechnen anhand des Winkelanteils und der Skalierung die neuen x- bzw. y-Koordinaten.

```
17      protected int resetx( int akt, int max, double skala ) {
18          return resize( Math.cos( arc( akt, max )), skala );
19      }
20      protected int resety( int akt, int max, double skala ) {
21          return resize( Math.sin( arc( akt, max )), skala );
22      }
```

Die Methode `arc()` berechnet den Winkelanteil von `akt` am Vollkreis, der durch `max` bestimmt ist.

```
23      protected double arc( double akt, double max ) {
24          return (( akt / max ) * 2 * Math.PI ) - Math.PI/2;
25      }
```

Die Methode `resize()` berechnet die Skalierung und wandelt das Ergebnis in einen int-Wert um.

```
26      protected int resize( double a, double skala ) {
27          return ( new Double( a * skala )).intValue();
28      }
29 }
```

Die Klasse wird in Kapitel 4.6 verwendet, um eine analoge Uhr in einem Applet darzustellen.

3.4.5 Die Klasse Class

Die Klasse `Class` wurde bereits angewendet, um eine andere Klasse dynamisch zur Laufzeit zu laden. Sie enthält eine Klassenbeschreibung und kann nach deren Muster Objekte erzeugen.

Die Klasse `java.lang.Class`. Die Objekte der Klasse enthalten die Laufzeitrepräsentation von Klassen. Für jede Klasse existiert ein derartiges Objekt.

```
    public final class Class extends Object
```

Auswahl der Methoden
```
    public static Class forName( String className )
        throws ClassNotFoundException
        // Laden der Klasse
    public Object newInstance()
        throws InstantiationException, IllegalAccessException
        // Erzeugung eines Objekts nach ihrem Muster
    public String getName()
        // Name der Klasse
    public Class getSuperclass()
        // Superklasse
    public Class[] getInterfaces()
        // durch die Klasse implementierte Schnittstellen
    public boolean isInterface()
        // ist die Klasse eine Schnittstelle?
```

3.4 Wichtige Datenstrukturen 143

Die Methode `newInstance()` läßt lediglich die Instantiierung über einen argumentlosen Konstruktor zu. Ab dem JDK-1.1 bietet sich mit der Klasse `Constructor` des Paketes `java.lang.reflect` eine neue Möglichkeit der Objekterzeugung, die im folgenden Beispiel angewendet wird.

3.4.6 Die Klasse Constructor

In Weiterführung des Uhrenbeispiels soll eine allgemeine Sichtklasse entworfen werden, der man per Kommandozeilenargument den Klassennamen der zu verwendenden Modellklasse mitteilt.

Beispiel:
```
   // Datei jf/kapitel3/abschnitt4/GenericClockViewImpl.java
 1 package jf.kapitel3.abschnitt4;
 2 import jf.kapitel3.abschnitt1.StartableClockViewImpl;
 3 import jf.kapitel3.abschnitt1.Starter;
 4 import jf.kapitel3.abschnitt1.ClockView;
 5 import jf.kapitel3.abschnitt1.ClockModel;
 6 import jf.kapitel3.abschnitt2.ConfigClockModelImpl;
 7 import java.lang.reflect.Constructor;
 8 import java.lang.reflect.InvocationTargetException;
 9 public class GenericClockViewImpl extends StartableClockViewImpl {
```
Ein Objekt dieser von `StartableClockViewImpl` abgeleiteten Klasse erzeugt in der Methode `init()` das gewünschte `ClockModel`-Objekt.
```
10     public void init() {
11         String[] args = Starter.getArguments();
12         Class[] paramTypes = { ClockView.class };
13         Object[] params = { this };
14         if ( args.length > 1 ) {
15             try {
```
Zunächst lädt die Methode die gewünschte Klasse und versucht dann, einen Konstruktor zu ermitteln, der die in der Variablen `paramTypes` angegebenen Argumenttypen aufweist, in diesem Fall ein mit einem `ClockView`-Parameter versehenen Konstruktor. Dieser existiert bei allen bisherigen Implementierungen der Schnittstelle `ClockModel`.
```
16             Class clockModelClass = Class.forName( args[ 1 ] );
17             Constructor clockModelConstructor =
18                 clockModelClass.getConstructor( paramTypes );
```
Ist der Konstruktor bestimmt, erfolgt die Objekterzeugung über diesen Konstruktor und das Feld der Parameter (`params`).
```
19             clockModel = (ClockModel)
                    clockModelConstructor.newInstance( params );
21         }
22         catch( ClassNotFoundException cE ) {
```

```
23                     System.err.println( "nicht gefunden: "
                                         + cE.toString() );
24                 }
25                 catch( NoSuchMethodException nE ) {
26                     System.err.println( "Konstruktor falsch: "
                                         + nE.toString() );
27                 }
28                 catch( InstantiationException iE ) {
29                     System.err.println( "keine Instanz erzeugt: "
                                         + iE.toString() );
30                 }
```

Die Ausnahme InvocationTargetException tritt auf, wenn im Konstruktor ein unvorhergesehener Fehler aufgetreten ist und das Objekt nicht erzeugt werden konnte

```
31                 catch( InvocationTargetException itE ) {
32                     System.err.println( "Invocation: "
                                         + itE.toString() );
33                 }
34                 catch( IllegalAccessException iaE ) {
35                     System.err.println( "unerlaubter Zugriff: "
                                         + iaE.toString() );
36                 }
```

Falls sie bisher kein Modellobjekt erzeugen konnte (auch wenn kein Kommandozeilenargument angegeben war), setzt die Methode ein Objekt der Klasse ConfigClockModelImpl ein. Der Leser sei daran erinnert, daß die finally-Anweisung nach jeder Ausnahme ausgeführt wird.

```
37                 finally {
38                     if ( clockModel == null )
39                         clockModel = new ConfigClockModelImpl( this );
40                 }
41             }
42             else clockModel = new ConfigClockModelImpl( this );
43             format = ( args.length > 2 ) ? args[ 2 ] : "H:M:S";
44         }
45 }
```

3.4.7 Referenzen

Im JDK-1.2 ist mit java.lang.ref ein Paket zur Repräsentation von Referenzen auf Objekte enthalten. Genauso wie die Klasse für Klassen, die Klasse für Objekte, die Klasse für Methoden und die Klasse für Konstruktoren gibt es jetzt auch Klassen für Referenzen. Mit den Klassen dieses Paketes kann der Programmierer steuernd in den Prozeß der Speicherbereinigung eingreifen. Bisher beseitigte der Garbage Collector Objekte, auf die keine Referenz mehr existierte, die also nicht mehr erreichbar waren. Nun gibt es drei verschiedene Arten von Referenzklassen (SoftReference,

3.4 Wichtige Datenstrukturen

`WeakReference` und `PhantomReference`), bei denen auch erreichbare Objekte aus dem Speicher entfernt werden können. Der Garbage Collector bestimmt für ein Objekt, ob es durch normale Referenzen, durch Softreferenzen, durch Weakreferenzen oder durch Phantomreferenzen erreichbar ist. Erreichbare Objekte (z.B. durch eine Variable referenziert) werden weiterhin nicht gelöscht.

Softreferenzen. Ist ein Objekt nicht durch normale Referenzen (z.B. als Wert einer Variablen), aber durch Softreferenzen erreichbar, so wird es gelöscht, wenn die Laufzeitumgebung mehr als den momentan freien Speicher benötigt, aber keine gar nicht erreichbaren, durch Weakreferenzen oder durch Phantomreferenzen erreichbaren Objekte mehr beseitigen kann. Beseitigt der Garbage Collector ein mit einer Softreferenz referenziertes Objekt aus dem Speicher, so liefert die `get()`-Methode der Softreferenz `null` zurück. Mit dem Test auf `null` kann man so überprüfen, ob das zugehörige Objekt noch existiert.

Softreferenzen eignen sich für die Implementierung von Cache-Speichern. Informationen (bzw. Objekte), deren Beschaffung (bzw. Erzeugung) zeitaufwendig sind, werden dabei nach der ersten Benutzung im Speicher gehalten, um sie bei einer zweiten Benutzung wiederzuverwenden. Bei der zweiten Benutzung entfällt dadurch die Beschaffungszeit. Belegt der Cache-Speicher aber zuviel freien Speicher, so kann der Garbage Collector die mit Softreferenzen referenzierten Informationen wieder aus dem Speicher löschen. Diese müßten bei nochmaliger Benutzung erneut beschafft werden. Der Mechanismus erlaubt also ein ausgewogenes Verhältnis zwischen freiem Speicher und Ladezeit. Die folgende Klasse `SimpleCache` zeigt eine einfache Implementierung dieses Prinzips.

Beispiel:
```
  // Datei jf/kapitel3/abschnitt4/SimpleCache.java
1 package jf.kapitel3.abschnitt4;
```
Die Klasse benutzt ein Objekt der Struktur `HashMap`, um die zu speichernden Informationen abzulegen. Die Informationen referenziert sie mit einer Softreferenz.
```
2 import java.lang.ref.SoftReference;
3 import java.util.HashMap;

4 public class SimpleCache {

5     private HashMap cache = new HashMap();
```
Die Methode `main()` legt den Cache an und speichert in einer Endlosschleife neue Objekte darin. Als Schlüssel verwendet sie eine Zahl, die sie in jedem Schleifendurchlauf erhöht. Das Objekt in Zeile 11 (Objekt einer anonymen Klasse) enthält ein Bytefeld der Größe 1024. Es benötigt also entsprechend viel Speicherplatz. Außerdem ist in Zeile 13 die Methode `finalize()` implementiert. Sie zeigt einen Punkt auf der Standardausgabe an, wenn der Garbage Collector das Objekt entfernt. Die `main()`-Methode hält keine eigene Referenz auf die erzeugten Objekte, könnte sie also nur über den Cache wiedergewinnen.

```
 6    public static void main( String[] args ) {
 7      int index = 0;
 8      SimpleCache sc = new SimpleCache();

 9      while ( true ) {
10        sc.put( new Integer( index++ ),
11          new Object() {
12            byte[] b = new byte[ 1024 ];
13            public void finalize() { System.out.print( "." ); }
14          }
15        );
```

Nach je tausend Durchläufen fragt die Methode das nullte Element des Caches ab.

```
16        if (( index % 1000 ) == 0 ) {
17          System.out.println( "" );
18          System.out.print( index );
19          System.out.print( ": " );
20          System.out.println( sc.get( new Integer( 0 )));
21        }
22      }
23    }
```

Die Methode `put()` speichert die Information (`value`) im Cache ab, indem sie vorher eine Softreferenz auf die Information anlegt.

```
24    public Object put( Object key, Object value ) {
25      return cache.put( key, new SoftReference( value ));
26    }
```

Entsprechend muß die Methode `get()` die Information aus der Softreferenz herauslesen. Die eigentliche Information könnte dabei vom Garbage Collector schon gelöscht sein. Falls die Methode `null` zurückgibt, kann das zwei Ursachen haben: erstens könnte unter dem Schlüssel (`key`) keine Information abgespeichert sein und zweitens könnte die abgespeicherte Information schon gelöscht sein.

```
27    public Object get( Object key ) {
28      return ((SoftReference) cache.get( key )).get();
29    }
30 }
```

Startet man das Programm, so sieht man an der Ausgabe das Verhalten des Garbage Collectors. Bis zum Index 3000 war genügend Speicher vorhanden. Danach mußte er Platz schaffen und löschte gespeicherte Objekte (Punkt aus der Methode `finalize()`). Nach dem Löschen konnte der Cache neue Objekte aufnehmen.

```
1000: jf.kapitel3.abschnitt4.SimpleCache$12199b65e

2000: jf.kapitel3.abschnitt4.SimpleCache$12199b65e

3000: jf.kapitel3.abschnitt4.SimpleCache$12199b65e
....................................................
....................................................
```

3.4 Wichtige Datenstrukturen

```
............................................
4000: jf.kapitel3.abschnitt4.SimpleCache$12199b65e

5000: jf.kapitel3.abschnitt4.SimpleCache$12199b65e
```

Das Objekt mit dem Index 0 wurde interessanterweise nicht gelöscht, wie die Ausgabe beweist. Der Garbage Collector hat zuerst Objekte gelöscht, die am längsten nicht mehr benutzt wurden. Das nullte Objekt wurde aber alle tausend Schleifenschritte für die Anzeige benutzt. Dieses Verhalten des Garbage Collectors ist von der Spezifikation her empfohlen, aber nicht garantiert.

Weakreferenzen. Stellt der Garbage Collector fest, daß ein Objekt nur über Weakreferenzen, aber nicht direkt oder über Softreferenzen erreichbar ist, so markiert er das Objekt zum Löschen. Ab diesem Zeitpunkt liefert die Methode `get()` der Weakreferenz `null` zurück. Wurde die Weakreferenz bei einer Referenzwarteschlange (`ReferenceQueue`) angemeldet, so setzt der Garbage Collector die Referenz nach einer nicht näher spezifizierten Zeitspanne in die Warteschlange ein. Durch Abfrage der Warteschlange erhält man die Referenzen auf schon zum Löschen freigegebene Objekte und kann darauf reagieren.

Mit Weakreferenzen kann man zu Objekten zusätzliche Informationen abspeichern, bei denen im eigenen Programm nicht erkennbar ist, wann sie nicht mehr benötigt werden und wann man also auch die gespeicherte Information nicht mehr braucht. Würde man zu einem solchen Objekt Informationen in einer normalen Hashtabelle abspeichern, so würde ab diesem Zeitpunkt eine weitere normale Referenz auf das Objekt existieren. Der Garbage Collector könnte das Objekt also nicht freigeben, obwohl es woanders vielleicht gar nicht mehr in Benutzung ist. Benutzt man statt dessen eine Weakreferenz wie im folgenden Beispiel, so kann der Garbage Collector das nicht mehr benutzte Objekt (z.B. kann eine normale Referenz gelöscht worden sein) freigeben. Über die Warteschlange wird dieses Löschen angezeigt. Sie kann das Freigeben der gespeicherten Information auslösen. Die Klasse `WeakMap` demonstriert das Prinzip.

Beispiel:
```
  // Datei jf/kapitel3/abschnitt4/WeakMap.java
1 package jf.kapitel3.abschnitt4;
```
Die Klasse speichert das von außen benutzte Objekt als Weakreferenz ab und meldet diese bei einer Warteschlange an. In Zeile 8 wird die Warteschlange erzeugt.

```
2 import java.lang.ref.Reference;
3 import java.lang.ref.WeakReference;
4 import java.lang.ref.ReferenceQueue;

5 import java.util.HashMap;

6 public class WeakMap {

7     private HashMap map = new HashMap();
```

```
 8       private ReferenceQueue queue = new ReferenceQueue();

 9       public static void main( String[] args ) {
10           int index = 0;
11           WeakMap wm = new WeakMap();
```

Wieder speichert die Methode main() in einer Endlosschleife Objekte und ihre zugehörende Information ab. Das Objekt aus Zeile 13 verkörpert hier das eigentlich außerhalb des eigenen Programms benutzte Objekt. Im vorliegenden Fall wird es überhaupt nicht benutzt und könnte gleich wieder entfernt werden. Das Objekt in Zeile 17 stellt die zusätzliche Information dar. Dieses Objekt soll gelöscht werden, wenn das eigentliche Objekt (Zeile 13) nicht mehr existiert.

```
12           while ( true ) {
13               wm.put( new Object() {
14                   byte[] b = new byte[ 1024 ];
15                   public void finalize() { System.out.print( "#" ); }
16               },
17               new Object() {
18                   byte[] b = new byte[ 1024 ];
19                   public void finalize() { System.out.print( "." ); }
20               }
21               );

22               if (( ++index % 1000 ) == 0 ) {
23                   System.out.println( "" );
24                   System.out.println( index );
25               }
26           }
27       }
```

Die Methode put() erfüllt deshalb zwei Aufgaben. In Zeile 32 speichert sie die zusätzliche Information (value) zum Objekt (key) ab. Das Objekt (key) referenziert sie dabei mit einer Weakreferenz. Diese wird im Konstruktor an die Warteschlange queue gebunden. Wenn der Garbage Collector das Objekt beseitigen will, setzt er die Weakreferenz nach einer gewissen Zeitspanne in die Warteschlange ein.

In Zeile 30 fragt die Methode diejenigen Referenzen von der Warteschlange ab, deren Objekte vom Garbage Collector zum Löschen vorgesehen sind. Die Methode poll() gibt, wenn vorhanden, eine derartige Referenz zurück. In Zeile 31 löscht die Methode put() den zugehörenden Eintrag aus der Datenstruktur. Dadurch ist mit dem Objekt auch dessen Zusatzinformation zum Löschen freigegeben (es existiert keine Referenz auf die Zusatzinformation mehr).

```
28       public Object put( Object key, Object value ) {
29           Reference ref = null;
30           while (( ref = queue.poll() ) != null )
31               map.remove( ref );
32           return map.put( new WeakReference( key, queue ), value );
33       }
34   }
```

Die Ausgabe des Programms beweist diese Behauptung:

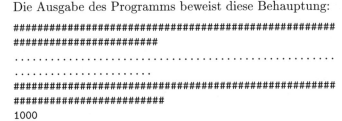

```
1000
```

Nach dem Löschen eines Objekts (# aus der Methode finalize()) entfernt der Garbage Collector auch dessen Zusatzinformation (. aus der Methode finalize()). Da das Einsetzen der Referenz in die Warteschlange erst nach einer gewissen Zeitspanne geschieht, hat der Garbage Collector die finalize()-Methode von Objekten bereits vor der finalize()-Methode der Informationen aufgerufen.

Phantomreferenzen. Phantomreferenzen auf Objekte sind sogar noch gültig, nachdem der Garbage Collector die finalize()-Methode des referenzierten Objekts aufgerufen hat. Eine Phantomrefenz ist bei einer Referenzwarteschlange anzumelden. Genauso wie bei Weakreferenzen, kann der Garbage Collector ein Objekt, das nur noch über Phantomreferenzen erreichbar ist, aus dem Speicher löschen. Die Phantomreferenz wird aber erst nach dem Aufruf der finalize()-Methode des Objekts in die zugehörige Warteschlange eingereiht. Der entsprechende Code kann danach Aufräumarbeiten durchführen. Die Methode get() einer Phantomreferenz liefert immer null zurück. Zur vollständigen Freigabe des referenzierten Objekts muß man die Methode clear() der Phantomreferenz aufrufen.

Beispiel:
```
  // Datei jf/kapitel3/abschnitt4/PhantomMap.java
1 package jf.kapitel3.abschnitt4;
```
Die Klasse PhantomMap benutzt statt der Weakreferenz eine Phantomreferenz.
```
2 import java.lang.ref.Reference;
3 import java.lang.ref.PhantomReference;
4 import java.lang.ref.ReferenceQueue;

5 import java.util.HashMap;

6 public class PhantomMap {

7     private HashMap map = new HashMap();
8     private ReferenceQueue queue = new ReferenceQueue();

9     public static void main( String[] args ) {
10        int index = 0;
11        PhantomMap ph = new PhantomMap();
```
Die Schleife füllt die Datenstruktur wieder mit einem Objekt (Zeile 13) und dessen zusätzlich gespeicherter Information (Zeile 17).

```
12          while ( true ) {
13              ph.put( new Object() {
14                  byte[] b = new byte[ 1024 ];
15                  public void finalize() { System.out.print( "#" ); }
16              },
17              new Object() {
18                  byte[] b = new byte[ 1024 ];
19                  public void finalize() { System.out.print( "." ); }
20              }
21              );

22              if (( ++index % 1000 ) == 0 ) {
23                  System.out.println( "" );
24                  System.out.println( index );
25              }
26          }
27      }
```

Die Methode poll() (Zeile 30) gibt diesmal Phantomreferenzen von Objekten zurück, deren finalize()-Methode schon aufgerufen wurde. Die Zeitspanne zwischen dem Aufruf der finalize()-Methode und dem Eintragen der Referenz in die Warteschlange ist nicht genau spezifiziert. In der Zeile 32 gibt die Methode clear() das Objekt entgültig frei.

```
28      public Object put( Object key, Object value ) {
29          Reference ref = null;
30          while (( ref = queue.poll() ) != null ) {
31              map.remove( ref );
32              ref.clear();
33          }
34          return map.put( new PhantomReference( key, queue ), value );
35      }
36 }
```

Das Programm hat die folgende Ausgabe:
```
########################################################
########################################################
########################################################
########################
1000
########################
........................................................
........................................................
......................
```

Der Garbage Collector hat bei mehr Objekten als im Beispiel mit Weakreferenzen die Methode finalize() aufgerufen, bevor er deren Information gelöscht hat. Das ist ein Indiz dafür, daß die Phantomreferenzen erst nach dem Aufruf von finalize() in die Warteschlange eingesetzt wurden.

3.4.8 Weitere Klassen aus java.util

Das Paket enthält weitere nützliche Klassen, die der Programmierer häufig benötigt. Spätere Beispiele werden die Benutzung der Klassen `Properties`, `Hashtable` und `Locale` zeigen, `Date`, `Calendar` und `TimeZone` waren bereits in Beispielen eingebaut.

Übung

- Entwerfen Sie jeweils eine Implementierung einer doppelt verketteten Liste unter Ausnutzung von Referenzen und mit Hilfe der Klasse `Vector`.

- Verwenden Sie die Klasse `Class` und eventuell die Klasse `Constructor`, um die Klasse `Sort` aus dem Sortierprogramm neu zu implementieren. Kommandozeilenargumente sollen nun angeben, welcher Sortieralgorithmus und welcher Typ verwendet wird.

3.5 Programmierung mit Ausnahmen

Die Behandlung und das Auslösen von Ausnahmen bieten in Java ein interessantes Konzept zur Bearbeitung von Fehlern.

Beispiel:
```
   // Datei jf/kapitel3/abschnitt5/FileInput.java
 1 package jf.kapitel3.abschnitt5;
 2 import java.io.FileInputStream;
 3 import java.io.FileNotFoundException;
 4 import java.io.IOException;

 5 public class FileInput {
 6    public static void main ( String[] args ) {
 7       FileInputStream f = null;
 8       try {
 9          f = new FileInputStream( args[ 0 ] );
10          if ( f.available() > 0 )
11             System.out.println(
12                "Datei ist nicht leer" );
13       }
14       catch ( ArrayIndexOutOfBoundsException e ) {
15          System.err.println( "kein Argument" );
16       }
17       catch ( FileNotFoundException e ) {
18          System.err.println( "nicht vorhanden" );
19       }
20       catch ( IOException e ) {
21          System.err.println( "Lesefehler" );
22       }
23    }
24 }
```

Dieses Beispiel aus dem Abschnitt über die Ein- und Ausgabe macht von dem Konzept reichlich Gebrauch. Die beiden ersten Ausnahmen müßte das Programm nicht abfangen, wenn es stattdessen den Test auf vorhandene Daten in einer bedingten Anweisung ausgeführt hätte. Der Test ist ja nur möglich, wenn das Programm ein Argument erhalten hat (args.length>0) und wenn die Datei existiert ((new File(args[0])).exists()). Andere Ausnahmen könnte es einfach an den Interpreter weiterleiten.

Beispiel:
```
   // Datei
   // jf/kapitel3/abschnitt5/FileInputWithoutExceptions.java
 1 package jf.kapitel3.abschnitt5;
 2 import java.io.FileInputStream;
 3 import java.io.File;
 4 import java.io.FileNotFoundException;
 5 import java.io.IOException;
 6 public class FileInputWithoutExceptions {
```

Die Ausnahmen IOException und FileNotFoundException leitet die Methode main() an den Interpreter weiter.

```
 7    public static void main ( String[] args )
 8       throws IOException, FileNotFoundException {
 9       if ( args.length == 0 ) {
10          System.err.println( "kein Argument" );
11          return;
12       }
13       FileInputStream f = null;
14       File file = new File( args[ 0 ] );
15       if ( file.exists() ) {
16          f = new FileInputStream( file );
17          if ( f.available() > 0 )
18             System.out.println( "Datei ist nicht leer" );
19       }
20       else System.err.println( "nicht vorhanden" );
21    }
22 }
```

Bei dem obigen kleinen Beispiel sind die beiden Varianten im Prinzip gleichwertig, in größeren Programmen bewirken Ausnahmen einen Sprung aus dem aktuellen Anweisungsblock heraus und bieten so ein flexibleres Mittel zur Fehlerbehandlung als bedingte Anweisungen. Für manche Ausnahmen (z.B. IOException) ist ein vorangehender Test auch gar nicht möglich.

3.5.1 Die Klassen Error und Exception

Error und Exception sind von Throwable abgeleitete Klassen.
```
public class Exception extends Throwable
public class Error extends Throwable
```

Sie sind die Basisklassen aller Fehler und Ausnahmen. Fehler sind ernsthafter Natur, sie sollten nicht abgefangen werden; Ausnahmen kann ein Programm selbst behandeln und erzeugen.

3.5.2 Die Klasse Throwable

```
public class Throwable extends Object
```

Konstruktoren
```
public Throwable()
public Throwable( String message )
    // Nachricht, die man in der catch-Anweisung
    // abfragen kann.
```

Methoden
```
public String getMessage()
    // Nachricht, mit der das Objekt erzeugt wurde
public String toString()
    // Zeichenkettenrepräsentation
public void printStackTrace()
    // Ausgabe des Stacks auf die Standardausgabe
public void printStackTrace( PrintStream s )
    // Ausgabe des Stacks nach s
public Throwable fillInStackTrace()
    // Hinzufügen der Ausnahme zum Trace
```

Damit sind dem Programmierer Mittel zur Fehlerbehandlung in die Hand gegeben.

Eine Methode erzeugt eine Ausnahme mit der throw-Anweisung und macht dies in ihrer Kopfzeile sichtbar (throws). Eine andere sie aufrufende Methode muß die mögliche Ausnahme behandeln oder nach außen weiterreichen.

Beispiel: Die Methode `divide()` erzeugt bei einer Division durch 0 eine Ausnahme. Die `main()`-Methode fängt sie ab (Abbildung 3.11).

```
   // Datei jf/kapitel3/abschnitt5/Divide.java
 1 package jf.kapitel3.abschnitt5;
 2 public class Divide {
 3     public static void main( String[] args ) {
 4         try {
 5             int x = divide( 5, 0 );
 6         }
 7         catch ( DivisionByZeroException e ) {
 8             System.err.println( "Ausnahme bei der Division: "
                                    + e.getMessage() );
 9         }
10     }
11     static int divide ( int x, int y ) throws DivisionByZeroException {
12         if ( y == 0 )
```

```
13              throw( new DivisionByZeroException() );
14          return x / y;
15      }
16 }
```

```
┌─────────────────────────────────────────────────────┐
│ static int divide( ... ) throws DivisionByZeroException │
└─────────────────────────────────────────────────────┘
        ┌──────────────────────────────────────────────────┐
        │ if ( y == 0 ) throw( new DivisionByZeroException() ); │
        └──────────────────────────────────────────────────┘
            ┌────────────────────────────────────────────┐
            │ try { ...                                  │
            │         divide( ... );                     │
            │ ... } catch ( DivisionByZeroException e ) { ... } │
            └────────────────────────────────────────────┘
```

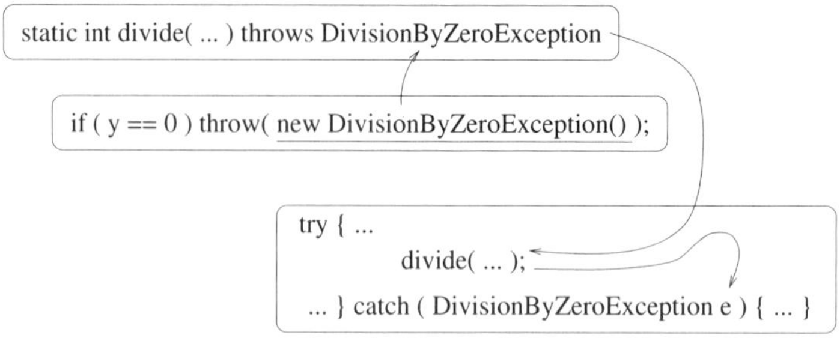

Abbildung 3.11: *Datenfluß der Ausnahme DivisionByZeroException*

Die Ausnahme `DivisionByZeroException` muß der Programmierer dazu neu definieren.

```
17 class DivisionByZeroException extends ArithmeticException {
18     public DivisionByZeroException() {
19         super( "Division durch 0" );
20     }
21 }
```

3.5.3 Die Ausnahmen des Paketes java.lang

Die meisten Ausnahmeklassen definiert das Paket `java.lang`.

```
    public class ArithmeticException extends RuntimeException
        // allgemeine Arithmetik-Ausnahme
    public class ArrayIndexOutOfBoundsException
        extends IndexOutOfBoundsException
        // unerlaubter Feldzugriff
    public class ArrayStoreException extends RuntimeException
        // Ausnahme beim Speichern
    public class ClassCastException extends RuntimeException
        // unerlaubte Klassenumwandlung
    public class ClassNotFoundException extends Exception
        // Zu ladende Klasse ist nicht vorhanden
    public class CloneNotSupportedException extends Exception
        // Clonen ist nicht erlaubt
    public class IllegalAccessException extends Exception
        // unerlaubter Zugriff
    public class IllegalArgumentException extends RuntimeException
        // falsches Argument
    public class IllegalMonitorStateException extends RuntimeException
        // siehe Kapitel über Threads
```

```
public class IllegalThreadStateException
    extends IllegalArgumentException
    // unerlaubter Methodenzugriff in diesem Zustand des Threads
public class IndexOutOfBoundsException extends RuntimeException
    // unerlaubter Zugriff
public class InstantiationException extends Exception
    // Ausnahme bei der Objekterzeugung
public class InterruptedException extends Exception
    // Unterbrochen
public class NegativeArraySizeException extends RuntimeException
    // negative Feldgröße
public class NoSuchFieldException extends Exception
    // falscher Komponentenzugriff
public class NoSuchMethodException extends Exception
    // falscher Methodenzugriff
public class NullPointerException extends RuntimeException
    // meist: Variable referenziert noch kein Objekt
public class NumberFormatException extends IllegalArgumentException
    // falsches Zahlenformat
public class RuntimeException extends Exception
    // allgemeine Ausnahme zur Laufzeit, muß nicht mit try-catch
    // abgefangen werden
public class SecurityException extends RuntimeException
    // Ausnahme im Sicherheitsmanagement
public class StringIndexOutOfBoundsException
    extends IndexOutOfBoundsException
    // unerlaubter String-Zugriff
```

Ein Programm kann mit Hilfe einer `try-catch`-Anweisung allgemeine Ausnahmen abfangen oder mit einer Liste von `catch`-Anweisungen gleich spezifisch auf die Ausnahmen eingehen. Existiert eine `finally`-Anweisung, wird diese am Ende nach jeder Ausnahme ausgeführt.

Übung

- Führen Sie in die Implementierung Ihrer doppelt verketteten Liste eine Ausnahme ein, die auftreten soll, wenn ein Element gelöscht wird, das in der Liste nicht enthalten ist.

3.6 Programmierung von Threads

Ein Thread durchzieht das Buch seit dem Einführungsbeispiel: der Thread, der sich in der Hauptschleife der Uhr für eine Sekunde unterbricht, um danach die Zeitanzeige zu erneuern. Was hindert den Programmierer aber daran, die Uhr wie folgt umzuschreiben:

```
   // Datei
   // jf/kapitel3/abschnitt6/ClockModelImplWithoutThreads.java
 1 package jf.kapitel3.abschnitt6;
 2 import jf.kapitel3.abschnitt1.ClockView;
 3 import jf.kapitel3.abschnitt1.ClockModel;
 4 import java.util.Calendar;
 5 import java.util.TimeZone;
 6 import java.util.Date;
 7 public class ClockModelImplWithoutThreads
 8         implements ClockModel {
 9     protected ClockView clockView = null;
10     protected Calendar calendar = null;
11     private boolean on = false;
12     public ClockModelImplWithoutThreads( ClockView clockView ) {
13         this.clockView = clockView;
14         calendar = Calendar.getInstance(
                      TimeZone.getTimeZone( "ECT" ));
15     }
```

Die Schleife wird hier nicht unterbrochen und ruft also die Methode `repaint()` jetzt viel öfter auf.

```
16     public void run() {
17         if ( clockView == null ) return;
18         while ( isAlive() ) {
19             clockView.repaint();
20         }
21     }
22     public boolean isAlive() { return on; }
23     public void stop() { on = false; }
24     public void start() { on = true; run(); }
25     protected String setLeadingZero( int i ) {
26         return ( i < 10 ) ? "0" + String.valueOf( i )
                             : String.valueOf( i );
27     }
28     public String getTime( String format ) {
29         calendar.setTime( new Date());
30         return setLeadingZero( calendar.get( Calendar.HOUR_OF_DAY ))
31             + ":" + setLeadingZero( calendar.get( Calendar.MINUTE ))
32             + ":" + setLeadingZero( calendar.get( Calendar.SECOND ));
33     }
34 }
```

Die Hauptschleife wird nun nicht mehr unterbrochen, sondern ruft gleich die `repaint()`-Methode (Zeile 19) auf. Was ist aber so schlecht daran, daß die Methode nun viel öfter aufgerufen wird als vorher? Die Anzahl der Aufrufe ist nicht so kritisch, sondern vielmehr die Blockierung sämtlicher anderer Abläufe.

3.6 Programmierung von Threads

Über die Bedeutung des Threads wurde bisher nur die halbe Wahrheit gesagt. Die `sleep()`-Methode innerhalb der Schleife bewirkt nämlich nicht nur eine Unterbrechung, sondern auch die Freigabe der Maschine für parallel laufende Steuerflüsse. Aus diesem Grund verhindert die Applet-Uhr keine anderen Aktivitäten im Browser.

3.6.1 Definition

Threads sind quasi parallel ablaufende Steuerflüsse innerhalb eines Programms. Das "quasi" gilt insbesondere für Rechner mit nur einem Prozessor. Echte Parallelität ist dann nicht möglich. In solchen Fällen simuliert ein Scheduler die Parallelität, indem er den verschiedenen parallelen Steuerflüssen in gewissen Abständen den Prozessor zuteilt und gegebenenfalls wieder entzieht. Es gibt dabei sehr unterschiedliche Scheduler-Varianten. Der Java-Scheduler läßt einen aktiven Thread so lange laufen, bis er entweder selber die Kontrolle abgibt (`yield()`, `sleep()`), bis er bei einer Ein- oder Ausgabe blockiert, bis er auf die Freigabe einer Ressource wartet (`wait()`) oder bis ein Thread mit höherer Priorität abgearbeitet werden soll.

An den Bedingungen erkennt man, daß die obige Uhr nur noch durch einen Thread höherer Priorität unterbrochen werden kann.

Es folgt aber erst einmal ein kleines Beispiel, das die Parallelität verdeutlicht:

Beispiel:
```
   // Datei jf/kapitel3/abschnitt6/TickTack.java
 1 package jf.kapitel3.abschnitt6;
 2 public class TickTack extends Thread {

 3     private String text = null;

 4     public static void main ( String[] args ) {
 5         System.out.print( ">>>>>>>>>>>>>>>>>>>" );
 6         System.out.flush();
 7         new TickTack( ">>>>>|\b" ).start();
 8         new TickTack( "\b\b\b\b\b|<<<<<\b\b\b\b\b\b" ).start();
 9     }
```
Der Konstruktor übernimmt den `String`-Parameter in die Instanzvariable.
```
10     public TickTack( String text ) {
11         this.text = text;
12     }
```
Die Methode `sleep()` unterbricht die Schleife für eine zufällige Zeit. Danach sorgt die Methode `repaint()` für die erneute Anzeige.

```
13    public void run() {
14       try {
15          while( ! isInterrupted() ) {
16             sleep( (int)( Math.random() * 500 ));
17             repaint();
18             System.out.flush();
19          }
20       }
21       catch ( InterruptedException e ) {
22          System.err.println( "interrupted" );
23       }
24    }
25    public void repaint() {
26       System.out.print( text );
27    }
28 }
```

Die main()-Methode erzeugt zwei Objekte der Klasse TickTack und startet sie sofort. Das erste Objekt malt Pfeile nach rechts, das zweite Pfeile nach links. An der Bewegung des Textes erkennt man, daß beide Abläufe zur Abarbeitung gelangen.

Nach dem einfachen Beispiel geht es nun um die Details.

3.6.2 Unterstützung durch die Klassenbibliothek

Java unterstützt die Programmierung von Threads bereits in der grundlegenden Basisklasse, der Klasse Object. Sie enthält Methoden, die für die Synchronisation benötigt werden.

```
public final void notify()
    // Benachrichtung über Freigabe
public final void notifyAll()
    // Benachrichtung über Freigabe
public final void wait( long timeout )
    throws InterruptedException
public final void wait( long timeout, int nanos )
    throws InterruptedException
public final void wait() throws InterruptedException
    // Warten auf Freigabe
```

Die Klasse Thread erweitert direkt die Klasse Object und führt insbesondere Methoden zum Starten und Stoppen, Unterbrechen und Warten, Abgeben der Kontrolle und zum Einstellen der Priorität ein.

Die Klasse java.lang.Thread.
```
    public class Thread extends Object implements Runnable
```

Die Klasse Thread implementiert die Schnittstelle Runnable, d.h. eine Methode run(). Sie spielt eine Rolle, wenn man einen Thread benötigt, jedoch die eigene Klasse nicht von Thread ableiten kann (siehe Beispiel in Kapitel 1.7).

3.6 Programmierung von Threads

Variablen
    `final static int MIN_PRIORITY, NORM_PRIORITY, MAX_PRIORITY`

An die Werte der Variablen kann man sich beim Einstellen der Priorität halten.

Konstruktoren
1.   `public Thread()`
       `// einfache Initialisierung`
2.   `public Thread( Runnable target )`
       `// Die run()-Methode von target wird zur`
       `// run()-Methode des Threads.`
3.   `public Thread( ThreadGroup group, Runnable target )`
       `// Zusätzlich gehört der neue Thread zur Gruppe group.`
4.   `public Thread( String name )`
       `// Der Thread erhält den Namen name.`
5.   `public Thread( ThreadGroup group, String name )`
       `// Zusätzlich gehört der neue Thread zu group.`
6.   `public Thread( Runnable target, String name )`
       `// Kombination aus 2 und 4`
7.   `public Thread( ThreadGroup grp, Runnable tgt, String name )`
       `// Kombination aus 3 und 4`

Schon bei der Erzeugung kann man den Thread mit einem Namen und einer neuen run()-Methode ausstatten sowie einer Gruppe zuordnen.

Auswahl der Klassenmethoden
    `public static Thread currentThread()`
        `// derzeitig in Abarbeitung befindlicher Thread`
    `public static void yield()`
        `// Freigabe des Aktivitätstokens`
    `public static void sleep( long millis )`
        `throws InterruptedException`
        `// Freigabe des Aktivitätstokens`
        `// für mindestens millis Millisekunden`
    `public static void sleep( long millis, int nanos )`
        `throws InterruptedException`
    `public static boolean interrupted()`
        `// Wurde der aktuelle Thread gerade unterbrochen?`

Auswahl der Objektmethoden
    `public synchronized void start()`
        `// Starten des Threads`
    `public void run()`
        `// Methode, die die eigentliche Aktivität`
        `// enthält: entweder überschrieben oder`
        `// die run()-Methode eines Runnable-Objekts`
    `public final void stop()`
        `// Stoppen des Threads`
        `// ab Java 2 nicht mehr benutzen!!`
    `public final synchronized void stop( Throwable thr )`

```
        // Stoppen des Threads mit der Ausnahme thr
        // ab Java 2 nicht mehr benutzen!!
    public void interrupt()
        // Unterbrechen des Threads
    public boolean isInterrupted()
        // Ist der Thread unterbrochen?
    public void destroy()
        // Vollständiges Beenden
    public final boolean isAlive()
        // Ist der Thread
        // bereit bzw. blockiert (Rückgabe: true)
        // oder neu bzw. fertig (Rückgabe: false)
    public final void suspend()
        // Übergang vom Zustand "Bereit" nach "Blockiert"
        // ab Java 2 nicht mehr benutzen!!
    public final void resume()
        // Übergang vom Zustand "Blockiert" nach "Bereit"
        // ab Java 2 nicht mehr benutzen!!
    public final void setPriority( int newPriority )
        // Setzen der Priorität
    public final int getPriority()
        // Abfrage der Priorität
    public final void setName( String name )
        // Setzen des Namens
    public final String getName()
        // Abfrage des Namens
    public final ThreadGroup getThreadGroup()
        // Abfrage der Threadgruppe
    public final synchronized void join( long millis )
        // der Aufrufer wartet auf das Ende des gerufenen
        // Threads, höchstens jedoch long Millisekunden
    public final void join() throws InterruptedException
        // der Aufrufer wartet auf das Ende des gerufenen Threads
    public final void setDaemon( boolean on )
        // Setzen der Daemoneigenschaft
    public final boolean isDaemon()
        // Abfrage der Daemoneigenschaft
```

Für den Beginn mit der Programmierung von Threads, insbesondere bei der Anwendung in Applets, ist die Methode run() die interessanteste. Sie bestimmt die tatsächliche Anweisungsfolge, die parallel zu anderen Threads abgearbeitet wird. Sie wird deshalb in eigenen von Thread abgeleiteten Klassen überschrieben. Im Beispiel TickTack enthielt die run()-Methode eine Endlosschleife zum Anzeigen von Rechts- bzw. Linkspfeilen.

3.6.3 Die Schnittstelle Runnable

Da Java keine Mehrfachvererbung von Klassen zuläßt, ist es unter Umständen nicht möglich, die Klasse Thread als Superklasse zu benutzen. Für diesen Zweck existiert die Schnittstelle Runnable, die im übrigen bereits im Uhr-Applet Verwendung fand.

Eine Klasse, die einen Thread benutzen will, ohne von Thread zu erben, trifft folgende Vorkehrungen. Sie kennzeichnet, daß sie die Schnittstelle Runnable implementiert, sie implementiert die Schnittstelle durch die Deklaration einer Methode void run(), sie legt ein Objekt des Typs Thread an und initialisiert es mit einem Objekt der eigenen Klasse (new Thread(new TickTackRunnable(...));). Nach dem Start des Threads durch den Methodenaufruf start() läuft die Anweisungsfolge der eigenen run()-Methode dann parallel als Thread ab (Abbildung 3.12). Das obi-

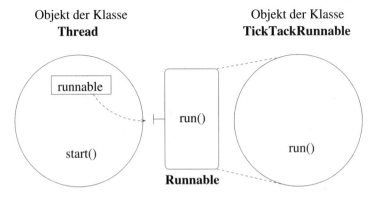

Abbildung 3.12: *Thread, Runnable und LaufeHin*

ge Beispiel wird nun mit Klassen umformuliert, welche die Schnittstelle Runnable implementieren.

Beispiel:
```
   // Datei jf/kapitel3/abschnitt6/TickTackRunnable.java
 1 package jf.kapitel3.abschnitt6;
 2 public class TickTackRunnable implements Runnable {
 3     protected String text = null;
 4     public static void main ( String[] args ) {
 5         System.out.print( ">>>>>>>>>>>>>>>>>>>" );
 6         System.out.flush();
 7         new Thread( new TickTackRunnable( ">>>>>|\b" )).start();
 8         new Thread( new TickTackRunnable(
                "\b\b\b\b\b|<<<<<\b\b\b\b\b\b" )).start();
 9     }
10     public TickTackRunnable( String text ) {
            this.text = text;
        }
```

Die Funktionsweise entspricht der des obigen Beispiels. Die Schleife hat nun aber keinen direkten Zugriff zu der Methode `sleep()` und ruft sie stattdessen bei der Klasse `Thread` auf.

```
11    public void run() {
12        try {
13            while( ! Thread.interrupted() ) {
14                Thread.sleep( (int)( Math.random() * 500) );
15                repaint();
16                System.out.flush();
17            }
18        }
19        catch ( InterruptedException e ) {
20            System.err.println( "interrupted" );
21        }
22    }
23    public void repaint() {
24        System.out.print( text );
25    }
26 }
```

Hier erzeugt die `main()`-Methode Objekte der Klasse `TickTackRunnable`, die die Schnittstelle `Runnable` implementiert. Diese Objekte initialisieren jeweils ein eigenes `Thread`-Objekt. Der Effekt des Programms ist derselbe wie der des ersten Beispiels.

3.6.4 Gruppen von Threads

Threads können zu Gruppen organisiert werden, um Steuerungsmethoden nicht für einzelne, sondern für eine Menge von Threads gelten zu lassen. Es ist sogar möglich, eine Gruppenhierarchie aufzubauen.

Die Klasse java.lang.ThreadGroup.

Konstruktoren
```
public ThreadGroup( String name )
    // Initialisierung mit dem Namen name
public ThreadGroup( ThreadGroup parent, String name )
    // Hierarchiebildung
```
Die Methoden wirken auf die Gruppe selbst oder auf die darin enthaltenen Threads.

Auswahl der Methoden
```
public final String getName()
    // Abfrage des Namens
public final ThreadGroup getParent()
    // Abfrage der Elterngruppe
public final int getMaxPriority()
    // Abfrage der maximalen Priorität
```

3.6 Programmierung von Threads

```
public final synchronized void setMaxPriority( int pri )
    // Setzen der maximalen Priorität
public final boolean isDaemon()
    // Abfrage der Dämoneneigenschaft
public final void setDaemon( boolean daemon )
    // Setzen der Dämoneneigenschaft
public final boolean parentOf( ThreadGroup g )
    // Vaterschaftstest
public synchronized int activeCount()
    // Anzahl der aktiven Threads der Gruppe
public int enumerate( Thread[] list )
    // Liste der Threads der Gruppe
public int enumerate( Thread[] list, boolean recurse )
    // Liste der Threads der Gruppe und evtl. der Untergruppen
public synchronized int activeGroupCount()
    // Anzahl der aktiven Threadgruppen
public int enumerate( ThreadGroup[] list )
    // Liste der Threadgruppen
public int enumerate( ThreadGroup[] list, boolean recurse )
    // Liste der Threadgruppen und evtl. der Untergruppen
public final synchronized void stop()
    // Stoppen der Gruppe (aller Threads der Gruppe)
    // ab Java 2 nicht mehr benutzen!!
public final synchronized void suspend()
    // Aufruf von suspend() bei allen Threads der Gruppe
    // ab Java 2 nicht mehr benutzen!!
public final synchronized void resume()
    // Aufruf von resume() bei allen Threads der Gruppe
    // ab Java 2 nicht mehr benutzen!!
public final synchronized void destroy()
    // Aufruf von destroy() bei allen Threads der Gruppe
public void uncaughtException( Thread t, Throwable thr )
    // Reaktion auf eine von t nicht bearbeitete Ausnahme
```

Im folgenden Beispiel werden die beiden **Threads** in einer Gruppe angeordnet und nach zehn Sekunden wieder gestoppt.

Beispiel:
```
    // Datei jf/kapitel3/abschnitt6/TickTackGroup.java
 1  package jf.kapitel3.abschnitt6;
 2  public class TickTackGroup {
 3      public static void main( String[] args )
            throws InterruptedException {
 4          System.out.print( ">>>>>>>>>>>>>>>>>>>>" );
 5          System.out.flush();
 6          ThreadGroup tg = new ThreadGroup( "HinundHer" );
 7          new Thread( tg,
                new TickTackRunnable( ">>>>>|\b") ).start();
 8          new Thread( tg, new TickTackRunnable(
                "\b\b\b\b\b|<<<<<\b\b\b\b\b\b") ).start();
```

```
 9          Thread.sleep( 10000 );
10          System.out.println( "" );
11          tg.interrupt();
12      }
13 }
```

Das ist möglich, da die Methode `main()` eigentlich in einem eigenen Thread parallel zu den beiden gestarteten läuft und also nach zehn Sekunden auch wieder zur Abarbeitung gelangen kann. In Zeile 11 unterbricht die `main()`-Methode die gestarteten Threads. Diese stoppen, da die Abbruchbedingung ihrer Schleife so formuliert ist (`Thread.interrupted()`). Das ist eine Variante, die im JDK-1.1 noch vorhandene Methode `stop()` zu ersetzen.

3.6.5 Zustände eines Threads

Ein Thread befindet sich immer in einem von vier Zuständen.

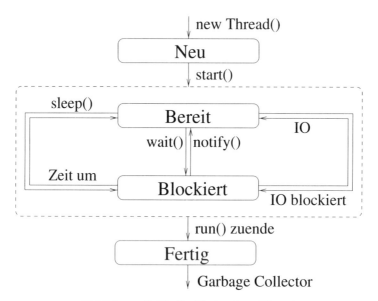

Abbildung 3.13: *Zustände eines Threads*

Neu. Nach seiner Definition, z.B. durch

```
Thread meinThread = new Thread();
```

befindet er sich im Zustand Neu. In diesem Zustand darf ein Thread nur gestartet (`start()`) oder gestoppt werden (`stop()`).

Bereit. Nach dem Start ist der Thread zur Abarbeitung bereit.

```
meinThread.start();
```

Die start()-Methode ruft insbesondere die run()-Methode des Threads auf. Ob sie wirklich ausgeführt wird, hängt von seiner Priorität und der Menge der anderen bereitstehenden Threads ab.

Blockiert. Nach dem Aufruf seiner suspend()-, wait()- oder sleep()-Methode ist ein Thread blockiert. Das geschieht ebenfalls, wenn der Thread auf eine Ein- bzw. Ausgabe wartet.

```
try {
    meinThread.sleep( 1000 );
}
catch ( InterruptedException e ) {}
```

Nach dem Aufruf seiner sleep()-Methode ist meinThread für eine Sekunde blockiert, bevor der Thread wieder in den Zustand Bereit übergeht. Ein blockierter Thread wird nicht weiter abgearbeitet und vom Scheduler nicht berücksichtigt.

Für jeden Übergang von Bereit nach Blockiert gibt es einen entsprechenden Rückweg. Bei sleep() ist der Thread nach der angegebenen Zeit wieder bereit, nach einer blockierenden Ein- oder Ausgabe, wenn sie möglich ist. Ein durch suspend() blockierter Thread ist nach dem Aufruf seiner resume()-Methode wieder bereit. Dieser Mechanismus ist anfällig gegenüber Verklemmungen und deshalb ab Java 2 nicht mehr zu benutzen. Ein auf die Freigabe einer Ressource wartender Thread (wait()) geht nach der Freigabe mit dem Aufruf notify() oder notifyAll() durch den früheren Benutzer der Ressource in den Zustand Bereit über. Andere Kombinationen (z.B. wait() und resume()) funktionieren nicht.

Fertig. Ein Thread ist fertig, wenn seine run()-Methode eine endliche Anzahl von Anweisungen beschrieb und diese abgearbeitet ist oder er explizit durch den Aufruf seiner stop()-Methode angehalten wird.

```
meinThread.stop();
```

Die stop()-Methode ist ebenfalls nicht mehr zu verwenden. Statt dessen sollte die Methode run() an bestimmten Punkten Bedingungen einbauen, bei deren Eintreten die Methode die Abarbeitung beendet (z.B. isInterrupted() oder ein bestimmter Wert einer Variablen).

Andere Varianten, den Zustand eines Threads zu ändern, als die hier angegebenen führen zur Erzeugung einer IllegalThreadStateException und müssen entsprechend behandelt werden.

3.6.6 Priorität und Scheduling

Wie schon betont, muß Parallelität auf Rechnern mit nur einem Prozessor simuliert werden, indem die parallel abzuarbeitenden Komponenten unabhängig voneinander Zugang zum Prozessor erhalten. Ein solcher Mechanismus (Scheduler) weist den bereiten Komponenten den Prozessor zu und entzieht ihn wieder.

In Java übernimmt diese Aufgabe ein einfacher prioritätsgesteuerter Scheduler. Er wählt denjenigen bereiten Thread zur Abarbeitung aus, der zu dem Zeitpunkt die größte Priorität besitzt. Zur Einstellung der Priorität existiert die Methode `setPriority()`.

Neue, blockierte und fertige Threads gelangen nicht zur Abarbeitung, ihre Priorität ist uninteressant.

Sind zu einem Zeitpunkt mehrere Threads mit der gleichen höchsten Priorität bereit, so teilt der Scheduler ihnen nacheinander den Prozessor zu, beginnend mit dem am längsten wartenden.

Beispiel: Im folgenden Beispiel erscheinen mehr Rechts- als Linkspfeile.

```
    // Datei jf/kapitel3/abschnitt6/TickTackWithPriority.java
 1  package jf.kapitel3.abschnitt6;
 2  public class TickTackWithPriority extends TickTackRunnable {
 3      public static void main ( String[] args ) {
 4          System.out.print( ">>>>>>>>>>>>>>>>>>>>" );
 5          System.out.flush();
 6          Thread tickTackThread = null;
```

Das Hauptprogramm startet einen Thread mit der Priorität 2 und einen mit der Priorität 1.

```
 7          tickTackThread =
                new Thread( new TickTackWithPriority( ">" ));
 8          tickTackThread.setPriority( 2 );
 9          tickTackThread.start();
10          tickTackThread =
                new Thread( new TickTackWithPriority( "\b<\b" ));
11          tickTackThread.setPriority( 1 );
12          tickTackThread.start();
13      }
14      public TickTackWithPriority( String text ) { super( text ); }
```

Die Methode `repaint()` ist hier etwas abgewandelt, damit der höherpriorisierte Thread den anderen auch in der Arbeit unterbrechen kann.

```
15      public void repaint() {
16          for ( int i=0; i<20; i++ ) {
17              System.out.print( text );
18              System.out.flush();
19          }
20      }
21  }
```

Der Effekt tritt ein, da der Scheduler einem Thread den Prozessor entzieht, wenn ein Thread mit höherer Priorität seine Bereitschaft anzeigt. Befindet sich das zweite Objekt gerade in seiner `repaint()`-Schleife und das erste Objekt beendet seinen Wartezustand, so wird das zweite am weiteren Schreiben gehindert. Das erste Objekt kann stattdessen neue Rechtspfeile hinzufügen.

Mit der Methode `yield()` gibt ein Thread den Prozessor an andere bereite Threads mit gleicher Priorität ab, gelangt aber sofort wieder zur Ausführung, wenn ein solcher nicht existiert.

3.6.7 Synchronisation von Threads

Die bisherigen Betrachtungen gingen davon aus, daß Threads unabhängig voneinander ihre jeweilige Anweisungsfolge ausführen. Komplizierter wird es, wenn zwei Threads auf dieselben Daten (über Variablen, Dateien usw.) zugreifen. Dann müssen sie ihren Ablauf aufeinander abstimmen, ihn synchronisieren, damit es nicht zu einer Reihe von möglichen Phänomenen kommt.

Besteigt zum Beispiel ein Reisender seinen Zug, nachdem er die Anzeigetafel gelesen hat, so kommt er leider nicht ans gewünschte Ziel, wenn der säumige Aufsichtsbeamte die Anzeige erst kurz vor der Abfahrt richtig einstellt.

Die Änderung eines Wertes durch einen Thread zwischen dem Lesen und der Benutzung durch einen anderen führt bei diesem im allgemeinen zum Fehlverhalten. Es ist zu sichern, daß der Wert zwischen dem Lesen und der Benutzung nicht geändert wird.

Man kann weitere solcher Konkurrenzsituationen (Race Conditions) konstruieren. Immer geht es darum sicherzustellen, daß sich bestimmte Bedingungen für eine gewisse Zeit nicht ändern.

Java stellt dafür einen Monitormechanismus zur Verfügung. Ein Monitor überwacht einen Ausschnitt des Programms (üblicherweise eine Methode oder einen Anweisungsblock) und sorgt dafür, daß er nicht von zwei Threads gleichzeitig benutzt wird. Dieser Ausschnitt nennt sich "kritischer Bereich".

Der Reisende hätte die Umstellung einer in einem kritischen Bereich befindlichen Anzeige verhindern können, wenn er sie erst nach dem Losfahren zur anderweitigen Benutzung freigegeben hätte. (Ob der Zug dann am richtigen Ziel angekommen wäre, ist eine andere Frage.)

Für jedes Objekt, das einen kritischen Bereich enthält (gekennzeichnet durch das Schlüsselwort **synchronized**), legt Java zur Laufzeit einen Monitor an. Betritt nun ein Thread während der Abarbeitung den kritischen Bereich, so hat kein anderer Thread mehr Zugriff auf das Objekt. Er wird beim Versuch des Zugriffs vielmehr blockiert, bis der frühere Benutzer den kritischen Bereich wieder freigibt. Für nicht als **synchronized** gekennzeichnete Methoden gilt das nicht.

Die beiden Threads der letzten Beispiele sollen nun ihre Ausgaben so aufeinander abstimmen, daß sie abwechselnd schreiben. In der Tat kann man beide als Hersteller und Konsument auffassen, alle vorangegangenen Programme führten zu Situationen, in denen der Konsument mehr als das Hergestellte verbrauchte oder eine Überproduktion bestand.

Beispiel:
```
  // Datei jf/kapitel3/abschnitt6/TickTackSynchronized.java
1 package jf.kapitel3.abschnitt6;
2 public class TickTackSynchronized extends TickTackRunnable {
```

Ein Objekt der Klasse **TickTackSynchronizer** soll die Threads synchronisieren, es enthält einen kritischen Bereich. Beiden Threads wird das Objekt im Konstruktor übergeben.

```
 3      protected TickTackSynchronizer synchronizer = null;
 4      protected boolean whoAmI = false;
 5      public static void main ( String[] args ) {
 6          System.out.print( ">>>>>>>>>>>>>>>>>>>>>" );
 7          System.out.flush();
 8          TickTackSynchronizer synchronizer = new TickTackSynchronizer();
 9          new Thread(
10              new TickTackSynchronized(
11                  synchronizer, ">>>>>|\b", false )).start();
12          new Thread(
13              new TickTackSynchronized(
14                  synchronizer,
                    "\b\b\b\b\b|<<<<<\b\b\b\b\b\b", true )).start();
15      }
```

Der Konstruktor überträgt die Parameter in die Instanzvariablen und initialisiert den zu schreibenden Text über den Konstruktor der Superklasse.

```
16      public TickTackSynchronized( TickTackSynchronizer synchronizer,
17                      String text, boolean whoAmI ) {
18          super( text );
19          this.synchronizer = synchronizer;
20          this.whoAmI = whoAmI;
21      }
```

Das Schreiben erfolgt nun über die synchronisierte Methode **repaint()** des TickTackSynchronizer-Objekts.

```
22      public void repaint() {
23          synchronizer.repaint( whoAmI, text );
24      }
25  }
```

Die Methode **repaint()** bestimmt, welcher Thread schreiben darf.

```
26  class TickTackSynchronizer {
27      private boolean who = false;
28      synchronized void repaint( boolean who, String text ) {
29          while ( this.who != who ) {
30              try { wait(); }
31              catch ( InterruptedException e ) {
32                  System.err.println( "interrupted" );
33              }
34          }
35          System.out.print( text );
36          this.who = ! this.who;
37          notify();
38      }
39  }
```

3.6 Programmierung von Threads

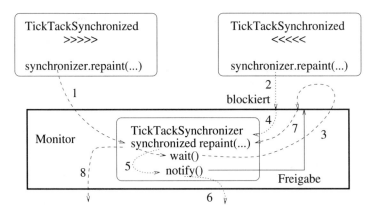

Abbildung 3.14: Synchronisation der beiden Threads

Die Abbildung 3.14 zeigt einen möglichen Ablauf. Der kritische Bereich umfaßt die Methode `repaint()`. Benutzt sie der erste Thread (1), ist `synchronizer` für den zweiten Thread gesperrt, der Aufruf der Methode `synchronizer.repaint()` (Zeile 23) blockiert (2). Gut, aber der erste Thread blockiert ebenfalls, wenn er in der Zeile 29 nicht an der Reihe ist (3). Die Methode `wait()` gibt jedoch den kritischen Bereich wieder frei, so daß das zweite Objekt nun weiterarbeiten kann (4). Das ist offensichtlich dran, schreibt Linkspfeile, stellt die Variable `who` um (Zeile 36), benachrichtigt mit `notify()` den wartenden Thread (5) und gibt den Bereich frei (6). Der erste Thread kann daraufhin weiterarbeiten (7), da sich der Wert der Booleschen Variablen geändert hat. Schließlich gibt auch er den Bereich wieder frei (8). Das Verhalten der beiden Threads ist nun synchronisiert, selbst bei der Zuweisung von unterschiedlichen Prioritäten ändert sich daran nichts.

Eine zweite Variante der Synchronisation ist das Warten auf die Beendigung eines Threads. Eigentlich nebenläufige Abläufe werden dadurch wieder sequentialisiert, Konkurrenzsituationen können nicht auftreten. Soll der Benutzer z.B. einen Dateinamen über einen Dialog eingeben, so soll die andere Benutzeroberfläche, von einem eigenen Thread ausgeführt, für den Benutzer blockiert sein, bis die Eingabe erfolgte. Das kann man implementieren, indem man den Oberflächenthread mit der Methode `join()` auf den Dialogthread warten läßt. Das Beispiel veranschaulicht das Verfahren anhand der Pfeile malenden Threads.

Beispiel:
```
    // Datei jf/kapitel3/abschnitt6/TickTackJoin.java
1   package jf.kapitel3.abschnitt6;
2   public class TickTackJoin extends TickTackRunnable {
3       public static void main ( String[] args ) {
4           System.out.print( ">>>>>>>>>>>>>>>>>>>>>" );
5           System.out.flush();
6           new Thread( new TickTackJoin( ">>>>>|\b" )).start();
7           Thread th = new Thread( new TickTackJoin(
                            "\b\b\b\b\b|<<<<<\b\b\b\b\b" ));
8           th.start();
```

Die Methode `main()` wartet hier auf das Ende des zweiten Threads, erst dann erfolgt die Ausschrift.

```
9          try { th.join(); }
           catch ( InterruptedException e ) {
               System.err.println( e );
           }
10         System.out.println("finished");
11     }
12     public TickTackJoin( String text ) { super( text ); }
```

Beide Threads laufen nun nicht in einer Endlosschleife, sondern führen jeweils nur zehn Ausschriften aus.

```
13     public void run() {
14         try {
15             for( int i = 0; i<10; i++ ) {
16                 Thread.sleep( (int)( Math.random() * 500 ));
17                 repaint();
18                 System.out.flush();
19             }
20         }
21         catch ( InterruptedException e ) {
22             System.err.println( "interrupted" );
23         }
24     }
25 }
```

Der Leser sieht die Ausschrift `finished` erst nach dem letzten Linkspfeil, möglicherweise jedoch vor dem letzten Rechtspfeil.

3.6.8 Dämonen

Der letzte Abschnitt zu Threads beschreibt Dämonen. Das sind Threads, die im allgemeinen eine Endlosschleife enthalten, in der sie für andere Threads Dienstleistungen erbringen. Das kann natürlich ebenfalls ein Thread leisten, der sich nicht als Daemon gekennzeichnet hat (durch die Methode `setDaemon(true)`).

Ein solcher Thread weiß jedoch nicht, wann er seine Schleife beenden kann. Ist nämlich kein Thread mehr vorhanden, der noch Dienste beansprucht, so braucht er sie auch nicht mehr anzubieten. Zu diesem Zweck kennzeichnet er sich als Daemon. Sind im Laufzeitsystem nur noch Dämonen-Threads vorhanden, kann das Programm beendet werden, es passiert nichts mehr.

Übung

- Schreiben Sie für die doppeltverkettete Liste ein Bedienprogramm, das einem Benutzer Einfüge-, Lösch- und Anzeigeoperationen anbietet und diese jeweils in einem eigenen Thread durchführt.

- Denken Sie bei der Implementierung der Methoden an die Synchronisation. Beobachten Sie das Verhalten der Implementierung mit der `Vector`-Klasse.

3.7 Programmierung von Fenstern

In dem Paket `java.awt` sind Klassen gesammelt, die der Programmierer zum Aufbau von grafischen Benutzeroberflächen verwenden kann. Die Klassen können sowohl in Applikationen als auch in Applets Verwendung finden. Die Klasse `Applet` ist sogar eine Ableitung der Klasse `java.awt.Panel`, welche die folgenden Programme ebenfalls nutzen.

Während in Applets durch diese Vererbung bereits die Grundlagen für die Gestaltung gelegt sind, muß für Applikationen zunächst ein Fenster aufgebaut werden. Dafür ist die Klasse `java.awt.Frame` geeignet. Auch sie ist über die Klasse `java.awt.Window` (Fenster ohne Rahmen) von `java.awt.Container` abgeleitet und kann deshalb andere Komponenten enthalten.

Dieses Kapitel behandelt nur sehr einfache Beispiele. Komplexere Beispiele und die Erläuterung des Ereignismodells sind dem Kapitel 4.5 und dem Kapitel 4.6 vorbehalten.

3.7.1 Der Rahmen

Das folgende Beispiel öffnet ein umrahmtes Fenster. Das Aussehen hängt dabei vom Wirtssystem ab.

Beispiel:
```
   // Datei jf/kapitel3/abschnitt7/SimpleFrame.java
 1 package jf.kapitel3.abschnitt7;
 2 import java.awt.Frame;
 3 import java.awt.event.WindowEvent;
 4 import java.awt.event.WindowAdapter;
```
Der Konstruktor legt die Überschrift des Fensters fest. Die Zeile 8 versieht den Rahmen mit einem Listener, der dafür sorgt, daß sich das Fenster auf Befehl schließt. Die Implementierung nutzt das Mittel der anonymen Klasse (Kapitel 2.11), die dem Programmierer seit dem JDK-1.1 zur Verfügung steht. Die Zeilen 9 bis 13 beschreiben die unbenannte Klasse.

```
 5 public class SimpleFrame {
 6     public static void main( String[] args ) {
 7         Frame frame = new Frame( "Das ist ein Rahmen" );
 8         frame.addWindowListener(
 9             new WindowAdapter() {
10                 public void windowClosing( WindowEvent e ) {
11                     Runtime.getRuntime().exit( 0 );
12                 }
```

```
13              }
14          );
```

Die nächsten Zeilen setzen die Größe der Rahmens, seine Position auf dem Bildschirm und zeigen ihn schließlich an.

```
15          frame.setSize( 400, 300 );
16          frame.setLocation( 100, 200 );
17          frame.setVisible( true );
18      }
19 }
```

Durch den Aufruf

`java jf.kapitel3.abschnitt7.SimpleFrame`

wird ein Objekt der Klasse `Frame` erzeugt. Die Zeile 7 ruft den Konstruktor der Klasse `Frame` mit einem Zeichenkettenargument auf, das dann in der Kopfzeile des Fensters erscheint. Die Methoden `setSize()`, `setLocation()` und `setVisible()` bewirken die Einstellung der Größe in Pixeln, die Positionierung und schließlich die Anzeige des Fensters.

Der Rahmen hat für sich genommen noch keine Funktion (Abbildung 3.15). Er

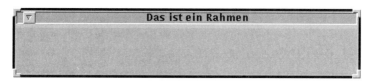

Abbildung 3.15: Der Rahmen

dient als Umgebung für weitere Komponenten.

3.7.2 Der Button

Das folgende Programm ergänzt den Rahmen um einen Button, ein Oberflächenelement, mit dem ein Benutzer eine Aktion auslösen kann (Abbildung 3.16).

Beispiel:
```
    // Datei jf/kapitel3/abschnitt7/SimpleButton.java
 1 package jf.kapitel3.abschnitt7;
 2 import java.awt.Frame;
 3 import java.awt.Button;
 4 import java.awt.event.WindowEvent;
 5 import java.awt.event.WindowAdapter;
 6 import java.awt.event.ActionEvent;
 7 import java.awt.event.ActionListener;
```

Zunächst läuft derselbe Aufbau wie in `SimpleFrame` ab. Nur die Zeile 10 ändert sich (dort Zeile 7).

3.7 Programmierung von Fenstern

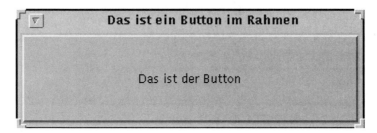

Abbildung 3.16: *Button im Rahmen*

```
 8   public class SimpleButton {
 9     public static void main( String[] args ) {
10       Frame frame = new Frame( "Das ist ein Button im Rahmen" );
         ...
```

Nun erzeugt das Programm ein Objekt der Klasse `Button` und versieht es mit einem Listener, der auf einen Mausklick vom Benutzer reagiert, nämlich das Programm beendet. Wieder ist der Listener eine Instanz einer anonymen Klasse.

```
18       Button button = new Button( "Das ist der Button" );
19       button.addActionListener(
20         new ActionListener() {
21           public void actionPerformed( ActionEvent ae ) {
22             Runtime.getRuntime().exit( 0 );
23           }
24         }
25       );
```

Schließlich muß der Button in den Rahmen eingefügt und dieser wieder angezeigt werden.

```
26       frame.add( "Center", button );
27       frame.setSize( 400, 300 );
28       frame.setLocation( 100, 200 );
29       frame.setVisible( true );
30     }
31   }
```

Die Klasse führt zwei neue Aspekte ein. In der Zeile 26 nutzt sie die Methode `add()` der Klasse `Container`, um einen neuen Button mit der entsprechenden Aufschrift einzufügen. Das Objekt der Schnittstelle `ActionListener` sorgt dafür, daß sich das Fenster auch schließt, wenn der Anwender mit der Maus auf den Button drückt.

3.7.3 Das Panel und sein Layout

Die Klasse `Panel` ist für die Strukturierung der Benutzeroberfläche wichtig. Sie nimmt andere Oberflächenelemente auf und kann selbst in einem anderen Panel enthalten sein. Mit ihr verknüpft ist ein Objekt der Schnittstelle `LayoutManager`, das die Anordnung der Panel-Elemente bestimmt (Abbildung 3.17).

Abbildung 3.17: Panel und Button im Rahmen

```
   // Datei jf/kapitel3/abschnitt7/SimplePanel.java
 1 package jf.kapitel3.abschnitt7;
 2 import java.awt.Frame;
 3 import java.awt.Button;
 4 import java.awt.Panel;
 5 import java.awt.FlowLayout;
 ...
10 public class SimplePanel {
11     public static void main( String[] args ) {
12         Frame frame =
               new Frame( "Das ist ein Button im Panel im Rahmen" );
           ...
```

Das Panel legt sein Layout auf ein Objekt der Klasse `FlowLayout` fest. Dieses Objekt ordnet alle Elemente des Layouts in einer Reihe an, das größte Element bestimmt dabei den Platz, der jedem Element eingeräumt wird.

```
20         Panel panel = new Panel();
21         panel.setLayout( new FlowLayout() );
22         Button button = new Button( "Das ist der Button" );
23         button.addActionListener(
           ...
29         );
```

Der Button ist diesmal ein Element des Panels und dieses erst ein Element des Rahmens.

```
30         panel.add( button );
31         frame.add( "North", panel );
32         frame.setSize( 400, 300 );
33         frame.setLocation( 100, 200 );
34         frame.setVisible( true );
35     }
36 }
```

In der Klassenbibliothek `java.awt` sind einige Layout-Klassen definiert (Abbildung 3.21). Zu ihnen gehören `BorderLayout` (Anordnung von Komponenten im Norden, Osten, Süden, Westen bzw. in der Mitte: Abbildung 3.19), `FlowLayout` (Anordnung nebeneinander: Abbildung 3.18), `CardLayout` (zum wechselseitigen Anzeigen verschiedener Komponenten: Abbildung 3.20), `GridLayout` (Anordnung in einem Raster von Spalten und Zeilen: Abbildung 3.24) und `GridBagLayout` (flexiblere Anordnung in Spalten und Zeilen: 3.22).

3.7 Programmierung von Fenstern

Abbildung 3.18: *FlowLayout*

Durch die Verschachtelung von Panels mit unterschiedlichem Layout kann man durchaus komplexe Anordnungen realisieren. Die obige Klasse verwendet ein Panel mit dem Layout `FlowLayout`, in das ein Button eingefügt ist. Dieser sieht nun anders aus als der Button der Klasse `SimpleButton`, hat aber dieselbe Funktion.

3.7.4 Das Textfeld

Das folgende Beispiel fügt zusätzlich ein Textfeld ein. Über die Klasse `TextField` kann das Programm dem Benutzer Nachrichten anzeigen und dessen Eingaben lesen (Abbildung 3.23).

Beispiel:
```
   // Datei jf/kapitel3/abschnitt7/SimpleTextField.java
 1 package jf.kapitel3.abschnitt7;
 2 import java.awt.Frame;
 3 import java.awt.Button;
 4 import java.awt.TextField;
 5 import java.awt.Panel;
   ...
11 import java.awt.event.TextEvent;
12 import java.awt.event.TextListener;
13 public class SimpleTextField {
14     public static void main( String[] args ) {
15         Frame frame = new Frame(
               "Das sind Button und Textfeld im Panel im Rahmen" );
           ...
23         Panel panel = new Panel();
24         panel.setLayout( new FlowLayout() );
```
Der Button wird diesmal als finale Variable vereinbart, damit der Text-Listener des Textfeldes als Objekt einer anonymen Klasse Zugriff zu seiner Aufschrift hat. Dasselbe gilt für die `TextField`-Variable.
```
25         final Button button = new Button( "Das ist der Button" );
26         button.addActionListener(
               ...
32         );
33         final TextField textField =
               new TextField( "Das ist das Textfeld" );
```

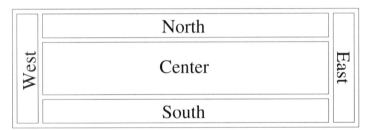

Abbildung 3.19: *BorderLayout*

Gibt der Benutzer Text in das Textfeld ein, so verändert sich sofort auch die Aufschrift des Buttons in den eingegebenen Text. Die Methode `getText()` fragt den aktuellen Text des Textfeldes ab. Die Methode `setLabel()` setzt die Aufschrift des Buttons.

```
34      textField.addTextListener(
35        new TextListener() {
36          public void textValueChanged( TextEvent te ) {
37            button.setLabel( textField.getText() );
38          }
39        }
40      );
```

Der Layout-Manager ordnet Button und Textfeld nebeneinander im Panel an.

```
41      panel.add( button );
42      panel.add( textField );
43      frame.add( "North", panel );
        ...
47    }
48 }
```

3.7.5 Ein Taschenrechner

Mit den wenigen eingeführten Mitteln kann der Programmierer bereits einen kleinen Taschenrechner implementieren.

Beispiel:
```
   // Datei jf/kapitel3/abschnitt7/Calculator.java
 1 package jf.kapitel3.abschnitt7;
 2 import java.awt.Frame;
 3 import java.awt.TextField;
 4 import java.awt.Button;
 5 import java.awt.Color;
 6 import java.awt.Panel;
 7 import java.awt.BorderLayout;
 8 import java.awt.GridLayout;
 9 import java.awt.event.WindowAdapter;
10 import java.awt.event.ActionListener;
```

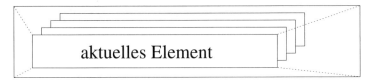

Abbildung 3.20: CardLayout

```
11  import java.awt.event.WindowEvent;
12  import java.awt.event.ActionEvent;
```

Die Klasse `Calculator` ist eine von `Panel` abgeleitete Klasse und kann so in andere Container-Objekte eingefügt werden und selbst Oberflächenelemente aufnehmen. Zum anderen implementiert die Klasse die Schnittstelle `ActionListener`. Der Leser sieht hier eine zweite Variante der Implementierung eines Listeners: nicht eine anonyme Klasse kapselt die notwendigen Listener-Funktionen, sondern die Oberflächenklasse übernimmt das selbst.

```
13  public class Calculator extends Panel implements ActionListener {
14      public static void main( String[] args ) {
15          Frame frame = new Frame( "Calculator" );

16          frame.add( new Calculator() );
17          frame.addWindowListener(
                ...
23          );
```

Neu ist hier die Methode `pack()` (Zeile 24). Sie bewirkt, daß das schließlich angezeigte Fenster seine Größe an die darin enthaltenen Elemente anpaßt. Die Methode berechnet dazu die minimale Größe, die jedes enthaltene Element in Anspruch nimmt, indem sie deren `getMinimumSize()`-Methode aufruft. Der hier erzeugte Rahmen ist deshalb kleiner als alle vorherigen. Vorsicht ist jedoch angebracht, wenn der Rahmen keine Komponenten enthält; dann stellt sich das Fenster überdimensional groß dar.

```
24          frame.pack(); frame.setVisible( true );
25      }
```

Ein `Calculator`-Objekt enthält eine Reihe von Instanzvariablen, über die es Zugriff zu den Tasten und der Anzeige hat und in denen es Zwischenwerte speichert.

```
26      private TextField numberField = null;
27      private Panel controlPanel = null;
28      private double leftAddOperand = 0.0,
                      leftMulOperand = 0.0,
                      rightMulOperand = 0.0;
29      private double memory = 0.0;
30      private boolean memoryRepeated = false,
                       cancelRepeated = false;
31      private boolean newArgumentAvailable = false;
32      private char addOp = '=', mulOp = '=';
```

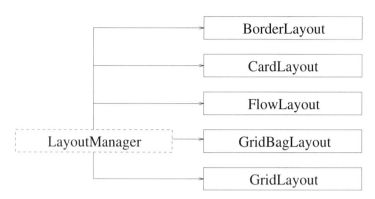

Abbildung 3.21: Die Layout-Klassen

Der Konstruktor eines `Calculator`-Objekts baut die Oberfläche des Taschenrechners auf. Sie erscheint mit gelbem Vorder- auf rotem Hintergrund. Dafür wurden die Klassenvariablen `red` und `yellow` der Klasse `Color` genutzt.

```
33      public Calculator() {
34          setBackground( Color.red );
            setForeground( Color.yellow );
35          setLayout( new BorderLayout() );
```

Der Konstruktor legt das Layout der Bedienfläche auf ein Grid-Layout fest, also eine Anordnung der Elemente in Zeilen und Spalten, im konkreten Fall 4 Zeilen und 5 Spalten.

```
36          controlPanel = new Panel();
37          controlPanel.setLayout(
                new GridLayout( 4, 5, 1, 1 ) );
```

Die Bedienfläche enthält nur Buttons, zum einen für die Ziffern und zum anderen für die verschiedenen Operationen. Für jeden Button wird das `Calculator`-Objekt selbst als Listener eingesetzt. Die entsprechende Auswertungsmethode muß also später zunächst bestimmen, auf welchen Button der Benutzer mit der Maus geklickt hat.

```
38          String[] controlNames =
                { "MS", "7", "8", "9", "/", "M+",
                  "4", "5", "6", "*", "MR", "1", "2", "3",
39                "-", "CE", "0", ".", "=", "+" };
40          Button button = null;
41          for ( int i = 0; i < controlNames.length; i++ ) {
42              controlPanel.add(
                    button = new Button( controlNames[ i ] ) );
43              button.addActionListener( this );
44          }
45          numberField = new TextField( "0", 9 );
46          add( "North", numberField );
            add( "Center", controlPanel );
47      }
```

3.7 Programmierung von Fenstern

Abbildung 3.22: *GridBagLayout*

Es folgt die Methode, welche die Ereignisse auswertet. Sie nutzt den ersten Buchstaben der Button-Aufschrift zur Unterscheidung zwischen den Ereignisquellen.

```
48      public void actionPerformed( ActionEvent e ) {
49          String arg = ( (Button) e.getSource()).getLabel();
50          char arg0 = arg.charAt( 0 );
51          if ( ! arg.equals( "MR" ) ) memoryRepeated = false;
52          if ( ! arg.equals( "CE" ) ) cancelRepeated = false;
53          switch( arg0 ) {
```

Das Klicken auf eine Ziffer oder den Punkt ist einfach auszuwerten, lediglich das Textfeld muß seine Anzeige ergänzen.

```
54          case '0': case '1': case '2': case '3': case '4':
55          case '5': case '6': case '7': case '8': case '9':
56              if ( ! newArgumentAvailable ) numberField.setText( arg );
57              else numberField.setText( numberField.getText() + arg );
58              newArgumentAvailable = true; return;
59          case '.':
60              if ( ! newArgumentAvailable ) numberField.setText( "0." );
61              else numberField.setText( numberField.getText() + arg );
62              newArgumentAvailable = true; return;
63          }
```

Gelangt die Ausführung an diese Stelle, hat der Benutzer keine Ziffer eingegeben, sondern eine Operation und das Programm liest deshalb die eingegebene Zahl als double-Wert ein. Falls das eine neue Zahl ist (der Benutzer hat also nicht zweimal hintereinander eine Operation ausgelöst), wird sie in den rechten Multiplikationsoperanden kopiert.

```
64          double newArgument = 0.0;
65          try { newArgument =
                    Double.valueOf( numberField.getText() ).doubleValue();
            }
66          catch ( NumberFormatException nfe ) { return; }
67          if ( newArgumentAvailable ) rightMulOperand = newArgument;
68          newArgumentAvailable = false;
```

Schließlich erfolgt die Auswertung der Operationen, zunächst der Speicheroperationen. Das Programm übernimmt die aktuelle Anzeige in die Instanzvariable memory, fügt die aktuelle Anzeige hinzu, oder setzt den Wert der Variablen auf 0.0, je nach Tastenklick.

Abbildung 3.23: *Panel, Textfeld und Button im Rahmen*

```
69          switch ( arg0 ) {
70          case 'M':
71              if ( arg.charAt( 1 ) == 'S' ) {
                    memory = newArgument; return;
                }
72              if ( arg.charAt( 1 ) == '+' ) {
                    memory += newArgument; return;
                }
73              if ( memoryRepeated ) {
                    memory = 0.0; memoryRepeated = false;
                }
74              else {
75                  numberField.setText( String.valueOf( memory ) );
76                  rightMulOperand = memory;
                    memoryRepeated = true;
77              }
78              return;
```

Ein einmaliges Auslösen der Löschtaste setzt nur den Wert des rechten Multiplikationsoperanden auf 0, zweimaliges Auslösen setzt alle Instanzvariablen auf ihren Initialzustand zurück.

```
79          case 'C':
80              rightMulOperand = 0.0;
81              if ( cancelRepeated ) {
82                  leftMulOperand = 0.0; leftAddOperand = 0.0;
83                  mulOp = '='; addOp = '=';
                    cancelRepeated = false;
84              }
85              else cancelRepeated = true;
86              numberField.setText( "0" ); return;
```

Hat der Benutzer nun tatsächlich eine Rechenoperation ausgewählt, so berechnet die Methode zunächst die letzte Multiplikationsoperation und überträgt das Ergebnis in den linken Multiplikationsoperanden.

```
87          case '*': case '/': case '+': case '-': case '=':
88              switch ( mulOp ) {
89              case '/': leftMulOperand = leftMulOperand / rightMulOperand;
                    break;
90              case '*': leftMulOperand = leftMulOperand * rightMulOperand;
                    break;
91              case '=': leftMulOperand = rightMulOperand;
92              }
```

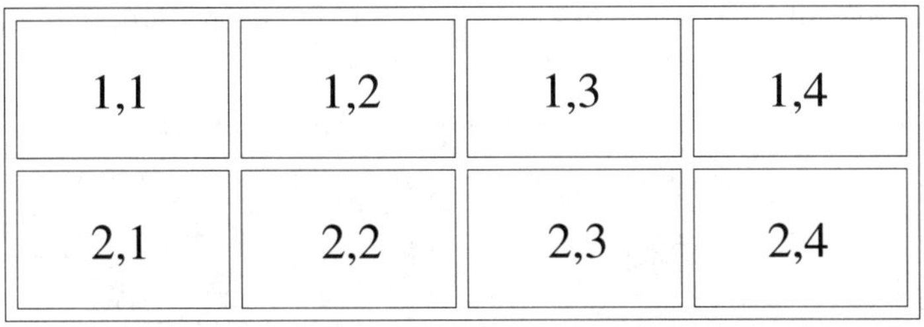

1,1	1,2	1,3	1,4
2,1	2,2	2,3	2,4

Abbildung 3.24: *GridLayout*

```
93          }
94          switch( arg0 ) {
```

Im Falle einer Multiplikation oder einer Division erscheint das eben berechnete Resultat in der Anzeige. Im Falle einer Addition oder Subtraktion berechnet das Programm die letzte Additionsoperation und überträgt das Ergebnis in den linken Additionsoperanden und zeigt es an. Damit gewährleistet es die Vorrangregel: Punktrechnung vor Strichrechnung.

```
95          case '*': case '/':
96              numberField.setText( String.valueOf( leftMulOperand ) );
97              mulOp = arg0; return;
98          case '+': case '-': case '=':
99              switch ( addOp ) {
100                 case '-': leftAddOperand = leftAddOperand - leftMulOperand;
                        break;
101                 case '+': leftAddOperand = leftAddOperand + leftMulOperand;
                        break;
102                 case '=': leftAddOperand = leftMulOperand;
103             }
104             numberField.setText( String.valueOf( leftAddOperand ) );
105             leftMulOperand = 0.0;
106         }
107         switch( arg0 ) {
108         case '+': case '-':
109             addOp = arg0; mulOp = '='; return;
```

Hat der Benutzer das Gleichheitszeichen gewählt, wird die Additionsklammer geschlossen und der linke Additionsoperand in den rechten Multiplikationsoperanden übertragen.

```
110         case '=':
111             addOp = '='; mulOp = '=';
112             rightMulOperand = leftAddOperand;
113         }
114     }
115 }
```

Die Rechnertasten sind in einem eigenen Panel mit einem `GridLayout` angeordnet. Dieses Panel befindet sich wiederum unter dem Ausgabefenster. Der Benutzer kann Zahlen sowohl über Mausklick auf einen Button als auch direkt eingeben. Die Abbildung 3.25 zeigt den Taschenrechner in Aktion.

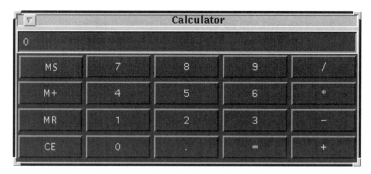

Abbildung 3.25: *Der Taschenrechner*

Die wenigen Komponenten sollen für diesen Abschnitt genügen, weitere werden im Zusammenhang mit Applets eingeführt (Kapitel 4.6). Einige der hier angewendeten Methoden sind direkt in Applets nutzbar, wie zum Beispiel die Änderung der Farbe oder die Auswertung von Ereignissen (Kapitel 4.6).

Übung

- Entwerfen Sie eine Oberfläche für das Einfügen, Löschen und Anzeigen in Ihre doppelt verkettete Liste.

3.8 Test von Programmen

Compiler (javac) und Interpreter (java) wurden bereits in Kapitel 1.5 erläutert und in den vorangegangenen angewendet. Wichtig sind nun die Vorkehrungen, die ein Programmierer treffen muß, um ein Programm zu testen.

Ein zu inspizierendes Programm ist mit der Compileroption -g zu übersetzen, falls die Werte von lokalen und Instanzvariablen eventuell Aufschluß über die Fehlerursache geben können und deshalb während des Programmablaufs abgefragt werden sollen.

3.8.1 Der Debugger jdb

Mit dem jdb enthält das JDK einen einfachen Debugger, der Fehlerursachen in einem Java-Programm aufdecken kann. Er wird mit einer von zwei verschiedenen Varianten gestartet.

jdb { *Optionen* } *Klassentyp*
jdb -host *Host* -password *Paßwort*

3.8 Test von Programmen

Im ersten Aufruf ersetzt der Debugger den Interpreter. Der Ablauf einer Klasse wird dann nicht mit

`java jf.kapitel3.abschnitt7.Calculator`

sondern mit

`jdb jf.kapitel3.abschnitt7.Calculator`

gestartet. Entsprechend erkennt der Debugger alle *Optionen*, die auch der Interpreter verarbeitet.

Bei der zweiten Methode verbindet sich der Debugger mit einem bereits laufenden Interpreter. Sie bietet sich an, wenn es sich bei dem zu korrigierenden Programm um einen Server handelt oder das Programm auf einem anderen Rechner arbeiten muß. Voraussetzung ist, daß der Interpreter mit der Option `-debug` gestartet wurde. Das dabei angezeigte Paßwort ist beim Start des Debuggers mit anzugeben.

Beispiel: Der Taschenrechner soll erst nach einer gewissen Zeit getestet werden. Dazu wird er mit der Option `-debug` auf dem Rechner `meinRechner` gestartet.

`java -debug jf.kapitel3.abschnitt7.Calculator`
`dasPaßwort`

Der Debugger wird dann mit

`(testRechner) jdb -host meinRechner -password dasPaßwort`

dazugeschaltet. Für den Test sind dieselben Kommandos wie beim sofortigen Aufruf mit dem Debugger anwendbar.

3.8.2 Kommandos des Debuggers

Der Programmierer kann die folgenden Kommandos im Debugger anwenden.

`help`, `?`.   Mit `help` listet der Debugger alle ihm bekannten Kommandos auf.

`print`.   Das Kommando `print` veranlaßt den Debugger zur Anzeige eines Objekts mit Hilfe dessen `toString()`-Methode.

`dump`.   Das Kommando `dump` bewirkt die Ausgabe der Werte von Instanzvariablen eines Objekts. Das Objekt wir dabei durch eine Hexadezimalzahl (sein Identifikator) bezeichnet.

`locals`.   Das Kommando `locals` gibt die lokalen Variablen aus.

`methods`.   Der Debugger schreibt alle Methoden der Argumentklasse aus.

`classes`.   Das Kommando zeigt eine Liste aller momentan geladenen Klassen an.

`thread`.   Der Debugger arbeitet mit dem angegebenen Thread weiter. Threads werden dabei wie Objekte durch eine Hexadezimalzahl oder durch den Index in der aktuellen Gruppe bezeichnet.

threads. Der Debugger gibt eine Liste mit den Threads der aktuellen Thread-Gruppe aus.

threadgroup. Der Debugger ändert die aktuelle Thread-Gruppe.

threadgroups. Der Debugger gibt eine Liste aller Thread-Gruppen aus.

suspend. Das Kommando unterbricht den aktuellen Thread.

resume. Das Kommando überführt den aktuellen Thread wieder in den Zustand *bereit*.

where. Mit dem Kommando where gibt der Debugger den Stack des aktuellen bzw. des angegebenen Threads aus. Bei unterbrochenen Threads (Kapitel 3.6) kann der Programmierer dann mit print oder dump lokale und Instanzvariablen des Threads abfragen.

down, up. Die beiden Kommandos stellen den aktuellen Bezugsrahmen im Stack ein.

stop. Das Kommando setzt Unterbrechungspunkte in Zeilen des Quellcodes oder an den Beginn einer Methode.

clear. clear löscht Unterbrechungspunkte.

cont. Nach dem Kommando cont setzt der Debugger die unterbrochene Abarbeitung fort.

step. Der Interpreter arbeitet die nächste Anweisung ab.

catch. Mit catch bewirkt der Programmierer, daß die angegebene Ausnahme bei ihrer Auslösung wie eine Unterbrechung behandelt wird. Er kann im Fall der Unterbrechung den Zustand der Klasse abfragen und die Abarbeitung fortsetzen.

ignore. Nach dem Kommando ignore bewirkt die Ausnahme wieder einen Programmabbruch, falls sie nicht vom Programm behandelt wird. Der Zustand der Klasse kann jedoch vorher noch inspiziert werden.

Übung

- Übersetzen Sie Ihr Listenprogramm für den Debugger, starten Sie es mit dem Debugger, und probieren Sie einige der Debugger-Kommandos aus.

4

Das zweite Spiel – Applets

Die Präsentation von Text- und Bildinformationen über das WWW ist heute eine der wichtigsten Anwendungen des Internets. Dabei stellt ein Rechner (Server) die Daten bereit, die ein WWW-Benutzer dann mit einem Browser auf seinem Rechner (Client) abrufen kann.

Das ist zunächst ein starres Konzept. Die Informationen und die Art ihrer Präsentation stehen fest. Der Benutzer hangelt sich von einem Ast zum nächsten. Für eine gezielte Informationssuche reicht das nicht aus. Als Konsequenz wurde die Art und Weise erweitert, wie der Server Daten bereitstellt. Der Server kann nun ein Programm (CGI-Skript) abarbeiten, das die Informationen zum Beispiel auf der Grundlage einer gezielten Anfrage erst zusammenstellt. Diese Herangehensweise verursacht allerdings eine höhere Netzbelastung. Die Interaktion erfolgt sofort direkt über das Netz, falsche Eingaben können erst auf der Seite des Servers erkannt werden. Die Möglichkeiten zur Gestaltung einer Benutzeroberfläche sind ebenfalls beschränkt.

Diese Überlegungen führten zu der Idee, daß einige Aufgaben wie auch in der bisherigen Client-Server-Programmierung auf der Seite des Clients ausgeführt werden sollten. Dazu benötigt der WWW-Browser eine Möglichkeit, Programme auszuführen, die ein Anbieter programmiert und auf seiner HTML-Seite bereitgestellt hat.

Das ist im Moment das am weitesten verbreitete Anwendungsgebiet der Programmiersprache Java. Der Java-Entwickler übersetzt in Java geschriebene Programme in Java-Byte-Code-Dateien und bindet sie in eine HTML-Seite ein. Ein entsprechend eingerichteter Browser (z.B. Netscape Navigator) kann sie dann über das Netz laden und ausführen. Solche Programme werden Applets genannt.

Applets bieten also die Möglichkeit, Programme innerhalb einer WWW-Seite ablaufen zu lassen. Das WWW wird so zu einer allgemeinen Schnittstelle, über die Entwickler Programme bereitstellen können. Im Gegensatz zur Verbreitung von Programmen über FTP, Disketten oder CDs ist hier jedoch die Aufmerksamkeitsschwelle gegenüber ungewollten Programmen weiter herabgesetzt. Ein WWW-Benutzer, der mit dem Java-fähigen Netscape Navigator durch das WWW surft, muß sich darüber im klaren sein, daß auf seinem Rechner Programme gestartet werden, die er nicht von vornherein kennt. Natürlich unterliegen Applets gewissen Restriktionen wie zum Beispiel dem Zugriffsverbot auf lokale Dateien. Der heutige Kenntnisstand zeigt jedoch, daß einige unter Umständen umgangen werden konnten. Und auch ohne Umgehung der Restriktionen können Applets zu frustrierenden Erscheinungen führen.

Wie kann der Browser nun ein Applet ausführen? Er lädt zunächst den Byte-Code der benötigten Klassen über das Netz, erzeugt dann ein Objekt der angegebenen Applet-Klasse und ruft dessen start()-Methode auf. Das funktioniert also im Prinzip so wie die am Anfang des letzten Kapitels vorgestellte Klasse Starter. Diese wurde gerade eingeführt, um den Code sowohl für Programme als auch für Applets nutzen zu können.

Das Kapitel beginnt deshalb auch wieder mit dem Uhren-Beispiel.

4.1 Beispiel – Eine Uhr

Die Applet-Uhr der Einleitung implementiert viele Methoden der im Interpreter laufenden Uhr doppelt. Zur Auflösung dieser Redundanz wurden am Anfang des letzten Kapitels die gemeinsamen Passagen in der Klasse SimpleClockViewImpl zusammengefaßt. Sie kann nun zur Ausgabe genauso wie ein Programm auch ein Applet nutzen.

```
   // Datei jf/kapitel4/abschnitt1/SimpleClockViewImplApplet.java
 1 package jf.kapitel4.abschnitt1;
 2 import jf.kapitel3.abschnitt1.SimpleClockModelImpl;
 3 import jf.kapitel3.abschnitt1.ClockModel;
 4 import jf.kapitel3.abschnitt1.ClockView;
```

Ein Applet importiert die Klasse Applet aus dem Paket java.applet und deklariert sich als Subklasse dieser Klasse.

```
 5 import java.applet.Applet;
 6 import java.awt.Graphics;
 7 public class SimpleClockViewImplApplet extends Applet
         implements ClockView {
 8     protected ClockModel clockModel = null;
 9     protected int x = 25;
10     protected int y = 10;
```

Die Methode start() unterscheidet sich nicht von der Methode der Programm-Uhr. Sie startet ein Modellobjekt, das die Uhrzeit berechnet.

```
11     public void start(){
12         if ( clockModel == null ){
13             clockModel = new SimpleClockModelImpl( this );
14             clockModel.start();
15         }
16     }
```

Die Methode `paint()` wird bei dieser Klasse als Reaktion auf die Methode `repaint()` ausgeführt.

```
17      public void paint( Graphics g ){
18          if ( clockModel != null )
19              g.drawString( clockModel.getTime( null ), x, y );
20      }
```

Ein Applet sollte immer die Methode `stop()` implementieren, um alle seine Elemente richtig zu beenden.

```
21      public void stop(){
22          if ( clockModel != null ) clockModel.stop();
23          clockModel = null;
24      }
25  }
```

Wieder übernimmt die eigentliche Arbeit die Objektvariable `clockModel`. Sie bezeichnet nach der Abarbeitung der `start()`-Methode ein Objekt der Modellklasse. Da aber die Schnittstelle der eigentliche Objektvariablentyp ist, kann die Initialisierung von Subklassen der obigen Klasse bei Bedarf verändert werden, sie benötigen keine neue Objektvariable.

Funktionsweise. Der Zeitmechanismus ist in der Objektvariablen `clockModel` enthalten. Sie benutzt die Methode `repaint()` zur Anzeige. Die Methode `repaint()` dieses Applets übergibt der `paint()`-Methode ein `Graphics`-Objekt, welches das Applet zur Ausgabe verwendet.

Die Methode `repaint()`, die die Klasse mit der Angabe der Schnittstelle `ClockView` eigentlich implementieren muß, erbt sie tatsächlich von der Klasse `Applet`. Das Vorhandensein der Methode war gerade der Grund für ihre Namenswahl.

Die Abbildung 4.1 stellt den Zusammenhang zwischen den beteiligten Objekten dar.

Die `start()`- bzw. `stop()`-Methode stößt jeweils der Browser an, wenn er die zugehörende World Wide Web-Seite lädt oder verläßt. Um das Applet ansehen zu können, muß es in einer HTML-Seite enthalten sein.

Übung

- Nutzen Sie die auf der CD enthaltene HTML-Datei, um zunächst mit diesem einfachen Applet vertraut zu werden.
- Schreiben Sie ein Applet, das "Hallo Welt" in die Appletfläche schreibt.

4.2 HTML und das Applet-Tag

Applets sind Java-Programme für das World Wide Web. Um sie ansehen zu können, müssen sie in einen HTML-Quelltext eingebettet werden. Mit HTML beschreibt der

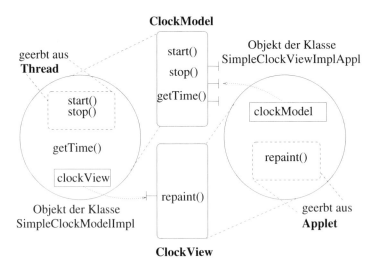

Abbildung 4.1: *Zusammenspiel der Objekte*

Programmierer das Layout und die Komponenten einer World Wide Web-Seite. Ist der Leser nicht mit diesem Format vertraut, so sei er auf das Netz selbst verwiesen. Die Browser bieten die Möglichkeit, sich zu jeder Seite auch deren Quelltext anzusehen.

Hier nur ein kleines Beispiel, das zum Einbinden von Applets vollauf genügt.

Beispiel: Der HTML-Quelltext

```
<HTML>
<HEAD>
<TITLE>
Beispiel f&uuml;r die Einbindung von Applets
</TITLE>
</HEAD>
<BODY>
<H3 align=center>
So werden Applets in HTML-Seiten beschrieben:
</H3>
<APPLET code=jf.kapitel4.abschnitt1.SimpleClockModellImplApplet
    codebase=/cd/book/classes
    width=80 height=10>
 Ihr Browser versteht leider keine Java-Applets.
</APPLET>
</BODY>
</HTML>
```

zeigt folgende Seite in Netscape an:

> **So werden Applets in HTML-Seiten beschrieben:**
> 10:34:51

4.2 HTML und das Applet-Tag

Es gibt also ein spezielles Kommando, an dem der Browser erkennt, daß er ein Java-Applet zu laden und auszuführen hat: das Applet-Tag.

Das Kommando `<APPLET>` kann/muß folgende Verfeinerungen erfahren:

code. `code` (notwendig, wenn `object` fehlt) enthält den Namen der Quelldatei. Ist das Wurzelverzeichnis nicht genauer angegeben, so muß sich die Datei im selben Verzeichnis wie die HTML-Seite befinden. Das gilt aber nur, wenn sich die Klasse nicht wie hier im Beispiel in einem eigenen Paket befindet. In diesem Fall muß der in einen Verzeichnisnamen umgewandelte Paketname dem Klassenbezeichner vorangestellt werden und die Datei sich im entsprechenden Verzeichnis befinden.

object. Seit dem JDK-1.1 kann das Applet nicht nur aus einer Klassendatei, sondern auch aus einem abgespeicherten Objekt geladen werden. `object` (notwendig, wenn `code` fehlt) enthält den Namen der Objektdatei (Kapitel 5.6). Ein Applet, das der Browser auf diese Weise lädt, wird nicht genauso behandelt wie `code`-Applets, so ruft der Browser nicht die `init()`-Methode dieses Applets auf.

codebase. `codebase` spezifiziert über einen URL das Quellverzeichnis bzw. die Adresse der Klassen. Das Verzeichnis kann nicht gleich bei `code` mit angegeben werden.

archive. Seit dem JDK-1.1 kann der Programmierer alle zu einem Applet gehörenden Dateien (Code, Bilder, Sound) in einem Archiv verpacken, die der Browser dann mit einem Mal lädt. `archive` gibt in diesem Fall eine Liste von Archiven an.

name. `name` assoziiert das Applet mit einem Namen. Er ist bei der Interapplet-Kommunikation notwendig.

width, height. Sie sind notwendig und definieren die Ausdehnung des Applets. Der Browser räumt dem Applet genau den Platz in Pixeln ein.

hspace, vspace. `hspace` und `vspace` geben den horizontalen bzw. vertikalen Abstand vom umgebenden Text in Pixeln an.

align. `align` bestimmt die Lage des Applets auf der Seite. Argumente dieser Spezialisierung sind `right`, `left`, `top`, `texttop`, `middle`, `absmiddle`, `baseline`, `bottom` und `absbottom`.

alt. `alt` ist für Browser vorgesehen, die zwar das Tag `<applet>` verstehen, nicht jedoch das Applet ausführen können.

</applet>. Das ist das Ende der Applet-Einbindung. Browser, die `<applet>` auswerten, überlesen den Text vor der Endemarkierung, die anderen ignorieren die Anweisung und zeigen den Text an.

Übung

- Schreiben Sie eine HTML-Datei für Ihr Applet, zentrieren Sie es, und führen Sie es mit dem `appletviewer` aus.

- Experimentieren Sie mit der Einstellung der `codebase`-Angabe. Löschen Sie dazu private Pfade aus der Variablen `CLASSPATH`, damit der `appletviewer` Ihr Applet nicht über diesen Weg findet.

4.3 Parameterübergabe an Applets

Wie Programme lesen auch Applets an sie übergebene Parameter. Für sie ist ein eigenes HTML-Kommando vorgesehen.

Beispiel: Mit dem folgenden Parameter kann das Aussehen der Uhr konfiguriert werden:

```
<applet code=jf.kapitel4.abschnitt3.ConfigClockViewImplApplet
        codebase="/cd/book/classes" width=300 height=100>
<PARAM name=mode value="ConfigClockViewImpl: H-M-S">
</applet>
```

Die Uhr aus dem ersten Abschnitt dieses Kapitels muß entsprechend abgewandelt werden, um die Parameter auch zu verarbeiten.

```
   // Datei jf/kapitel4/abschnitt3/ConfigClockViewImplApplet.java
 1 package jf.kapitel4.abschnitt3;
 2 import jf.kapitel4.abschnitt1.SimpleClockViewImplApplet;
 3 import jf.kapitel3.abschnitt2.ConfigClockModelImpl;
 4 import jf.kapitel3.abschnitt1.ClockModel;
 5 import jf.kapitel3.abschnitt1.ClockView;
 6 import java.awt.Graphics;
 7 public class ConfigClockViewImplApplet
 8     extends SimpleClockViewImplApplet {
```

Zum einen wählt dieses Applet in der `start()`-Methode ein anderes Modellobjekt.

```
 9     public void start(){
10         if ( clockModel == null ){
11             clockModel = new ConfigClockModelImpl( this );
12             clockModel.start();
13         }
14     }
```

Zum anderen übergibt sie der Methode `getTime()` den `mode`-Parameter (Abbildung 4.2).

```
15     public void paint( Graphics g ){
16         if ( clockModel != null )
17             g.drawString( clockModel.getTime( getParameter( "mode" )),
                             x, y );
18     }
19 }
```

4.4 Die Klasse Applet

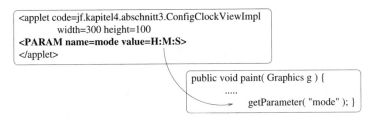

Abbildung 4.2: Parameterübergabe an das Applet

Mit dem Wert des Parameters `mode` kann man so das Aussehen der Uhr verändern, ohne das Applet neu übersetzen zu müssen (Abbildung 4.3).

Das Zusammenspiel des HTML-Tags `<PARAM>` mit der `getParameter()`-Methode der Klasse `Applet` gewährleistet die Parameterübergabe. Alle in der Umgebung `<APPLET> </APPLET>` eingeschlossenen Parameter kann das Applet lesen. Für jeden Parameter legt der Anwender den Namen (`name`) und den Wert (`value`) fest. Der Wert ist immer eine Zeichenkette. Sind andere Typen beabsichtigt, so müssen sie innerhalb des Java-Programms aus dem Parameter extrahiert werden.

Die Methode `getParameterInfo()` der Klasse `Applet` sollte vom Applet-Programmierer so überschrieben werden, daß ein potentieller Benutzer weiß, welche Parameter das Applet benötigt. Sie liefert die vollständige Liste von Parametern nicht, wenn der Programmierer sie nicht entsprechend überschreibt.

Übung

- Führen Sie in das obige Beispiel einen zweiten Parameter ein, mit dem der Benutzer die Position der Uhr im Applet einstellen kann.

4.4 Die Klasse Applet

Die Beispiele aus der Einleitung und den ersten Abschnitten dieses Kapitels haben eine gemeinsame Eigenschaft aller Applets gezeigt: Sie sind Subklassen der Klasse `java.applet.Applet`. Damit stehen dem Programmierer bereits eine Reihe von Methoden zur Verfügung, die ihm die Implementierung von Applets erleichtern.

4.4.1 Die Klasse Applet

```
public class Applet extends Panel
```

Methoden
```
public final void setStub( AppletStub stub )
    // setzt AppletStub
public boolean isActive()
    // Ab dem Aufruf der Startmethode wahr
```

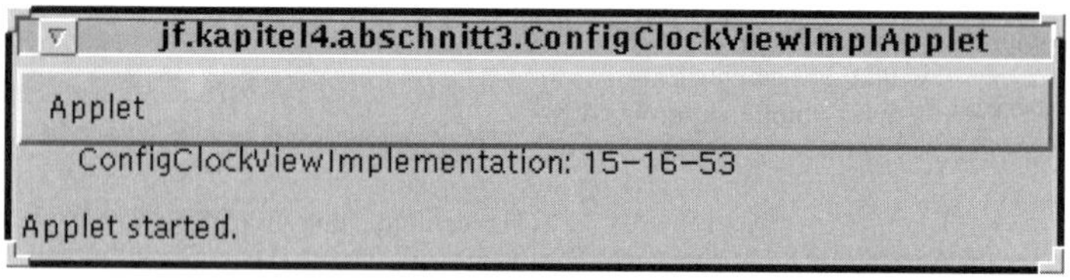

Abbildung 4.3: Konfigurierbare Uhr als Applet

```
public URL getDocumentBase()
    // URL des einbettenden Dokumentes
public URL getCodeBase()
    // URL des Applets selbst
public String getParameter( String name )
    // Parameter des Applets
public AppletContext getAppletContext()
    // siehe AppletContext
public void resize( int width, int height )
    // Größenveränderung
public void resize( Dimension d )
    // beide überschreiben resize() aus Component
public void showStatus( String msg )
    // Nachricht in der Statuszeile
public Image getImage( URL url )
    // Holt ein Bild aus einer URL
public Image getImage( URL url, String name )
public AudioClip getAudioClip( URL url )
    // Holt ein AudioClip aus einer URL
public AudioClip getAudioClip( URL url, String name )

public String getAppletInfo()
    // Informationen zum Applet müssen vom Programmierer
    // geliefert werden
public String[][] getParameterInfo()
    // Parameterinfo in Name/Typ/Beschreibungstripeln
public void play( URL url )
    // Abspielen eines Audioclips
public void play( URL url, String name )

public void init()
    // Applet-Initialisierung
public void start()
    // wird beim Start des Applets aufgerufen
public void stop()
    // wird zum Applet-Ende vor destroy aufgerufen
public void destroy()
    // beendet Applet
```

Auf die Methoden getParameter(), getParameterInfo() zur Parameterübergabe (voriges Kapitel), getImage() zum Laden eines Bildes (Kapitel 5.2) sowie

4.4 Die Klasse Applet

`getAudioClip()` und `play()` zum Abspielen einer Audiodatei (Kapitel 5.3) gehen andere Abschnitte näher ein.

Die grundlegenden Methoden zur Steuerung eines `Applets` sind:

`init()`. Diese Methode ruft der Browser sofort nach dem Konstruktor des Applets auf. Sie dient der Initialisierung der verwendeten Daten.

`start()`. Nach der Initialisierung des Applets ruft der Browser die `start()`-Methode auf. Diesen Aufruf wiederholt er nach jedem erneuten Laden der Applet-Seite ohne dann jedoch zuvor `init()` auszuführren.

`stop()`. Beim Verlassen der Seite und vor dem Beenden des Browsers arbeitet er die Methode `stop()` ab.

`destroy()`. Die `destroy()`-Methode soll das Applet vollständig löschen. Der Browser ruft sie deshalb nach der Methode `stop()` auf, wenn der Benutzer den Browser schließt.

Mit der Methode `getAppletContext()` kann man unerwünschte Wirkungen hervorrufen.

Beispiel:
```
   // Datei jf/kapitel4/abschnitt4/LookAtMeApplet.java
 1 package jf.kapitel4.abschnitt4;
 2 import java.applet.Applet;
 3 import java.net.URL;

 4 public class LookAtMeApplet extends Applet {
 5     public void start() {
```
In der Startmethode versucht das Applet sofort, eine andere HTML-Seite zu laden. Es nutzt dazu die Methode `showDocument()` der Klasse `AppletContext`.
```
 6         try {
 7             getAppletContext().showDocument(
 8                 new URL( getDocumentBase(), "ThisIsWhatYouGet.html" ));
 9         }
10         catch( java.net.MalformedURLException e ) {
11             System.err.println( e.toString() );
12         }
13     }
14 }
```
Bindet man das Applet in eine Seite ein, so wird tatsächlich `ThisIsWhatYouGet.html` geladen. Die `Back`-Taste des Browsers führt zwar zu der ursprünglichen Seite zurück, sie lädt aber sofort wieder `ThisIsWhatYouGet.html`. Die Klasse `URL` stellt das Kapitel 5.4 vor.

Beispiel:
```
   // Datei jf/kapitel4/abschnitt4/DontLookAtMeApplet.java
 1 package jf.kapitel4.abschnitt4;
 2 import java.applet.Applet;
 3 import java.net.URL;
 4 public class DontLookAtMeApplet extends Applet {
```
Dieses Applet ist sogar noch bösartiger und lädt die eigene Seite wieder.
```
 5     public void start() {
 6         try {
 7             getAppletContext().showDocument(
 8                 new URL( getDocumentBase(),
                         "DontLookAtMeApplet.html" ));
 9         }
10         catch( java.net.MalformedURLException e ) {
11             System.err.println( e.toString() );
12         }
13     }
14 }
```
Das Applet ist in die Seite DontLookAtMe.html eingebunden, und der Leser ahnt schon die Konsequenz: Die Seite wird in einer Endlosschleife ständig neu geladen.

Die beiden Beispiele beruhen auf der Methode showDocument() der Schnittstelle AppletContext. Die Schnittstelle definiert die Umgebung des Applets. Das ist im allgemeinen ein Browser oder der appletviewer.

4.4.2 Die Schnittstelle AppletContext

```
    public interface AppletContext extends Object
```

Methoden
```
    public abstract AudioClip getAudioClip( URL url )
        // Platzhalter für das Laden eines
        // AudioClips aus einer URL
    public abstract Image getImage( URL url )
        // Platzhalter für das Laden eines
        // Bildes aus einer URL
    public abstract Applet getApplet( String name )
        // Platzhalter für die Rückgabe
        // des bezeichneten Applets
    public abstract Enumeration getApplets()
        // Platzhalter für die Anzeige eines neuen Dokumentes
    public abstract void showDocument( URL url, String target )
        // Platzhalter für die Anzeige im target
        // ab Beta-2 String: _self, _parent, _top, _blank
    public abstract void showStatus( String status )
        // Platzhalter für eine Nachricht in der Statuszeile
```

4.4 Die Klasse Applet

Die Methoden `getApplet()` und `getApplets()` sind die Voraussetzung für die Kommunikation zwischen Applets einer Seite. Die Klasse `SecondClockViewImpl` reicht jede Koordinatenänderung an das andere Applet der Seite weiter (Abbildung 4.4).

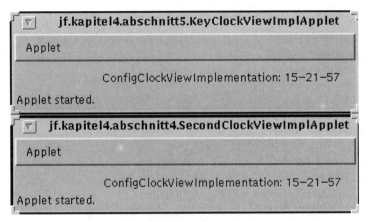

Abbildung 4.4: *Zwei Uhren*

Beispiel:
```
   // Datei jf/kapitel4/abschnitt4/SecondClockViewImplApplet.java
 1 package jf.kapitel4.abschnitt4;
 2 import jf.kapitel4.abschnitt5.KeyClockViewImplApplet;
 3 import java.awt.Graphics;
 4 import java.awt.Point;
```

Die Klasse `KeyClockViewImplApplet` stellt der nächste Abschnitt vor. Ihre konkrete Implementierung ist hier noch nicht wichtig.

```
 5 public class SecondClockViewImplApplet
 6     extends KeyClockViewImplApplet {
 7     KeyClockViewImplApplet clock = null;
```

Wichtig ist, daß dieses Applet eine Referenz auf ein zweites Applet dieser Seite abruft und es mit einer Instanzvariablen referenziert.

```
 8     public void init() {
 9         clock = (KeyClockViewImplApplet)
10              getAppletContext().getApplet( "Clock" );
11         super.init();
12     }
```

Diese Referenz nutzt es, um das andere Applet zu beeinflussen; es setzt den Ursprungspunkt der Uhr und ruft die Methode `repaint()` des anderen Applets auf.

```
13     public void paint( Graphics g ) {
14         super.paint( g );
15         if ( clock != null ) {
16             clock.setPoint( new Point( x, y ));
```

```
17              clock.repaint();
18          }
19      }
20 }
```

Voraussetzung für das Programm ist jedoch die Bekanntgabe des Namens in der HTML-Seite.

```
<applet code=jf.kapitel4.abschnitt4.KeyClockViewImplApplet
        codebase="/cd/book/classes"
        width=300 height=100 name="Clock">
<param name=mode value="ConfigClockViewImpl: H-M-S">
</applet>
<applet code=jf.kapitel4.abschnitt4.SecondClockViewImplApplet
        codebase="/cd/book/classes" width=300 height=100>
<param name=mode value="ConfigClockViewImpl: H-M-S">
</applet>
```

In bisherigen Netscape-Versionen funktionierte die obige Variante nicht. Über den folgenden Ausweg konnte man sich dort behelfen:

```
 9'         Enumeration apps = getAppletContext().getApplets();
10'         while ( apps.hasMoreElements() )
                if (( a = (Applet) apps.nextElement() )
                            instanceof KeyClockViewImplApplet
                        && a != this ) {
                    clock = a; break;
                }
            }
```

Die Schleife durchsucht die Liste aller Applets nach einer Instanz der Klasse `KeyClockViewImplApplet`, die verschieden vom Objekt selbst ist. Dieses wird als Kommunikationspartner in der Variablen `clock` gespeichert.

4.4.3 Die Klassen Component und Container

Viele Methoden erbt die Klasse `Applet` aus ihrer Super-Superklasse `Container` bzw. Super-Super-Superklasse `Component`. Hier seien die Methoden hervorgehoben, die für die Anwendung in Applets eine Rolle spielen.

Die Klasse `java.awt.Component`.
```
    public class Component extends Object
                            implements ImageObserver
```

Auswahl der Methoden
```
    public Color getForeground()
        // Rückgabe: Vordergrundfarbe
    public synchronized void setForeground( Color c )
        // Setzen der Vordergrundfarbe
    public Color getBackground()
        // Rückgabe: Hintergrundfarbe
```

4.4 Die Klasse Applet

```
public synchronized void setBackground( Color c )
    // Setzen der Hintergrundfarbe
public Font getFont()
    // Rückgabe: Font
public synchronized void setFont( Font f )
    // Setzen des Fonts
public Graphics getGraphics()
    // die Malfläche des Applets
public void repaint( long tm )
    // repaint in tm Millisekunden
public void repaint( int x, int y, int width, int height )
    // Neuzeichnen einer rechteckigen Fläche
public synchronized addXXXListener( XXXListener l )
public synchronized removeXXXListener( XXXListener l )
    // Hinzufügen und Löschen verschiedener
    // Ereignis-Listener siehe nächster Abschnitt.
```

Interessante Möglichkeiten eröffnen sich durch Methoden zur Änderung des Fonts und der Farbe.

Beispiel: Das FontApplet vergrößert bei jeder Aktualisierung seinen Font.

```
  // Datei jf/kapitel4/abschnitt4/FontApplet.java
1 package jf.kapitel4.abschnitt4;
2 import java.awt.Graphics;
3 import java.awt.Font;
4 import java.applet.Applet;
```

Das Applet muß nur seine paint()-Methode implementieren.

```
 5 public class FontApplet extends Applet {
 6     public void paint( Graphics g ) {
 7         Font font = getFont();
 8         if ( font != null )
 9             setFont( new Font( font.getFamily(),
10                                font.getStyle(),
11                                font.getSize() + 3 ));
12         g.drawString( "Das ist das FontApplet", 0, getSize().height );
13     }
14 }
```

Beispiel: Das FarbApplet ändert bei jedem erneuten Aufruf seiner paint()-Methode die Hintergrundfarbe.

```
  // Datei jf/kapitel4/abschnitt4/ColorApplet.java
1 package jf.kapitel4.abschnitt4;
2 import java.awt.Graphics;
3 import java.awt.Color;
4 import java.applet.Applet;
```

Das Applet wechselt bei jeder erneuten Anzeige zufällig seine Farbe. Ob alle Farben vorhanden sind, ist vom System abhängig.

```
5 public class ColorApplet extends Applet {
6    public void paint( Graphics g ) {
7       setBackground( new Color(
           (int) ( Integer.MIN_VALUE*Math.random() )));
8    }
9 }
```

Die Klasse `java.awt.Container`.
```
public class Container extends Component
```

Methoden
```
public int countComponents()
    // Anzahl der Komponenten
public synchronized Component getComponent( int n )
    // n-te Komponente
public synchronized Component[] getComponents()
    // alle Komponenten
public Component add( Component comp )
    // Hinzufügen einer Komponente
public synchronized Component add( Component comp, int pos )
    // Hinzufügen einer Komponente als pos-te
public synchronized Component add( String name, Component comp )
    // Hinzufügen einer Komponente unter name
public synchronized void remove( Component comp )
    // Löschen einer Komponente
public synchronized void removeAll()
    // Löschen aller Komponenten
public LayoutManager getLayout()
    // aktueller Layout-Manager
public void setLayout( LayoutManager mgr )
    // Setzen des Layout-Managers
public Component getComponentAt( int x, int y )
    // Bestimmung der Komponente an der Stelle x, y
```

Die folgenden Kapitel demonstrieren die Programmierung mit Ereignissen und Möglichkeiten beim Hinzufügen von Komponenten und dem Ändern des Layout-Managers.

Übung

- Schreiben Sie mit den eben vorgestellten Methoden und der Methode `drawImage()` aus der Klasse `Graphics` ein Applet, das ein Bild lädt und anzeigt.

4.5 Interaktion in Applets

Ereignisgesteuerte Programmierung ist der Hauptbestandteil der Programmierung von Benutzeroberflächen. Der Benutzer löst durch das Bewegen, Klicken der Maus, Eingabe von Text usw. Ereignisse aus, auf die das Programm reagiert. Applets können das genauso. Die Klasse `Applet` erbt von der Klasse `Component` viele der dazu notwendigen Methoden; überschreibt sie der Programmierer, kann er die Reaktion des Applets auf Ereignisse selbst festlegen.

Im allgemeinen muß man die bereitgestellten Methoden unterscheiden in solche, die bereits so, wie sie sind, eine Funktion haben, und solche, die dafür gedacht sind, daß der Programmierer sie mit eigenem Code füllt, um das Verhalten der abgeleiteten Klasse zu verändern. Methoden der zweiten Art sind in der Klasse `Applet` die bereits besprochenen Methoden `start()`, `stop()`, `init()` und `destroy()`. Sie werden vom Browser in bestimmten Phasen der Abarbeitung aufgerufen.

Methoden der zweiten Art charakterisieren die ereignisorientierte Programmierung. Nicht das Programm selbst steuert den Ablauf, sondern ein Benutzer, der durch bestimmte Aktionen Reaktionen und damit Methodenaufrufe im Programm auslöst.

Seit dem JDK-1.1 hat sich die Programmierung von Ereignissen gegenüber dem früheren Modell geändert. Lediglich der `repaint()`-`update()`-`paint()`-Mechanismus ist gleich geblieben, er wird in Kapitel 5.1 behandelt.

4.5.1 Ereignismodelle

Mindestens zwei Gründe motivieren diese Änderung: die Programmierung von Java-Komponenten mit Hilfe von Java-Beans (Kapitel 5.6) benötigt ein allgemeineres Ereignismodell. Das alte Modell verlangte teilweise eine unsaubere Programmierung (z.B. Zeichenkettenvergleich zur Identifizierung der Ereignisquelle) und verursachte Einbußen in der Performanz, da alle Ereignisse unabhängig von ihrer Verarbeitung weitergeleitet wurden.

Das alte Ereignismodell. Mit dem JDK-1.0 gab es zwei prinzipielle Varianten der Ereignisverarbeitung. Historisch begründet in der nicht objektorientierten Programmierung von Benutzeroberflächen war die Methode der Sammlung und Auswertung aller Ereignisse in einer zentralen Prozedur. Diese enthielt im wesentlichen eine große Fallunterscheidung, die jedem Ereignis eine entsprechende Reaktion zuordnet. Im Geist der Objektorientierung war es jedoch sinnvoll, die Ereignisse nicht zentral für die Anwendung, sondern lokal an der betreffenden Komponente auszuwerten. Bei der Übertragung auf Applets stellte sich das erste Prinzip so dar, daß der Programmierer in der `handleEvent()`-Methode des Applets eine `switch`-Anweisung zur Beschreibung der Reaktionen verwendete. Für das zweite Prinzip mußte er Subklassen der zu verwendenden Komponenten implementieren, in denen er die spezielle Reaktion auf die Ereignisse spezifizierte.

Beide Varianten haben Nachteile, insbesondere wenn es um die Implementierung großer Programmpakete geht. Das erste Prinzip führt zu einer sehr komplexen Methode, die alle Ereignisse auswerten muß. Die Methode ist dadurch oft unübersichtlich und fehleranfällig. Mit der zweiten Variante erzeugt der Programmierer eine große Anzahl verschiedener Klassen; für jede neue Art der Reaktion ist schließlich eine neue Klasse zu implementieren. Diese Klassen unterscheiden sich jedoch lediglich in wenigen Methoden. Auch eine komplizierte Klassenstruktur kann schnell unübersichtlich werden.

Das neue Modell. Das JDK-1.1 führte aus diesem Grund ein Ereignismodell ein, das auf der Weiterleitung eines Ereignisses von einer Quelle zu einem vorher zu installierenden Lauschobjekt (Listener) beruht. Ist kein Listener für dieses Ereignis aktiviert, wird es auch nicht weitergeleitet. Das JDK-1.2 ändert an diesem Modell nichts.

4.5.2 Ereignisse

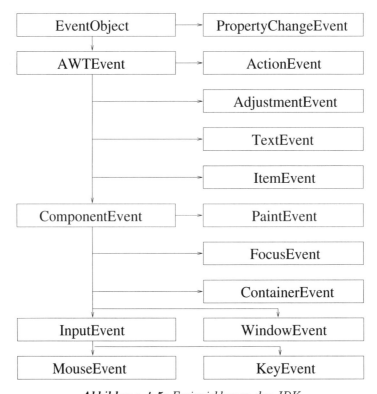

Abbildung 4.5: *Ereignisklassen des JDK*

Die Klassenhierarchie (Abbildung 4.5) enthält eine neue Wurzelklasse für alle Ereignisse: `java.util.EventObject`. Damit unterscheiden sich Ereignisse nicht mehr

4.5 Interaktion in Applets

durch bestimmte Identifikatoren, sondern durch ihre Zugehörigkeit zu unterschiedlichen Klassen. Erst wenn verschiedene Ereignisse zu derselben Ereignisklasse gehören, bestimmt ein zusätzlicher Identifikator das Ereignis.

Das Ereignismodell unterscheidet zwischen primitiven Ereignissen (low-level event) und Ereignissen zur Interaktion verschiedener Komponenten (semantic event). Zu Komponenten zählen sowohl AWT-Komponenten als auch andere Einheiten (wie z.B. Timer), die in ein Ereignismodell passen. Als primitive Ereignisse implementiert das AWT im Paket java.awt.event: ComponentEvent (Größen- und Positionsänderung), ContainerEvent (Hinzufügen oder Löschen einer Komponente aus dem Container), FocusEvent (Abgabe und Zuweisung des Eingabefokus), WindowEvent (Änderung eines Fensters), InputEvent mit den Subklassen KeyEvent (Tastatur-Eingaben) und MouseEvent (Mausbewegungen und Maustasten). Die andere Art von Ereignissen umfaßt: ActionEvent(Aufforderung zur Ausführung einer Aktion), AdjustmentEvent (Wertänderung, z.B. bei Scrollbar), ItemEvent (Änderung der Einstellung einer Auswahl, z.B. bei Choice oder Checkbox) und TextEvent (Änderung eines Textes).

Die zu einem Ereignis gehörenden Daten (z.B. die aktuellen Koordinaten der Maus) sind nicht mehr direkt nach außen sichtbar. Stattdessen dienen spezielle Zugriffsmethoden der Abfrage der Werte.

4.5.3 Listener

Lauschobjekte (Listener) empfangen und verarbeiten Ereignisse. Erst die Installation eines entsprechenden Listeners führt auch zur Weiterleitung des Ereignisses. Hierin liegt ein entscheidender Performanzgewinn gegenüber dem alten Modell. Insbesondere hochfrequente Ereignisse, die zum Beispiel beim Bewegen der Maus entstehen, werden nur noch geliefert, wenn die Komponente sie auch wirklich benötigt.

Um diese Funktion ausführen zu können, muß der Listener eine spezielle auf die jeweiligen Ereignisse angepaßte Schnittstelle implementieren. Die Schnittstelle bestimmt, welche Methoden im Listener implementiert werden müssen, um das Ereignis verarbeiten zu können. Im allgemeinen enthält die Schnittstelle Bearbeitungsmethoden für jedes Ereignis, das die zu bedienende Ereignisklasse repräsentiert.

Für primitive Ereignisse enthält das AWT in java.awt.event die Listener-Schnittstellen ComponentListener, ContainerListener, MouseMotionListener, MouseListener, FocusListener, KeyListener und WindowListener, für die Ereignisse zur Interaktion ActionListener, AdjustmentListener, ItemListener und TextListener. Die verschiedenen Mausereignisse wurden also auf zwei verschiedene Listener aufgeteilt. Durch die in Java mögliche Mehrfachvererbung von Schnittstellen kann der Programmierer aber auch alle diese Ereignisse in einer Klasse bearbeiten.

```
class MyMouseListener implements MouseListener, MousMotionListener {
    public void mouseClicked ( MouseEvent e ) {}
    ...
```

```
            public void mouseExited  ( MouseEvent e ) {}
            public void mouseMoved   ( MouseEvent e ) {}
            public void mouseDragged ( MouseEvent e ) {}
}
```

Einige dieser Schnittstellen enthalten, wie schon gesagt, mehrere Methoden für verschiedene Ereignisse, `MouseListener` z.B. `mouseClicked()`, `mouseEntered()`, `mouseExited()`, `mousePressed()` und `mouseReleased()`. Diese Wahl wurde getroffen, um nicht für jedes Ereignis eine Listener-Klasse zu benötigen. Andererseits wäre es jedoch für den Programmierer umständlich, jede der enthaltenen Methoden ausfüllen zu müssen, auch wenn er nur ein Ereignis (z.B. `mousePressed()`) behandeln will. Für jede der oben genannten Schnittstellen enthält das AWT deshalb eine sogenannte Adapter-Klasse, eine Klasse, die genau diese Schnittstelle implementiert. Diese Klassen kann der Programmierer erweitern und muß dann nur noch die für das gewünschte Ereignis zuständige Methode überschreiben.

Die vorhandenen Adapter sind folglich: `ComponentAdapter`, `ContainerAdapter`, `FocusAdapter`, `KeyAdapter`, `MouseAdapter`, `MouseMotionAdapter` und `WindowAdapter`. Da die Schnittstellen für die Listener der Interaktionsereignisse jeweils nur eine Methode enthalten, existieren für sie keine Adapter.

Statt

```
    class MyMouseListener implements MouseListener {
        public void mouseClicked ( MouseEvent e ) {}
        public void mousePressed ( MouseEvent e ) {}
        public void mouseReleased( MouseEvent e ) {}
        public void mouseEntered ( MouseEvent e ) {
                    int x = e.getX(); int y = e.getY(); ...}
        public void mouseExited  ( MouseEvent e ) {}
}
```

schreibt man dann also:

```
    class MyMouseListener extends MouseAdapter {
        public void mouseEntered ( MouseEvent e ) {
                    int x = e.getX(); int y = e.getY(); ...}
}
```

4.5.4 Ereignisquellen

Eine Ereignisquelle liefert Ereignisse an Listener. Das können sowohl ein als auch mehrere Listener sein, je nachdem, wie sie installiert wurden. Ist kein Listener zu einem Ereignis installiert, so wird es nicht geliefert. Sendet die Quelle ein Ereignis an mehrere Listener, so darf der Programmierer über die Reihenfolge der bedienten Listener keine Annahme treffen. Er sollte also kein Programm schreiben, das von einer bestimmten Reihenfolge ausgeht. Jeder Listener erhält dabei eine Kopie des ursprünglichen Ereignisses, so daß eventuelle Änderungen des Ereignisses in einem Listener keine Wirkung auf einen anderen Listener haben.

4.5 Interaktion in Applets 203

Quellen von primitiven Ereignissen sind die GUI-Komponenten des AWT, die im nächsten Kapitel weiter besprochen werden: Component (ComponentEvent, FocusEvent, KeyEvent, MouseEvent, MouseMotionEvent), Dialog (WindowEvent) und Frame (WindowEvent).

Quellen von Ereignissen zur Interaktion von Komponenten sind Button (ActionEvent), MenuItem (ActionEvent), List (ActionEvent, ItemEvent), Choice (ItemEvent), Checkbox (ItemEvent), CheckboxMenuItem (ItemEvent) und Scrollbar (AdjustmentEvent).

Mit einer Klasse sind natürlich auch die von ihr abgeleiteten Klassen Quellen der entsprechenden Ereignisse.

4.5.5 Aktivierung von Lauschobjekten

Jede Quelle besitzt für die von ihr gelieferten Ereignisse Methoden, Listener für diese Ereignisse zu aktivieren. Will der Programmierer mehrere Listener je Ereignis aktivieren, verwendet er die addXXXListener()-Methoden, anderenfalls die setXXXListener()-Methoden. XXX steht dabei für das jeweilige Ereignis. Ein Button wird z.B. durch das folgende Code-Fragment mit einem Listener für die Action-Ereignisse ausgestattet.

```
Button b = new Button( "Action" );
b.addActionListener( new MyActionListener() );
```

Die Klasse MyActionListener wäre hierbei noch zu implementieren.

4.5.6 Programmierung mit dem neuen Modell

Damit ist die Implementierung einer Anwendung, oder speziell eines Applets, besser zu strukturieren als mit dem alten Modell. Der Code für die Funktionen der Anwendung einerseits und die Oberfläche der Anwendung andererseits kann in getrennten Klassen implementiert werden. Für jede in der Oberfläche benutzte Komponente bestimmt der Programmierer die zu bearbeitenden Ereignisse und programmiert für sie Listener, die die entsprechenden Funktionen der Anwendung aufrufen oder das Layout der Oberfläche verändern. Der Programmierer muß dazu weder Subklassen von existierenden AWT-Klassen ableiten noch eine komplexe Methode zur Behandlung aller Ereignisse entwerfen.

Experimentieren mit Ereignissen

Beispiel: Das folgende Applet implementiert alle bei einem Applet möglichen Listener selbst, installiert sie und zeigt die eingetroffenen Ereignisse auf der Standardausgabe an (Java-Console in Netscape!).

```
   // Datei jf/kapitel4/abschnitt5/EventListenerApplet.java
 1 package jf.kapitel4.abschnitt5;
 2 import java.awt.event.FocusEvent;
```

```
 3 import java.awt.event.KeyEvent;
 4 import java.awt.event.MouseEvent;
 5 import java.awt.event.FocusListener;
 6 import java.awt.event.KeyListener;
 7 import java.awt.event.MouseListener;
 8 import java.awt.event.MouseMotionListener;
 9 import java.awt.Graphics;
10 import java.applet.Applet;
```

Das Applet implementiert vier verschiedene Listener.

```
11 public class EventListenerApplet extends Applet implements
12         FocusListener, KeyListener,
13         MouseListener, MouseMotionListener {
```

Zunächst reagiert es auf die Anforderungen des Browsers, insbesondere installiert es in der Methode init() viermal jeweils sich selbst als Listener.

```
15     public void init() {
16         System.out.println( "Ereignis: init" );
17         addFocusListener( this );
18         addKeyListener( this );
19         addMouseListener( this );
20         addMouseMotionListener( this );
21     }
22     public void start() {
23         System.out.println( "Ereignis: start" ); }
24     public void paint( Graphics g ) {
25         System.out.println( "Ereignis: paint" ); }
26     public void stop() {
27         System.out.println( "Ereignis: stop" ); }
28     public void destroy() {
29         System.out.println( "Ereignis: destroy" ); }
30     public void update( Graphics g ) {
31         System.out.println( "Ereignis: update" );
32         super.update( g ); }
```

Es folgt die Implementierung des Focus-Listeners. Die Methoden beschreiben, was geschehen soll, wenn das Applet den Eingabefokus erhält oder verliert.

```
34     public void focusGained( FocusEvent focusEvent ) {
35         System.out.println( "Ereignis: focusGained " + focusEvent );
36     }
37     public void focusLost( FocusEvent focusEvent ) {
38         System.out.println( "Ereignis: focusLost " + focusEvent );
39     }
```

Der Key-Listener umfaßt Methoden, die die Reaktion auf Tastatureingaben angeben.

```
41     public void keyTyped( KeyEvent keyEvent ) {
42         System.out.println( "Ereignis: keyTyped " + keyEvent );
43     }
```

4.5 Interaktion in Applets

```
44      public void keyPressed( KeyEvent keyEvent ) {
45          System.out.println( "Ereignis: keyPressed " + keyEvent );
46      }
47      public void keyReleased( KeyEvent keyEvent ) {
48          System.out.println( "Ereignis: keyReleased " + keyEvent );
49      }
```

Der Maus-Listener ist für statische Mausereignisse wie das Klicken und Loslassen von Maustasten gedacht.

```
51      public void mouseClicked( MouseEvent mouseEvent ) {
52          System.out.println( "Ereignis: mouseClicked " + mouseEvent );
53          repaint();
54      }
55      public void mousePressed( MouseEvent mouseEvent ) {
56          System.out.println( "Ereignis: mousePressed " + mouseEvent );
57      }
58      public void mouseReleased( MouseEvent mouseEvent ) {
59          System.out.println( "Ereignis: mouseReleased " + mouseEvent );
60      }
61      public void mouseEntered( MouseEvent mouseEvent ) {
62          System.out.println( "Ereignis: mouseEntered " + mouseEvent );
63      }
64      public void mouseExited( MouseEvent mouseEvent ) {
65          System.out.println( "Ereignis: mouseExited " + mouseEvent );
66      }
```

Im `MouseMotionListener` beschreibt der Programmierer die Reaktion auf die Bewegungen der Maus. Die Methoden unterscheidet, ob die Bewegung mit gedrückter Maustaste geschieht oder nicht.

```
68      public void mouseDragged( MouseEvent mouseEvent ) {
69          System.out.println( "Ereignis: mouseDragged " + mouseEvent );
70      }
71      public void mouseMoved( MouseEvent mouseEvent ) {
72          System.out.println( "Ereignis: mouseMoved " + mouseEvent );
73      }
74 }
```

Nach dem Start des Applets kann der Leser mit Ereignissen experimentieren.

Mausgesteuerte Uhr. Die Uhr kann nun auf folgende Arten erweitert werden:

Beispiel:
```
        // Datei
        // jf/kapitel4/abschnitt5/InterruptClockViewImplApplet.java
1       package jf.kapitel4.abschnitt5;
2       import jf.kapitel4.abschnitt3.ConfigClockViewImplApplet;
3       import java.awt.event.MouseAdapter;
4       import java.awt.event.MouseEvent;
```

Das Applet definiert diesmal den Listener als anonyme Klasse. Das ist angebracht, wenn man wie in diesem Fall nur ein Listener-Objekt der Listener-Klasse benötigt.

```
 5  public class InterruptClockViewImplApplet
 6      extends ConfigClockViewImplApplet {
 7      public void init() {
 8          addMouseListener(
 9              new MouseAdapter() {
10                  private boolean on = true;
```

Als anonyme Klasse hat der Listener Zugriff auf die Objektmethoden des Applets und kann so durch direkten Methodenaufruf die Uhr anhalten und starten.

```
11                  public void mouseReleased( MouseEvent mE ) {
12                      if ( on ) stop();
13                      else start();
14                      on = ! on;
15                  }
16              }
17          );
18      }
19  }
```

Die obige Uhr stoppt, wenn man sie anklickt, bei Loslassen der Maustaste und startet erneut beim nächsten Mausklick. Das bewirkt die Boolesche Variable `on`, deren Wert in der Zeile 14 immer zwischen `true` und `false` hin und her wechselt.

Beispiel:

```
    // Datei jf/kapitel4/abschnitt5/EnterClockViewImplApplet.java
 1  package jf.kapitel4.abschnitt5;
 2  import jf.kapitel4.abschnitt3.ConfigClockViewImplApplet;
 3  import java.awt.event.MouseAdapter;
 4  import java.awt.event.MouseEvent;
 5  public class EnterClockViewImplApplet
 6      extends ConfigClockViewImplApplet {
 7      public void init() {
 8          addMouseListener(
 9              new MouseAdapter() {
```

Diese Uhr überschreibt zwei andere Methoden des Mausadapters. Wieder hängt das Starten und Stoppen von Mausbewegungen ab.

```
10                  public void mouseExited( MouseEvent mE ) {
11                      stop();
12                  }
13                  public void mouseEntered( MouseEvent mE ) {
14                      start();
15                  }
16              }
17          );
18      }
19  }
```

4.5 Interaktion in Applets

Sie stoppt also, wenn der Benutzer die Maus aus der Applet-Fläche herauszieht (Zeile 10), und startet wieder, wenn er sie darüber bewegt (Zeile 13).

Bewegliche Uhr. Die erste Applet-Uhr besitzt bereits Objektvariablen x und y, die die Position der Uhr bestimmen. Die Installation eines MouseMotionListeners und die Überschreibung der Methode mouseDragged() rufen im folgenden Beispiel eine Bewegung der Uhr hervor.

Beispiel:
```
    // Datei jf/kapitel4/abschnitt5/MovingClockViewImplApplet.java
 1  package jf.kapitel4.abschnitt5;
 2  import jf.kapitel4.abschnitt3.ConfigClockViewImplApplet;
 3  import java.awt.event.MouseMotionAdapter;
 4  import java.awt.event.MouseEvent;
 5  import java.awt.Point;
 6  public class MovingClockViewImplApplet
 7      extends ConfigClockViewImplApplet {
 8      public void init() {
 9          addMouseMotionListener(
10              new MouseMotionAdapter() {
```

Dieser Listener bewirkt, daß sich der Punkt, an dem die Uhr angezeigt wird, mit gedrückter Maustaste verschiebt. Der Benutzer kann so die Position der Uhr im Applet verändern.

```
11              public void mouseDragged( MouseEvent mE ) {
12                  setPoint( mE.getPoint() );
13                  repaint();
14              }
15          }
16      );
17  }
18  protected void setPoint( Point mousePoint ) {
19      this.x = mousePoint.x;
20      this.y = mousePoint.y;
21  }
22 }
```

Für gewöhnlich hat eine Maus aber mehr als nur eine Taste. Um verschiedene Tasten unterscheiden zu können, muß man das der entsprechenden Methode als Argument übergebene Ereignis auswerten.

Beispiel:
```
    // Datei
    // jf/kapitel4/abschnitt5/EscapingClockViewImplApplet.java
 1  package jf.kapitel4.abschnitt5;
 2  import jf.kapitel4.abschnitt3.ConfigClockViewImplApplet;
 3  import java.awt.event.MouseMotionAdapter;
 4  import java.awt.event.MouseAdapter;
 5  import java.awt.event.MouseEvent;
```

```
 6  import java.awt.Point;
 7  public class EscapingClockViewImplApplet
 8      extends ConfigClockViewImplApplet {
 9      protected Point origin = new Point( 0, 0 );
10      public void init() {
11          addMouseMotionListener(
12              new MouseMotionAdapter() {
13                  public void mouseDragged( MouseEvent mE ) {
```

Falls der Benutzer nun versucht, die Uhr mit der rechten Maustaste zu bewegen, so wird sie nicht folgen, sondern in genau die entgegengesetzte Richtung ausweichen. Die Methode isMetaDown() ist eine Methode zur Auswertung eines Mausereignisses, die true zurückgibt, falls die rechte Maustaste gedrückt war, anderenfalls false.

```
14                      if ( ! mE.isMetaDown())
15                          setPoint( mE.getPoint() );
16                      else setPoint(
17                          new Point( origin.x - mE.getX(),
18                                     origin.y - mE.getY() ));
19                      repaint();
20                  }
21              }
22          );
```

Der Maus-Listener sorgt dafür, daß der Wert der Variablen origin neu eingestellt wird, wenn der Benutzer die rechte Maustaste drückt.

```
23          addMouseListener(
24              new MouseAdapter() {
25                  public void mousePressed( MouseEvent mE ) {
26                      if ( mE.isMetaDown() )
27                          setOrigin( mE.getPoint() );
28                  }
29              }
30          );
31      }
32      public void setPoint( Point mousePoint ) {
33          this.x = mousePoint.x;
34          this.y = mousePoint.y;
35      }
36      protected void setOrigin( Point mousePoint ) {
37          this.origin = mousePoint;
38      }
39  }
```

Die obige Klasse bestimmt beim Klicken der rechten Maustaste den Mittelpunkt zwischen der aktuellen Uhr- und der Mausposition und bewegt dann die Uhr in entgegengesetzter Richtung zur Maus.

4.5 Interaktion in Applets

Verwandelbare Uhr. Schließlich erlaubt die nächste Uhr dem Benutzer die Veränderung ihres Aussehens während der Betrachtung. Mit der `Backspace`-Taste löscht er die aktuelle Einstellung, die folgende Tastenfolge bestimmt das neue Outfit, die Eingabetaste beendet die Verschönerung.

Beispiel:

```
   // Datei jf/kapitel4/abschnitt5/KeyClockViewImplApplet.java
 1 package jf.kapitel4.abschnitt5;
 2 import java.awt.event.KeyAdapter;
 3 import java.awt.event.KeyEvent;

 4 public class KeyClockViewImplApplet
 5     extends EscapingClockViewImplApplet {
 6     String mode = null;
 7     boolean modificationPermitted = false;
 8     public void init() {
 9         addKeyListener(
10             new KeyAdapter() {
11                 public void keyPressed( KeyEvent kE ) {
```

Wieder wertet die Methode das Ereignis mit ereignisspezifischen Methoden aus und nutzt gleichzeitig dort definierte Konstanten.

```
12                     switch( kE.getKeyCode() ) {
13                     case kE.VK_BACK_SPACE:
14                         mode = "";
15                         modificationPermitted = true;
16                         break;
17                     case kE.VK_ENTER:
18                         modificationPermitted = false;
19                         break;
20                     default:
21                         if ( modificationPermitted )
22                             mode = mode + kE.getKeyChar();
23                     }
24                     repaint();
25                 }
26             }
27         );
```

Und nun sollen auch noch die Maus-Listener installiert werden. Das übernimmt die Methode `init()` der Superklasse.

```
28         super.init();
29     }
```

Natürlich muß das Applet die Methode `getParameter()` überschreiben, denn aus ihr bezieht ja die Methode `paint()` der Superklasse die Gestalt der Uhrzeit. Nur wenn die Variable `mode` nicht mit einem Wert belegt ist, wird die Methode `getParameter()` der Klasse `Applet` verwendet.

```
30      public String getParameter( String name ) {
31          if ( mode == null ) return super.getParameter( name );
32          else return mode;
33      }
34 }
```

Gleichzeitig ist mit dieser Klasse eine primitive Methode realisiert, Text vom Benutzer einzulesen.

Übung

- Statten Sie die Bedienoberfläche für die doppeltverkettete Liste mit verschiedenen Listenern aus.

- Realisieren Sie ein einfaches Malprogramm, mit dem der Benutzer in das Applet zeichnen kann.

- Schreiben Sie ein Applet, das sich beendet, wenn der Benutzer das aktivierte Fenster (`focusGained()`) mit der Maus verläßt.

4.6 Benutzeroberflächen in Applets

Das Kapitel 3.7 führte in die Programmierung von grafischen Benutzeroberflächen ein, das vorhergehende behandelte die Verarbeitung von Ereignissen. Hier werden die beiden Stränge zusammengeführt. Sie kulminieren in der Programmierung von interaktiven Homepages für das World Wide Web.

4.6.1 Ein Taschenrechner als Applet

Die Klasse `CalculatorApplet` nutzt eine Objektvariable der Klasse `Frame`, um den in Kapitel 3.7 beschriebenen Taschenrechner aus einem Applet heraus zu starten. Neben dem Browser-Fenster erscheint nach dem Start des Applets ein weiteres Fenster, das den Rechner enthält.

Beispiel:
```
   // Datei jf/kapitel4/abschnitt6/CalculatorApplet.java
 1 package jf.kapitel4.abschnitt6;
 2 import jf.kapitel3.abschnitt7.Calculator;
 3 import java.applet.Applet;
 4 import java.awt.Frame;
 5 import java.awt.event.WindowAdapter;
 6 import java.awt.event.WindowEvent;
 7 public class CalculatorApplet extends Applet {
 8     Frame frame = null;
 9     public void init() {
10         frame = new Frame( "CalculatorApplet" );
11         frame.add( new Calculator() );
```

4.6 Benutzeroberflächen in Applets

Der `WindowListener` sorgt dafür, daß das Fenster verschwindet, wenn der Benutzer das Fenster schließen will. Ein Applet kann das Programm nicht wie der Taschenrechner des letzten Kapitels über die Methode `exit()` beenden.

```
12          frame.addWindowListener(
13              new WindowAdapter() {
14                  public void windowClosing( WindowEvent e ) {
15                      stop();
16                  }
17              }
18          );
19          frame.pack();
20      }
```

Nach Auslösen der Methode `start()` erscheint der Rechner, nach `stop()` verschwindet er wieder.

```
21      public void start() {
22          frame.setVisible( true );
23      }
24      public void stop() {
25          frame.setVisible( false );
26      }
27  }
```

Jedesmal wenn die entsprechende Seite geladen wird, erscheint der Rechner in einem eigenen Fenster. Beim Verlassen der Seite verschwindet es wieder. Diesen Effekt bewirkt die Methode `setVisible()`.

Genausogut kann man den Rechner auch innerhalb der HTML-Seite anzeigen (Abbildung 4.6). Die Klasse `Applet` bietet eine ähnliche Umgebung wie die Klasse

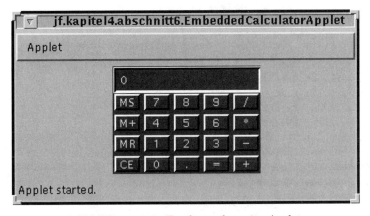

Abbildung 4.6: Taschenrechner im Applet

`Frame`. Die Klasse `Calculator` ist eine von `Panel` abgeleitete Klasse und kann so direkt in das Applet eingefügt werden.

Beispiel:
```
   // Datei jf/kapitel4/abschnitt6/EmbeddedCalculatorApplet.java
 1 package jf.kapitel4.abschnitt6;
 2 import jf.kapitel3.abschnitt7.Calculator;
 3 import java.applet.Applet;
 4 public class EmbeddedCalculatorApplet extends Applet {
 5    private Calculator calculator = null;
```

Die init()-Methode erzeugt ein Objekt der Klasse `Calculator` und referenziert es mit einer Instanzvariablen. In der Methode `start()` wird das erzeugte Objekt der Appletoberfläche zugefügt, in `stop()` entnommen.

```
 6    public void init() {
 7       calculator = new Calculator();
 8    }
 9    public void start() {
10       add( calculator );
11    }
12    public void stop() {
13       remove( calculator );
14    }
15 }
```

4.6.2 Weitere Oberflächenkomponenten

Das folgende Beispiel führt weitere Komponenten zur Gestaltung einer grafischen Benutzeroberfläche ein und stellt die Verwendung verschiedener Listener dar.

Beispiel:
```
   // Datei jf/kapitel4/abschnitt6/ComponentsApplet.java
 1 package jf.kapitel4.abschnitt6;
```
Das Applet stellt die folgenden Oberflächenelemente des Paketes `java.awt` vor.
```
 2 import java.awt.Panel;
 3 import java.awt.ScrollPane;
 4 import java.awt.List;
 5 import java.awt.Checkbox;
 6 import java.awt.CheckboxGroup;
 7 import java.awt.TextArea;
 8 import java.awt.Choice;
 9 import java.awt.Label;
10 import java.awt.Scrollbar;
11 import java.awt.Cursor;
```
Es verwendet verschiedene Layout-Manager
```
12 import java.awt.GridLayout;
13 import java.awt.BorderLayout;
```
und installiert später verschiedene Listener, um die Funktionsweise der Oberflächenelemente zu demonstrieren.

4.6 Benutzeroberflächen in Applets

```
14 import java.awt.event.ItemListener;
15 import java.awt.event.FocusListener;
16 import java.awt.event.MouseAdapter;
17 import java.awt.event.AdjustmentListener;
18 import java.awt.event.ActionListener;
19 import java.awt.event.ItemEvent;
20 import java.awt.event.FocusEvent;
21 import java.awt.event.MouseEvent;
22 import java.awt.event.AdjustmentEvent;
23 import java.awt.event.ActionEvent;
```

Das Applet vereinbart eine Instanzvariable des Typs `TextArea`, die eine Referenz auf eine Anzeige speichern soll. In der Anzeige erscheinen alle Ereignisse, die in der Oberfläche auftreten und für die Listener installiert sind.

```
24 import java.applet.Applet;
25 public class ComponentsApplet extends Applet {
26     TextArea textArea = null;
27     public void init() {
```

Die Methode `init()` führt mehrere lokale Panel ein, mit denen sie die Oberfläche des Applets strukturiert. Die Klasse `ScrollPane` realisiert ein besonderes Panel, nämlich eins, das bei Bedarf (wenn die Elemente des Panels nicht in den zur Verfügung gestellten Raum passen) mit Scrollbalken ausgestattet ist.

```
29         Panel bPanel = new Panel();
30         Panel cPanel = new Panel();
31         Panel cbPanel = new Panel();
32         Panel lPanel = new Panel();
33         ScrollPane scrollPane = new ScrollPane();
```

Das `ScrollPane`-Objekt nimmt eine Uhr mit Zeigern auf, `cbPanel` erhält ein Gridlayout (eine Zeile, eine Spalte) und umschließt das Textfeld und das ScrollPane.

```
35         scrollPane.add( new PointerClockViewImpl() );
37         cPanel.setLayout (new GridLayout( 1,2 ));
39         cPanel.add( textArea = new TextArea( "TextArea", 10, 55 ));
40         cPanel.add( scrollPane );
```

Dieses Applet zeigt die dritte Variante, einen Listener zu vereinbaren. Sie nutzt diesmal eine Instanz einer inneren Klasse, die dann bei den verschiedenen Elementen der Oberfläche in unterschiedlichen Funktionen genutzt wird. Die innere Klasse hat Zugriff auf die Instanzvariable `textArea` und kann so ausgelöste Ereignisse dort anzeigen.

```
42         MyEventListener myEventListener = new MyEventListener();
```

Bei dem `Choice`-Objekt wird `myEventListener` als Item-Listener installiert und zeigt eine Veränderung der Einstellung an. Zusätzlich erhält das Objekt ein eigenes `Cursor`-Ambiente. Zeigt man mit dem Mauszeiger darauf, so wandelt er sich in das Bild einer Hand.

```
44         Choice choice = new Choice();
45         choice.add( "Auswahl 1" );
46         choice.add( "Auswahl 2" );
47         choice.add( "Auswahl 3" );
48         choice.add( "Auswahl 4" );
49         choice.addItemListener( myEventListener );
50         choice.setCursor( new Cursor( Cursor.HAND_CURSOR ));
```

Das Label-Objekt installiert myEventListener als Maus-Listener. Dieser zeigt an, wann die Maus die Label-Fläche betritt bzw. verläßt. Das Panel lPanel erhält schließlich ein Gridlayout und nimmt das Label- und das Choice-Objekt auf.

```
52         Label label = new Label( "Label", Label.RIGHT );
53         label.addMouseListener( myEventListener );
55         lPanel.setLayout( new GridLayout( 2, 1, 1, 1 ));
57         lPanel.add( label );
58         lPanel.add( choice );
```

Der Listener myEventListener dient dem List-Objekt als Item-Listener und als Action-Listener.

```
61         List list = new List( 3, false );
62         list.add( "Liste 1" );
63         list.add( "Liste 2" );
64         list.add( "Liste 3" );
65         list.addActionListener( myEventListener );
66         list.addItemListener( myEventListener );
```

Das Panel cbPanel erhält ein Gridlayout (3 Zeilen, 1 Spalte), um drei Checkbox-Objekte aufzunehmen, die zu einer Gruppe (CheckboxGroup) zusammengefaßt sind. Der Listener wird jeweils als Item-Listener installiert.

```
68         cbPanel.setLayout( new GridLayout( 3, 1 ));
72         CheckboxGroup cbGroup = new CheckboxGroup();
74         Checkbox cb = null;
75         cbPanel.add( cb = new Checkbox( "Checkbox 1", cbGroup, false ));
76         cb.addItemListener( myEventListener );
77         cbPanel.add( cb = new Checkbox( "Checkbox 2", cbGroup, true ));
78         cb.addItemListener( myEventListener );
79         cbPanel.add( cb = new Checkbox( "Checkbox 3", cbGroup, false ));
80         cb.addItemListener( myEventListener );
```

Das Panel bPanel behält sein ursprüngliches Layout (FlowLayout) bei und umfaßt nun die beiden gerade gefüllten Panel und die Liste.

```
83         bPanel.add( lPanel );
84         bPanel.add( cbPanel );
85         bPanel.add( list );
```

Schließlich erzeugt die Methode noch ein Scrollbar-Objekt, installiert bei ihm den Listener als Adjustment-Listener und fügt alle Elemente in das mit einem BorderLayout versehene Applet ein. Zuletzt dient myEventListener dem Applet als Focus-Listener.

4.6 Benutzeroberflächen in Applets

```
88         Scrollbar scrollbar = new Scrollbar( Scrollbar.VERTICAL );
89         scrollbar.addAdjustmentListener( myEventListener );
92         setLayout( new BorderLayout() );
93         add( "Center", cPanel );
94         add( "South", bPanel );
95         add( "East", scrollbar );
96         addFocusListener( myEventListener );
97     }
```

Die Klasse `MyEventListener` muß entsprechend alle Listener-Schnittstellen implementieren, für die sie eingesetzt wurde. Für die Implementierung des Maus-Listeners bedient sie sich der Klasse `MouseAdapter` und überschreibt nur zwei Methoden. Da `MyEventListener` als innere Klasse (Kapitel 2.11) definiert ist, hat sie Zugriff auf die Variable `textArea` und kann die Ereignisse anzeigen.

```
 98     class MyEventListener extends MouseAdapter
 99         implements ItemListener, ActionListener,
100             AdjustmentListener, FocusListener {
101         public void itemStateChanged( ItemEvent e ){
102             textArea.append( "ItemEvent: " + e );
103         }
104         public void actionPerformed( ActionEvent e ){
105             textArea.append( "ActionEvent: " + e );
106         }
107         public void adjustmentValueChanged( AdjustmentEvent e ) {
108             textArea.append( "AdjustmentEvent: " + e );
109         }
110         public void mouseEntered( MouseEvent e ){
111             textArea.append( "MouseEvent (entered): " + e );
112         }
113         public void mouseExited( MouseEvent e ){
114             textArea.append( "MouseEvent (exited): " + e );
115         }
116         public void focusLost( FocusEvent e ){
117             textArea.append( "FocusEvent (lost): " + e );
118         }
119         public void focusGained( FocusEvent e ){
120             textArea.append( "FocusEvent (gained): " + e );
121         }
122     }
123 }
```

Das Beispiel enthält viele neue Oberflächenelemente (Abbildung 4.7). Weitere Beispiele in den nächsten Kapiteln nutzen auch andere Elemente aus. Hier seien die wichtigsten aufgezählt (Abbildung 4.8 und Abbildung 4.9).

Checkbox und CheckboxGroup. Eine `Checkbox` ist ein mit einem Booleschen Wert verbundener Schalter (ein- oder ausgeschaltet). Sind mehrere Schalter in einer Gruppe (`CheckboxGroup`) zusammengefaßt, so darf jeweils nur ein Schalter eingeschaltet sein. Durch die Angabe `true` im Konstruktor der `Checkbox` kann der anfänglich eingeschaltete Schalter festgelegt werden.

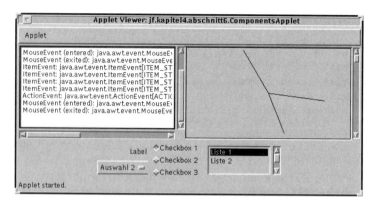

Abbildung 4.7: Weitere Komponenten

Menu und MenuBar. Ein Objekt der Klasse `Frame` kann durch die Methode `setMenuBar()` mit einer Menüleiste ausgestattet werden. Eine Menüleiste enthält Menüs, die wiederum aus Menüeinträgen bestehen. Der Anwender aktiviert mit der Maus einen solchen Menüeintrag, und das Programm kann in einem `ActionListener` darauf reagieren. Eine Anwendung zeigt die Klasse `BookBeanApplication` in Kapitel 5.6.

Choice und List. Die beiden Komponenten `Choice` und `List` haben eine ähnliche Funktion. Sie dienen der Auswahl aus einer Liste von Möglichkeiten. Während sich ein Objekt der Klasse `Choice` in einem Popup-Menü präsentiert und nur eine Auswahl zuläßt, erscheint ein `List`-Objekt in einem eigenen Fenster und erlaubt Mehrfachselektion. Wählt der Anwender mit der Maus eine dieser beiden Komponenten, so kann das Programm in einem `ItemListener` oder einem `ActionListener` reagieren. Die Klassen enthalten außerdem Methoden, um die ausgewählten Einträge zu bestimmen.

TextArea und TextField. Beide Klassen dienen der Aus- und Eingabe von Text. Dabei ist ein Objekt der Klasse `TextField` lediglich einzeilig, ein Objekt der Klasse `TextArea` über einen Konstruktor in der Größe konfigurierbar und zusätzlich mit Scrollbalken ausgestattet. Die Klasse `TextArea` enthält mit den Methoden `append()`, `insert()` und `replaceRange()` bequemere Methoden zur Textveränderung. Mit den Standardeinstellungen löst die Eingabetaste ein `ActionEvent` aus, wenn ein Listener installiert ist. Die Tabulatortaste wechselt den Eingabefokus von einem Oberflächenelement zum nächsten. Außerdem ist ein Drag-and-Drop-Mechanismus realisiert. Der Benutzer kann einen Textausschnitt von einem Textelement zu einem anderen schieben.

Label. In einem Label kann eine Textzeile angezeigt werden. Die Klasse wird für Hinweistexte genutzt. Der angezeigte Text kann nur vom Programm, nicht jedoch vom Anwender verändert werden.

4.6 Benutzeroberflächen in Applets

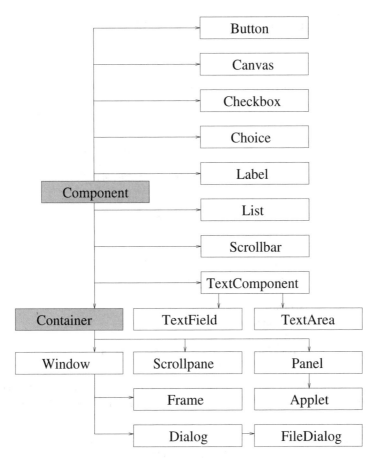

Abbildung 4.8: *Oberflächenelemente des AWT*

Scrollbar. Die Klasse `Scrollbar` ist eine Klasse, mit deren Hilfe eine Verschiebung von Elementen innerhalb eines anderen Elementes realisiert werden kann. Sie löst `Adjustment`-Ereignisse aus, wenn ein Listener installiert ist und der Benutzer den Scrollbalken anders einstellt.

ScrollPane. Die Klasse `ScrollPane` realisiert ein Panel, das mit Scrollbalken ausgestattet ist, wenn die enthaltenen Elemente nicht hineinpassen.

4.6.3 Eine Uhr mit Zeigern

Eine Komponente der Klasse `ComponentApplet` wurde bisher übergangen. In das gerade beschriebene Applet ist eine analoge Uhr eingebaut. Sie verwendet die in Kapitel 3.4 implementierte Klasse `ClockPointerCoordinates` für die Neuberechnung der Uhrzeigerkoordinaten und erweitert die Klasse `Canvas`, um die Uhr darzustellen.

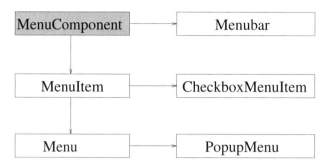

Abbildung 4.9: Menüelemente des AWT

Beispiel:
```
   // Datei jf/kapitel4/abschnitt6/PointerClockViewImpl.java
 1 package jf.kapitel4.abschnitt6;
 2 import jf.kapitel3.abschnitt4.ClockPointerCoordinates;
 3 import jf.kapitel3.abschnitt2.ConfigClockModelImpl;
 4 import jf.kapitel3.abschnitt1.ClockView;
 5 import jf.kapitel3.abschnitt1.ClockModel;
 6 import java.awt.Canvas;
 7 import java.awt.Graphics;
 8 import java.awt.Dimension;
 9 public   class PointerClockViewImpl extends Canvas
10          implements ClockView {
```

Ein Objekt dieser Klasse enthält Größenangaben, den Koordinatenursprung, ein Modellobjekt und ein Objekt, das die neuen Koordinaten berechnet. Der Konstruktor initialisiert alle Instanzvariablen.

```
11      private int width = 0, height = 0, x = 0, y = 0;
12      private ClockModel clockModel = null;
13      private ClockPointerCoordinates coordinates = null;
14      public PointerClockViewImpl() {
15          clockModel = new ConfigClockModelImpl( this );
16          coordinates = new ClockPointerCoordinates();
17          clockModel.start();
18      }
```

Entsprechend den neu berechneten Werten malt das Objekt Linien in den ihm zur Verfügung stehenden Bereich. Es zieht außerdem ein Rechteck um die Uhr.

```
19      public void paint( Graphics g ) {
20          width = getSize().width;
21          height = getSize().height;
22          x = width / 2; y = height / 2;
23          coordinates.reset( clockModel.getTime( "HMS" ), x, y );
24          g.drawRect( 0, 0, width - 1, height - 1 );
25          g.drawLine( x, y, coordinates.sx + x, coordinates.sy + y );
26          g.drawLine( x, y, coordinates.mx + x, coordinates.my + y );
27          g.drawLine( x, y, coordinates.hx + x, coordinates.hy + y );
28      }
```

Das Objekt legt für einen Layout-Manager fest, welche Größe er für das Objekt einplanen muß. Ein Canvas braucht initial keine Größe, läßt man die beiden Methoden weg, wird die Uhr zwar eingefügt, aber man kann sie nicht sehen.

```
29      public Dimension getMinimumSize() {
30          return new Dimension(120,120);
31      }
32      public Dimension getPreferredSize() {
33          return getMinimumSize();
34      }
35  }
```

Wie alle anderen bisher betrachteten Uhren implementiert sie die Schnittstelle ClockView und muß nur die Methode repaint() (geerbt aus Component) beschreiben, um ein Objekt der Schnittstelle ClockModell erzeugen und nutzen zu können. Die eigentliche Darstellung realisiert die Klasse durch die Erweiterung der Klasse Canvas. Wichtig sind die beiden Methoden getPreferredSize() und getMinimumSize(), welche die Methoden aus Component überschreiben. Nur durch sie wird der Komponente überhaupt Platz im Layout eingeräumt.

Canvas. Die Klasse Canvas erweitert die Klasse Component direkt und überschreibt deren addNotify()- und paint()-Methode. Sie wird dann eingesetzt, wenn man eine Komponente zur Darstellung von Grafiken und eingebundenen Texten benötigt. Dazu wird von der Klasse Canvas eine eigene Subklasse abgeleitet und die paint()-Methode überschrieben. In der Methode hat der Programmierer Zugriff auf ein Graphics-Objekt, das er für die Anzeige von Grafiken verwenden kann.

4.6.4 Die Klassen Dialog und FileDialog

Weitere wichtige Komponenten sind die Klassen Dialog und FileDialog. Sie öffnen jeweils ein eigenes Fenster und fragen bestimmte Eingaben des Anwenders ab. Sie werden im allgemeinen nach der Aktivierung eines Buttons oder eines Menüeintrages gestartet und bieten Methoden an, die Nutzereingabe im Programm zugänglich zu machen. Ein Beispiel findet der Leser in der Klasse BookBeanApplication in Kapitel 5.6.

Das nächste Kapitel enthält auch weitere Beispiele der Programmierung von Benutzeroberflächen.

4.6.5 Interaktion über das Netz

Alles, was bisher als Interaktion bezeichnet wurde, fand lokal statt. Für die Nutzung eines Browsers als Oberfläche für einen Dienst im Internet fehlt die Interaktion über das Netz. Zu diesem Zweck sind die Pakete java.net (Kapitel 5.5), java.rmi (Kapitel 5.10), java.idl (Kapitel 5.11) und Servlets ((Kapitel 5.15) vorgesehen. Netscape ist hier allerdings restriktiv und läßt ein Applet nur Netzverbindungen zum Wirtsrechner der HTML-Seite herstellen.

Übung

- Gestalten Sie eine Benutzeroberfläche für eine Uhr, die man stellen kann.
- Gestalten Sie eine Oberfläche für eine einfache Dateiverwaltung.

4.7 Test von Applets

Für die Fehlersuche in Applets ist im `appletviewer` die Option `-debug` vorgesehen. Um lokale Variablen inspizieren zu können, muß das Applet jedoch genauso wie zu testende Applikationen vorher mit der Compileroption -g übersetzt werden. Durch

`appletviewer -debug CalculatorApplet.html`

wird die Fehlersuche in Gang gesetzt. Die zusätzliche Option bewirkt den Start des Debuggers (`jdb`). Der Programmierer kann nun dieselben Kommandos des Debuggers aufrufen wie bei Applikationen. Speziell startet mit `run` der Appletviewer.

Übung

- Inspizieren Sie das Taschenrechner-Applet.

4.8 Einschränkungen von Applets

Lädt man mit Netscape eine fremde World Wide Web-Seite, so ist deren Inhalt nicht von vornherein bekannt. Insbesondere weiß der Anwender nicht, ob sich auf der geladenen Seite ein Applet befindet. Vom Prinzip her ist das so, als ob man in den eigenen Rechner eine Diskette einschiebt, deren Inhalt man nicht kennt, und sich gleichzeitig ein darauf enthaltenes Programm selbst startet. Sind also Viren in Form von Applets Tür und Tor geöffnet? Bedeuten Applets denn eine solche Gefahr, daß man vom World Wide Web ganz Abstand nehmen muß, wenigstens jedoch von den Browsern, die Applets abspielen?

Nun, Java und die entsprechenden Browser schränken diese Möglichkeit zumindest weitgehend ein.

4.8.1 Sicherheitsstufen in Java

Java überprüft in mehreren Stufen eventuelle Sicherheitslücken.

Sprache und Compiler. Unerlaubten Speicherzugriff verhindert Java durch die Beseitigung der Zeigerarithmetik. Java wandelt symbolische Adressen erst zur Laufzeit in physische Adressen um. Jede Typumwandlung wird überprüft.

Byte-Code-Verifikation. Im Interpreter überprüft ein Prozeß bestimmte Anforderungen an den Byte-Code. Dazu gehören Zugriffsrestriktionen, korrekte Objektzugriffe, Methodenaufruf entsprechend der Signatur, Verhinderung von Namensraumkonflikten und Stacküberlauf.

Laden von Klassen. Der `ClassLoader` verhindert Namensraumkonflikte und die Manipulation eingebauter Klassen.

Anwendungsspezifische Restriktionen. Die verschiedenen Programme, die Applets anzeigen, definieren zusätzliche Restriktionen, z.B. bezüglich des Netz- und Dateizugriffes. Im JDK-1.2 kann der Anwender einem Applet spezifische Rechte einräumen (Kapitel 5.8).

4.8.2 Restriktionen für Applets

Die Tabelle 4.1 stellt die Einschränkungen in einzelnen Operationen dar, mit denen ein Applet konfrontiert ist. Dabei bedeuten:

1. von Netscape über das Netz geladene Applets

2. von Netscape lokal geladene Applets

3. vom Applet-Viewer über das Netz geladene Applets

4. vom Applet-Viewer lokal geladene Applets

5. mit dem Interpreter ausgeführte Applikationen

Ein Applet darf in Netscape zum Beispiel keine lokalen Dateien lesen und verändern sowie keine Netzverbindungen zum lokalen oder einem dritten Rechner aufbauen.

Will man also seine HTML-Seite als Benutzeroberfläche für einen eigenen Netzdienst ausgestalten, so muß der entsprechende Server auf demselben Rechner wie der eigene HTTP-Server agieren, zumindest aber eine Instanz, welche die Daten dann weiterleitet.

Mit diesen Einschränkungen sind den geladenen Applets doch nicht Tür und Tor geöffnet. Manche Anwendungen sind aus Sicherheitsgründen schwieriger zu realisieren oder verbieten sich sogar ganz. Der Appletviewer läßt dabei die Entscheidung über die Rechte eines Applets beim Anwender, Netscape ist restriktiver und verbietet entsprechende Operationen grundsätzlich.

Mit dem Paket `java.security` des JDK-1.1 wird eine weitere Stufung des Sicherheitskonzeptes eingeführt. Der `appletviewer` erlaubt signierten Applets jetzt den gleichen Zugriff wie lokalen Applets. Das wird sicher in richtigen Browsern so nicht realisiert werden, jedoch ist die Idee bedenkenswert. Vier Abschnitte des nächsten Kapitels zeigen Varianten, wie das Hindernis des verbotenen Netzzuganges zu dritten Rechnern umgangen werden kann.

Operation	1	2	3	4	5
Lesen einer Datei in /mein/ordner (acl.read=/mein/ordner)	-	-	+	+	+
Lesen einer Datei in /mein/ordner (acl.read=null)	-	-	-	+	+
Schreiben einer Datei in /tmp (acl.write=/tmp)	-	-	+	+	+
Schreiben einer Datei in /tmp (acl.write=null)	-	-	-	+	+
Lesen der Dateiinformation (acl.read=/home/me acl.write=/tmp)	-	-	+	+	+
Lesen der Dateiinformation (acl.read=null acl.write=null)	-	-	-	+	+
Löschen einer Datei mit `exec` /usr/bin/rm	-	-	-	+	+
Löschen einer Datei mit `File.delete()`	-	-	-	-	+
Lesen des Feldes `user.name`	-	+	-	+	+
Netzverbindung zum WWW-Server der geladenen Seite	+	+	+	+	+
Netzverbindung zu einem Port am eigenen Rechner	-	+	-	+	+
Netzverbindung zu einem Port eines dritten Rechners	-	+	-	+	+
Laden einer Bibliothek	-	+	-	+	+
Programmbeendigung mit `exit(-1)`	-	-	-	+	+
Öffnen eines Popup-Fensters ohne Warnung	-	+	-	+	+

Tabelle 4.1: Einschränkungen der Operationen

Das JDK-1.2 bietet einen flexibleren Mechanismus der Rechtevergabe (Kapitel 5.8).

Am Ende dieses Abschnittes sei darauf verwiesen, daß für Java in der Version 1.0 auf allen Plattformen kleine oder größere Sicherheitslöcher gefunden wurden.

4.8.3 Boshafte Applets der ersten Art

Verschiedenen Programmierern gelang es, ein Applet beliebigen Maschinencode ausführen (Cargill, Dean, Felton 17.5.1996: Semantikunterschiede in Java und Byte-Code; Hopwood 1.6.1996: Namensraumkonflikt; Hopwood: illegale Paketnamen) Verbindungen zu einem dritten oder dem Rechner des Clients aufnehmen zu lassen (Felton, Dean: Vertrauen zu einem fremden DNS-Server).

Hierbei handelt es sich um Applets, die direkt Sicherheitslücken ausnutzten und dadurch Schaden anrichten können.

4.8.4 Boshafte Applets der zweiten Art

Ein Applet kann aber auch elektronische Mails versenden, falls ein SMTP-mail-Daemon auf dem WWW-Server des Applets läuft; eine andere als die gewünschte Seite laden und damit indirekt auch Nachrichten versenden; Systemressourcen verschwenden, den Browser ganz an der Weiterarbeit hindern; Rechenkapazität stehlen; nach dem Verlassen der WWW-Seite weiterarbeiten und unter Umständen andere Applets beeinflussen oder beenden.

Es gibt demnach Applets, die die Einschränkungen nicht umgehen und trotzdem ein unerwünschtes Verhalten zeigen. Applets dieser Art (hostile Applets) können durch kaum eine Einschränkungspolitik verhindert werden; dazu müßte das Kontrollprogramm die Bedeutung des Applets ermitteln, also herausfinden was es tut, bevor es das tut.

Das folgende Applet schreibt zum Beispiel nur x auf die Standardausgabe, das aber in einer Endlosschleife.

```
import java.applet.Applet;
public class WithoutThread extends Applet {
    public void start(){
        while( true ) System.out.print( "x" );
    }
}
```

Setzt sich das Applet dazu noch auf die höchste Priorität, blockiert es alle weiteren Aktionen des Browsers. Aus dieser Kenntnis ergibt sich die im nächsten Abschnitt beschriebene Schlußfolgerung.

4.8.5 Applets und Threads

Das eben gezeigte Beispiel zeigt: Rechenintensive Applets sollten als "freundliche" Threads programmiert werden. "Freundlich" bedeutet dabei, daß der rechenintensive Thread die Steuerung in gewissen Abständen auch anderen Threads überläßt. Tut er das nicht, so ist im allgemeinen der gesamte Browser für die Zeit der Berechnung blockiert, er reagiert dann zum Beispiel nicht mehr auf Nutzeraktivitäten.

Das folgende Applet verändert die obige bösartige Schleife in eine Endlosschleife, die den Browser nicht blockiert.

```
import java.applet.Applet;
public class WithThread extends Applet implements Runnable{
    protected Thread myThread = null;
    public void start(){
        myThread = new Thread( this );
        myThread.start();
    }
    public void stop() { myThread = null; }
    public void run() {
        if ( myThread != null )
```

```
            while( true ) {
                System.out.print( "x" );
                myThread.yield();
            }
        }
    }
```

Mit der Methode `yield()` gibt das Applet die Kontrolle zumindest an gleichpriorisierte Threads ab. Freundlicher wäre jedoch der Einsatz von `sleep()`.

Ein weiterer Punkt ist bei der Benutzung von Threads zu beachten: Verwendet man zu viele von ihnen, stößt man schnell auf Systemgrenzen. Da der Programmierer insbesondere nicht weiß, auf welcher Plattform sein Applet einmal läuft, sollte er die Anzahl der Threads so niedrig wie möglich halten, um Zielsysteme nicht zu überlasten.

5

Die Hilfsmittel

Das JDK enthält eine Sammlung von Paketen, die den Programmierer bei vielen Aufgaben unterstützen. Alle Beispiele der vorangegangenen Kapitel nutzten die Klassenbibliothek aus. Dort wurden einzelne Klassen näher vorgestellt. Dieses Kapitel soll dem Leser nun einen allgemeinen Überblick über die vorhandenen Pakete geben und einige Pakete beispielhaft einführen.

5.1 Übersicht

Die Klassenbibliothek umfaßt nun über 50 Pakete, wobei einige davon Hilfspakete für andere sind. Wichtige Pakete sind:

`javax.swing.` Dieses Paket und eine Reihe zugehörender Pakete enthält die Swing-Sammlung von neuen Oberflächenelementen (Kapitel 5.12).

`java.applet.` Das in Kapitel 4.4 ausführlich vorgestellte Paket enthält für die Implementierung von Applets notwendige Klassen sowie eine der wenigen momentan vorhandenen Klassen für die Soundverarbeitung (Kapitel 5.3).

`java.awt.` Das Paket `java.awt` faßt Klassen für die Gestaltung von grafischen Benutzeroberflächen zusammen, z.B. die in den Kapiteln 3.7 und 4.6 verwendeten. Die Klassen `Graphics` und `Canvas` werden in Kapitel 5.2 noch einmal aufgegriffen.

`java.awt.datatransfer.` Dieses Paket implementiert Klassen für Copy-/Paste- bzw. Drag-and-Drop-Anwendungen.

`java.awt.dnd.` Denselben Zweck verfolgt dieses Paket (Kapitel 5.14).

`java.awt.event.` Dieses Paket faßt Klassen und Schnittstellen zur Ereignisbehandlung zusammen (Kapitel 4.5).

`java.awt.geom.` Ab dem JDK-1.2 ist die Darstellung von 2D-Grafiken einfacher gestaltet. Wichtige Klassen sammelt dieses Paket (Kapitel 5.13).

`java.awt.image.` Das Paket `java.awt.image` wurde bisher noch nicht erwähnt. Ihm ist deshalb das Kapitel 5.2 vorbehalten. Es enthält Klassen für die Bildbearbeitung.

`java.beans.` Java-Komponenten implementiert der Programmierer mit dem Paket `java.beans` (Kapitel 5.6).

`java.io.` Kapitel 3.3 behandelt ausführlich das Paket für die Ein- und Ausgabe.

`java.lang.` Die wichtigsten Klassen des Paketes `java.lang` sind `Object` (die Superklasse aller Klassen); `Boolean`, `Character`, `Double`, `Float`, `Integer` und `Long` (Klassen zur Einbettung von Standardtypen, z.B. für die gegenseitige Umwandlung); `String` und `StringBuffer` (Kapitel 3.4); `System` und `Runtime` (in zahlreichen Beispielen verwendete Klassen zur Beschreibung des Laufzeitsystems); `Thread` und `ThreadGroup` (für die Programmierung paralleler Abläufe: Kapitel 3.6); `Class` (für die Klassenbeschreibung); `Math` (für viele mathematische Funktionen, Kapitel 3.4); `Exception`, `Error` und `Throwable` (Kapitel 3.5) und schließlich `Process` zum Aufruf anderer Programme.

`java.lang.ref.` Seit dem JDK-1.2 existieren auch Referenzen in Form von Klassen. Das Paket implementiert verschiedene Varianten wie WeakReferences oder SoftReferences.

`java.lang.reflect.` Das Paket `java.lang.reflect` enthält Methoden zur Inspektion von Klassen. Das Kapitel 3.4 stellt eine Anwendung der Klasse `Constructor` vor, die es zuläßt, Objekte mit parameterbehafteten Konstruktoren zu erzeugen.

`java.math.` Das Paket enthält die beiden neuen Klassen `BigDecimal` und `BigInteger` für mathematische Operationen.

`java.net.` Das Paket `java.net` wird für die Interaktion über das Netz benötigt. Alle bisher vorgestellten Interaktionen wirken nur lokal. Soll eine World Wide Web-Seite eine Benutzeroberfläche für einen über das Netz angebotenen Dienst bereitstellen, so muß eine Nutzeraktion auf der Seite eine Aktion über das Netz nach sich ziehen. Klassen, die diese Funktionalität anbieten, sind in `java.net` enthalten und werden in Kapitel 5.4 mit einigen Beispielen erläutert.

`java.rmi.` Das von SUN eingeführte Konzept Remote Method Invocation zur Programmierung von verteilten Softwaresystemen mit Java ist im Paket `java.rmi` und zugehörenden Paketen implementiert (Kapitel 5.10).

`java.security.` Mit dem Paket `java.security` und zugehörenden Paketen kann der Programmierer im Moment Nachrichten signieren und Digests erzeugen. Die Verschlüsselung von Daten ist wegen Exportrestriktionen noch nicht enthalten. Der `appletviewer` des JDK-1.1 räumt signierten Applets die gleichen Rechte ein wie lokalen (Kapitel 5.8).

`java.sql`. Dieses Paket stellt Schnittstellen für eine Datenbank bereit. Mit zusätzlichen Treiberklassen können Datenbanken aus Java heraus mit SQL-Anweisungen bearbeitet werden (Kapitel 5.5).

`java.text`. Das Paket `java.text` ist für die Programmierung von Klassen gedacht, die international eingesetzt werden sollen. Es definiert verschiedene Formate für Datums-, Zeit-, Zahlen- und andere Formate (Kapitel 5.7).

`java.util`. Das Paket `java.util` implementiert zum einen verschiedene Datenstrukturen, wie `BitSet`, `Dictionary`, `Hashtable`, `Stack`, `Vector` und die neuen Collections-Klassen. Zum anderen enthält es so nützliche Klassen wie die schon verwendete Klasse `Date`, eine Klasse zur Einteilung einer Zeichenkette in Token (`StringTokenizer`), eine Schlüssel-Wert-Assoziationsliste (`Property`), `Observer` und `Observable` zur Implementierung eines Abhängigkeitsmechanismus und einen Zufallszahlengenerator (`Random`).

`java.util.zip`. Dies ist das JDK-Paket zur Archivierung und Komprimierung von Dateien. Das neue Archivformat (`JAR`) baut darauf auf (Kapitel 5.8 und Kapitel 5.9)

`org.omg.CORBA`. Das letzte Paket und seine zugehörenden Pakete umfaßt Klassen, die die CORBA-Anbindung von Java-Anwendungen zuläßt. Die Paketsammlung ersetzt die früher separat gelieferte CORBA-Implementierung von SUN (Kapitel 5.11).

Aus dem Überblick wird deutlich, daß es einer Einarbeitungszeit bedarf, sich in dem Angebot zurechtzufinden. Mit der in HTML aufbereiteten API-Referenz findet der Programmierer gesuchte Klassen jedoch relativ schnell.

Übung

- Blättern Sie sich durch die API-Referenz der CD und gewinnen Sie einen Überblick über die Pakete.

5.2 Grafiken und Bilder

Wenn zunächst die Frage nach der Präsentation von Grafiken, Texten und Bildern direkt im Applet als Voraussetzung für Animationen besteht, dann sind die dafür benötigten Methoden aus den vorangegangenen Kapiteln bereits bekannt: `paint()` und `update()`. Beide Methoden erhalten als Übergabeparameter ein Objekt der Klasse `java.awt.Graphics`, den Grafikkontext des Applets, also die Fläche, die zu gestalten ist. Die Methoden dieser Klasse bieten eine gute Grundlage für die Präsentation.

Die Methoden `paint()` und `update()` erbt die Klasse `Applet` von `Component`. Die Methode `paint()` wird aufgerufen, wenn die Komponente auf dem Bildschirm neu dargestellt werden muß, wenn z.B. der Browser nach Verdeckung wieder in den Vordergrund rückt. Dagegen ist die Ausführung von `update()` die Folge des Aufrufs einer der vier Varianten der Methode `repaint()`. Mit der argumentlosen Variante überläßt der Programmierer die Reaktionszeit dem Laufzeitsystem. Nach einer gewissen Zeit, unter Umständen nach der Zusammenfassung mehrerer `repaint()`-Anforderungen, löst es `update()` aus. Dabei ist in diesem Fall die gesamte Appletfläche zur Gestaltung freigegeben.

Ein `Graphics`-Objekt definiert zu diesem Zweck eine rechteckige wirksame Fläche (clipping area). Alle Methoden des Objekts wirken lediglich innerhalb dieser Fläche. Eine zu zeichnende Linie endet dann also am Rand der Eingrenzung, auch wenn sie eigentlich darüber hinaus ragt.

Ein argumentloses `repaint()` schränkt die wirksame Fläche gegenüber der eigentlichen Appletfläche nicht ein. Der Programmierer hat durch die anderen `repaint()`-Varianten zwei Mittel, die Wirkung von `update()` zu steuern. So kann er die Reaktionszeit einstellen, d.h. den Zeitraum, nach dem `update()` spätestens aufzurufen ist, und die wirksame Fläche einschränken.

Im zweiten Fall führt die Zusammenfassung mehrerer `repaint()`-Anforderungen durch das Laufzeitsystem zu einem möglicherweise ungewollten Effekt: Die wirksame Fläche des `Graphics`-Objekts in `update()` ist dann als das kleinste Rechteck definiert, das alle einzelnen wirksamen Flächen enthält. Die so definierte Fläche umfaßt im allgemeinen Gebiete, für die ursprünglich keine Aktualisierung vorgesehen war. Die Auswirkungen spürt, wer Animationen ohne das Mittel "Double Buffering" programmiert und gegen das Flackern der sich bewegenden Objekte kämpft.

Damit ist geklärt, wie `repaint()` auf `update()` wirkt. Interessant ist nun die Implementierung von `update()` in `java.awt.Component`: Die Methode löscht die wirksame Fläche und ruft dann `paint()` mit demselben `Graphics`-Objekt auf. Dort soll der Programmierer die Fläche neu beschreiben. Das ist die Ursache flackernder Animationen, wenn der Programmierer lediglich die `paint()`-Methode zur Darstellung verwendet. Eine Folge Bild - leere Fläche - Bild - leere Fläche - Bild flackert im allgemeinen.

Dies zu umgehen, hat der Programmierer mehrere Möglichkeiten, bei allen muß er jedoch die `update()`-Methode neu implementieren.

5.2.1 MediaTracker

Zunächst ist die Klasse `java.awt.MediaTracker` dafür eingerichtet, Mediadaten, also auch Bilder, zu laden. Sie überwacht das Laden mehrerer Media-Objekte und zeigt den erfolgreichen Abschluß an. Die Klasse bietet unter anderen folgende Methoden: `addImage()` (ein neues Bildobjekt wird zur Überwachung des Ladevorganges hinzugefügt), `waitForId()` (die weitere Abarbeitung stoppt, bis die gekennzeichneten Media-Objekte vollständig geladen sind), `statusID()` (diese Methode liefert den aktuellen Ladezustand, bei erfolgtem Laden ist das `MediaTracker.COMPLETE`), `statusAll()` (diese Methode berechnet ei-

5.2 Grafiken und Bilder

ne Zusammenfassung der Zustände aller zu überwachenden Objekte, im Fehlerfall `MediaTracker.ERRORED`).

5.2.2 Selektives Löschen

Der Programmierer löscht dabei statt der gesamten Fläche nur Gebiete, bei denen durch das Bewegen eines Bildobjekts der Hintergrund wieder sichtbar wird. In der Regel wird `update()` hier einfach `paint()` aufrufen. `paint()` zeichnet das zu bewegende Bildobjekt an der neuen Position und füllt die Differenzfläche aus alter und neuer Position mit der Hintergrundfarbe bzw. dem Hintergrundbild.

Das Bewegen eines Bildes bei gedrückter Maustaste soll beiden Möglichkeiten als Beispiel dienen.

Beispiel:

```
  // Datei
  // jf/kapitel5/abschnitt2/PartialRemovingImageApplet.java
1 package jf.kapitel5.abschnitt2;
2 import java.awt.Image;
3 import java.awt.Graphics;
4 import java.awt.MediaTracker;
5 import java.awt.event.MouseMotionListener;
6 import java.awt.event.MouseEvent;

7 import java.applet.Applet;

8 import java.net.URL;
9 import java.net.MalformedURLException;
```

Die Klasse definiert mehrere private Instanzvariablen, um das Bild und einen Media-Tracker zu referenzieren und Angaben über das Bild zu speichern.

```
10 public class PartialRemovingImageApplet extends Applet
11     implements MouseMotionListener {
12     private Image image = null;
13     private MediaTracker tracker = null;
14     private int x = 0, y = 0,
                 oldx = 0, oldy = 0,
                 w = 100, h = 100;
```

Die Methode `init()` verwendet die beschriebene Methode, um ein Bild zu laden.

```
15     public void init() {
16         tracker = new MediaTracker( this );
17         try {
18             image = getImage(
                        new URL( getDocumentBase(), "Willi.gif" ));
19             tracker.addImage( image, 0 );
20             tracker.waitForID( 0 );
21             h = image.getHeight( this );
```

```
22              w = image.getWidth( this );
23              addMouseMotionListener( this );
24          }
25          catch ( MalformedURLException me ) {
                System.err.println( "nicht gefunden" ); }
26          catch ( InterruptedException ie ) {
                System.err.println( "Fehler beim Laden" ); }
27      }
```

Es folgt die Implementierung des `MouseMotionListeners`. Mit gedrückter Maustaste kann der Anwender das Bild im Applet bewegen.

```
28      public void mouseMoved( MouseEvent mouseEvent ) {}
29      public void mouseDragged( MouseEvent mouseEvent ) {
30          this.x = mouseEvent.getX();
            this.y = mouseEvent.getY();
31          repaint();
32      }
```

Wie erläutert, ruft `update` nur `paint()` auf, ohne die Fläche vorher zu löschen.

```
34      public void update( Graphics g ) {
35          paint( g );
36      }
```

Falls das Bild vollständig und fehlerfrei geladen wurde, zeigt es die Methode `paint()` an. Sie löscht außerdem alle Flächen, die beim letzten Aufruf vom Bild aber jetzt nicht mehr eingenommen wurden.

```
37      public void paint( Graphics g ) {
38          int dx = (( x < oldx ) && ( x + w > oldx )) ?
                    x + w + 1 : oldx;
39          int dw = ( Math.abs( x - oldx ) < w ) ?
                    Math.abs( x - oldx ) : w + 1;
40          int dy = (( y < oldy ) && ( y + h > oldy )) ?
                    y + h + 1 : oldy;
41          int dh = ( Math.abs( y - oldy ) < h ) ?
                    Math.abs( y - oldy ) : h + 1;
43          if (( tracker.statusID( 0, false ) &
                    MediaTracker.COMPLETE ) != 0 )
44              g.drawImage( image, x, y, this );
45          g.drawRect( x, y, w, h );
46          g.clearRect( dx, oldy, dw, h + 1 );
47          g.clearRect( oldx, dy, w + 1, dh );
48          oldx = x; oldy = y;
49      }
50  }
```

5.2.3 Double Buffering

Beim Double Buffering benutzt der Programmierer ein zweites `Graphics`-Objekt zur Anordnung der Bildobjekte. Die Methode `update()` stellt die Bildobjekte im zusätzlichen `Graphics`-Objekt neu dar und ruft dann ohne vorheriges Löschen `paint()` auf, in der das komponierte Bild nur auf die eigentliche Appletfläche übertragen und das alte Bild übermalt wird. Es entsteht eine ruhige Folge Bild - Bild - Bild. Das verwendete `Image`-Objekt wird Offscreen-Image genannt.

Beispiel:
```
   // Datei
   // jf/kapitel5/abschnitt2/DoubleBufferingImageApplet.java
 1 package jf.kapitel5.abschnitt2;
 2 import java.awt.Image;
 3 import java.awt.Graphics;
 4 import java.awt.Dimension;
 5 import java.awt.MediaTracker;

 6 import java.awt.event.MouseMotionListener;
 7 import java.awt.event.MouseEvent;

 8 import java.applet.Applet;

 9 import java.net.URL;
10 import java.net.MalformedURLException;
```

Diese Klasse definiert zusätzlich eine Variable, die eine Referenz auf ein Offscreen-Image speichern kann.

```
11 public class DoubleBufferingImageApplet extends Applet
12     implements MouseMotionListener {
14     private Image offscreenImage = null;
15     private Graphics offscreenGraphics = null;
16     private Dimension appletDimension = null;
       ...
```

Die Methode `init()` lädt wie oben das Bild, legt das Offscreen-Image an und malt das Bild in den zugehörigen grafischen Kontext.

```
19     public void init() {
20         tracker = new MediaTracker( this );
21         try {
              ...
28             appletDimension = getSize();
29             offscreenImage = createImage(
                                 appletDimension.width,
30                               appletDimension.height );
31             offscreenGraphics = offscreenImage.getGraphics();
32             offscreenGraphics.drawImage( image, x, y, this );
33             offscreenGraphics.drawRect( x, y, w, h );
34         }
```

```
35          catch ( MalformedURLException me ) {
                System.err.println( "nicht gefunden" ); }
36          catch ( InterruptedException ie ) {
                System.err.println( "Fehler beim Laden" ); }
37      }
        ...
```

Die Klasse implementiert wie das vorige Beispiel den Listener, sie unterscheidet sich jetzt in den Methoden update() und paint(). update() schreibt in das Offscreen-Image, und paint() zeigt es an.

```
44      public void update( Graphics g ) {
45          offscreenGraphics.clearRect( 0, 0,
46              appletDimension.width, appletDimension.height );
47          offscreenGraphics.drawImage( image, x, y, this );
48          offscreenGraphics.drawRect( x, y, w, h );
49          paint( g );
50      }
51      public void paint( Graphics g ) {
52          g.drawImage( offscreenImage, 0, 0, this );
53      }
54 }
```

5.2.4 Löschen mit Exclusiv-Oder

Wie löscht man eine gezeichnete Linie wieder? Natürlich indem man sie mit der Hintergrundfarbe übermalt. Wenn aber die Linie über ein Bild gelegt war, dann sieht man nun statt der ursprünglichen Linie eine Linie in der Hintergrundfarbe über dem Bild. Dieses Problem löst das Malen im Exclusiv-Oder-Modus. Das folgende Beispiel zeigt dessen Anwendung.

```
   // Datei jf/kapitel5/abschnitt2/ExclusiveOrImageApplet.java
1 package jf.kapitel5.abschnitt2;

2 import java.awt.Color;
3 import java.awt.Graphics;

4 import java.awt.event.MouseEvent;
```

Das Beispiel erweitert die Klasse PartialRemovingImageApplet und übernimmt das dort gezeichnete Bild.

```
5 public class ExclusiveOrImageApplet extends PartialRemovingImageApplet {

6      private int x1 = 0, y1 = 0,
7          linex1 = 0, linex2 = 0, liney1 = 0, liney2 = 0;
8      private boolean line = false;
```

Bewegt man jedoch hier die Maus über die Appletfläche, so malt die Methode paint() eine zusätzliche Linie. Die Methode mouseMoved() merkt sich dafür die Koordinaten.

5.2 Grafiken und Bilder

```
 9      public void mouseMoved( MouseEvent mouseEvent ) {
10          linex1 = mouseEvent.getX(); liney1 = mouseEvent.getY();
11          line = true;
12          repaint();
13      }
```

Bei gedrückter Maustaste wird das Bild bewegt und keine Linie gezeichnet.

```
14      public void mouseDragged( MouseEvent mouseEvent ) {
15          x1 = mouseEvent.getX(); y1 = mouseEvent.getY();
16          linex1 = x1; liney1 = y1;
17          line = false;
18          super.mouseDragged( mouseEvent );
19          repaint();
20      }
```

Das Löschen der Linie beruht nun darauf, daß nach zweimaligem Übermalen im Exclusive-Oder-Modus die ursprüngliche Farbe wieder hergestellt ist. Nach dem Ausführen der Zeile 25 ist die Linie deshalb nicht mehr zu sehen. Die Zeile 26 zeichnet sie neu.

```
22      public void paint( Graphics g ) {
23          if ( line ) {
24              g.setXORMode( Color.white );
25              g.drawLine( x1, y1, linex2, liney2 );
26              g.drawLine( x1, y1, linex1, liney1 );
27          }
28          else {
29              g.setPaintMode();
30              super.paint( g );
31          }
32          linex2 = linex1; liney2 = liney1;
33      }
34  }
```

5.2.5 Bildmanipulation

Das JDK enthält das Paket `java.awt.image` zur Unterstützung der Bildverarbeitung. Das folgende Beispiel lädt ein Bild und zeigt es an. Der Benutzer kann dann mit der linken Maustaste ein Rechteck aus dem Bild ausschneiden, mit der mittleren Maustaste das Bild bewegen und mit der rechten Maustaste das ursprüngliche Bild wieder neu laden (Abbildung 5.1). Das Beispiel verwendet wiederum Double Buffering.

Beispiel:
```
    // Datei jf/kapitel5/abschnitt2/FilterImageApplet.java
 1  package jf.kapitel5.abschnitt2;
 2  import java.awt.Image;
 3  import java.awt.Graphics;
 4  import java.awt.Rectangle;
```

Abbildung 5.1: Bildfilter

```
 5 import java.awt.MediaTracker;

 6 import java.awt.event.MouseMotionListener;
 7 import java.awt.event.MouseListener;
 8 import java.awt.event.MouseEvent;

 9 import java.awt.image.FilteredImageSource;
10 import java.awt.image.CropImageFilter;

11 import java.applet.Applet;

12 import java.net.URL;
13 import java.net.MalformedURLException;

14 public class FilterImageApplet extends Applet
15     implements MouseMotionListener, MouseListener {

16     private Image image = null;
17     private Image cropImage = null;
18     private Image offscreenImage = null;
19     private Graphics offscreenGraphics = null;
20     private MediaTracker tracker = null;
21     private Rectangle cropRect = new Rectangle( 0, 0, 0, 0 );
22     private int imageHeight = 0, imageWidth = 0;
23     private int cropX = 0, cropY = 0, imageX = 0, imageY = 0;
24     public void init() {
25         tracker = new MediaTracker( this );
26         try {
27             image = getImage(
                        new URL( getDocumentBase(), "BigWilli.gif" ));
28             tracker.addImage( image, 0 );
29             tracker.waitForID( 0 );
30             addMouseMotionListener( this );
31             addMouseListener( this );
32             imageHeight = image.getHeight( this );
```

5.2 Grafiken und Bilder

```
33              imageWidth = image.getWidth( this );
34              offscreenImage = createImage( imageWidth, imageHeight );
35              offscreenGraphics = offscreenImage.getGraphics();
36              offscreenGraphics.drawImage( image, imageX, imageY, this );
37              cropImage = image;
38          }
39          catch ( MalformedURLException me ) {
                System.err.println( "nicht gefunden" ); }
40          catch ( InterruptedException ie ) {
                System.err.println( "Fehler beim Laden" ); }
41      }
42      public void mouseClicked( MouseEvent mouseEvent ) {}
43      public void mouseEntered( MouseEvent mouseEvent ) {}
44      public void mouseExited( MouseEvent mouseEvent ) {}
45      public void mouseReleased( MouseEvent mouseEvent ) {
46          try {
47              if ( getButton( mouseEvent ) == 3 ) return;
48              if ( getButton( mouseEvent ) == 2 ) {
49                  cropImage = image;
50                  this.imageX = 0; this.imageY = 0;
51              }
52              else {
```

Mit der Klasse `CropImageFilter`, die mit den Rechteckkoordinaten initialisiert wird, kann der Programmierer Ausschnitte aus Bildern erzeugen. Die Klasse `FilteredImageSource` bildet aus einem ihrem Konstruktor übergebenen Bild und einem Bildfilter eine neue Bildquelle. Die Methode `createImage()` erzeugt schließlich aus der Bildquelle ein neues Bild. Das neue Bild ist in diesem Fall der gewählte Ausschnitt.

```
53                  cropImage = createImage( new FilteredImageSource(
54                          cropImage.getSource(),
55                          new CropImageFilter(
56                              cropRect.x - imageX,
57                              cropRect.y - imageY,
58                              cropRect.width,
59                              cropRect.height )));
60                  imageX = cropRect.x; imageY = cropRect.y;
61                  cropRect.setSize( 0, 0 );
                    cropRect.setLocation( 0, 0 );
62              }
63          }
64          catch ( Exception evt ) { System.err.println( evt ); }
65          repaint();
66      }
67      public void mousePressed( MouseEvent mouseEvent ) {
68          this.cropX = mouseEvent.getX();
            this.cropY = mouseEvent.getY();
69      }
```

Die Methoden des `MouseMotionListener`-Objekts sorgen für die Reaktion auf die Mausbewegungen. Mit der rechten Maustaste bewegt der Benutzer den momentanen Bildausschnitt im Applet. Mit der linken Maustaste legt er den nächsten Bildausschnitt fest.

```
70      public void mouseMoved( MouseEvent mouseEvent ) {}
71      public void mouseDragged( MouseEvent mouseEvent ) {
72          int x = mouseEvent.getX();
73          int y = mouseEvent.getY();
74          if ( getButton( mouseEvent ) == 2 ) return;
75          if ( getButton( mouseEvent ) == 3 ) {
76              this.imageX = x;
77              this.imageY = y;
78              repaint(); return;
79          }
80          cropRect.setSize( Math.abs( x - this.cropX ),
                              Math.abs( y - this.cropY ));
81          cropRect.setLocation( ( x < this.cropX ) ? x : this.cropX,
82                                ( y < this.cropY ) ? y : this.cropY );
83          repaint();
84      }
```

Die Methode `update()` stellt hier nicht nur das Bild, sondern eventuell auch ein Rechteck dar, das den nächsten Bildausschnitt definiert. Das Rechteck existiert immer dann, wenn der Benutzer mit der linken gedrückten Maustaste über das Applet streift.

```
86      public void update( Graphics g ) {
87          offscreenGraphics.clearRect( 0, 0, imageWidth, imageHeight );
88          offscreenGraphics.drawImage( cropImage, imageX, imageY, this );
89          offscreenGraphics.drawRect( cropRect.x, cropRect.y,
90                                      cropRect.width, cropRect.height );
91          paint( g );
92      }
93      public void paint( Graphics g ) {
94          g.drawImage( offscreenImage, 0, 0, this );
95      }
```

Die Methode `getButton()` realisiert einen Test, ob die linke, mittlere oder rechte Maustaste gedrückt wurde.

```
96      private int getButton( MouseEvent mouseEvent ) {
97          int mode = mouseEvent.getModifiers();
98          if (( mode & mouseEvent.BUTTON2_MASK ) > 0 ) return 2;
99          if (( mode & mouseEvent.BUTTON3_MASK ) > 0 ) return 3;
100         return 1;
101     }
102 }
```

Das Paket `java.awt.image` bietet weitere Klassen zur Bildverarbeitung an.

5.2.6 Drucken

Beispiel: Seit dem JDK-1.1 besitzen viele AWT-Komponenten Methoden zum Ausdrucken. Die folgende Klasse implementiert diese Möglichkeit und plaziert einen Button zum Drucken in die Oberfläche. Gleichzeitig zeigt sie, wie die bisher besprochenen Konzepte nicht nur in Applets, sondern auch in normalen Programmen eingesetzt werden können.

Beispiel:
```
   // Datei jf/kapitel5/abschnitt2/PrintWilli.java
 1 package jf.kapitel5.abschnitt2;
 2 import java.awt.Frame;
 3 import java.awt.Button;
 4 import java.awt.Canvas;
 5 import java.awt.Image;
 6 import java.awt.Graphics;
 7 import java.awt.Dimension;
 8 import java.awt.MediaTracker;
 9 import java.awt.PrintJob;
10 import java.awt.Toolkit;
11 import java.awt.BorderLayout;

12 import java.awt.event.WindowAdapter;
13 import java.awt.event.WindowEvent;
14 import java.awt.event.ActionListener;
15 import java.awt.event.ActionEvent;
```
Diese Klasse erweitert `Frame` direkt und kann sich so selbst anzeigen. Die Klasse `Toolkit` liefert Funktionen, die vorher die Klasse `Applet` bereitgestellt hat. Sie stellt die Verbindung zwischen Java-Oberflächenelementen und Elementen des Wirtssystems dar.
```
16 public class PrintWilli extends Frame
17     implements ActionListener {

18     Frame frame = null;
19     private Canvas canvas = null;
20     Image image = null;
21     private Toolkit toolkit = null;
22     private MediaTracker tracker = null;

23     public static void main( String[] args ) {
24         new PrintWilli();
25     }
```
Der Superklassenkonstruktor stellt die Fensterüberschrift entsprechend ein. Das Bild lädt der Konstruktor diesmal mit der `Toolkit`-Methode `getImage()`.
```
26     public PrintWilli() {
27         super( "Printing Willi" );
```

```
28            this.tracker = new MediaTracker( this );
29            this.frame = this;
30            this.toolkit = getToolkit();
31            try {
32                this.image = toolkit.getImage( "Willi.gif" );
33                tracker.addImage( image, 0 );
34                tracker.waitForID( 0 );
35            }
36            catch ( InterruptedException ie ) {
37                System.err.println( "Fehler beim Laden" );
38                System.exit( 0 );
39            }
```

Es folgt der schon bekannte Listener zur Beendigung des Programms und der Aufbau der Oberfläche.

```
40            setLayout( new BorderLayout() );
41            addWindowListener(
42                new WindowAdapter() {
43                    public void windowClosing( WindowEvent e ) {
44                        Runtime.getRuntime().exit( 0 );
45                    }
46                }
47            );
48            Button button = new Button( "Drucken" );
49            button.addActionListener( this );
50            add( "South", button );
```

Das Bild ist diesmal unbeweglich und wird im Canvas plaziert.

```
51            add( "Center", canvas = new Canvas() {
52                public void paint( Graphics g ) {
53                    g.drawImage( image, 0, 0, frame );
54                }
55                public Dimension getPreferredSize() {
56                    return new Dimension( 100, 80 );
57                }
58            }
59            );
60            pack();
61            setVisible( true );
62        }
```

Die Implementierung des Action-Listeners, der beim oben eingeführten Button installiert wurde, sieht vor, daß das Bild auf Knopfdruck gemalt wird. Die Methode erzeugt zunächst ein PrintJob-Objekt, einen zugehörenden grafischen Kontext und ruft dann die Methode printAll() des Canvas auf. Diese Folge von Anweisungen bewirkt, daß der Anwender über ein Dialogfenster (Abbildung 5.2) Angaben zur aktuellen Druckumgebung (Drucker, Papiergröße usw.) liefern kann und der Inhalt des Canvas schließlich ausgedruckt wird, wenn zwischendurch kein Fehler aufgetreten ist.

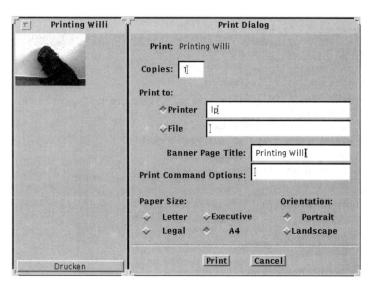

Abbildung 5.2: *Bild und Druckerdialog*

```
63    public void actionPerformed( ActionEvent e ) {
64        PrintJob printJob = toolkit.getPrintJob(
                                this, "Printing Willi", null );
65        if ( printJob != null ) {
66            Graphics printGraphics = printJob.getGraphics();
67            if ( printGraphics != null ) {
68                canvas.printAll( printGraphics );
69                printGraphics.dispose();
70            }
71            else System.err.println( "No PrintGraphics" );
72            printJob.end();
73        }
74        else System.err.println( "No PrintJob" );
75    }
76 }
```

Übung

- Entwerfen Sie ein Applet, bei dem sich ein Bild "von selbst" über die Appletfläche bewegt, ohne zu flackern. Benutzen Sie die beiden vorgestellten Varianten.

5.3 Sound

Für die Verarbeitung von Sounddaten erhielt der Programmierer vom JDK-1.1 kaum Unterstützung. In Applets kann er immerhin Sounddateien (ab JDK-1.2 in den Formaten AIFF, AU, WAV; TYPE 0 MIDI, TYPE 1 MIDI, RMF) laden und abspielen. Das Applet `Veronika` spielt eine Zeile aus „Veronika, der Lenz ist da".

Beispiel:

```java
   // Datei jf/kapitel5/abschnitt3/VeronikaApplet.java
 1 package jf.kapitel5.abschnitt3;
 2 import java.applet.Applet;
 3 import java.applet.AppletContext;
 4 import java.applet.AudioClip;
 5 import java.net.URL;
 6 import java.net.MalformedURLException;
 7 public class VeronikaApplet extends Applet {
 8     private AudioClip aC = null;
 9     public void init() {
10         try {
11             AppletContext ac = getAppletContext();
12             if ( ac != null ) aC = ac.getAudioClip( new URL(
13                     getDocumentBase(), "Veronika.au" ));
14             else System.err.println( "aetsch" );
15         }
16         catch( MalformedURLException e ) {}
17     }
18     public void start() {
19         if ( aC != null ) aC.play();
20     }
21     public void stop() {
22         if ( aC != null ) aC.stop();
23     }
24 }
```

Dazu lädt die Klasse in der Zeile 12 die Audiodatei und spielt sie in der `start()`-Methode ab bzw. stoppt sie in der `stop()`-Methode.

Übung

- Statten Sie das obige Applet mit einem Ein-/Ausschalter aus.

5.4 Netz

In der Programmierung unter Unix sind Sockets ein übliches Mittel zur Herstellung von Kommunikationsverbindungen zwischen Prozessen auf möglicherweise verschiedenen Rechnern. `Sockets` abstrahieren dabei von dem konkreten Übertragungsprotokoll (TCP/IP, UDP/IP), der Programmierer muß sich lediglich an einen bestimmten Ablauf beim Verbindungsauf- und -abbau halten. Java erleichtert durch die im Paket `java.net` enthaltenen Klassen auch diesen Vorgang.

Die wichtigsten Klassen sind `DatagramSocket` (für eine UDP-Verbindung), `InetAddress` (Internet-Adresse), `ServerSocket` (Socket für den Server in einer Client-Server-Verbindung), `Socket` (Socket für den Client) und `URL` (Repräsentation eines URL-Objekts).

5.4.1 Die Klasse ServerSocket

TCP ist ein verbindungsorientiertes Protokoll. Dabei wird zunächst eine Verbindung zwischen Sender und Empfänger aufgebaut, über diese Verbindung werden Datenpakete versendet (analog zum Telefon). In einer TCP-Verbindung übernimmt ein Prozeß die Rolle des Servers und ein anderer die Rolle des Clients. Der Server öffnet einen Socket (open), bindet eine lokale Adresse (bind), spezifiziert die Anzahl der gleichzeitig zu bearbeitenden Clients (listen) und wartet dann auf Clients (select und accept). Ein Client öffnet ebenfalls einen Socket (open) und verbindet diesen dann mit der Adresse des Servers (connect). Im Erfolgsfall ist nach diesem Procedere zwischen Server und Client eine Verbindung hergestellt, über die sie Nachrichten austauschen können. Dieser kompliziert klingende Vorgang ist in Java in den Klassen `ServerSocket` und `Socket` implementiert (Abbildung 5.3).

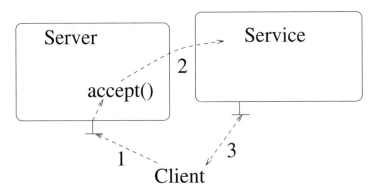

Abbildung 5.3: *Server und Client mit Sockets*

```
public final class ServerSocket extends Object
```

Konstruktoren
```
    public ServerSocket( int port ) throws IOException
    // Lokaler Port, unter dem der Server zu erreichen ist.
    public ServerSocket( int port, int count ) throws IOException
    // Anzahl akzeptierter Clients.
```

Auswahl der Methoden
```
    public InetAddress getInetAddress()
    // eigene Internetadresse
    public int getLocalPort()
    // eigener Port
    public Socket accept() throws IOException
    // Akzeptieren von Clients
    public void close() throws IOException
    // Schließen der Verbindung
```

Ein Objekt der Klasse `ServerSocket` wird üblicherweise in einer Endlosschleife mit `accept()` auf Clients warten. Meldet sich ein Client an, so kann der Server den von `accept()` zurückgegebenen Socket zum Nachrichtenaustausch mit dem Client verwenden und dessen Anforderung bearbeiten. Für die Bearbeitung startet der Server im allgemeinen einen eigenen Thread, damit er gleichzeitig auf weitere Clients warten kann.

5.4.2 Die Klasse Socket

Die Klasse `Socket` definiert die eigentliche Übertragungsfunktionalität, indem sie Ein- und Ausgabeströme nach außen reicht.

```
public final class Socket extends Object
```

Auswahl der Konstruktoren
```
    public Socket( String host, int port )
        throws UnknownHostException, IOException
    // Verbindungsaufbau zu einem Server auf dem Rechner host am Port port
    public Socket( InetAddress address, int port ) throws IOException
    // Verbindungsaufbau über die Internetadresse
```

Auswahl der Methoden
```
    public InetAddress getInetAddress()
    // Internetadresse des Servers
    public int getPort()
    // Port des Servers
    public int getLocalPort()
    // eigener Port
    public InputStream getInputStream() throws IOException
    // Eingabestrom für die Datenübertragung
    public OutputStream getOutputStream() throws IOException
    // Ausgabestrom für die Datenübertragung
    public synchronized void close() throws IOException
    // Verbindungsabbau
```

5.4.3 Ein Beispiel – Echo

In dem kleinen Beispiel sendet der Server jede vom Client erhaltene Zeile umgehend gespiegelt zurück. Er nutzt dazu die Klasse `StringMirror` (Kapitel 3.4).

Beispiel:
```
    // Datei jf/kapitel5/abschnitt4/EchoServer.java
  1 package jf.kapitel5.abschnitt4;

  2 import jf.kapitel3.abschnitt4.StringMirror;

  3 import java.net.ServerSocket;
  4 import java.net.Socket;
```

5.4 Netz

```
 5 import java.io.IOException;
 6 import java.io.InputStreamReader;
 7 import java.io.BufferedReader;
 8 import java.io.OutputStreamWriter;
 9 import java.io.PrintWriter;

10 public class EchoServer {

11     public static void main ( String[] args ) {
12         new EchoServer().start();
13     }

14     public void start() {
15         ServerSocket serverSocket = null;
16         Socket clientSocket = null;
```

Die Methode richtet einen neuen Server-Socket ein und wartet auf Clients. Meldet sich einer an, so startet sie ein neues EchoService-Objekt, das den Client bedient.

```
17         try {
18             serverSocket = new ServerSocket( 5574 );
19             while (( clientSocket = serverSocket.accept() ) != null )
20                 ( new EchoService( clientSocket )).start();
21         }
22         catch ( IOException e ) { System.err.println( e ); }
23     }
24 }
```

Ein Objekt der Klasse EchoService liest Zeilen vom Client ein, vertauscht die Reihenfolge der Buchstaben und sendet das Ergebnis als Zeile zurück.

```
25 class EchoService extends Thread {

26     private Socket socket = null;
27     private String line = null;

28     public EchoService( Socket socket ) { this.socket = socket; }
29     public void run() {
30         try {
31             PrintWriter out = new PrintWriter(
32                     new OutputStreamWriter( socket.getOutputStream()));
33             BufferedReader in = new BufferedReader(
34                     new InputStreamReader( socket.getInputStream()));

35             while (( line = in.readLine()) != null ) {
36                 line = StringMirror.doMirror( line );
37                 out.println( line );
38                 out.flush();
39             }
40         }
```

```
41              catch ( IOException e ) {}
42       }
43  }
```

Die Klasse `EchoService` ist von der Klasse `Thread` abgeleitet. Das bedeutet, daß der Server nach der Erzeugung und dem Start des `EchoService`-Objekts in der Zeile 20 sofort wieder auf weitere Clients warten kann. Der gerade akzeptierte Client wird in einem parallelen Thread bedient. Der Server kann durch die Verwendung von Threads also mehrere Clients gleichzeitig bearbeiten.

Der Client ist auch nicht komplizierter aufgebaut. Er liest zeilenweise Benutzereingaben ein, sendet sie an den Server und zeigt von ihm empfangene Daten auf der Standardausgabe an.

Beispiel:
```
    // Datei jf/kapitel5/abschnitt4/EchoClient.java
 1  package jf.kapitel5.abschnitt4;

 2  import java.net.Socket;
 3  import java.net.UnknownHostException;

 4  import java.io.IOException;
 5  import java.io.InputStreamReader;
 6  import java.io.BufferedReader;
 7  import java.io.OutputStreamWriter;
 8  import java.io.PrintWriter;

 9  public class EchoClient {
10      public static void main ( String[] args ) {
11          Socket clientSocket = null;
12          BufferedReader in = new BufferedReader(
13                  new InputStreamReader( System.in ));
14          BufferedReader socketIn = null;
15          PrintWriter socketOut = null;

16          String line = null;
17          String host = null;

18          if ( args.length > 0 ) host = args[ 0 ];
19          else host = "localhost";
```

Der Client baut die Verbindung auf, erzeugt Ein- und Ausgabeströme und übermittelt die Daten.

```
20          try {
21              clientSocket = new Socket( host, 5574 );

22              socketIn = new BufferedReader(
23                      new InputStreamReader(
                              clientSocket.getInputStream()));
```

5.4 Netz

```
24          socketOut = new PrintWriter(
25                        new OutputStreamWriter(
                             clientSocket.getOutputStream()));

26          while (( line = in.readLine()) != null ) {
27              socketOut.println( line );
28              socketOut.flush();
29              line = socketIn.readLine();
30              System.out.println( line );
31          }
32      } catch ( UnknownHostException e ) {
33          System.err.println( "unbekannter Rechner" );
34      } catch ( IOException e ) {
35          System.err.println( "IO-Fehler " + e );
36      }
37  }
38 }
```

Der Client wendet sich in der Zeile 21 an den Server, der auf dem im ersten Kommandozeilenargument angegebenen Rechner läuft. Beim Verbindungsaufbau ist zu beachten, daß Ein- und Ausgabestrom in der zum Server entgegengesetzten Reihenfolge eröffnet werden, sonst kann es zu Verklemmungen kommen. In der Schleife (Zeile 26) erfolgt die eigentliche Arbeit. So lange der Nutzer Daten eingibt, sendet der Client diese an den Server.

An dieser Stelle sei noch einmal darauf verwiesen, das **Applets** in Netscape nur Socketverbindungen zu dem Rechner aufbauen dürfen, von dem die Seite geladen wurde. Der folgende Client funktioniert also nur, wenn der Echo-Server auf demselben Rechner gestartet wird, von dem die HTML-Seite stammt.

Beispiel:
```
   // Datei jf/kapitel5/abschnitt4/EchoClientApplet.java
 1 package jf.kapitel5.abschnitt4;

 2 import java.net.Socket;
 3 import java.net.UnknownHostException;

 4 import java.io.IOException;
 5 import java.io.InputStreamReader;
 6 import java.io.BufferedReader;
 7 import java.io.OutputStreamWriter;
 8 import java.io.PrintWriter;

 9 import java.awt.TextField;
10 import java.awt.Button;
11 import java.awt.Label;
12 import java.awt.Panel;
13 import java.awt.GridLayout;
14 import java.awt.FlowLayout;
```

```
15   import java.awt.event.ActionListener;
16   import java.awt.event.ActionEvent;

17   import java.applet.Applet;
```

Das Applet baut eine Benutzeroberfläche auf, über die der Anwender Daten an den Server senden kann.

```
18   public class EchoClientApplet extends Applet
19        implements ActionListener {

20        private TextField iTF = null, oTF = null;
21        private Button button = null;

22        private Socket clientSocket = null;

23        private BufferedReader socketIn = null;
24        private PrintWriter socketOut = null;

25        private String host = null;

26        public void init() {

27            Panel bPanel = new Panel();
28            bPanel.setLayout( new GridLayout( 2, 1 ));

29            bPanel.add( ( button = new Button( "Sende" )));
30            button.addActionListener( this );
31            bPanel.add( ( new Label( "Empfangen:" )));

32            Panel tPanel = new Panel();
33            tPanel.setLayout( new GridLayout( 2, 1 ));

34            tPanel.add( ( iTF = new TextField( 30 )));
35            iTF.addActionListener( this );
36            tPanel.add( ( oTF = new TextField( 30 )));
37            setLayout( new FlowLayout() );

38            add( bPanel ); add( tPanel );
```

Das Applet kann nur Verbindungen zum Rechner der eigenen DocumentBase aufbauen, deshalb wird die Variable host auf diese Weise initialisiert.

```
39            host = getDocumentBase().getHost();
40            if ( host.equals( "" )) host = "localhost";
41        }

42        public void start() {
43            if ( clientSocket == null )
44                try {
45                    clientSocket = new Socket( host, 5574 );
```

5.4 Netz

```
46                    socketIn = new BufferedReader(
47                            new InputStreamReader(
                                  clientSocket.getInputStream()));
48                    socketOut = new PrintWriter(
49                            new OutputStreamWriter(
                                  clientSocket.getOutputStream()));
50                 }
51                 catch ( UnknownHostException e ) {
52                    oTF.setText( "unbekannter Rechner" );
53                 }
54                 catch ( IOException e ) {
55                    oTF.setText( "IO-Fehler " + e );
56                 }
57         }

58         public void stop() {
59             if ( clientSocket != null )
60                 try { clientSocket.close();}
61                 catch ( IOException e ) {}
62             clientSocket = null; socketIn = null; socketOut = null;
63         }
```

Falls der Anwender auf den Sende-Button drückt oder im Eingabetextfeld die Eingabetaste betätigt, wird der aktuelle Text an den Server gesendet, das Resultat erscheint im Ausgabetextfeld.

```
64         public void actionPerformed( ActionEvent actionEvent ) {
65             if ( clientSocket != null ) {
66                 try {
67                     String line = iTF.getText();
68                     socketOut.println( line );
69                     line = socketIn.readLine();
70                     oTF.setText( line );
71                 }
72                 catch ( IOException ioExc ) {
73                     oTF.setText( "IO-Fehler " + ioExc );
74                 }
75             }
76         }
77 }
```

In der Methode init() baut das Applet eine kleine Benutzeroberfläche mit zwei Textfenstern, einer Schaltfläche und einem Label auf (Abbildung 5.4). Die start()-Methode dient dem Verbindungsaufbau zum Server, die stop()-Methode dem Verbindungsabbau.

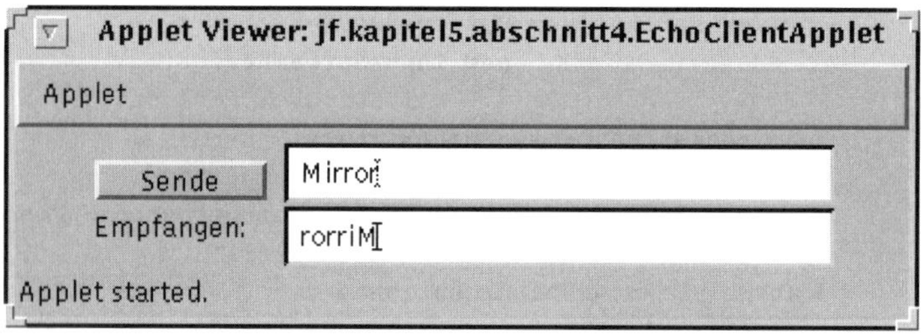

Abbildung 5.4: *Echo-Client als Applet*

5.4.4 Datagram-Sockets

Das folgende Beispiel zeigt die prinzipielle Vorgehensweise für die Kommunikation über UDP-Verbindungen. UDP ist ein verbindungsloses Protokoll, d.h. jedes zu sendende Datenpaket ist mit einer Empfängeradresse versehen, denn es gibt keine explizite Verbindung zwischen Sender und Empfänger (analog zu Briefen). In Java ist dafür die Klasse `DatagramSocket` vorgesehen. Zum Senden einer Nachricht versieht man ein Datenpaket (`DatagramPacket`) mit der Empfängeradresse (`InetAddress`) und versendet es über einen geöffneten Socket. Zum Empfangen übergibt man dem Socket ein leeres Datenpaket. Der Socket füllt dieses beim Empfang mit der Nachricht und der Absenderadresse.

Der `DatagramClient` sendet eine leere Nachricht an eine Adresse und wartet, ob der Empfänger reagiert.

Beispiel:

```
   // Datei jf/kapitel5/abschnitt4/DatagramClient.java
 1 package jf.kapitel5.abschnitt4;

 2 import java.net.InetAddress;
 3 import java.net.DatagramSocket;
 4 import java.net.DatagramPacket;

 5 public class DatagramClient {
```

Der Name des Empfängerrechners und die Portnummer sollen auf der Kommandozeile angegeben sein.

```
 6     public static void main( String[] args ) {
 7         int port = 0;
 8         InetAddress address = null;
 9         DatagramSocket socket = null;
10         DatagramPacket packet = null;
11         byte[] sendBuf = new byte[ 256 ];

12         if ( args.length != 2 ) {
13             System.err.println(
                     "Usage: java DatagramClient <host> <port>" );
14             System.exit( -1 );
15         }
```

Die Methode `getByName()` bestimmt die eigentliche Internetadresse des Rechners.

```
16      try {
17          socket = new DatagramSocket();
18          if ( socket != null ) {
19              port = Integer.parseInt( args[ 1 ] );
20              address = InetAddress.getByName( args[ 0 ] );
```

Die Variable `packet` speichert das zu sendende Datenpaket. In der Zeile 23 wird das Paket abgeschickt. Die Variable `sendBuf` ist mit einem leeren Feld initialisiert, das Paket enthält also eine leere Nachricht.

```
21              packet = new DatagramPacket(
22                  sendBuf, 256, address, port );
23              socket.send( packet );
```

Nun initialisiert die Methode die Variable `packet` mit einem neuen leeren Datenpaket und wartet in Zeile 25 auf den Empfang einer Nachricht. Der Aufruf von `receive()` blockiert so lange, bis eine Nachricht eintrifft. Aus dem Paket könnte man danach neben der Nachricht (Zeile 26) auch den Absender ablesen (siehe nächstes Beispiel).

```
24              packet = new DatagramPacket( sendBuf, 256 );
25              socket.receive( packet );

26              String received = new String( packet.getData() );
27              System.out.println( "received: " + received );

28              socket.close();
29          }
30      }
31      catch ( Exception e ) {
32          System.err.println( "Exception: " + e );
33      }
34  }
35 }
```

Mit dem folgenden Aufruf dieses Beispielprogramms kann man von den meisten Unix-Rechnern die aktuelle Uhrzeit erfahren.

`java jf.kapitel5.abschnitt4.DatagramClient unix-rechner 13`

5.4.5 Multicast-Sockets

Multicast-Sockets sind eine besondere Art von Sockets. Sie ermöglichen es, eine Nachricht an mehrere Empfänger gleichzeitig zu versenden. Dafür sind spezielle IP-Adressen vorgesehen (224.0.0.1 bis 239.255.255.255 (Klasse D)). Ein Router sendet Nachrichten, die auf diesen Adressen einlaufen, an entsprechend angemeldete Empfänger weiter. Dieser Mechanismus funktioniert deshalb nur innerhalb eines Subnetzes und nicht beliebig im Internet. Der Sender einer Nachricht muß nicht angemeldet sein. Applets dürfen diesen Mechanismus nicht verwenden.

Das erste Beispiel zeigt einen Sender, der eine Nachricht an eine Multicast-Adresse schickt und diese auch wieder empfängt, da er sich vorher bei dieser Adresse angemeldet hat.

Beispiel:
```
   // Datei jf/kapitel5/abschnitt4/MulticastSender.java
 1 package jf.kapitel5.abschnitt4;

 2 import java.net.InetAddress;
 3 import java.net.MulticastSocket;
 4 import java.net.DatagramPacket;

 5 public class MulticastSender {
```

Der Sender bestimmt die Internetadresse, die in dem angegebenen Bereich liegen muß und legt das Datenpaket an. Als Nachricht verwendet er das erste Kommandozeilenargument. Die gewählte Portnummer (7100) ist insofern wichtig, als nur solche Empfänger die Nachricht erhalten, die sich mit derselben Nummer angemeldet haben. Eine Multicast-Gruppe ist also durch die Internetadresse und die Portnummer bestimmt.

```
 6     public static void main( String[] args ) {
 7         try {
 8             InetAddress group = InetAddress.getByName( "224.1.2.3" );
 9             byte[] msg = args[ 0 ].getBytes();
10             DatagramPacket out =
                    new DatagramPacket( msg, msg.length, group, 7100 );
```

Entsprechend eröffnet der Sender einen Socket auf derselben Portnummer und meldet sich in der Zeile 12 bei der Gruppe an. Er kann so das von ihm selbst in Zeile 13 gesendete Paket selbst wieder empfangen.

```
11          MulticastSocket s = new MulticastSocket( 7100 );
12          s.joinGroup( group );
13          s.send( out );
```

Für den Empfang legt der Sender ein leeres Paket an.

```
14          byte[] buf = new byte[ 1024 ];
15          DatagramPacket in = new DatagramPacket( buf, buf.length );

16          s.receive( in );
```

Der Sender zeigt zusätzlich den Absender der Nachricht an, in diesem Fall ist er es selbst.

```
18          System.out.println( "received:" );
19          System.out.println(
                new String( buf, 0, in.getLength() ).trim() );
20          System.out.print( "from: " );
21          System.out.print( in.getAddress().getHostName() );
22          System.out.print( ":" );
23          System.out.println( in.getPort() );
```

5.4 Netz

Als letzte Aktion verläßt er die Multicast-Gruppe.

```
25            s.leaveGroup( group );

26        } catch ( Exception e ) {
27            System.err.println( e );
28        }
29    }
30 }
```

Startet man zusätzlich das folgende Programm auf einem anderen Rechner, so sieht man, daß die gesendete Nachricht auch bei diesem Programm ankommt. Der hier programmierte Empfänger wartet nur auf Nachrichten, sendet aber selbst keine aus.

Beispiel:
```
   // Datei jf/kapitel5/abschnitt4/MulticastReceiver.java
 1 package jf.kapitel5.abschnitt4;

 2 import java.net.InetAddress;
 3 import java.net.MulticastSocket;
 4 import java.net.DatagramPacket;

 5 public class MulticastReceiver {
```

Die auszuführenden Schritte sind wieder: das Bestimmen der Internetadresse, das Anlegen eines leeren Paketes, das Einrichten eines Sockets auf dem richtigen Port und das Anmelden bei der Gruppe.

```
 6    public static void main( String[] args ) {
 7        try {
 8            InetAddress group = InetAddress.getByName( "224.1.2.3" );

 9            byte[] buf = new byte[ 1024 ];
10            DatagramPacket in = new DatagramPacket( buf, buf.length );

11            MulticastSocket s = new MulticastSocket( 7100 );
12            s.joinGroup( group );
13            s.receive( in );
```

Auch der Empfänger zeigt den Absender der Nachricht an, in diesem Fall ist es der oben beschriebene Sender.

```
14            System.out.println( "received:" );
15            System.out.println(
                  new String( buf, 0, in.getLength() ).trim() );
16            System.out.print( "from: " );
17            System.out.print( in.getAddress().getHostName() );
18            System.out.print( ":" );
19            System.out.println( in.getPort() );

20            s.leaveGroup(group);
```

```
21           } catch ( Exception e ) { System.err.println( e ); }
22      }
23 }
```

5.4.6 Die Klasse URL

Eine komfortable Klasse zum Datenaustausch im World Wide Web ist die Klasse URL. Mit ihr können entfernte World Wide Web-Entitäten adressiert, gelesen und ausgewertet werden. Unter Entität sind hier Dateien oder Server (z.B. ftp) im WWW zu verstehen.

```
public final class URL extends Object
```

Konstruktoren
```
    public URL( String prot, String host, int port, String file )
        throws MalformedURLException
        // URL-Adresse in Komponenten
    public URL( String protocol, String host, String file )
        throws MalformedURLException
        // Standardport
    public URL( String spec ) throws MalformedURLException
        // URL-Adresse als String
    public URL( URL context, String spec ) throws MalformedURLException
        // Hierarchie
```

Auswahl der Methoden
```
    public int getPort()
        // Port der URL-Adresse
    public String getProtocol()
        // Protokoll der URL-Adresse
    public String getHost()
        // Host der URL-Adresse
    public String getFile()
        // Dateiname
    public URLConnection openConnection() throws IOException
        // Verbindungsaufbau
    public final InputStream openStream() throws IOException
        // Eingabestrom
    public final Object getContent() throws IOException
        // Inhalt
```

Als Beispiel soll ein Programm dienen, mit dem man von der Kommandozeile aus WWW-Seiten abfragen kann. Diese werden allerdings im Quelltextformat angezeigt.

Beispiel:
```
    // Datei jf/kapitel5/abschnitt4/ShowUrl.java
 1 package jf.kapitel5.abschnitt4;
 2 import java.net.URL;
```

5.4 Netz

```
 3 import java.net.MalformedURLException;
 4 import java.io.BufferedReader;
 5 import java.io.InputStreamReader;
 6 import java.io.IOException;
 7 public class ShowUrl {
 8    public static void main( String[] args ) {
 9       try {
```

Die Methode erzeugt ein URL-Objekt und einen Eingabestrom zu ihm. Sie liest die Seite dann zeilenweise aus.

```
10             URL url = new URL( args[ 0 ] );
11             BufferedReader in = new BufferedReader(
                                    new InputStreamReader(
                              url.openStream() ));
12             String line = null;
13             while (( line = in.readLine()) != null )
14                System.out.println( line );
15          }
16          catch( MalformedURLException urlE ) {
17             System.err.println( "URL: " + urlE );
18          }
19          catch( IOException ioE ) {
20             System.err.println( "IO: " + ioE );
21          }
22          catch( ArrayIndexOutOfBoundsException aE ) {
23             System.err.println( "Argument fehlt" );
24          }
25    }
26 }
```

5.4.7 Kommunikation mit einem CGI-Skript

Als wichtige Variante des Nachrichtenaustauschs zwischen einem Applet und dem WWW-Server hat sich die Kommunikation mit einem CGI-Skript herausgestellt. Sie ist eine Alternative, wenn zum Beispiel Servlets (Kapitel 5.15) nicht unterstützt sind.

Ein kurzes Beispiel soll die Kommunikation demonstrieren. Zuerst sei das CGI-Skript erläutert. Die für das CGI-Skript verwendete Sprache ist nicht wichtig (in diesem Fall ist es ein Shell-Skript mit dem Namen **test**), es muß auf jeden Fall ausführbar sein, im wesentlichen die folgenden Schritte ausführen und im cgi-bin-Verzeichnis des httpd-Servers stehen.

#!/bin/sh

Die Ausgabe des CGI-Skripts erscheint wie eine normale Datei im Ausgabefenster des WWW-Browsers.

Das CGI-Skript muß die folgenden beiden Zeilen ausgeben. Sie geben das Format der weiteren Ausgabe an, in diesem Fall `html`.

```
echo Content-type: text/html
echo
```

Es folgt die Ausgabe einer HTML-Datei.

```
echo '<HTML>'
echo '<HEAD><TITLE>Test</TITLE></HEAD>'
echo '<BODY>'
echo "An das Skript uebergebene Argumente: $QUERY_STRING"
echo '<p>'
echo "Aufrufmethode: $REQUEST_METHOD"
echo '<p>'

if [ "$REQUEST_METHOD" = "GET" ]
then
```

Beim normalen Aufruf über die Aufrufmethode `GET` wird eine Maske angezeigt. Als Aktion ist das CGI-Skript `test` selbst eingesetzt, wichtig ist die andere Aufrufmethode!

```
    echo '<FORM ACTION="http://www/cgi-bin/test?Arg=action" METHOD=POST>'
    echo '<Strong>Nachricht :</Strong><BR>'
```

Die Maske enthält ein Eingabefeld

```
    echo '<TEXTAREA NAME="Nachricht" ROWS="8" COLS="60"></TEXTAREA>'
    echo '<P>'
    echo '<Strong>Sender :</Strong>'
```

und eine Eingabezeile

```
    echo '<INPUT TYPE="text" NAME="Sender" SIZE=40>'
    echo '<P>'
```

Beim Betätigen dieses Knopfes werden alle Eingaben in den oberen Eingabefeldern an die Standardeingabe des Skripts geschickt.

```
    echo '<INPUT TYPE="submit" VALUE=" Sende Nachricht! ">'
    echo '</FORM>'

else
```

Hier ist die Aufrufmethode `POST`. Das bedeutet, daß das Skript von der Standardeingabe eventuell Nachrichten der WWW-Seite lesen muß. Das Kommando `line` liest eine Zeile von der Standardeingabe und gibt sie auf der Standardausgabe aus. Die Länge dieser Nachrichten ist in `CONTENT_LENGTH` gespeichert.

```
    echo "L&auml;nge der Nachricht: $CONTENT_LENGTH<P>"
    echo "Die Nachricht: `line`"
fi
echo "</BODY></HTML>"
```

Mit diesem vorgestellten CGI-Skript kommuniziert das folgende Java-Programm. Die Herangehensweise unterscheidet sich nicht von der bei Applets.

5.4 Netz

Beispiel:

```
   // Datei jf/kapitel5/abschnitt4/CGICommunication.java
 1 package jf.kapitel5.abschnitt4;

 2 import java.net.URL;
 3 import java.net.URLConnection;

 4 import java.io.InputStreamReader;
 5 import java.io.BufferedReader;
 6 import java.io.OutputStreamWriter;
 7 import java.io.PrintWriter;

 8 public class CGICommunication {

 9     public static void main( String[] args ) {
10         try {
```

Die Anwendung arbeitet in zwei Phasen. Zunächst ruft sie das im ersten Kommandozeilenargument angegebene CGI-Skript analog zum letzten Beispiel mit der Get-Methode auf und zeigt dessen gesendete Daten an.

```
11         // Get
12         URL url = new URL( args[ 0 ] );

13         BufferedReader in = new BufferedReader(
14                 new InputStreamReader(
15                     url.openStream()));

16         System.out.println( "\nAusgabe vom Skript:\n" );

17         String zeile = null;
```

In der while-Schleife gibt sie die Daten zeilenweise aus.

```
18         while (( zeile = in.readLine() ) != null )
19             System.out.println( zeile );
```

Das Ansprechen des CGI-Skripts mit der Post-Methode ist dafür gedacht, dem Skript zusätzliche Parameter zu übergeben. Diese gibt im allgemeinen ein Leser in die Maske einer WWW-Seite ein. Hier übernimmt das die Anwendung. Sie erzeugt zunächst ein Objekt der Klasse URLConnection und legt fest, daß sie Ausgaben an das Skript senden möchte. Dazu öffnet sie einen Ausgabestrom und sendet das zweite Kommandozeilenargument an das Skript.

```
21         // Post
22         URLConnection urlC =
               new URL( args[ 0 ] + "?Arg=Wert" ).openConnection();
23         urlC.setDoOutput( true );

24         PrintWriter out = new PrintWriter(
25                 new OutputStreamWriter(
26                     urlC.getOutputStream()));
```

```
27            System.out.println(
                  "\nPost an das Skript: " + args[ 1 ] + "\n" );
28            out.println( args[ 1 ] );
29            out.flush();
```

Im Anschluß zeigt die Anwendung wiederum die Ausgabe des Skripts auf der Standardausgabe an.

```
30            in = new BufferedReader(
31                    new InputStreamReader(
32                        urlC.getInputStream()));

33            System.out.println( "\nAusgabe vom Skript:\n" );

34            while (( zeile = in.readLine() ) != null )
35                System.out.println( zeile );
36          }
37        catch ( Exception e ) {
38            e.printStackTrace();
39          }
40     }
41 }
```

Nach dem Start mit

java jf.kapitel5.abschnitt4.CGICommunication
    http://www/cgi-bin/test Nachricht_an_das_Skript

erscheint folgende Ausgabe:

Ausgabe vom Skript:

<HTML>
<HEAD><TITLE>Test</TITLE></HEAD>
<BODY>
An das Skript uebergebene Argumente:
<p>
Aufrufmethode: GET
<p>
<FORM ACTION="http://www/cgi-bin/test?Arg=action" METHOD=POST>
<Strong>Nachricht :</Strong>
<TEXTAREA NAME="Nachricht" ROWS="8" COLS="60"></TEXTAREA>
<P>
<Strong>Sender :</Strong>
<INPUT TYPE="text" NAME="Sender" SIZE=40>
<P>
<INPUT TYPE="submit" VALUE=" Sende Nachricht! ">
</FORM>
</BODY></HTML>

Post an das Skript: Nachricht_an_das_Skript

Ausgabe vom Skript:

```
<HTML>
<HEAD><TITLE>Test</TITLE></HEAD>
<BODY>
An das Skript uebergebene Argumente: Arg=Wert
<p>
Aufrufmethode: POST
<p>
L&auml;nge der Nachricht: 24<P>
Die Nachricht: Nachricht_an_das_Skript
</BODY></HTML>
```

Mit den hier vorgestellten Klassen ist der Programmierer in der Lage, wirklich interaktive (und zwar interaktiv über das Netz) Homepages für das World Wide Web zu entwerfen.

Effektivere Lösungen dieses Problems findet der Leser in Kapitel 5.10 und in Kapitel 5.11 mit der Nutzung von RMI bzw. Corba.

Übung

- Entwerfen Sie ein Applet, das die Zugriffe auf die eigene WWW-Seite zählt. Es soll sich dazu mit einem Zählserver auf dem WWW-Rechner verbinden, der eigentlich die Zugriffe zählt und dem Applet die aktuelle Zahl mitteilt.

5.5 Datenbanken

Das JDK enthält das Paket `java.sql` für die Programmierung von Anwendungen, die mit Datenbanken kommunizieren sollen. Dieser Abschnitt beschreibt ein Programm zur Verwaltung eines Buchbestandes in einer Datenbank.

Zunächst benötigt man eine Datenbank und einen passenden JDBC-Treiber für diese. Die meisten großen Datenbankanbieter haben solche Treiber bereits implementiert. Ist eine Datenbank ODBC-fähig, so reicht für diese eine JDBC-ODBC-Verbindung, die von verschiedenen Firmen, z.B. auch JavaSoft selbst, angeboten wird. Den neuesten Stand zu den verfügbaren Treibern erfährt der Leser im WWW unter http://www.javasoft.com/products/jdbc.

JDBC selbst erlaubt es dem Programmierer, Verbindungen zu externen Datenbanken aufzubauen und diese über SQL-Befehle abzufragen oder zu aktualisieren. Zu der Sprache SQL sei auf die einschlägige Datenbankliteratur verwiesen (z.B. [Sau94]). Ein Datenbanksystem enthält im allgemeinen mehrere Tabellen von mehreren Benutzern. Häufig läuft es auf einem speziellen Rechner, der dann kein WWW-Server ist.

5.5.1 Theorie

Für die Implementierung der Datenbankanbindung sind im wesentlichen immer dieselben Schritte auszuführen:

Der erste Schritt gibt dem Programm die vorhandenen bzw. benötigten Treiber bekannt. Das geschieht entweder durch das explizite Laden der Treiberklasse

```
Class.forName( "irgend.eine.TreiberKlasse" );
```

oder durch die Festlegung der Eigenschaft jdbc.drivers. Das ist zum Beispiel beim Programmstart möglich:

```
java -Djdbc.drivers=irgend.ein.Treiber:noch.ein.Treiber MeineKlasse
```

Im zweiten Schritt baut das Programm die Verbindung zur Datenbank auf. Dazu benötigt es die Adresse der Datenbank in Form einer speziellen URL sowie eventuell einen Nutzernamen und ein Paßwort. Die URL hat die folgende Syntax:

```
jdbc:<SubProtokoll>:<TreiberSpezifischeErweiterungen>
```

Das Subprotokoll bezeichnet im allgemeinen den Treiber näher (z.B. odbc, msql). Die Erweiterungen enthalten den Namen der Datenbank und eventuell den Rechnernamen und die Portnummer. Beispiele für gültige JDBC-Adressen sind:

```
jdbc:odbc:MyDataSource
jdbc:sybase:Tds:my_host:4047/BooksBase
jdbc:msql://some.host.com:1112/DataBase
```

Den Aufbau der Verbindung übernimmt die Klassenmethode getConnection() der Klasse DriverManager:

```
Connection con = DriverManager.getConnection( url, ... );
```

Diese statische Methode sucht unter allen geladenen Treiberklassen diejenige aus, die zu dem übergebenen Protokoll gehört. Damit ist die weitere Vorgehensweise unabhängig von der tatsächlich benutzten Treiberklasse und ihrem Protokoll.

Das so erzeugte Connection-Objekt kann nun im dritten Schritt dazu verwendet werden, die Datenbank abzufragen oder zu verändern. Dies geschieht mit SQL-Anweisungen. Zunächst erzeugt man ein Statement-Objekt.

```
Statement stmt = con.createStatement();
```

Das weitere Vorgehen ist von der Art der Abfrage abhängig. Die Methode executeUpdate() ist für Änderungen in der Datenbank zuständig. Mit ihr können SQL-Anweisungen wie CREATE, INSERT oder UPDATE an die Datenbank gesendet werden, die keine Ergebnistabellen liefern. Für die SQL-Anweisung SELECT, die eine Ergebnistabelle berechnet, gibt es die Methode executeQuery().

```
stmt.executeUpdate( SQLStatement );
ResultSet rs = stmt.executeQuery( SQLStatement );
```

Die Ergebnistabelle ist in der Struktur ResultSet gespeichert. Es sind spezielle Methoden definiert, um die Tabellenwerte auszulesen. Die Struktur enthält auch Informationen über die Größe der Tabelle und über die Spaltennamen.

```
ResultSetMetaData rsmd = rs.getMetaData();
int count = rsmd.getColumnCount();
String columnName = rsmd.getColumnLabel( columnNr );
rs.getString( columnName ); rs.getInt( columnName );
rs.getString( columnNr ); rs.getInt( columnNr );
rs.next();
```

Im letzten Schritt schließt man geöffnete Verbindungen.

```
stmt.close();
con.close();
```

Für speziellere Anforderungen gibt es weitere Klassen, auf die das Kapitel nicht eingeht. Es demonstriert stattdessen die gerade beschriebenen Schritte an einem ausführlichen Beispiel, das in späteren Abschnitten weiterentwickelt wird.

5.5.2 Aufgabenstellung

Die Beispieltabelle enthalte Informationen über Bücher, die abgefragt, ausgeliehen und zurückgegeben werden können. Für den Aufbau einer virtuellen Bibliothek soll die Datenbank mit einer in Java implementierten Benutzerschnittstelle versehen werden. Die Benutzung soll sowohl über ein Applet als auch mit einer Applikation möglich sein. Die eigentlichen Datenbankklassen sollen sowohl unabhängig von der speziellen Tabellenstruktur als auch von notwendigen speziellen Datenbankinformationen sein.

5.5.3 Struktur der Lösung

Die Lösung soll in zwei Richtungen flexibel sein. Die Benutzeroberfläche soll ohne Änderung des datenbankspezifischen Codes ausgetauscht werden können. Und dieser soll wiederum ohne Beeinflussung der Oberfläche ersetzbar sein. Diese Forderung führt zu den beiden Basisabstraktionen `DatabaseViewer` für die Oberfläche und `DatabaseManager` für die Datenbankanbindung. Für beide existiert eine Standardimplementierung: `StandardDatabaseViewer` und `StandardDatabaseManager`.

Beide Abstraktionen beziehen sich auf eine konkrete Datenbank und eine konkrete Tabelle. Diese sind in den Abstraktionen `DatabaseDescription` (Implementierung: `StandardDatabaseDescription`) und `TableDescription` (Implementierung: `StandardDatabaseDescription`) beschrieben.

Die Aufgabenstellung fordert die Benutzung als Applet und als Applikation, für beide wird jeweils ein Gerüst zur Verfügung gestellt: `DatabaseApplet` und `DatabaseApplication`. Damit in diesen beiden Klassen keine Codeverdopplung auftritt, übernimmt eine weitere Abstraktion, `DatabaseFactory` (Implementierung: `StandardDatabaseFactory`), die Zusammenstellung der konkreten Viewer-, Manager- und Description-Objekte.

Sowohl bei der Applikation als auch beim Applet kann der Benutzer Argumente wie z.B. den Datenbanknamen übergeben. Die verschiedenen Varianten sind in der Abstraktion `Arguments` (Implementierungen: `StringArrayArguments`, `URLArguments`, `NullArguments` und `DatabaseApplet`) zusammengefaßt. Fehlende Argumente können zur Laufzeit vom Anwender abgefragt werden: `AskDialog`.

Ein Attribut der Tabelle kann in der Benutzeroberfläche für die Abfrage oder für die Anzeige in Frage kommen. Die Informationen zu einem Attribut sind deshalb in einer eigenen Klasse (`Attribute`) beschrieben.

Schließlich abstrahiert `TableData` eine Ergebnistabelle von der konkreten Ausprägung als `ResultSet`. Implementierungen existieren in Form von `NullTableData` und `ResultSetTableData`.

Alle diese Vorbereitungen fließen in die Klassen `BookApplet`, `BookApplication` und `BookFactory` ein, die das konkrete Problem lösen. Daß sich der Aufwand für die Vorbereitung lohnt, wird bei der Weiterentwicklung des Beispiels deutlich.

5.5.4 Die Schnittstellen

Die Beschreibung der Implementierung beginnt mit den Basisabstraktionen, die in Java als Schnittstellen realisiert sind, und stellt dann die konkreten Ausprägungen vor.

Die für diesen Abschnitt wichtigste Abstraktion kapselt die notwendigen Schritte für die Anbindung der Datenbank: den Verbindungsaufbau, die Abfrage und Manipulation sowie das Schließen der Datenbank.

```
    // Datei jf/kapitel5/abschnitt5/DatabaseManager.java
1 package jf.kapitel5.abschnitt5;

2 import java.io.Serializable;

3 public interface DatabaseManager extends Serializable {
4     public void connect();
5     public void executeUpdate( String update );
6     public void executeQuery( String query );
7     public void close();
8 }
```

Der `DatabaseViewer` kann das Ergebnis einer Datenbankabfrage oder Fehler- bzw. Statusmeldungen anzeigen. Das Ergebnis ist in der Struktur `TableData` gespeichert.

```
    // Datei jf/kapitel5/abschnitt5/DatabaseViewer.java
1 package jf.kapitel5.abschnitt5;

2 import java.io.Serializable;

3 public interface DatabaseViewer extends Serializable {
```

5.5 Datenbanken

```
4     public void createGUI();
5     public void showResult( TableData result );
6     public void showWarning( String s );
7     public void showStatus( String s );
8 }
```

Die Struktur `TableData` beschreibt den Aufbau und den Inhalt einer Ergebnistabelle. Sie gibt die Spaltennamen, die Anzahl der Spalten und die Anzahl der Zeilen an und realisiert eine Zugriffsmethode auf Datenelemente der Tabelle.

```
  // Datei jf/kapitel5/abschnitt5/TableData.java
1 package jf.kapitel5.abschnitt5;

2 import java.io.Serializable;

3 public interface TableData extends Serializable {
4     public String getColumnName( int index );
5     public int getColumnCount();
6     public int getRowCount();
7     public Object getValueAt( int rowIndex, int colIndex );
8 }
```

Die Beschreibung einer Datenbank muß mindestens den Treibernamen, den Protokollnamen, den Namen der Datenbank, den Rechnernamen, die Portnummer, Nutzernamen und Paßwort enthalten. Sie bietet Methoden, um diese Informationen abzufragen.

```
   // Datei jf/kapitel5/abschnitt5/DatabaseDescription.java
 1 package jf.kapitel5.abschnitt5;

 2 import java.io.Serializable;
 3 public interface DatabaseDescription extends Serializable {
 4     public String getDbDriver();
 5     public String getDbProt();
 6     public String getDbName();
 7     public String getDbHost();
 8     public String getDbPort();
 9     public String getDbUser();
10     public String getDbPassword();
11 }
```

Die Beschreibung einer Tabelle enthält ihren Namen, Informationen zu den Spalten und Kommandos für deren Manipulation.

```
  // Datei jf/kapitel5/abschnitt5/TableDescription.java
1 package jf.kapitel5.abschnitt5;

2 import java.io.Serializable;
3 import java.util.Vector;

4 public interface TableDescription extends Serializable {
5     public String getTableName();
```

Mit der folgenden Methode gibt die Beschreibung an, ob es dem Anwender möglich ist, eigene SQL-Anweisungen zu formulieren.

```
6      public boolean isFullQueryPermitted();
7      public Vector getAttributes();
8      public Vector getUpdates();
9      public int getSize();
10 }
```

Die Abstraktion `DatabaseFactory` dient der Konfiguration der konkreten Anwendung (Entwurfsmuster: Abstract Factory). Sie vermittelt gleichzeitig zwischen den verschiedenen Bestandteilen der Anwendung. Ein `DatabaseView`-Objekt könnte zum Beispiel nach dem zugehörenden `DatabaseManager`-Objekt fragen. Durch diese Struktur vereinfachen sich die Kommunikationsbeziehungen innerhalb der Anwendung, jeder Bestandteil muß nur noch das `DatabaseFactory`-Objekt kennen (Entwurfsmuster: Mediator).

```
    // Datei jf/kapitel5/abschnitt5/DatabaseFactory.java
1   package jf.kapitel5.abschnitt5;

2 public interface DatabaseFactory {
```

Zunächst definiert die Schnittstelle jedoch Konstanten. Sie legen die Namen von möglichen Argumenten fest.

```
3      static final String DB_DESCRIPTION_URL = "db_descr_url";
4      static final String DB_SEPERATOR = "db_seperator";
5      static final String TABLE_DESCRIPTION_URL = "table_descr_url";
6      static final String TABLE_SEPERATOR = "table_seperator";
7      static final String USER = "user";
8      static final String TITLE = "title";

9      public void init();
```

Die `DatabaseFactory` erhält bei der Erzeugung Argumente von der umgebenden Applikation oder dem Applet. Als potentielle Argumente kommen Werte für die gerade eingeführten Konstanten in Frage.

```
10     public void setArguments( Arguments arguments );
11     public Arguments getArguments();

12     public DatabaseDescription getDbDescription();
13     public DatabaseDescription createDbDescription();

14     public DatabaseManager getManager();
15     public DatabaseManager createManager();

16     public TableDescription getTableDescription();
17     public TableDescription createTableDescription();

18     public DatabaseViewer getViewer();
19     public DatabaseViewer createViewer();
```

5.5 Datenbanken

Die `DatabaseFactory` bestimmt auch die Überschrift der Anwendung und den Namen des Anwenders.

```
20      public String getTitle();
21      public String createTitle();

22      public String getUser();
23      public String createUser();
24 }
```

Die Struktur `Arguments` kapselt Argumente und ihre Werte.

```
// Datei jf/kapitel5/abschnitt5/Arguments.java
1 package jf.kapitel5.abschnitt5;

2 public interface Arguments {
3     public Object get( String name );
4 }
```

Damit sind die wesentlichen Abstraktionen beschrieben, und es ist an der Zeit, die Gerüste für Applikation und Applet aufzustellen.

5.5.5 Applikation und Applet

Das Gerüst für die Applikation muß eine `main()`-Methode bereitstellen, die durch Subklassen weiter benutzt wird. Subklassen sollen trotzdem ihre Konfiguration verändern können. Außerdem stellt das Gerüst den Rahmen für die Benutzeroberfläche bereit.

```
// Datei jf/kapitel5/abschnitt5/DatabaseApplication.java
1 package jf.kapitel5.abschnitt5;

2 import java.awt.Frame;
3 import java.awt.Panel;

4 import java.awt.event.WindowAdapter;
5 import java.awt.event.WindowEvent;

6 public class DatabaseApplication {
```

Mit der Variablen `factory` können Subklassen ihre Konfiguration ändern. Sie müssen dazu einen statischen Block implementieren, in dem sie die Variable entsprechend verändern. Diese Vorgehensweise ist möglich, da die Initialisierung (und damit die Ausführung des statischen Blocks) vor der Abarbeitung der `main()`-Methode stattfindet.

```
7     static protected DatabaseFactory factory = null;
8     private Frame applicationFrame = null;
```

Die `main()`-Methode erzeugt ein `Arguments`-Objekt, initialisiert die Applikation, erzeugt einen Rahmen und zeigt ihn an.

```
 9      public static void main( String[] args ) {
10          Arguments arguments = new StringArrayArguments( args );
11          DatabaseApplication app = new DatabaseApplication();
12          app.init( arguments );
13          app.createFrame();
14          app.showFrame();
15      }
```

Falls die Variable `factory` noch nicht vor dem Aufruf der Methode `init()`, nämlich während der Klasseninitialisierung, gesetzt wurde, dann wird sie hier mit der Standardimplementierung belegt. Danach übergibt die Methode dem `factory`-Objekt die angegebenen Argumente und initialisiert es.

```
16      public void init( Arguments arguments ) {
17          if ( factory == null )
18              factory = new StandardDatabaseFactory( arguments );
19          else    factory.setArguments( arguments );
20
21          factory.init();
22      }
```

Die Methode `createFrame()` führt drei Schritte aus: Sie erzeugt den Rahmen mit der richtigen Überschrift, sie setzt die Oberfläche in den Rahmen ein, und sie meldet beim Rahmen einen Listener an. Dieser sorgt dafür, daß die Verbindung zur Datenbank vor dem Ende der Anwendung geschlossen wird.

Für die konkrete `DatabaseViewer`-Klasse hat die Zeile 25 die Konsequenz, daß sie von `Panel` abgeleitet sein muß.

```
23      public void createFrame() {
24          applicationFrame = new Frame( factory.getTitle() );
25          applicationFrame.add( (Panel) factory.getViewer() );
26          applicationFrame.addWindowListener(
27              new WindowAdapter() {
28                  public void windowClosing( WindowEvent e ) {
29                      factory.getManager().close();
30                      System.exit( 0 );
31                  }
32              }
33          );
34      }
```

```
35      public void showFrame() {
36          applicationFrame.pack();
37          applicationFrame.setVisible( true );
38      }
```

Die Methode `getParent()` wird erst bei späteren Erweiterungen interessant.

```
39      public Frame getParent() { return applicationFrame; }
40  }
```

5.5 Datenbanken

Das Appletgerüst hat im wesentlichen dieselbe Aufgabe wie das Applikationsgerüst, nur muß es eben die Applet-spezifischen Methoden implementieren. Ein anderer Unterschied ist die Behandlung der Argumente. Die Klasse `Applet` besitzt bereits eine Methode zur Abfrage von Parametern. Diese ist nur in ihrer Signatur anzupassen.

```
// Datei jf/kapitel5/abschnitt5/DatabaseApplet.java
1 package jf.kapitel5.abschnitt5;
```

```
2 import java.applet.Applet;
3 import java.awt.Panel;
```

Die Klasse `DatabaseApplet` implementiert also selbst die Schnittstelle `Arguments`.

```
4 public class DatabaseApplet extends Applet implements Arguments {
```

Auch dieses Gerüst besitzt eine Variable `factory` zur Wahl der verwendeten konkreten `DatabaseFactory`. Subklassen müssen die Methode `init()` überschreiben, um den eingestellten Wert zu ändern. Die Argumente finden sich hier in der Variablen `this` wieder. Wenn die `DatabaseFactory` also Werte von Argumenten wissen will, dann fragt sie das Applet selbst danach.

```
5     protected DatabaseFactory factory = null;

6     public void init() {
7         factory = new StandardDatabaseFactory( this );
8     }
```

Der Start des Applets führt zur Initialisierung der `DatabaseFactory` und zum Einfügen der Benutzeroberfläche in das Applet.

Die Zeile 12 setzt wieder voraus, daß die konkrete `DatabaseViewer`-Klasse von `Panel` abgeleitet ist.

```
10    public void start() {
11        factory.init();
12        add( (Panel) factory.getViewer() );
13    }
```

Beim Verlassen der Seite schließt das Applet die Datenbankverbindung und entfernt die Oberfläche.

```
14    public void stop() {
15        factory.getManager().close();
16        remove( (Panel) factory.getViewer() );
17    }
```

Die Methode `get()` realisiert die Schnittstelle `Arguments`. Sie nutzt dazu die Methode `getParameter()` aus `Applet`. Für bestimmte Argumente sorgt sie dafür, daß der Wert sich auf die Herkunft des Applets bezieht.

```
18    public Object get( String name ) {
19        String value = getParameter( name );
20        if ( name.endsWith( "_url" ) &&
21             ( value != null ) &&
22             ( ! value.startsWith( "http:" ))) {
```

```
23          String base = getDocumentBase().toExternalForm();
24          return base.substring( 0, base.lastIndexOf( "/" ) + 1 )
              + value;
25       }
26       else return value;
27   }
28 }
```

Diese beiden Gerüste werden später für die Buchanwendung erweitert und auch in anderen Abschnitten weiterverwendet. Beide benutzen als Standardkonfiguration ein Objekt der Klasse `StandardDatabaseFactory`, die das folgende Aussehen hat.

5.5.6 Standardkonfiguration

Die Standardkonfiguration hat verschiedene Aufgaben zu erfüllen: sie muß die einzelnen Teile der Anwendung erzeugen, sie muß zwischen den erzeugten Objekten vermitteln, und sie soll als Basisklasse für andere Konfigurationen dienen. Für die Erzeugung enthält die Klasse `createXXX()`-Methoden. Diese Methoden erzeugen jeweils ein Exemplar der Standardimplementierung der Teile und versorgen es mit benötigten Argumenten. Für die Vermittlung existiert jeweils eine `getXXX()`-Methode.

Die Klasse `StandardDatabaseFactory` benutzt als Basisklasse weiterer Konfigurationen das Entwurfsmuster `Factory Method`. Alle `createXXX()`-Methoden rufen nämlich zuerst die zu ihnen gehörenden `basicCreateXXX()`-Methode auf und geben damit Subklassen die Chance, eigene Teile zu erzeugen.

```
   // Datei jf/kapitel5/abschnitt5/StandardDatabaseFactory.java
 1 package jf.kapitel5.abschnitt5;

 2 public class StandardDatabaseFactory implements DatabaseFactory {
```

Alle sechs zu erzeugenden Teile sind als Objektvariable repräsentiert. Zusätzlich speichert die Variable `arguments` die übergebenen Argumente.

```
 3     private Arguments arguments = null;
 4     private DatabaseDescription dbDescription = null;
 5     private DatabaseManager manager = null;
 6     private TableDescription tDescription = null;
 7     private DatabaseViewer viewer = null;
 8     private String title = null;
 9     private String user = null;

10     public StandardDatabaseFactory() {
11         setArguments( null );
12     }
```

Die Klasse enthält zwei Konstruktoren. Der parameterlose Konstruktor setzt die Argumente auf Null, der andere setzt sie auf die überreichten Parameter.

```
13     public StandardDatabaseFactory( Arguments args ) {
14         setArguments( args );
15     }
```

5.5 Datenbanken

Der Aufruf der Methode `init()` führt zur Erzeugung aller sechs benötigten Teile.

```
16    public void init() {
17        createTitle();
18        createUser();
19        createDbDescription();
20
21        DatabaseManager manager = createManager();
22        manager.connect();
23
24        createTableDescription();
25
26        createViewer();
27    }
```

Es ist oft sinnvoll, eine Variable nicht mit `null`, sondern mit einem Objekt zu belegen, das nichts tut (Entwurfsmuster: Null Object). Damit entfallen lästige Abfragen oder `NullPointerExceptions`. Die Methode `setArguments()` wendet dieses Prinzip an. Die Klasse `NullArguments` implementiert dazu die Schnittstelle `Arguments` derart, daß alle Aufrufe der Methode `get()` als Ergebnis `null` zurückgeben. Da ein Objekt dieser Klasse von verschiedenen anderen Objekten gleichzeitig benutzt werden kann, existiert zur Laufzeit höchstens ein `NullArguments`-Objekt. Die statische Methode `instance()` liefert dieses Objekt zurück (Entwurfsmuster: Singleton).

```
28    public void setArguments( Arguments args ) {
29        if ( args == null ) arguments = NullArguments.instance();
30        else arguments = args;
31    }
32    public Arguments getArguments() {
33        return arguments;
34    }
```

Die Methode `createDbDescription()` sieht vier Varianten für die Erzeugung einer Datenbankbeschreibung vor. Zunächst könnte eine Subklasse die Methode `basicCreateDbDescription()` überschreiben und die Beschreibung dort erzeugen. Falls das nicht geschieht, sieht die Methode in den Argumenten nach, ob die URL zu einer Beschreibungsdatei angegeben ist. In diesem Fall erzeugt sie ein Objekt der Klasse `StandardDatabaseDescription` und übergibt im Konstruktor die in der Beschreibungsdatei enthaltenen Argumente. Gibt es keine Beschreibungsdatei, so erhält der Konstruktor eine Referenz auf das `StandardDatabaseFactory`-Objekt selbst.

```
35    public DatabaseDescription getDbDescription() {
36        return dbDescription;
37    }
38    public DatabaseDescription createDbDescription() {
39        if (( dbDescription = basicCreateDbDescription()) == null ) {
40            String fileName =
                    (String) arguments.get( DB_DESCRIPTION_URL );
41            if ( fileName != null ) {
```

```
42              String separator =
                    (String) arguments.get( DB_SEPERATOR );
43              if ( separator != null )
44                  dbDescription =
45                      new StandardDatabaseDescription(
46                          new URLArguments( fileName, separator ));
47              else
48                  dbDescription =
49                      new StandardDatabaseDescription(
50                          new URLArguments( fileName, "|" ));
51          }
52          else    dbDescription =
                    new StandardDatabaseDescription( this );
53      }
54      return dbDescription;
55  }
```

Für die Methode `createManager()`, die die Datenbankanbindung erzeugen soll, ist dasselbe Prinzip auf noch einfachere Weise angewendet: für die Oberfläche sind keine Argumente vorgesehen.

```
56  public DatabaseManager getManager() {
57      return manager;
58  }
59  public DatabaseManager createManager() {
60      if (( manager = basicCreateManager()) == null )
61          manager = new StandardDatabaseManager( this );
62      return manager;
63  }
```

Die Methode `createTableDescription()` geht analog zu `createDbDescription()` vor. Auch hier erhält eine Subklasse durch Überschreiben der Methode `basicCreateTableDescription()` die Chance, eine eigene Tabellenbeschreibung zu erzeugen.

```
64  public TableDescription getTableDescription() {
65      return tDescription;
66  }
67  public TableDescription createTableDescription() {
68      if (( tDescription = basicCreateTableDescription()) == null ) {
69          String fileName =
                (String) arguments.get( TABLE_DESCRIPTION_URL );
70          if ( fileName != null ) {
71              String separator =
                    (String) arguments.get( TABLE_SEPERATOR );
72              if ( separator != null )
73                  tDescription = new StandardTableDescription(
74                      new URLArguments( fileName, separator ));
75              else
76                  tDescription = new StandardTableDescription(
77                      new URLArguments( fileName, "|" ));
```

5.5 Datenbanken

```
78              }
79              else    tDescription = new StandardTableDescription( this );
80          }
81          return tDescription;
82      }
```

Für die Methode `createViewer()`, die die Oberfläche der Anwendung erzeugen soll, ist wieder dasselbe Prinzip angewendet: für die Oberfläche sind ebenfalls keine Argumente vorgesehen.

```
83      public DatabaseViewer getViewer() {
84          return viewer;
85      }
86      public DatabaseViewer createViewer() {
87          if (( viewer = basicCreateViewer()) == null )
88              viewer = new StandardDatabaseViewer( this );
89          return viewer;
90      }
```

Die Überschrift in der Oberfläche kann durch eine Subklasse oder ein Argument angegeben sein.

```
91      public String getTitle() {
92          return title;
93      }
94      public String createTitle() {
95          if (( title = basicCreateTitle()) == null ) {
96              title = (String) arguments.get( TITLE );
97              if ( title == null ) title = "Database View";
98          }
99          return title;
100     }
```

Die Methode `createUser()` fragt nacheinander eine Subklasse, ein Argument, die Systemeigenschaft "user.name" und den Anwender ab, um dessen Namen zu bestimmen. Führt kein Versuch zu einem Ergebnis, erhält die Variable den Wert "unknown".

```
101     public String getUser() {
102         return user;
103     }
104     public String createUser() {
105         if ((( user = basicCreateUser() ) == null ) &&
106             (( user = (String) arguments.get( USER )) == null ) &&
107             (( user = System.getProperty( "user.name" )) == null ) &&
108             (( user = new AskDialog( "Benutzer" ).askUser()) == null ))
109             user = "unknown";
110         return user;
111     }
```

Schließlich liefern alle `basicCreateXXX()`-Methoden den Wert `null` zurück. Sie erzeugen also nichts. Da sie als **protected** gekennzeichnet sind, können Subklassen diese Methoden überschreiben, andere Klassen sie jedoch nicht benutzen. Subklassen sollen diese Methoden überschreiben, um eigene Teile zu erzeugen und so eine andere als die Standardkonfiguration herzustellen.

```
112     protected DatabaseDescription basicCreateDbDescription() {
            return null; }
113     protected DatabaseManager basicCreateManager() { return null; }
114     protected TableDescription basicCreateTableDescription() {
            return null; }
115     protected DatabaseViewer basicCreateViewer() { return null ; }
116     protected String basicCreateTitle() { return null; }
117     protected String basicCreateUser() { return null; }
118 }
```

Die Methode `createUser()` verwendete eine Instanz der Klasse `AskDialog`, um den Anwender nach seinem Namen zu fragen. Auch für die Abfrage von anderen benötigten Argumenten (wie dem Datenbankpaßwort) wird diese Klasse benutzt.

```
    // Datei jf/kapitel5/abschnitt5/AskDialog.java
 1  package jf.kapitel5.abschnitt5;

 2  import java.awt.Dialog;
 3  import java.awt.Frame;
 4  import java.awt.BorderLayout;
 5  import java.awt.TextField;
 6  import java.awt.Label;

 7  import java.awt.event.ActionEvent;
 8  import java.awt.event.ActionListener;
 9  import java.awt.event.WindowEvent;
10  import java.awt.event.WindowAdapter;
```

Die Klasse erweitert die AWT-Klasse `Dialog`. Sie implementiert einen modalen Dialog. Der Anwender muß also auf den Dialog reagieren, bevor er die Anwendung weiter benutzen kann.

```
11  public class AskDialog extends Dialog {

12      private String question = null;
13      private String answer = null;

14      public AskDialog( String q ) {
15          super( new Frame(), q, true );
16          question = q;
17          init();
18          pack();
19          show();
20      }
21      public String askUser() {
22          return answer;
23      }
```

5.5 Datenbanken

Die Methode `init()` baut den Dialog auf. Er besteht aus der im Konstruktor übergebenen Frage und einem Textfeld. In das Textfeld trägt der Benutzer den abgefragten Wert ein und bestätigt mit der Eingabetaste. Der an das Textfeld gebundene Listener wertet daraufhin den aktuellen Text des Textfeldes aus und setzt die Variable `answer` entsprechend.

```
24      protected void init() {
25          setLayout( new BorderLayout());

26          add( "North",
                  new Label( "Bitte geben Sie <" + question + "> an:" ));
27          final TextField tf = new TextField();
28          tf.addActionListener(
29              new ActionListener() {
30                  public void actionPerformed( ActionEvent a ) {
31                      answer = tf.getText();
32                      setVisible( false );
33                      dispose();
34                  }
35              }
36          );
37          add( "Center", tf );
```

Falls der Anwender den Dialog schließt, ohne einen Wert eingetragen zu haben, erhält die Variable `answer` den Wert "unknown".

```
38          addWindowListener(
39              new WindowAdapter() {
40                  public void windowClosing( WindowEvent w ) {
41                      answer = "unknown";
42                      setVisible( false );
43                      dispose();
44                  }
45              }
46          );
47      }
48  }
```

5.5.7 Standarddatenbankanbindung

Die Standardimplementierung der Datenbankanbindung muß im wesentlichen die am Anfang dieses Abschnitts erläuterten Schritte umsetzen.

```
    // Datei jf/kapitel5/abschnitt5/StandardDatabaseManager.java
 1  package jf.kapitel5.abschnitt5;
```

Sie importiert die notwendigen Klassen aus dem Paket `java.sql`.

```
 2  import java.sql.Connection;
 3  import java.sql.DriverManager;
```

```
 4 import java.sql.ResultSet;
 5 import java.sql.Statement;

 6 import java.util.Properties;
```

Und sie implementiert natürlich die Schnittstelle `DatabaseManager`. Für den Verbindungsaufbau benötigt sie Angaben zum benutzten Treiber, zum Protokoll, zum Wirtsrechner und zum Namen der Datenbank, zu deren Benutzernamen und dessen Paßwort.

```
 8 public class StandardDatabaseManager implements DatabaseManager {

 9     // Datenbanktreiber und Protokoll
10     private String dbProt = null;
11     private String dbDriver = null;

12     // Datenbank-spezifische Variablen
13     private String dbHost = null;
14     private String dbPort = null;
15     private String dbName = null;
16     private String dbUser = null;
17     private String dbPassword = null;

18     // Datenbankverbindung
19     private transient Connection dbConnection = null;

20     private DatabaseFactory factory = null;
```

Im Konstruktor wird einem neu erzeugten Objekt eine Referenz auf das `DatabaseFactory`-Objekt übergeben. Darüber hat es Zugriff zu allen anderen Teilen der Anwendung, insbesondere zur Datenbankbeschreibung und zur Benutzeroberfläche.

```
21     public StandardDatabaseManager( DatabaseFactory fac ) {
22         factory = fac;
23         init( factory.getDbDescription() );
24     }
```

Die Methode `init()` füllt die Objektvariablen mit den Angaben aus der Datenbankbeschreibung.

```
25     public void init( DatabaseDescription description ) {
26         this.dbDriver = description.getDbDriver();
27         this.dbProt = description.getDbProt();
28         this.dbName = description.getDbName();
29         this.dbHost = description.getDbHost();
30         this.dbPort = description.getDbPort();
31         this.dbUser = description.getDbUser();
32         this.dbPassword = description.getDbPassword();
33     }
```

5.5 Datenbanken

Für den Verbindungsaufbau setzt die Methode `connect()` den Namen der Treiberklasse als Wert der Eigenschaft "jdbc.drivers" und erzeugt dann die Verbindung. Die Variable `dbConnection` speichert die Verbindung zum Datenbanksystem auf dem Rechner `dbHost`. Die in Zeile 38 verwendete Methode gilt im JDK-1.2 als veraltet.

```
34      public void connect() {
35          try {
36              System.setProperty( "jdbc.drivers", dbDriver );
37              // Class.forName( dbDriver );
38              // deprecated: DriverManager.setLogStream( System.out );

39              Properties props = new Properties();
40              props.put( "user", dbUser );
41              props.put( "password", dbPassword );

42              dbConnection = DriverManager.getConnection( dbProt + ":" +
43                  dbHost + ":" + dbPort + "/" + dbName, props );
44          }
45          catch ( Exception ex ) {
46              System.err.println(
                      "Couldn't initialize: " + ex.toString() );
47              System.exit( -1 );
48          }
49      }
```

Nachdem die Verbindung aufgebaut ist, können SQL-Anfragen an die Datenbank gesendet werden. Die Methode `executeUpdate()` behandelt dabei SQL-Befehle ohne Ergebnistabelle.

```
50      public void executeUpdate( String update ) {
51          try {
52              if ( dbConnection == null ) {
53                  factory.getViewer().showWarning(
54                      "no database connection established" );
55                  return;
56              }

57              Statement stmt = dbConnection.createStatement();
58              stmt.executeUpdate( update );
59              stmt.close();
60          }
61          catch ( Exception ex ) {
62              factory.getViewer().showWarning(
63                  "Couldn't execute update: " + ex.toString() );
64          }
65      }
```

Die Methode `executeQuery()` wandelt die von der Datenbank berechnete Ergebnistabelle in eine Struktur um, die sie der Benutzeroberfläche zur Anzeige übergibt. Falls die Datenbank `null` berechnet hat, setzt die Methode eine leere Tabelle in

die Oberfläche ein (Entwurfsmuster: Null Object), nämlich die Instanz der Klasse
`NullTableData` (Entwurfsmuster: Singleton).

```
66      public void executeQuery( String query ) {
67          try {
68              if ( dbConnection == null ) {
69                  factory.getViewer().showWarning(
70                      "no database connection established" );
71                  return;
72              }

73              Statement stmt = dbConnection.createStatement();
74              ResultSet rs = stmt.executeQuery( query );

75              if ( rs != null )
76                  factory.getViewer().showResult(
                        new ResultSetTableData( rs ));
77              else
78                  factory.getViewer().showResult(
                        NullTableData.instance() );

79              rs.close();
80              stmt.close();
81          }
82          catch ( Exception ex ) {
83              factory.getViewer().showWarning(
84                  "Couldn't execute query: " + ex.toString() );
85              ex.printStackTrace();
86          }
87      }
```

Die Methode `close()` schließt die Datenbankverbindung und setzt die Variable
`dbConnection` wieder auf `null`.

```
88      public void close() {
89          try {
90              if ( dbConnection != null ) dbConnection.close();
91          }
92          catch ( Exception e ) {}
93          dbConnection = null;
94      }
95  }
```

Damit sind alle für die Datenbankanbindung notwendigen Schritte implementiert.
Die Klasse kümmert sich selbst nicht um die Anzeige, sondern überläßt diese Aufgabe der Benutzeroberfläche. Die darzustellende Tabelle übergibt sie in einem Objekt
der Klasse `ResultSetTableData`.

```
    // Datei jf/kapitel5/abschnitt5/ResultSetTableData.java
1   package jf.kapitel5.abschnitt5;
```

5.5 Datenbanken

```
 2 import java.util.Vector;

 3 import java.sql.ResultSet;
 4 import java.sql.ResultSetMetaData;
```

Die Klasse implementiert dazu die Schnittstelle `TableData`. Sie benutzt ein Feld zur Speicherung der Spaltennamen und einen Vektor zur Speicherung aller Zeilen der Tabelle.

```
 5 public class ResultSetTableData implements TableData {
 6     String[] columnNames = {};
 7     Vector rows = new Vector();

 8     public ResultSetTableData( ResultSet result ) {
 9         init( result );
10     }
```

Die Methode `init()` liest das im Konstruktor übergebene Objekt der Klasse `ResultSet` aus und speichert es in den Objektvariablen. Das Objekt `metaData` der Schnittstelle `ResultSetMetaData` enthält Informationen über die Spaltennamen im Tabellenkopf.

```
11     protected void init( ResultSet resultSet ) {
12         try {
13             rows = new Vector();
14             if ( resultSet == null ) {
15                 columnNames = new String[ 0 ];
16                 return;
17             }
18
19             ResultSetMetaData metaData = resultSet.getMetaData();

20             int numCols = metaData.getColumnCount();
21             columnNames = new String[ numCols ];

22             for( int i=0; i<numCols; i++)
23                 columnNames[ i ] = metaData.getColumnLabel( i + 1 );

24             Vector rowVector = null;
25             boolean more = resultSet.next();
```

Die Abfrage der einzelnen Werte aus der Tabelle ist hier einfach, da alle Tabelleneinträge als vom Typ `String` vereinbart wurden. Im Normalfall muß der Programmierer hier die dem Typ entsprechende Methode aufrufen. JDBC vereinbart deshalb eine Abbildung von Java-Typen auf SQL-Typen. Beim Auslesen von Werten aus einer `ResultSet`-Struktur sollte man die Reihenfolge beibehalten, die in der `SELECT`-Anweisung vorgegeben wurde, und keinen Wert doppelt abfragen. Zu beachten ist ebenfalls die Indexverschiebung: Vektoren und Felder beginnen mit dem nullten Element, Zeilen der Ergebnistabelle (`ResultSet`) mit dem ersten Element.

```
26          while ( more ) {
27              rowVector = new Vector();
28              for ( int i=0; i<numCols; i++ )
29                  rowVector.addElement(
                        resultSet.getObject( i + 1 ) );
30              rows.addElement( rowVector );
31              more = resultSet.next();
32          }
33      }
34      catch ( Exception ex ) {
35          System.err.println( "Exception: " + ex.toString() );
36      }
37  }
```

Der Schnittstelle entsprechend definiert die Klasse Zugriffsmethoden zu den Spaltennamen, zur Anzahl der Spalten und Zeilen sowie zu den Werten der Tabelle. Sie nutzt dazu die in den Objektvariablen gespeicherten Informationen.

```
38  public String getColumnName( int columnIndex ) {
39      if ( columnNames[ columnIndex ] != null )
40          return columnNames[ columnIndex ];
41      else return "";
42  }
43  public int getColumnCount() {
44      return columnNames.length;
45  }
46  public int getRowCount() {
47      return rows.size();
48  }
49  public Object getValueAt( int rowIndex, int columnIndex ) {
50      Vector rowVector = (Vector) rows.get( rowIndex );
51      return rowVector.get( columnIndex );
52  }
53 }
```

Die Klasse `NullTableData` implementiert eine leere Tabelle. Eine leere Tabelle hat keinen kontextabhängigen inneren Zustand und kann deshalb von mehreren Objekten gleichzeitig verwendet werden. Die Klasse hält sich deshalb an das Entwurfsmuster Singleton und erzeugt höchstens eine Instanz zur Laufzeit.

```
    // Datei jf/kapitel5/abschnitt5/NullTableData.java
1   package jf.kapitel5.abschnitt5;

2   public class NullTableData implements TableData {
```

Die erzeugte Instanz ist in der Klassenvariablen `table` abgelegt. Die Klassenmethode `instance()` erzeugt eine neue Tabelle, falls diese Variable noch den Wert `null` hat.

```
3       private static NullTableData table = null;
4       public static NullTableData instance() {
```

5.5 Datenbanken

```
5      if ( table == null )
6          table = new NullTableData();
7      return table;
8   }
```

Der Konstruktor dieser Klasse ist privat und kann damit nur aus der Klasse selbst heraus aufgerufen werden. Andere Objekte sollen ja auch kein Objekt dieser Klasse erzeugen, sondern das eine vorhandene benutzen.

```
9      private NullTableData() {}
```

Die von der Schnittstelle verlangten Zugriffsmethoden geben 0 oder eine leere Zeichenkette zurück.

```
10     public String getColumnName( int index ) { return ""; }
11     public int getColumnCount() { return 0; }
12     public int getRowCount() { return 0; }
13     public Object getValueAt( int rowIndex, int colIndex ) {
           return ""; }
14  }
```

5.5.8 Standardsicht

Die Klasse `StandardDatabaseViewer` implementiert eine mögliche Oberfläche für die Datenbankabfrage. Den oberen Teil der Oberfläche füllt ein Textfenster, das die Ergebnistabelle anzeigt. Im mittleren Teil kann der Anwender die anzuzeigenden Spalten einstellen. Im unteren Teil kann er Suchtexte für ausgewählte Attribute eingeben.

```
    // Datei jf/kapitel5/abschnitt5/StandardDatabaseViewer.java
 1  package jf.kapitel5.abschnitt5;

 2  import java.io.Serializable;

 3  import java.util.Vector;
 4  import java.util.Properties;

 5  import java.awt.Container;
 6  import java.awt.Panel;
 7  import java.awt.Label;
 8  import java.awt.Button;
 9  import java.awt.TextArea;
10  import java.awt.TextField;
11  import java.awt.Checkbox;
12  import java.awt.GridLayout;
13  import java.awt.BorderLayout;
14  import java.awt.CardLayout;

15  import java.awt.event.ActionEvent;
16  import java.awt.event.ItemEvent;
```

```
17    import java.awt.event.ActionListener;
18    import java.awt.event.ItemListener;
```

Die Klasse implementiert die Schnittstelle `DatabaseViewer` und kann so in der Anwendung als Oberfläche eingesetzt werden.

```
19    public class StandardDatabaseViewer extends Panel
                              implements DatabaseViewer {
20        protected String tableName = null;
21        protected Vector attributes = null;
22        protected int attributesToBeQueried = 0;
23        protected Vector updates = null;
24        protected String attributesToBeSelected = null;

25        // Variablen für die Oberfläche
26        protected TextArea answer = null;
27        protected TextArea query = null;
28        protected boolean fullQueryPermitted = false;
```

Alle Hinweistexte, die in der Oberfläche erscheinen, sind hier in einem Feld zusammengefaßt. Für eventuelle Änderungen ist so der Quelltext nur an dieser Stelle betroffen.

```
29        protected String[] labels = { "Suchergebnis:",
30                                      "Suchen",
31                                      "Besen",
32                                      "<- SQL-Anfrage",
33                                      "Starten",
34                                      "SQL-Abfrage",
35                                      "Text-Abfrage" };

36        protected transient DatabaseFactory factory = null;
```

Der Konstruktor nimmt ein `DatabaseFactory`-Objekt entgegen und speichert es in einer Objektvariablen. Er bestimmt die aktuelle Tabellenbeschreibung, initialisiert die Oberfläche und zeigt sie an.

```
37        public StandardDatabaseViewer( DatabaseFactory fac ) {
38            factory = fac;
39            if ( fac != null ) {
40                init( factory.getTableDescription() );
41                createGUI();
42            }
43        }
```

Die Methode `init()` übernimmt die Tabellenbeschreibung in Objektvariablen.

```
44        protected void init( TableDescription description ) {
45            tableName = description.getTableName();
46            attributes = description.getAttributes();
47            updates = description.getUpdates();
48            fullQueryPermitted = description.isFullQueryPermitted();
49            attributesToBeQueried = description.getSize();
```

5.5 Datenbanken

```
50          attributesToBeSelected =
                computeSelectedAttributes( null, false );
51      }
```

Die Methode `createGUI()` baut die Benutzeroberfläche entsprechend der Vorgabe auf.

```
52      public void createGUI() {
53          if ( tableName == null ||
54              attributesToBeSelected == null ||
55              updates == null ||
56              attributes == null ) {
57              System.err.println( "Viewer not initialized" );
58              System.exit( -1 );
59          }
60          setLayout( new BorderLayout());

61          Panel answerPanel = createAnswerPanel();
62          add( "Center", answerPanel );

63          Panel queryPanel = createQueryPanel();
```

Falls dem Anwender eigene SQL-Anweisungen gestattet sind, erzeugt die Methode ein zusätzliches Eingabefenster für SQL-Anweisungen und kombiniert dieses mit dem eigentlichen Panel für Abfragen.

```
64          if ( fullQueryPermitted ) {
65              Panel fullQueryPanel = createFullQueryPanel();
66              Panel combinationPanel =
67                  combinePanels( queryPanel, fullQueryPanel );
68              add( "South", combinationPanel );
69          }
70          else add( "South", queryPanel );
71      }
```

Alle Warnungen und Statusmeldungen landen im Ausgabetextfeld.

```
72      public void showWarning( String s ) {
73          answer.append( s );
74      }
75      public void showStatus( String s ) {
76          answer.setText( s );
77      }
78      public void showResult( TableData table ) {
79          StringBuffer text = new StringBuffer();

80          if ( table == null ) {
81              answer.setText( "Keine Ergebnisse" );
82              return;
83          }
```

Die Variable `table` enthält die Spaltenüberschriften und alle gefundenen Datensätze, die nacheinander in das `StringBuffer`-Objekt `text` eingefügt und am Ende im Antwortfeld angezeigt werden.

```
84          int numCols = table.getColumnCount();

85          for ( int i=0; i<numCols; i++ ) {
86              if ( i > 0 ) text.append( ", " );
87              text.append( table.getColumnName( i ));
88          }
89          text.append( "\n" );

90          int rowCols = table.getRowCount();
91          for ( int i=0; i<rowCols; i++ ) {
92              for ( int j=0; j<numCols; j++ ) {
93                  if ( j > 0 ) text.append( ", " );
94                  String s = ((String) table.getValueAt( i, j )).trim();
95                  text.append( s );
96              }
97              text.append( "\n" );
98          }
99          answer.setText( text.toString() );
100     }
```

Die Methode `createAnswerPanel()` erzeugt das Ausgabetextfeld. Dieses Feld ist nicht editierbar sondern dient nur der Anzeige.

```
101     protected Panel createAnswerPanel() {
102         Panel p = new Panel();
103         p.setLayout( new BorderLayout() );
104         answer = new TextArea( "", 10, 50 );
105         answer.setEditable( false );
106         p.add( "Center", answer );
107         p.add( "North", new Label( labels[ 0 ], Label.CENTER ));
108         return p;
109     }
```

Der folgende Abschnitt definiert die Buttons auf der rechten unteren Seite des Layouts zum Start der Suche und der Aktualisierungsaktionen sowie zum Löschen aller Ein- und Ausgabefenster.

```
110     protected Panel createControlPanel() {
111         Panel p = new Panel();
112         p.setLayout( new GridLayout( updates.size() + 2, 1 ));

114         Button button = new Button( labels[ 1 ] );
115         button.addActionListener( new SelectAction() );
116         p.add( button );
```

Ein Listener der Klasse `UpdateAction` löst eine Update-Anweisung und eine Select-Anweisung aus.

5.5 Datenbanken 281

```
117     class UpdateAction implements ActionListener, Serializable {
118         private String updateStatement = null;
119         public UpdateAction( String upd ) {
120             updateStatement = upd;
121         }
122         public void actionPerformed( ActionEvent e ) {
123             executeUpdate( updateStatement );
124             executeSelect();
125         }
126     }
127     for ( int i = 0; i < updates.size(); i++ ) {
128         Vector update = (Vector) updates.get( i );
129         button = new Button( (String) update.get( 0 ) );
130         button.addActionListener(
131             new UpdateAction( (String) update.get( 1 ) ));
132         p.add( button );
133     }
```

Ein Listener der Klasse `ClearAllAction` löscht Eingabe- und Ausgabefelder.

```
134     class ClearAllAction implements ActionListener, Serializable {
135         public void actionPerformed( ActionEvent e ) {
136             clearAll();
137         }
138     }
139     button = new Button( labels[ 2 ] );
140     button.addActionListener( new ClearAllAction() );
141     p.add( button );
142     return p;
143 }
```

Der Bereich für die Anfrage besteht aus einer Reihe von Checkboxen und darunter aus Zeilen mit je einem Label und einem Textfeld. Mit den Checkboxen kann der Anwender anzuzeigende Attribute auswählen. In die Textfelder kann er Suchtexte eingeben.

```
144 protected Panel createQueryPanel() {
145     Panel lPanel = new Panel();
146     lPanel.setLayout( new GridLayout( attributesToBeQueried, 1 ));
147     Panel tfPanel = new Panel();
148     tfPanel.setLayout( new GridLayout( attributesToBeQueried, 1 ));
149     Panel cbPanel = new Panel();
150     cbPanel.setLayout(
            new GridLayout(( attributes.size() + 6 ) / 7, 7 ));
151     TextField tF = null;
152     Checkbox cb = null;
153     Attribute attr = null;
```

Zwischen den Textfeldern soll der Anwender mit der Tabulatortaste weiterschalten können. Dafür sorgen Listener der Klasse `DelegateFocus`. Sie benutzen die Methode `transferFocus()`, um den aktuellen Eingabefokus auf das nächste Eingabefenster zu wechseln.

```
154       class DelegateFocus implements ActionListener, Serializable {
155           private TextField old = null;
156           public DelegateFocus( TextField old ) {
157               this.old = old;
158           }
159           public void actionPerformed( ActionEvent e ) {
160               if ( old != null ) old.transferFocus();
161           }
162       }
```

Für jede Checkbox bestimmt **AttributeToSelect** über das Hinzufügen oder das Streichen des jeweiligen Attributes aus der Liste der anzuzeigenden Attribute.

```
163       class AttributeToSelect implements ItemListener, Serializable {
164           private String attribute = null;
165           public AttributeToSelect( String attribute ) {
166               this.attribute = attribute;
167           }
168           public void itemStateChanged( ItemEvent ie ) {
169               if ( ie.getStateChange() == ItemEvent.SELECTED )
170                   addAttribute( attribute );
171               else
172                   removeAttribute( attribute );
173           }
174       }
```

Jetzt erfolgt die Auswertung der Attribute, gegebenenfalls werden Eingabemasken eingefügt, auf jeden Fall aber Checkbox-Elemente, mit denen der Benutzer über die Anzeige des entsprechenden Attributes bei der Ausgabe entscheiden kann. Die Eingabefelder erscheinen im Layout unten, die Checkbox-Elemente in der Mitte zwischen Antwortfeld und Eingabefeldern. Beim Betätigen der Eingabetaste in einem Eingabefeld soll der Cursor in das nächste Feld springen bzw. beim letzten Feld die Suche starten.

```
175       for ( int i = 0; i < attributes.size(); i++ ) {
176           attr = (Attribute) attributes.get( i );
177           if ( attr.queried ) {
178               lPanel.add( new Label( attr.externalName + ":",
                                         Label.CENTER ));
179               tfPanel.add( tF = new TextField( "", 40 ));
180               tF.addActionListener( new DelegateFocus( tF ));
181               attr.setTextField( tF );
182           }
183           cb = new Checkbox( attr.externalName );
184           cb.addItemListener(
185               new AttributeToSelect( attr.internalName ));
186           cb.setState( attr.selected );
187           cbPanel.add( cb );
188       }
189       if ( tF != null ) tF.addActionListener( new SelectAction() );
```

5.5 Datenbanken

Schließlich baut die Methode das Panel zur Anfrage vollständig zusammen.

```
190        Panel controlPanel = createControlPanel();

191        Panel searchPanel = new Panel();
192        searchPanel.setLayout( new BorderLayout());
193        searchPanel.add( "West", lPanel );
194        searchPanel.add( "Center", tfPanel );
195        searchPanel.add( "East", controlPanel );

196        Panel queryPanel = new Panel();
197        queryPanel.setLayout( new BorderLayout());
198        queryPanel.add( "North", cbPanel );
199        queryPanel.add( "Center", searchPanel);

200        return queryPanel;
201    }
```

Die Methode `createFullQueryPanel()` erzeugt ein Panel für die Eingabe von vollständigen SQL-Anweisungen.

```
202    protected Panel createFullQueryPanel() {
203        Panel bPanel = new Panel();
204        bPanel.setLayout( new GridLayout( 3,1 ));

205        bPanel.add( new Label( labels[ 3 ], Label.CENTER ));
```

Ein Listener der Klasse `QueryAction` ruft die Methode `executeQuery()` auf.

```
206        class QueryAction implements ActionListener, Serializable {
207            public void actionPerformed( ActionEvent e ) {
208                executeQuery();
209            }
210        }
211        Button button = new Button( labels[ 4 ] );
212        button.addActionListener( new QueryAction() );
213        bPanel.add( button );
```

Ein Listener der Klasse `ClearAction` löscht das Eingabe- und das Ausgabefeld.

```
214        class ClearAction implements ActionListener, Serializable {
215            public void actionPerformed( ActionEvent e ) {
216                clear();
217            }
218        }
219        button = new Button( labels[ 2 ] );
220        button.addActionListener( new ClearAction() );
221        bPanel.add( button );

222        query = new TextArea( "", 5, 40 );
223        query.setEditable( true );

224        Panel fPanel = new Panel();
```

```
225          fPanel.setLayout( new BorderLayout());

226          fPanel.add( "Center", query );
227          fPanel.add( "East", bPanel );

228          return fPanel;
229       }
```

Die Methode combinePanels() schaltet zwei Panel-Objekte in einem CardLayout hintereinander. Sie setzt jeweils Schalter ein, mit denen man zwischen beiden hin- und herschalten kann und realisiert damit einen Karteikasten mit zwei Karteikarten. Im AWT ist kein Oberflächenelement für einen Karteikasten vorhanden. Später wird eine Variante dieser Methode vorgestellt, die den Karteikasten aus Swing nutzt.

```
230       protected Panel combinePanels( Panel fore, Panel back ) {
```

Ein Listener der Klasse FlipAction schaltet auf eine andere Schicht eines CardLayouts um.

```
231          class FlipAction implements ActionListener, Serializable {
232             private Container cont = null;
233             private String name = null;
234             public FlipAction( Container cont, String name ) {
235                this.cont = cont;
236                this.name = name;
237             }
238             public void actionPerformed( ActionEvent e ) {
239                if ( cont != null )
240                   ( (CardLayout) cont.getLayout()).show( cont, name );
241             }
242          }
```

Die Schalter zum Wechseln der Eingabemaske befinden sich unter den Masken.

```
243          Panel p = new Panel();
244          p.setLayout( new CardLayout());

245          Panel f = new Panel();
246          f.setLayout( new BorderLayout() );
247          f.add( "Center", fore );

248          Button button = new Button( labels[ 5 ] );
249          button.addActionListener( new FlipAction( p, "background" ));
250          f.add( "South", button );

251          Panel b = new Panel();
252          b.setLayout( new BorderLayout() );
253          b.add( "Center", back );

254          button = new Button( labels[ 6 ] );
255          button.addActionListener( new FlipAction( p, "foreground" ));
256          b.add( "South", button );
```

5.5 Datenbanken

```
257          p.add( "foreground", f );
258          p.add( "background", b );

259          return p;
260     }
```

Die Methode `executeQuery()` bestimmt zunächst, ob die Anfrage Ergebnisse erzeugt oder nicht und ruft entsprechend die Methode `executeQuery()` oder die Methode `executeUpdate()` des mit `factory.getManager()` referenzierten Objekts auf.

```
261     protected void executeQuery() {
262         String queryText = query.getText();
263         if ( queryText == null || queryText == "" ) return;
264         if ( queryText.toUpperCase().startsWith( "SELECT" ))
265             factory.getManager().executeQuery( queryText );
266         else factory.getManager().executeUpdate( queryText );
267     }
```

Die Methode `executeSelect()` leitet SELECT-Anweisungen zum Objekt, das die Datenbankanbindung realisiert. Dieses zeigt das Ergebnis in der Oberfläche an. Wichtig ist, daß die später implementierte Methode `createWhereClause()` die Eingabemasken abfragt und damit die SQL-Befehle auf das aktuelle Suchmuster einschränkt.

```
268     protected void executeSelect() {
269         if ( attributesToBeSelected == null ||
270             attributesToBeSelected.equals( " " )) return;
271         factory.getManager().executeQuery( "SELECT " +
272                                  attributesToBeSelected +
273                                  "FROM " +
274                                  tableName + " " +
275                                  createWhereClause( "" ));
276     }
```

Die Methode `executeUpdate()` leitet Anweisungen weiter, die keine Ergebnistabelle erwarten.

```
277     protected void executeUpdate( String settings ) {
278         factory.getManager().executeUpdate(
279             settings + createWhereClause( settings ));
280     }
```

Die `clearXXX()`-Methoden löschen spezielle Ein- und Ausgabefenster.

```
281     protected void clearAll() {
282         clearAttributes();
283         clearAnswer();
284         clearQuery();
285     }
286     protected void clear() {
287         clearAnswer();
288         clearQuery();
```

```
289        }
290        protected void clearAttributes() {
291            Attribute attr = null;
292            for ( int i = 0; i < attributes.size(); i++ ) {
293                attr = (Attribute) attributes.get( i );
294                if ( attr.textField != null )
295                    attr.textField.setText( "" );
296            }
297        }
298        protected void clearAnswer() {
299            answer.setText( "" );
300        }
301        protected void clearQuery() {
302            query.setText( "" );
303        }
```

Die Methode createWhereClause() fragt nacheinander alle Eingabefelder ab. Falls der Benutzer einen Wert gesetzt hat, fügt die Methode den Namen des entsprechenden Attributes, den SQL-Vergleichsoperator LIKE und den Wert an die SQL-Anfrage an. Durch die Wahl dieses Vergleichsoperators kann der Benutzer einfache Muster spezifizieren (z.B. paßt "A%" auf alle Zeichenketten, die mit "A" beginnen).

```
304        protected String createWhereClause( String prefix ) {

305            StringBuffer queryText = new StringBuffer( "" );
306            String continueWith = null;
307            String arg = null;
308            Attribute attr = null;

309            if ( prefix.toUpperCase().indexOf( "WHERE" ) < 0 )
310                continueWith = "WHERE ";
311            else
312                continueWith = "AND ";

313            for ( int i = 0; i < attributes.size(); i++ ) {
314                attr = (Attribute) attributes.get( i );
315                if ( attr.textField != null ) {
316                    arg = attr.textField.getText();
317                    if ( arg != null && ! arg.equals("") ) {
318                        queryText.append( continueWith +
319                                attr.internalName + " LIKE '" +
320                                arg + "' " );
321                        continueWith = "AND ";
322                    }
323                }
324            }
325            return queryText.toString();
326        }
```

5.5 Datenbanken

Attributverwaltung. Die nächsten drei Methoden implementieren die Verwaltung der momentan anzuzeigenden Attribute. Der Benutzer kann diese durch die Checkbox-Elemente einstellen. Bei jedem Betätigen einer Checkbox wird die Liste neu berechnet und steht dann bei der Ausführung von Abfragen bereits zur Verfügung.

```
327     protected void removeAttribute( String attribute ) {
328         attributesToBeSelected =
                computeSelectedAttributes( attribute, false );
329     }
330     protected void addAttribute( String attribute ) {
331         attributesToBeSelected =
                computeSelectedAttributes( attribute, true );
332     }
333     protected String computeSelectedAttributes(
                        String attrName, boolean mode ) {
334         StringBuffer selAttribs = new StringBuffer();
335         Attribute attr = null;

336         for ( int i = 0; i < attributes.size(); i++ ) {
337             attr = (Attribute) attributes.get( i );
338             if ( attr.internalName.equals( attrName ) )
                    attr.selected = mode;
339             if ( attr.selected )
                    selAttribs.append( " " + attr.internalName + "," );
340         }
341         if ( selAttribs.length() > 0 ) {
342             selAttribs.setCharAt( selAttribs.length() - 1, ' ' );
343             return selAttribs.toString().substring( 1 );
344         }
345         else return " ";
346     }
```

Der Listener `SelectAction` ist als innere Klasse realisiert, da er in zwei Methoden benötigt wird.

```
347     private class SelectAction implements ActionListener, Serializable {
348         public void actionPerformed( ActionEvent e ) {
349             executeSelect();
350         }
351     }
352 }
```

Die Standardimplementierung der Oberfläche machte regen Gebrauch von der Klasse `Attribute`. Ein Objekt dieser Klasse verkörpert eine Tabellenspalte. Für sie beschreibt das Objekt, wie die Spalte in der Datenbank heißt, unter welcher Überschrift sie angezeigt werden soll, ob sie in der Ergebnistabelle erscheinen und ob sie für Suchanfragen benutzt werden soll.

```
   // Datei jf/kapitel5/abschnitt5/Attribute.java
1  package jf.kapitel5.abschnitt5;

2  import java.io.Serializable;
3  import java.awt.TextField;

4  public class Attribute implements Serializable {
5      public String internalName = null;
6      public String externalName = null;
7      public boolean selected = false;
8      public boolean queried = false;
9      public TextField textField = null;
```

Ein `Attribute`-Objekt kann durch ein `String`-Feld oder durch vier einzelne Parameter beschrieben werden.

```
10     public Attribute( String[] attr ) {
11         this( attr[ 0 ], attr[ 1 ],
12             attr[ 2 ].equals( "1" ),
13             attr[ 3 ].equals( "1" ));
14     }
15     public Attribute( String iName, String eName,
                         boolean sel, boolean quer ) {
16         internalName = iName;
17         externalName = eName;
18         selected = sel;
19         queried = quer;
20     }
21     public void setSelected( boolean b ){ selected = b; }
22     public void setTextField( TextField tF ){ textField = tF; }
23 }
```

5.5.9 Standardbeschreibungen

Die Datenbankanbindung beruht auf einer Beschreibung der Datenbank und die Oberfläche auf einer Beschreibung der anzuzeigenden Tabelle. Für die Abstraktionen `DatabaseDescription` und `TableDescription` existieren jeweils Standardimplementierungen.

Die Standardimplementierung der Datenbankbeschreibung versucht, die benötigten Informationen aus den übergebenen Argumenten zu lesen. Diese Argumente können auf der Kommandozeile (`StringArrayArguments`), als Parameter für ein Applet (`DatabaseApplet`) oder in Dateiform (`URLArguments`) vorhanden sein. Falls die gesuchte Information nicht vorhanden ist, wird sie vom Anwender abgefragt.

```
   // Datei jf/kapitel5/abschnitt5/StandardDatabaseDescription.java
1  package jf.kapitel5.abschnitt5;

2  public class StandardDatabaseDescription
           implements DatabaseDescription {
```

5.5 Datenbanken

Die Variable `dbAttributes` speichert die aktuellen Informationen. Das Feld `PARAMS` gibt die Namen der notwendigen Argumente an.

```
 3      private String[] dbAttributes = null;
 4      static final String[] PARAMS = {"dbDriver",
 5                                      "dbProt",
 6                                      "dbName",
 7                                      "dbHost",
 8                                      "dbPort",
 9                                      "dbUser",
10                                      "dbPassword" };
```

Alle Konstruktoren beziehen sich aufeinander, bestimmen Argumente und lesen aus ihnen die aktuellen Werte.

```
11      public StandardDatabaseDescription() {
12          this( NullArguments.instance() );
13      }
14      public StandardDatabaseDescription( DatabaseFactory factory ) {
15          this( factory.getArguments() );
16      }
17      public StandardDatabaseDescription( Arguments description ) {
18          readValues( description );
19      }
```

Die Zugriffsmethoden liefern den zugehörenden Wert aus dem Feld der aktuellen Werte.

```
20      public String getDbDriver() {
21          return dbAttributes[ 0 ];
22      }
23      public String getDbProt() {
24          return dbAttributes[ 1 ];
25      }
26      public String getDbName() {
27          return dbAttributes[ 2 ];
28      }
29      public String getDbHost() {
30          return dbAttributes[ 3 ];
31      }
32      public String getDbPort() {
33          return dbAttributes[ 4 ];
34      }
35      public String getDbUser() {
36          return dbAttributes[ 5 ];
37      }
38      public String getDbPassword() {
39          return dbAttributes[ 6 ];
40      }
```

Falls die Methode `readValues()` einen Wert nicht bestimmen kann, fragt sie den Anwender nach dem Wert über den schon bekannten Mechanismus.

```
41      protected void readValues( Arguments description ) {
```

```
42            dbAttributes = new String[ PARAMS.length ];
43            for ( int i = 0; i < PARAMS.length; i++ )
44               if (( dbAttributes[ i ] =
45                     (String) description.get( PARAMS[ i ] ))
                        == null )
46                  dbAttributes[ i ] = askUser( PARAMS[ i ] );
47         }
48         protected String askUser( String what ) {
49            return new AskDialog( what ).askUser();
50         }
51      }
```

Die Klasse StandardTableDescription fragt ihre Werte ebenfalls aus Argumenten ab. Sie verzichtet jedoch auf Anfragen beim Benutzer, da die einzulesenden Informationen eine komplexere Struktur haben.

```
   // Datei jf/kapitel5/abschnitt5/StandardTableDescription.java
 1 package jf.kapitel5.abschnitt5;

 2 import java.util.Vector;

 3 public class StandardTableDescription implements TableDescription {

 4      private DatabaseManager manager = null;
 5      private Vector attributes = null;
 6      private Vector updates = null;
 7      private String tableName = null;
 8      private int size = 0;
 9      private boolean fullQueryPermitted = false;
```

Der erste Konstruktor liest analog die aktuellen Werte aus den Argumenten. Der zweite Konstruktor könnte benötigte Werte über den DatabaseManager von der Datenbank selbst abfragen. Zumindest könnte er so die Struktur der Tabelle bestimmen, wenn er ihren Namen schon kennt. Darauf wurde aber hier verzichtet.

```
10      public StandardTableDescription( Arguments description ) {
11         readValues( description );
12      }
13      public StandardTableDescription( DatabaseFactory factory ) {
14         tableName =
               (String) factory.getArguments().get( "dbTableName" );
15         manager = factory.getManager();
16         // abfragen
17         attributes = new Vector();
18         updates = new Vector();
19      }
```

Die Zugriffsmethoden liefern den Wert der zugehörigen Objektvariablen.

```
20      public String getTableName() { return tableName; }
21      public Vector getAttributes() { return attributes; }
22      public Vector getUpdates() { return updates; }
```

5.5 Datenbanken

```
23      public int getSize() { return size; }
24      public boolean isFullQueryPermitted() { return fullQueryPermitted; }
```

Die Methode `readValues()` liest die aktuellen Werte aus den Argumenten in Objektvariablen ein.

```
25      protected void readValues( Arguments description ) {
26          tableName = (String) description.get( "dbTableName" );

27          String permission =
                    (String) description.get( "fullQueryPermitted" );
28          if ( permission.equals( "true" )) fullQueryPermitted = true;

29          Vector attribs = (Vector) description.get( "attributes" );
30          attributes = new Vector( attribs.size() );
31          for ( int i = 0; i < attribs.size(); i++ ) {
32              Vector a = (Vector) attribs.get( i );
33              String[] attrib = new String[ a.size() ];
34              for ( int j = 0; j < a.size(); j++ )
35                  attrib[ j ] = (String) a.get( j );
36              attributes.addElement( new Attribute( attrib ));
37              if ( attrib[ 3 ].equals( "1" )) size++;
38          }
39          updates = (Vector) description.get( "updates" );
40      }
41 }
```

5.5.10 Argumente

Die verschiedenen Ausprägungen von Argumenten wurden bereits erwähnt, eine Implementierung in Form der Klasse `DatabaseApplet` bereits gezeigt. Hier folgen nun die anderen möglichen Varianten.

Für die Übergabe von Argumenten in der Kommandozeile einer Applikation ist die Klasse `StringArrayArguments` vorgesehen.

```
   // Datei jf/kapitel5/abschnitt5/StringArrayArguments.java
 1 package jf.kapitel5.abschnitt5;

 2 import java.util.Hashtable;

 3 public class StringArrayArguments implements Arguments {
```

Die Klasse verwaltet die Argumente in einer Hashtabelle und liest deshalb im Konstruktor die angegebenen Argumente aus dem Zeichenkettenfeld ein. Eine mit - eingeleitete Zeichenkette steht dabei für den Namen eines Arguments (ohne das erste Zeichen), die darauffolgende Zeichenkette für ihren Wert.

```
 4      private Hashtable arguments = null;

 5      public StringArrayArguments( String[] args ) {
```

```
 6         arguments = new Hashtable();
 7         int len = args.length;
 8         int index = 0;
 9         while ( index < len ) {
10            while (( index < len ) &&
                     ( !args[ index ].startsWith( "-" ))) index++;
11            if (( index+1 < len ) && ( args[ index ].length() > 1 ))
12               arguments.put( args[ index ].substring( 1 ),
                                args[ index+1 ] );
13            index += 2;
14         }
15      }
```

Die Methode get() wird auf die gleichnamige Methode der Klasse Hashtable abgebildet.

```
16      public Object get( String name ) {
17         return arguments.get( name );
18      }
19 }
```

Verschiedene Argumente können auch in Dateien zusammengefaßt sein. Diese Dateien sollen auch über das Netz verfügbar sein. Dieser Punkt ist besonders für Applets wichtig. Dateien sind deshalb in der folgenden Klasse durch eine URL repräsentiert.

```
   // Datei jf/kapitel5/abschnitt5/URLArguments.java
 1 package jf.kapitel5.abschnitt5;

 2 import java.util.Hashtable;
 3 import java.util.Vector;
 4 import java.util.StringTokenizer;

 5 import java.io.File;
 6 import java.io.BufferedReader;
 7 import java.io.InputStreamReader;
 8 import java.io.IOException;

 9 import java.net.URL;

10 public class URLArguments implements Arguments {

11      private Hashtable arguments = null;
12      private String urlName = null;
13      private String separator;
```

Wieder sind die Argumente in einer Hashtable verwaltet. Zunächst muß der Konstruktor aber die Datei einlesen. Falls der Name der URL nicht vollständig angegeben ist, wird er ergänzt.

```
14      public URLArguments( String url, String sep ) {
15         if ( url.startsWith( "http:" ) || url.startsWith( "file:" ))
```

5.5 Datenbanken

```
16              urlName = url;
                else urlName =
                    "file:" + new File( "." ).getAbsolutePath() + "/" + url;
17              separator = sep;
18              arguments = new Hashtable();
19              readURL();
20          }
21          public Object get( String name ) {
22              return arguments.get( name );
23          }
```

Es sind zwei Varianten vorgesehen, Argumente in einer Datei anzugeben. Bei der einfachen Variante steht eine Zeile für ein Argument: zuerst steht der Name, dann ein Trennzeichen und am Ende der Zeile der Wert des Arguments. Für stärker strukturierte Argumente gibt es ein Konstrukt über mehrere Zeilen. Diese Zeilen werden analog zu den Tags in HTML durch <*ArgumentName*> eingeleitet und durch </*ArgumentName*> beendet. Alle Zeilen dazwischen werden als Vektor (je Zeile ein Eintrag) von Vektoren (je Wort ein Eintrag, getrennt durch Trennzeichen) abgespeichert.

```
24          protected void readURL() {
25              try {
26                  URL url = new URL( urlName );
27                  BufferedReader in = new BufferedReader(
28                      new InputStreamReader( url.openStream() ));
29                  String line = null;
30                  while (( line = in.readLine() ) != null )
31                      if ( line.startsWith( "<" ) && line.endsWith( ">" ))
32                          readLines(
                                in, line.substring( 1, line.length() - 1 ));
33                      else readLine( line );
34              }
35              catch( Exception e ) {
36                  System.err.println( "Couldn't read " + urlName );
37              }
38          }
```

Die Methode `readLine()` realisiert die einfache Variante.

```
39          protected void readLine( String line ) {
40              StringTokenizer sT = new StringTokenizer( line, separator );
41              if ( sT.hasMoreTokens() ) {
42                  String name = sT.nextToken();
43                  if ( sT.hasMoreTokens() )
44                      arguments.put( name, sT.nextToken() );
45              }
46          }
```

Die Methode `readLines()` liest den Vektor von Vektoren ein.

```
47          protected void readLines( BufferedReader in, String name )
48              throws IOException {
```

```
49          String line = null;
50          Vector valueVector = new Vector();
51          while ((( line = in.readLine() ) != null ) &&
52              ( ! line.equals( "</" + name + ">" ))) {
53              StringTokenizer sT = new StringTokenizer( line, separator );
54              Vector lineVector = new Vector();
55              while ( sT.hasMoreTokens() )
56                  lineVector.addElement( sT.nextToken() );
57              valueVector.addElement( lineVector );
58          }
59          arguments.put( name, valueVector );
60      }
61 }
```

Die Klasse `NullArguments` realisiert wieder das Entwurfsmuster Null Object und beschreibt eine leere Argumentliste. Leere Argumentlisten können von verschiedenen Objekten gleichzeitig benutzt werden, es existiert deshalb zur Laufzeit wieder nur ein Objekt dieser Klasse (Entwurfsmuster: Singleton).

```
   // Datei jf/kapitel5/abschnitt5/NullArguments.java
1  package jf.kapitel5.abschnitt5;

2  public class NullArguments implements Arguments {
3      static private NullArguments args = null;
```

Der Konstruktor ist von außen nicht zu benutzen, die Methode `get()` gibt immer null zurück.

```
4      protected NullArguments() {}
5      public Object get( String name ) { return null; }
```

Die Klassenmethode `instance()` erzeugt gegebenenfalls die einzige Instanz der Klasse und liefert sie an den Aufrufer zurück.

```
6      static NullArguments instance() {
7          if ( args == null ) args = new NullArguments();
8          return args;
9      }
10 }
```

5.5.11 Die virtuelle Bibliothek

Alle bisher vorgestellten Klassen haben sich noch nicht direkt auf die in der Aufgabenstellung beschriebene Buchtabelle bezogen. Durch die geeignete Wahl von Argumenten führt der folgende Aufruf aber schon zu der gewünschten Lösung:

```
java -Xbootclasspath/a:/driver/jdbc-driver.zip
    jf.kapitel5.abschnitt5.DatabaseApplication
    -db_descr_url db.dsc
    -table_descr_url books.dsc
    -title Bibliothek
```

5.5 Datenbanken

Die Option -Xbootclasspath ist bei manchen Treibern notwendig, da java sonst die Klassen nicht findet. Die Beschreibungstabellen haben folgendes Aussehen, zuerst die Beschreibung der Datenbank (db.dsc):

```
dbDriver|jdbc.odbc.JdbcOdbcBridge
dbProt|jdbc:odbc
dbName|bibo
dbHost|bibohost
dbPort|3333
dbUser|bibouser
dbPassword|bibopasswd
```

Die Tabelle hat folgende Beschreibung (books.dsc):

```
dbTableName|Books
fullQueryPermitted|true

<attributes>
Verfasser|Verfasser|1|1
Hauptsachtitel|Sachtitel|1|1
Verlag|Verlag|0|0
Erscheinungsort|Ort|0|0
Erscheinungsjahr|Jahr|0|0
ISBN|ISBN|0|0
Signatur|Signatur|1|1
Anzahl|Anzahl|0|0
Preis|Preis|0|0
Datum|Datum|0|0
Ausgeliehen|Ausleihe|1|0
</attributes>

<updates>
Ausleihen|UPDATE Books SET Ausgeliehen = 'ralf' WHERE Ausgeliehen = '-'
Zur\u00FCckgeben|UPDATE Books SET Ausgeliehen='-' WHERE Ausgeliehen='ralf'
</updates>
```

Für die Anwendung als Applet ist folgende HTML-Datei ausreichend:

```
<HTML>
<HEAD>
<TITLE>
Bibliothek
</TITLE>
</HEAD>
<BODY>
<H3>
Bibliothek
</H3>
<applet code=jf.kapitel5.abschnitt5.DatabaseApplet
        codebase=../../../../classes width=560 height=340>
<param  name=db_descr_url
        value=db.dsc>
```

```
        <param   name=table_descr_url
                 value=books.dsc>
        <param   name=title
                 value=Bibliothek>
        <param   name=user
                 value=kuehnel>
        </applet>
        </BODY>
        </HTML>
```

Eine andere Variante neben dem Setzen von Argumenten ist die Spezialisierung der zugehörenden Klassen. Die Klasse `BookFactory` erzeugt dafür eigene Beschreibungen für Datenbank und Tabelle:

```
     // Datei jf/kapitel5/abschnitt5/BookFactory.java
 1   package jf.kapitel5.abschnitt5;

 2   import java.util.Vector;

 3   public class BookFactory extends StandardDatabaseFactory {

 4       public BookFactory() { super(); }
 5       public BookFactory( Arguments args ) { super( args ); }
```

Sie muß dazu entsprechende `basicCreateXXX()`-Methoden der Superklasse überschreiben.

```
 6       protected String basicCreateTitle() { return "Bibliothek"; }

 7       protected DatabaseDescription basicCreateDbDescription() {
 8           String fileName =
                 (String) getArguments().get( DB_DESCRIPTION_URL );
 9           if ( fileName == null ) fileName = "../abschnitt5/db.dsc";
10           return new StandardDatabaseDescription(
                 new URLArguments( fileName, "|" ));
11       }

12       protected TableDescription basicCreateTableDescription() {
13           return new TableDescription() {
14               private int size = 0;
15               public String getTableName() { return "Books"; }
16               public boolean isFullQueryPermitted() { return true; }
17               public Vector getAttributes() {
18                   size = 0;
19                   Vector v = new Vector();
```

Nacheinander nimmt das Feld `attribs` den internen Spaltennamen, den anzuzeigenden Namen und den Modus der Anzeige bzw. des Abfragens auf.

```
20                   String[][] attribs = {
22                       { "Verfasser", "Verfasser", "1", "1" },
23                       { "Hauptsachtitel", "Sachtitel", "1", "1" },
```

5.5 Datenbanken

```
24              { "Verlag", "Verlag", "0", "0" },
25              { "Erscheinungsort", "Ort", "0", "0" },
26              { "Erscheinungsjahr", "Jahr", "0", "0" },
27              { "ISBN", "ISBN", "0", "0" },
28              { "Signatur", "Signatur", "1", "1" },
29              { "Anzahl", "Anzahl", "0", "0" },
30              { "Preis", "Preis", "0", "0" },
31              { "Datum", "Datum", "0", "0" },
32              { "Ausgeliehen", "Ausleihe", "1", "0" }
33          };
34          for ( int i = 0; i < attribs.length; i++ ) {
35              String[] attrib = attribs[ i ];
36              v.addElement( new Attribute( attrib ));
37              if ( attrib[ 3 ].equals( "1" )) size++;
38          }
39          return v;
40      }
```

Das Feld `updates` speichert zu dem Button-Namen die auszuführende SQL-Anweisung. Die erste SQL-Anweisung bewirkt eine Änderung aller `Ausgeliehen`-Einträge vom Wert - auf den Namen des Benutzers. Die Datenbankklasse schränkt das später auf die momentan selektierten Einträge ein.

```
41      public Vector getUpdates() {
42          Vector u = new Vector();
43          String user = getUser();
44          String tableName = getTableName();
45          String[][] updates = {
46              { "Ausleihen",
47                "UPDATE " + tableName + " SET Ausgeliehen = '"
48                + user + "' WHERE Ausgeliehen = '-' " },
49              { "Zur\u00FCckgeben",
50                "UPDATE " + tableName + " SET Ausgeliehen ='-'"
51                + " WHERE Ausgeliehen = '" + user + "' " }
52          };
53          for ( int i = 0; i < updates.length; i++ ) {
54              Vector v = new Vector();
55              v.addElement( updates[ i ][ 0 ] );
56              v.addElement( updates[ i ][ 1 ] );
57              u.addElement( v );
58          }
59          return u;
60      }
61      public int getSize() { return size; }
62  };
63  }
64 }
```

Die Klassen `BookApplication` und `BookApplet` benutzen die neue Klasse. Letztendlich erscheinen Applet und Applikation, wie in Abbildung 5.5 dargestellt.

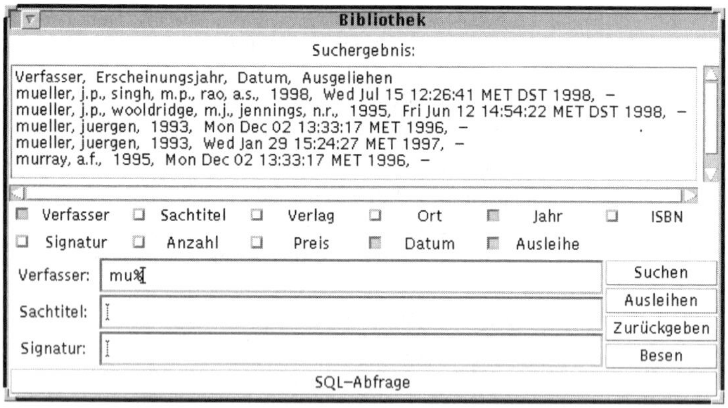

Abbildung 5.5: Bibliotheksabfrage

```
   // Datei jf/kapitel5/abschnitt5/BookApplication.java
 1 package jf.kapitel5.abschnitt5;

 2 public class BookApplication extends DatabaseApplication {
 3     static { factory = new BookFactory(); }
 4 }
```

```
   // Datei jf/kapitel5/abschnitt5/BookApplet.java
 1 package jf.kapitel5.abschnitt5;

 2 public class BookApplet extends DatabaseApplet {

 3     public void init() {
 4         factory = new BookFactory( this );
 5     }
 6 }
```

Nun kann die Anwendung mit dem folgenden Aufruf gestartet werden:

```
java -Xbootclasspath/a:/drivers/jdbc-driver.zip
     jf.kapitel5.abschnitt5.BookApplication
```

Das Applet ist in der folgenden HTML-Seite enthalten:

```
<HTML>
<HEAD>
<TITLE>
BookApplet
</TITLE>
</HEAD>
<BODY>
<H3>
BookApplet
</H3>
<applet code=jf.kapitel5.abschnitt5.BookApplet
        codebase=../../../../classes width=560 height=340>
```

```
<param   name=db_descr_url
         value=rkDB.dsc>
</applet>
```

Damit ist die Anwendung vollständig implementiert. Geht man davon aus, daß der Datenbankrechner ein anderer ist als der HTTP-Server, dann kann man das zuerst vorgestellte Applet allerdings nur lokal verwenden. Der Datenbanktreiber wird nämlich eine Netzverbindung zu dem Datenbankrechner aufnehmen, und das ist einem Applet nur eingeschränkt erlaubt. Die nächsten Kapitel werden Wege erläutern, die das Applet netzfähig machen.

Übung

- Extrahieren Sie die Quelltextteile, die für eine einfache Datenbankabfrage über Kommandozeilenargumente notwendig wären.

- Überlegen Sie sich Strategien, die das Applet netzfähig machen. Denken Sie z.B. an eine einfache Socket-Lösung.

5.6 Beans

Die Wiederverwendung von vorgefertigten Bauteilen hat sich in unterschiedlichen Anwendungsgebieten bewährt. Für die Anwendung dieser Technik im Softwarebereich hat sich der Name Softwarekomponente eingebürgert. Aus Komponenten soll man komplexe Anwendungen mittels visueller Werkzeuge schnell und einfach zusammenbauen können. Eine Komponente muß deshalb in ihren Eigenschaften an die aktuelle Anwendung anpaßbar sein (Anpaßbarkeit). Und sie muß über Ereignisse und Methoden mit anderen Komponenten zusammengeschaltet und zu einem System konfiguriert werden können (Konfigurierbarkeit). Das visuelle Tool muß Eigenschaften, Ereignisse und Methoden einer Komponente ablesen (Introspektion) und angepaßte Komponenten in ihrem momentanen Zustand abspeichern können (Persistenz). Das sind die vier wesentlichen Anforderungen an ein Komponentensystem.

5.6.1 Theorie

Beans heißt das Konzept, mit dem der Programmierer in Java Komponenten implementieren kann. Im Gegensatz zu anderen Klassen (gekennzeichnet durch Konstruktoren, Variablen, Methoden) besitzen Beans Eigenschaften (Properties; ermöglichen das Anpassen einer Bean, Customization), verarbeiten Ereignisse (Events; ermöglichen das Koppeln von Beans, Konfiguration), implementieren parameterlose Methoden zur Reaktion auf Ereignisse und enthalten einen parameterlosen Konstruktor. Um aus einer Klasse eine Bean zu machen, muß ein Programmierer sich an vorgegebene Konventionen halten und Funktionalität hinzufügen, die mit dem eigentlichen Zweck der Klasse nur indirekt zu tun hat.

Eine Java Bean muß einen Konstruktor ohne Argumente haben, sollte keine öffentlichen Instanzvariablen besitzen, muß serialisierbar sein (Persistenz) und muß vorgegebene Namenskonventionen für Zugriffsmethoden einhalten (Introspektion). Zusätzlich kann ein Hersteller von Beans Hilfsklassen anbieten: BeanInfo-Klassen (zur Beschreibung der öffentlichen Schnittstelle), PropertyEditor-Klassen (zum Anpassen von Eigenschaften) und Customizer-Klassen (zur komplexen Anpassung von Beans).

Eigenschaften (Properties) beschreiben den internen Zustand einer Bean. Sie sind benannte Attribute einer Bean. Sie werden durch nicht-öffentliche Instanzvariablen realisiert und können sowohl primitive als auch Klassentypen haben. Das Lesen und Schreiben von Eigenschaften erfolgt durch öffentliche Zugriffsmethoden. Damit Werkzeuge das Vorhandensein von Eigenschaften feststellen können, wurde eine Konvention für die Namen von Zugriffsmethoden eingeführt. Eine Eigenschaft heißt Boolesch, falls sie den Typ `boolean` hat; indiziert, falls sie einen Array-Typ hat und einfach in allen anderen Fällen. Schreibmethoden müssen die folgenden Konventionen einhalten (`Prop` ist der Name der Eigenschaft):

```
public void setProp(T value) (einfache und Boolesche Eigenschaften)
public void setProp(T[] value) (indizierte Eigenschaften)
public void setProp(int position, T value) (indizierte Eigenschaften)
```

Für Lesemethoden gelten die folgenden Konventionen (`Prop` ist der Name der Eigenschaft):

```
public T getProp() (einfache Eigenschaften)
public boolean isProp() (Boolesche Eigenschaften)
public T[] getProp() (indizierte Eigenschaften)
public T getProp(int position) (indizierte Eigenschaften)
```

Die Einhaltung der Namenskonventionen wird durch den Compiler nicht unterstützt.

Spezielle Eigenschaften sind gebundene und abhängige Eigenschaften, die hier nicht behandelt werden.

Die einfachsten Komponenten des JDK sind die Oberflächenelemente des Paketes `java.awt`.

Die Programmierung mit Komponenten erfolgt im allgemeinen mit einer speziellen Software, die dem Programmierer eine Sammlung von Komponenten anbietet und Mittel bereitstellt, die Komponenten anzupassen und sie zusammenzusetzen, d.h. den Datenstrom und den Ereignisstrom festzulegen. Im JDK-1.2 selbst ist ein solches Werkzeug nicht enthalten, JavaSoft bietet jedoch mit dem Programm BeanBox des Programmpakets BDK ein einfaches derartiges Werkzeug an, das man zum Test seiner Komponenten einsetzen kann.

5.6.2 DatabaseViewer als Bean

Die Datenbankanwendung des letzten Abschnittes soll in eine Komponente verwandelt werden, die der Benutzer in der Bedienoberfläche verändern kann.

Die Klasse `StandardDatabaseViewer` implementierte die Oberfläche, sie wird jetzt erweitert.

```
   // Datei jf/kapitel5/abschnitt6/BookBeanViewer.java
 1 package jf.kapitel5.abschnitt6;

 2 import jf.kapitel5.abschnitt5.StandardDatabaseViewer;
 3 import jf.kapitel5.abschnitt5.Attribute;
 4 import jf.kapitel5.abschnitt5.Arguments;
 5 import jf.kapitel5.abschnitt5.DatabaseFactory;
 6 import jf.kapitel5.abschnitt5.TableDescription;

 7 import java.io.ObjectInputStream;
 8 import java.io.ObjectOutputStream;
 9 import java.io.IOException;

10 import java.util.Vector;
```

Eine Bean-Klasse muß die Schnittstelle `Serializable` implementieren, d.h. serialisierbar sein. Die Schnittstelle enthält zwar keine Methoden, aber eine Klasse zeigt mit ihr an, daß ihre Objekte in einen Objektausgabestrom geschrieben bzw. aus einem Objekteingabestrom gelesen werden können. Diese Forderung wird dadurch erfüllt, daß die Schnittstelle `DatabaseViewer` die Schnittstelle `Serializable` erweitert.

```
11 public class BookBeanViewer extends StandardDatabaseViewer {
```

Ihre Konstruktoren bildet die Klasse auf Konstruktoren der Superklasse ab.

```
12     public BookBeanViewer() {
13         super( null );
14         try {
15             initializeFactory();
16         } catch( Exception e ) {e.printStackTrace();}
17     }
18     public BookBeanViewer( DatabaseFactory fac ) {
19         super( fac );
20     }
```

Ein Bean-Objekt ist durch eine Menge von Eigenschaften gekennzeichnet. Für eine Eigenschaft existieren jeweils eine Instanzvariable (`XXX`), die den aktuellen Wert des Attributs speichert, und Methoden zum Abfragen (`getXXX()`) bzw. zum Verändern des Attributwertes (`setXXX()`). Die Klasse `BookBeanViewer` definiert zwei eigene Eigenschaften; einen Booleschen Wert, der bestimmt, ob ein Benutzer direkte SQL-Befehle an die Datenbank schicken darf, und eine Beschreibung der Datenbankattribute. Die Variablen `fullQueryPermitted` und `attributes` erbt die Klasse aus ihrer Superklasse, dort waren sie als `protected` definiert.

```
21      // Beans attributes
22      public void setFullQueryPermitted( boolean mode ) {
23          if ( mode != fullQueryPermitted ) {
24              fullQueryPermitted = mode;
25          }
```

Eine Änderung dieser Eigenschaft führt zu einer Veränderung der Benutzeroberfläche.

```
26              renewGUI();
27      }
28      public boolean getFullQueryPermitted() {
29          return fullQueryPermitted;
30      }
```

Die Bean-Eigenschaft `attributes` enthält Angaben über die vorhandenen Datenbankattribute. Sie legt fest, welche Datenbankattribute der Benutzer für die Suche verwenden kann und welche im Ergebnis erscheinen.

```
31      public void setAttributes( Vector attributes ) {
32          this.attributes = attributes;
33          attributesToBeSelected =
                  computeSelectedAttributes( null, false );
34          attributesToBeQueried = 0;
35          for ( int i = 0; i < attributes.size(); i++ )
36              if (( (Attribute) attributes.elementAt( i )).queried )
37                  attributesToBeQueried++;
38          renewGUI();

39      }
40      public Vector getAttributes() {
41          return attributes;
42      }
```

Die Methode `renewGUI()` unternimmt die notwendigen Schritte zum Neuaufbau der Oberfläche.

```
43      private void renewGUI() {
44          setVisible(false);
45          removeAll();
46          createGUI();
47          validate();
48          setVisible(true);
49      }
```

Das Lesen und Schreiben eines Objekts erfolgt über dessen Methoden `writeObject()` und `readObject()`. Sind diese Methoden nicht implementiert, so sorgen die Methode `defaultWriteObject()` aus der Klasse `ObjectOutputStream` und die Methode `defaultReadObject()` aus der Klasse `ObjectInputStream` dafür, daß die aktuellen Werte der Objektvariablen und eventuell durch sie referenzierte andere Objekte gespeichert bzw. geladen werden. Eine Ausnahme bilden die als `transient` gekennzeichneten Variablen, ihre Werte werden nicht abgespeichert.

5.6 Beans

Ein solcher Fall ist die Variable `factory` (eingeführt in der Zeile 36 der Klasse `StandardDatabaseViewer`). Das in diese Variablen gespeicherte Objekt hält eine Referenz auf die momentane Datenbankverbindung. Es ist nicht sinnvoll, diese Netzverbindung zum Datenbankrechner mit abzuspeichern, sie muß jedesmal neu aufgebaut werden, wenn ein `DatabaseViewer`-Objekt erzeugt oder neu geladen wird. Die Klasse `BookBeanViewer` realisiert dieses Verhalten in der Methode `readObject()`; sie ruft die Methode `initializeFactory()` auf, welche die Verbindung wieder herstellen muß.

```
50      // Methods for serialization
51      private void readObject( ObjectInputStream in )
52          throws IOException, ClassNotFoundException {

53          in.defaultReadObject();
54          initializeFactory();
55      }
```

In der Methode `initializeFactory()` erhält die Variable `factory` einen neuen Wert. Das ist die einzige Instanz der Klasse `BookBeanFactory` (Entwurfsmuster: Singleton), die im Anschluß beschrieben ist. Falls die Datenbankverbindung noch nicht eingerichtet wurde (Zeile 58), startet die Methode in Zeile 70 die Initialisierung. Dazu überreicht sie dem Factory-Objekt sich selbst als Argument. Das Factory-Objekt weiß dann, daß es die Benutzeroberfläche nicht mehr erzeugen muß. Diese Art der Initialisierung findet statt, wenn die Oberfläche aus einem serialisierten Objekt heraus geladen wurde (Zeile 51).

```
56      private void initializeFactory() {
57          factory = BookBeanFactory.instance();
58          if ( factory.getManager() == null ) {

60              final Arguments args = factory.getArguments();
61              factory.setArguments(
62                  new Arguments() {
63                      public Object get( String name ) {
64                          if ( name.equals( "viewerObject" ))
65                              return BookBeanViewer.this;
66                          else return args.get( name );
67                      }
68                  }
69              );
70              factory.init();
71          }
```

Falls das Objekt über den parameterlosen Konstruktor erzeugt worden ist, muß die Methode die Oberfläche noch erzeugen.

```
72          if ( attributes == null ) {
73              init( factory.getTableDescription() );
74              createGUI();
```

```
75       }
76    }
77 }
```

Für die Anwendung dieser Bean in einer Applikation oder einem Applet stellt die Klasse BookBeanFactory eine neue Konfiguration auf. Sie ist entsprechend von der Klasse BookFactory abgeleitet.

```
   // Datei jf/kapitel5/abschnitt6/BookBeanFactory.java
 1 package jf.kapitel5.abschnitt6;

 2 import jf.kapitel5.abschnitt5.BookFactory;
 3 import jf.kapitel5.abschnitt5.DatabaseViewer;

 4 import java.io.FileInputStream;
 5 import java.io.ObjectInput;
 6 import java.io.ObjectInputStream;

 7 public class BookBeanFactory extends BookFactory {
 8    static BookBeanFactory factory = null;
```

Die Klasse ist als Singleton ausgeführt, da zur Laufzeit nur eine Instanz existieren soll. Sie besitzt dementsprechend einen privaten Konstruktor und eine statische Methode zur Erzeugung der einen Instanz.

```
 9    private BookBeanFactory() {}
10    static public BookBeanFactory instance() {
11       if ( factory == null )
12          factory = new BookBeanFactory();
13       return factory;
14    }
```

In die Konfiguration der Anwendung nimmt die Klasse eine neue, nämlich die gerade beschriebene Oberfläche auf. Sie überschreibt deshalb die Methode basicCreateViewer().

```
15    protected DatabaseViewer basicCreateViewer() {
```

Bei der ersten Variante, die Oberfläche zu erzeugen, ist das zu erzeugende Objekt bereits als Argument gesetzt. Es muß also nicht eigentlich erzeugt, sondern einfach verwendet werden.

```
16       BookBeanViewer viewer =
             (BookBeanViewer) getArguments().get( "viewerObject" );
17       if ( viewer != null ) return viewer;
```

Eine zweite Variante ist die Angabe des Dateinamens eines serialisierten Objekts. Die Methode liest das Oberflächenobjekt in diesem Fall aus einer Datei.

```
18       String viewerName = (String) getArguments().get( "viewerName" );
19       if (( viewerName != null ) && viewerName.endsWith( ".ser" ))
20          try {
21             FileInputStream f = new FileInputStream( viewerName );
22             ObjectInput s = new ObjectInputStream( f );
```

5.6 Beans

```
23              viewer = (BookBeanViewer) s.readObject();
24              s.close();
25          }
26          catch ( Exception e ) {
27              System.err.println( "Failed to read " + viewerName );
28              e.printStackTrace();
29          }
```

Falls das auch nicht geschehen ist, erzeugt die Methode die Oberfläche über deren zweiten Konstruktor.

```
30          if ( viewer == null )
31              viewer = new BookBeanViewer( this );
32          return viewer;
33      }
```

Den Titel paßt die Klasse entsprechend an.

```
34      protected String basicCreateTitle() {
            return super.basicCreateTitle() + " mit Bohne"; }
35 }
```

5.6.3 Die BeanBox

Schon diese Konstellation kann man in der BeanBox testen, indem man eine spezielle JAR-Datei erzeugt und diese in die BeanBox lädt. Das Programm `jar` benötigt hierfür eine Datei, die die Bean-Klasse beschreibt (`manifest.tmp`).

```
Name: jf/kapitel5/abschnitt6/BookBeanViewer.class
Java-Bean: True
```

Der folgende Aufruf des Programms `jar` baut das Archiv auf.

```
cd /cd/book/classes
jar cfm BookBeanViewer.jar manifest.tmp
        jf/kapitel5/abschnitt[56]/*.class
```

Das Archiv enthält danach alle Byte-Code-Dateien der Abschnitte 5 und 6. Lädt man dieses Archiv in die BeanBox, kann man bereits das Attribut `fullQueryPermitted` über einen Dialog verändern (Abbildung 5.6). Nun enthält die BeanBox jedoch keine Möglichkeit, auch das andere Attribut zu ändern. Für einen selbstdefinierten Typ (`Attribute`) muß der Programmierer den Änderungsdialog selbst implementieren. Das kann entweder in einem Eigenschaftseditor oder in einer zusätzlichen Anpassungsklasse (Customizer) erfolgen.

Für die zweite Variante beschreibt der Programmierer zunächst seine Bean-Klasse in einer `BeanInfo`-Klasse genauer. Ihr Name ergibt sich durch das Anfügen von `BeanInfo` an den eigentlichen Klassennamen.

```
   // Datei jf/kapitel5/abschnitt6/BookBeanViewerBeanInfo.java
 1 package jf.kapitel5.abschnitt6;

 2 import java.beans.SimpleBeanInfo;
```

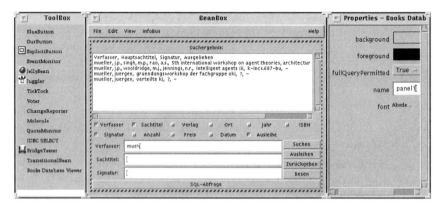

Abbildung 5.6: `BookBeanViewer` *in der BeanBox*

```
3 import java.beans.BeanDescriptor;
```

Eine `BeanInfo`-Klasse erbt ihre Methoden aus der Klasse `SimpleBeanInfo` des Paketes `java.beans`.

```
4 public class BookBeanViewerBeanInfo extends SimpleBeanInfo {
```

Die Zeile 6 legt fest, daß die Klasse `BookBeanCustomizer` einen Änderungsdialog für die Klasse `BookBeanViewer` implementiert. In der BeanBox wird die Bean-Klasse dann unter dem Namen `Books Database Viewer` erscheinen.

```
5      public BeanDescriptor getBeanDescriptor() {
6          BeanDescriptor bd = new BeanDescriptor( BookBeanViewer.class,
7                             BookBeanCustomizer.class );
8          bd.setDisplayName( "Books Database Viewer" );
9          return bd;
10     }
11 }
```

5.6.4 Maßschneidern der Bean

Die Klasse `BookBeanCustomizer` implementiert den Änderungsdialog.

```
   // Datei jf/kapitel5/abschnitt6/BookBeanCustomizer.java
1 package jf.kapitel5.abschnitt6;

2 import jf.kapitel5.abschnitt5.Attribute;

3 import java.awt.Panel;
4 import java.awt.TextField;
5 import java.awt.Button;
6 import java.awt.Label;
7 import java.awt.Checkbox;
8 import java.awt.Dimension;
9 import java.awt.GridLayout;
```

5.6 Beans

```
10 import java.awt.BorderLayout;

11 import java.awt.event.ActionListener;
12 import java.awt.event.KeyListener;
13 import java.awt.event.ItemListener;
14 import java.awt.event.ActionEvent;
15 import java.awt.event.KeyEvent;
16 import java.awt.event.ItemEvent;

17 import java.beans.Customizer;
18 import java.beans.PropertyChangeSupport;
19 import java.beans.PropertyChangeListener;

20 import java.util.Vector;
```

Ein solcher Dialog erweitert die Klasse `Panel` und kann so von der BeanBox in ein eigenes Fenster eingebettet werden. Er muß die Schnittstelle `Customizer` aus dem Paket `java.beans` implementieren. Damit zeigt die Klasse an, daß sie einen Änderungsdialog realisiert. Die Klasse implementiert außerdem die Schnittstelle `ActionListener`, um auf Nutzereingaben im Änderungsdialog zu reagieren.

```
21 public class BookBeanCustomizer extends Panel
22     implements Customizer, ActionListener {

23     private BookBeanViewer target = null;
24     private Vector attributes = null;
25     private TextField attributeName = null;
26     private Button addButton = null;
27     private Button removeButton = null;
28     private Button applyButton = null;
29     private PropertyChangeSupport support =
                     new PropertyChangeSupport( this );
30     private    Panel panel1 = null;
```

Die folgenden drei Methoden muß die Klasse implementieren, um die Schnittstelle `Customizer` auszufüllen. Die Methoden zum Hinzufügen und Löschen eines Listeners reicht die Klasse an ein Objekt der Klasse `PropertyChangeSupport` weiter. Dadurch muß sich die Klasse nicht selbst um die Verwaltung dieses Ereignisses kümmern. Mit einem `PropertyChange`-Ereignis zeigt ein Änderungsdialog an, daß sich eine Eigenschaft geändert hat. Diese Änderung muß er allen angemeldeten Listener-Objekten mitteilen. Eine derartige Verwaltung ist bereits in der Klasse `PropertyChangeSupport` implementiert und wird hier ausgenutzt.

```
31     public void addPropertyChangeListener( PropertyChangeListener l ) {
32         support.addPropertyChangeListener( l );
33     }
34     public void removePropertyChangeListener(
                                         PropertyChangeListener l ) {
35         support.removePropertyChangeListener( l );
36     }
```

Die Methode `setObject()` legt das Objekt fest, das der Benutzer mit dem Änderungsdialog verändert. Sie fragt deshalb zunächst den aktuellen Eigenschaftswert des Objekts ab und zeigt dann den Dialog an.

```
37    public void setObject( Object obj ) {
38        target = (BookBeanViewer) obj;
39        attributes = target.getAttributes();
40        createGUI();
41    }
```

Die Methode `createGUI()` baut in bekannter Weise die Oberfläche des Änderungsdialoges auf.

```
42    public void createGUI() {
43        removeAll();
44        panel1 = new Panel();
45        panel1.setLayout( new GridLayout( attributes.size() + 1, 4 ));
46        Panel panel2 = new Panel();
47        panel2.setLayout( new BorderLayout() );
48        Panel panel3 = new Panel();
49        panel3.setLayout( new GridLayout( 1, 3 ));
50        setLayout( new BorderLayout() );
```

Er enthält vier Spalten. Die erste Spalte gibt den internen, die zweite den anzuzeigenden Namen des Datenbankattributes an. Die dritte Spalte kennzeichnet, ob das Datenbankattribut im Ergebnis mit angezeigt werden soll, und die vierte, ob es der Benutzer bei der Suche verwenden kann. Die vier Spalten entsprechen den Objektvariablen der Klasse `Attribute` aus dem letzten Abschnitt.

```
51        panel1.add( new Label( "I-Name", Label.CENTER ));
52        panel1.add( new Label( "E-Name", Label.CENTER ));
53        panel1.add( new Label( "selected", Label.CENTER ));
54        panel1.add( new Label( "queried", Label.CENTER ));
```

In einer Schleife fügt die Methode alle aktuellen Datenbankattribute in die Oberfläche ein. Alle Eingabefelder stattet sie mit einem `KeyListener` aus, alle `Checkbox`-Objekte mit einem `ItemListener`.

```
55        Attribute attr = null;
56        TextField tf = null;
57        Checkbox cb = null;
58        for ( int i = 0; i < attributes.size(); i++ ) {
59            attr = (Attribute) attributes.elementAt( i );
60            panel1.add( tf = new TextField( attr.internalName ));
61            tf.addKeyListener( new AttributeListener( attr, 1, tf ));
62            panel1.add( tf = new TextField( attr.externalName ));
63            tf.addKeyListener( new AttributeListener( attr, 2, tf ));
64            panel1.add( cb = new Checkbox( "", attr.selected ));
65            cb.addItemListener( new AttributeListener( attr, 1, cb ));
66            panel1.add( cb = new Checkbox( "", attr.queried ));
67            cb.addItemListener( new AttributeListener( attr, 2, cb ));
68        }
69        add( "Center", panel1 );
```

5.6 Beans

Schließlich enthält die Oberfläche Buttons zum Löschen und Hinzufügen eines Datenbankattributes und zur Übernahme der eingestellten Werte in das Bean-Objekt.

```
70        addButton = new Button( "add" );
71        addButton.addActionListener( this );
72        panel3.add( addButton );

73        removeButton = new Button( "remove" );
74        removeButton.addActionListener( this );
75        panel3.add( removeButton );

76        applyButton = new Button( "apply" );
77        applyButton.addActionListener( this );
78        panel3.add( applyButton );
79        panel2.add( "East", panel3 );

80        attributeName = new TextField( "", 40 );
81        panel2.add( "Center", attributeName );
82        add( "South", panel2 );
83    }
```

Als Subklasse von `Panel` legt die Klasse `DatabaseViewerBean` ihre minimale und ihre bevorzugte Größe fest.

```
84    public Dimension getPreferredSize() {
85        return getMinimumSize();
86    }
87    public Dimension getMinimumSize() {
88        return( new Dimension( 500, 500 ));
89    }
```

Ein Objekt der Klasse arbeitet auch als `ActionListener`. Die in dem Listener enthaltene Methode `actionPerformed()` implementiert hier die Reaktion auf einen Mausklick auf einen der drei in der Oberfläche enthaltenen Buttons.

```
90    public void actionPerformed( ActionEvent e ) {
91        Attribute attr = null;
92        TextField tf = null;
93        Checkbox cb = null;
94        Object source = e.getSource();
```

Falls der Benutzer ein neues Datenbankattribut hinzufügt, ergänzt die Methode die Tabelle der Attribute um eine Zeile.

```
95        if ( source == addButton ) {
96            attributes.addElement(
97                attr = new Attribute( attributeName.getText(),
98                    attributeName.getText(),
99                    true, false ));
100           panel1.setLayout(
                  new GridLayout( attributes.size() + 1, 4 ));
101           panel1.add( tf = new TextField( attr.internalName ));
102           tf.addKeyListener( new AttributeListener( attr, 1, tf ));
```

```
103              panel1.add( tf = new TextField( attr.externalName ));
104              tf.addKeyListener( new AttributeListener( attr, 2, tf ));
105              panel1.add( cb = new Checkbox( "", attr.selected ));
106              cb.addItemListener( new AttributeListener( attr, 1, cb ));
107              panel1.add( cb = new Checkbox( "", attr.queried ));
108              cb.addItemListener( new AttributeListener( attr, 2, cb ));
109              validate();
110          }
```

Falls der Benutzer ein Datenbankattribut löscht, entfernt die Methode die entsprechende Zeile aus der Tabelle der Attribute.

```
111          if ( source == removeButton ) {
112              Attribute att = null;
113              for ( int i = 0; i < attributes.size(); i++ ) {
114                  att = (Attribute) attributes.elementAt( i );
115                  if ( att.internalName.equals(
116                          attributeName.getText() )) {
117                      attributes.removeElement( att );
118                      panel1.remove( 4*i + 7 );
119                      panel1.remove( 4*i + 6 );
120                      panel1.remove( 4*i + 5 );
121                      panel1.remove( 4*i + 4 );
122                      break;
123                  }
124              }
125              panel1.setLayout(
                         new GridLayout( attributes.size() + 1, 4 ));
126              validate();
127          }
```

Ein Mausklick auf den Apply-Button bewirkt die Übernahme der eingestellten Werte in das Bean-Objekt. Das geschieht durch die Methode setAttributes(). Über die Variable support werden außerdem alle angemeldeten Listener über die Änderung informiert.

```
128          if ( source == applyButton ) {
129              target.setAttributes( attributes );
130              support.firePropertyChange( "", null, null );
131          }
132      }
133 }
```

Objekte der Klasse AttributeListener arbeiten sowohl als KeyListener, als auch als ItemListener.

```
134 class AttributeListener implements KeyListener, ItemListener {
135     Attribute attr = null;
136     int mode = 0;
137     TextField tf = null;
138     Checkbox cb = null;
```

5.6 Beans

Die beiden Konstruktoren lassen eine Initialisierung mit einem Textfeld oder mit einem `Checkbox`-Objekt zu.

```
139     public AttributeListener( Attribute attr, int mode, TextField tf ) {
140         this.attr = attr;
141         this.mode = mode;
142         this.tf = tf;
143     }

144     public AttributeListener( Attribute attr, int mode, Checkbox cb ) {
145         this.attr = attr;
146         this.mode = mode;
147         this.cb = cb;
148     }

149     public void keyPressed( KeyEvent e ) {}
150     public void keyTyped( KeyEvent e ) {}
```

Als `KeyListener` bewirken Objekte der Klasse die Änderung der Namen von Datenbankattributen.

```
151     public void keyReleased( KeyEvent e ) {
152         if ( mode == 1 ) attr.internalName = tf.getText();
153         if ( mode == 2 ) attr.externalName = tf.getText();
154     }
```

Als `ItemListener` bewirken sie eine Änderung in den Objektvariablen `selected` oder `queried`.

```
155     public void itemStateChanged( ItemEvent e ) {
156         if ( mode == 1 ) attr.selected = cb.getState();
157         if ( mode == 2 ) attr.queried = cb.getState();
158     }
159 }
```

Nimmt man die beiden letzten Klassen in das JAR-Archiv mit auf, so kann man nun auch die zweite Bean-Eigenschaft in der BeanBox verändern. Der Programmierer ist jedoch für spezielle Anwendungen nicht auf die BeanBox angewiesen, sondern kann die in ihr verwendeten Prinzipien in einer eigenen Oberfläche einsetzen.

5.6.5 Maßgeschneiderte Benutzeroberfläche

Die Klassen `BookApplet` und `BookApplication` sollen so erweitert werden, daß ein Benutzer die Oberfläche der Datenbankabfrage an seine eigenen Ansprüche anpassen kann. Die Klassen verwenden dazu Oberflächenelemente (Menü und Popupmenü), die in bisherigen Beispielen nicht vorkamen.

```
    // Datei jf/kapitel5/abschnitt6/BookBeanApplication.java
1 package jf.kapitel5.abschnitt6;

2 import jf.kapitel5.abschnitt5.DatabaseApplication;
```

```
 3 import jf.kapitel5.abschnitt5.StringArrayArguments;
 4 import jf.kapitel5.abschnitt5.Arguments;
```

Die Datei importiert die Klassen `MenuBar`, `Menu` und `MenuItem`, um den Rahmen mit einem Menü auszustatten.

```
 5 import java.awt.Frame;
 6 import java.awt.FileDialog;
 7 import java.awt.MenuBar;
 8 import java.awt.Menu;
 9 import java.awt.MenuItem;
10 import java.awt.MenuShortcut;
11 import java.awt.Component;

12 import java.awt.event.ActionEvent;
13 import java.awt.event.ActionListener;
14 import java.awt.event.WindowEvent;
15 import java.awt.event.WindowAdapter;
16 import java.awt.event.KeyEvent;
```

Die Datei importiert die Klasse `Introspector` um zu prüfen, ob die Bean-Klasse einen eigenen Änderungsdialog besitzt.

```
17 import java.beans.Customizer;
18 import java.beans.Introspector;

19 import java.io.File;
20 import java.io.FilenameFilter;
21 import java.io.FileOutputStream;
```

Die Klassen `ObjectOutputStream` und `ObjectInputStream` importiert sie, um den eingestellten Zustand des Bean-Objekts zu speichern und beim Neustart wieder zu laden.

```
22 import java.io.ObjectOutputStream;
23 import java.io.ObjectOutput;
24 import java.io.FileInputStream;
25 import java.io.ObjectInputStream;
26 import java.io.ObjectInput;
```

Die Klasse setzt während ihrer Initialisierung die Instanz der oben beschriebenen Klasse `BookBeanFactory` als Konfigurationsobjekt ein.

```
27 public class BookBeanApplication extends DatabaseApplication {

28     static { factory = BookBeanFactory.instance(); }
```

Ein Objekt der Klasse `BookBeanApplication` enthält ein Fenster zur Anzeige des Änderungsdialoges, eine Referenz auf den Dialog selbst und ein Dialogfenster, über das der Benutzer den Dateinamen für ein zu speicherndes oder zu ladendes Bean-Objekt angeben kann.

```
29       private Frame customizerFrame = null;
30       private Customizer customizer = null;
31       private FileDialog fd = null;
```

Die Methode `main()` erzeugt ein Objekt der Klasse und ruft seine Methoden `init()`, `createFrame()` und `showFrame()` auf.

```
32       public static void main( String[] args ) {
33           Arguments arguments = new StringArrayArguments( args );
34           BookBeanApplication app = new BookBeanApplication();
35           app.init( arguments );
36           app.createFrame();
37           app.showFrame();
38       }
```

Die Methode `createFrame()` erzeugt das `FileDialog`-Objekt, das in ein Fenster eingebundene Bean-Objekt und eventuell einen Änderungsdialog für dieses Objekt. Im Filedialog werden nur Dateien mit der Extension `.ser` angezeigt.

```
39       public void createFrame() {

40           super.createFrame();

42           fd = new FileDialog( getParent(), "Choose File" );
43           fd.setFilenameFilter(
44               new FilenameFilter() {
45                   public boolean accept( File dir, String name ) {
46                       return name.endsWith( ".ser" );
47                   }
48               }
49           );

50           customizerFrame = createCustomizer();
```

Sie erzeugt dann schrittweise ein Menü. Die Menüleiste enthält nur ein Menü mit dem Namen `Viewer`.

```
51           MenuBar mb = new MenuBar();
52           Menu menu = new Menu( "Viewer" );
53           mb.add( menu );
```

Der erste Menüeintrag (`Load ...`) soll das Laden eines Bean-Objekts aus einer Datei auslösen. Für diese Funktion ist eine Tastaturabkürzung definiert.

```
54           MenuShortcut ms = new MenuShortcut( KeyEvent.VK_L );
55           MenuItem loadMenuItem = new MenuItem( "Load ...", ms );
56           loadMenuItem.addActionListener(
57               new ActionListener() {
58                   public void actionPerformed( ActionEvent e ) {
59                       load();
60                   }
61               }
62           );
63           menu.add( loadMenuItem );
```

Der zweite Menüeintrag (`Save ...`) soll das Speichern der aktuellen Einstellungen des Bean-Objekts in eine Datei auslösen.

```
64        ms = new MenuShortcut( KeyEvent.VK_S );
65        MenuItem saveMenuItem = new MenuItem( "Save ...", ms );
66        saveMenuItem.addActionListener(
67            new ActionListener() {
68                public void actionPerformed( ActionEvent e ) {
69                    save();
70                }
71            }
72        );
73        menu.add( saveMenuItem );
```

Schließlich soll der Änderungsdialog erscheinen, wenn dieser vorhanden ist und der Benutzer den dritten Menüpunkt (`Customize ...`) gewählt hat.

```
74        if ( customizerFrame != null ) {
75            ms = new MenuShortcut( KeyEvent.VK_C );
76            MenuItem customizeMenuItem =
                      new MenuItem( "Customize ...", ms );
77            customizeMenuItem.addActionListener(
78                new ActionListener() {
79                    public void actionPerformed( ActionEvent e ) {
80                        customize();
81                    }
82                }
83            );
84            menu.add( customizeMenuItem );
85        }
```

Zuletzt fügt die Methode die Menüleiste in das umgebende Fenster ein.

```
86        getParent().setMenuBar( mb );
87    }
```

Die Methode `createCustomizer()` ermittelt die `BeanInfo`-Klasse des Bean-Objekts, daraus dessen `BeanDescriptor`. Dieser enthält schließlich die Information über den zugehörenden Änderungsdialog. Falls ein solcher vorhanden ist, erzeugt die Methode eine entsprechende Instanz.

```
88    protected Frame createCustomizer() {
89        if ( factory.getViewer() == null ) return null;

90        try {
91            Class customizerClass =
92                Introspector.getBeanInfo(
93                    factory.getViewer().getClass() )
                        .getBeanDescriptor().getCustomizerClass();
94            if ( customizerClass == null ) return null;

95            customizer = (Customizer) customizerClass.newInstance();
96        }
```

5.6 Beans

```
 97            catch ( Exception e ) {
 98                System.err.println( e.toString() );
 99                return null;
100            }
```

Sie initialisiert das erzeugte Objekt mit dem aktuellen Bean-Objekt und erzeugt außerdem ein Fenster, in das sie den Änderungsdialog einbetten kann. Dieses Fenster wird später für die Anzeige verwendet.

```
101            customizer.setObject( factory.getViewer() );
102            Frame fr = new Frame( "Database Viewer Customizer" );
103            fr.add( (Component) customizer );
104            fr.addWindowListener(
105                new WindowAdapter() {
106                    public void windowClosing( WindowEvent e ) {
107                        customizerFrame.setVisible( false );
108                    }
109                }
110            );
111            fr.pack();
112            return fr;
113        }
```

Die Menüauswahl `Customize` ... in der Menüleiste löst den Aufruf der Objektmethode `customize()` aus. Sie zeigt den Änderungsdialog an.

```
114        protected void customize() {
115            if ( customizerFrame != null )
116                customizerFrame.setVisible( true );
117        }
```

Die Auswahl `Load` ... in der Menüleiste führt zum Aufruf der Methode `load()`. Sie zeigt den Dialog zur Auswahl eines Dateinamens an.

```
119        protected void load() {
120            if ( fd == null ) return;
121            fd.setMode( FileDialog.LOAD );
122            fd.show();
123            String fileName = fd.getFile();
124            if ( fileName != null && ! fileName.equals( "" )) {
125                if ( customizerFrame != null )
                        customizerFrame.setVisible( false );
```

Falls der Benutzer eine Datei gewählt hat, wird der Dateiname als Argument gesetzt und eine neue Oberfläche erzeugt.

```
126                final Arguments args = factory.getArguments();
127                final String filePath = fd.getDirectory() + fileName;
128                factory.setArguments(
129                    new Arguments() {
130                        public Object get( String name ) {
131                            if ( name.equals( "viewerName" ))
132                                return filePath;
```

```
133                   else return args.get( name );
134               }
135           }
136       );
137       factory.createViewer();
138       customizerFrame = createCustomizer();
139       renewFrame();
140   }
141 }
```

Die Auswahl Save ... in der Menüleiste ruft den Aufruf der Methode save() hervor. Sie zeigt ebenfalls den Dialog zur Auswahl eines Dateinamens an.

```
142   protected void save() {
143       if ( fd == null ) return;
144       fd.setMode( FileDialog.SAVE );
145       fd.show();
146       String fileName = fd.getFile();
147       if ( fileName != null && ! fileName.equals( "" )) {
148           try {
```

Falls der Benutzer einen Namen ausgewählt hat, schreibt die Methode das aktuelle Bean-Objekt in die ausgesuchte Datei. Sie verwendet dazu die Mittel zur Object-Serialization, die Klassen ObjectOutput und ObjectOutputStream. Ein Objekt, das auf diese Weise abgespeichert werden soll, muß von einer Klasse gebildet sein, die die Schnittstelle Serializable aus dem Paket java.io implementiert. Das ist hier der Fall.

```
149           FileOutputStream f =
150               new FileOutputStream( fd.getDirectory()+fileName );
151           ObjectOutput s = new ObjectOutputStream( f );
152           s.writeObject( factory.getViewer() );
153           s.close();
154       }
155       catch ( Exception ex ) {
156           System.err.println( ex.toString() );
157       }
158   }
159 }
```

Die Methode renewFrame() löscht die alte Oberfläche aus dem Rahmen und setzt eine neue ein. Außerdem verändert sie die Überschrift des Rahmens.

```
160 private void renewFrame() {
161     Frame gui = getParent();
162     ((Component) factory.getViewer()).setVisible(false);
163     gui.setTitle( factory.getTitle() );
164     gui.removeAll();
165     gui.add( (Component) factory.getViewer() );
166     gui.validate();
167     ((Component) factory.getViewer()).setVisible(true);
168     gui.pack();
```

```
169     }
170 }
```

Damit ist das konfigurierbare Buchverwaltungsprogramm vollständig als Applikation implementiert (Abbildung 5.7).

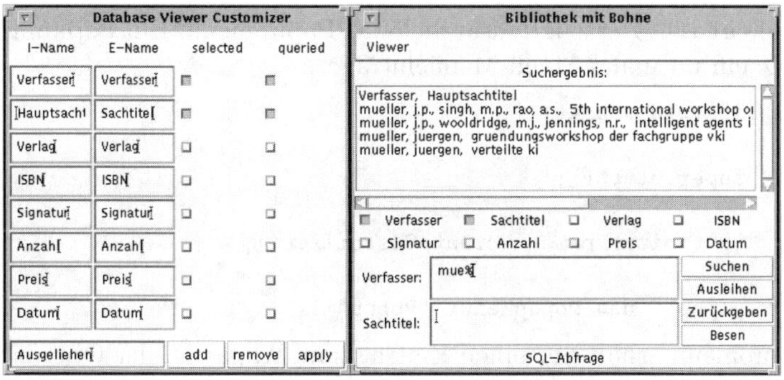

Abbildung 5.7: Konfigurierbares Buchverwaltungsprogramm

In einem Applet kann man statt des gerade benutzten Menüs ein Popupmenü einsetzen.

```
// Datei jf/kapitel5/abschnitt6/BookBeanApplet.java
1 package jf.kapitel5.abschnitt6;

2 import jf.kapitel5.abschnitt5.DatabaseApplet;

3 import java.awt.Frame;
4 import java.awt.PopupMenu;
5 import java.awt.MenuItem;
6 import java.awt.Component;
7 import java.awt.AWTEvent;

8 import java.awt.event.ActionEvent;
9 import java.awt.event.ActionListener;
10 import java.awt.event.WindowEvent;
11 import java.awt.event.WindowAdapter;
12 import java.awt.event.MouseEvent;

13 import java.beans.Customizer;
14 import java.beans.Introspector;

15 public class BookBeanApplet extends DatabaseApplet {
```

Ein Objekt der Klasse `BookBeanApplication` enthält wieder ein Fenster zur Anzeige des Änderungsdialoges, eine Referenz auf den Dialog selbst und ein Popupmenü.

```
16     private Frame customizerFrame = null;
17     private Customizer customizer  = null;
18     private PopupMenu popup        = null;
```

Analog zur Applikation setzt es die neue Konfiguration ein.

```
19      public void init() {
20          factory = BookBeanFactory.instance();
21          factory.setArguments( this );
22      }
```

Die Methode `start()` erzeugt zusätzlich das Popupmenü. Ein Popupmenü enthält genauso wie ein normales Menü Menüeinträge.

```
23      public void start() {

24          super.start();
25
26          customizerFrame = createCustomizer();

27          popup = new PopupMenu( "Popup" );
```

Dieses Popupmenü erhält nur einen Eintrag zum Anpassen der Oberfläche.

```
28          MenuItem customizeMenuItem = new MenuItem( "Customize ..." );
29          customizeMenuItem.addActionListener(
30              new ActionListener() {
31                  public void actionPerformed( ActionEvent e ) {
32                      customize();
33                  }
34              }
35          );
36          popup.add( customizeMenuItem );
```

Falls jedoch kein Änderungsdialog vorhanden ist, wird das Menü deaktiviert.

```
37          if ( customizerFrame == null )
38              customizeMenuItem.setEnabled( false );

39          add( popup );
```

Nach dem Freischalten von Mausereignissen kann das Applet diese in der Methode `processMouseEvent()` bearbeiten.

```
40          enableEvents( AWTEvent.MOUSE_EVENT_MASK );
41      }
```

Die Methode `stop()` löscht das Popupmenü und den Änderungsdialog und beendet die Verbindung.

```
42      public void stop() {
43          popup = null;
44          customizerFrame = null;
45          super.stop();
46      }
```

Das Popupmenü soll erscheinen, wenn der Anwender die rechte Maustaste in der Appletfläche gedrückt hat.

```
47      public void processMouseEvent( MouseEvent e ) {
48          if ( e.isPopupTrigger() )
49              popup.show( e.getComponent(), e.getX(), e.getY() );
50          super.processMouseEvent( e );
51      }
```

Die Methode `createCustomizer()` arbeitet analog zur gleichnamigen Methode der Applikation.

```
52      private Frame createCustomizer() { ...
77      }
```

Die Methode `customize()` zeigt den Änderungsdialog an.

```
78      protected void customize() {
79          if ( customizerFrame != null )
80              customizerFrame.setVisible( true );
81      }
82 }
```

Übung

- Fügen Sie alle die Datenbank bestimmenden Parameter (das sind die, die dem Programm als auch dem Applet als Parameter übergeben werden) als Bean-Attribute in die Klasse `DatabaseViewerBean` ein. Auf diese Weise können Sie vorkonfigurierte Datenbankabfrageprogramme für verschiedene Datenbanken und Tabellen erzeugen.

5.7 Globalisierung

Manche Klassen sind dafür gedacht, in Programmen eingesetzt zu werden, die nicht nur im eigenen Land Anwender finden sollen. Programmierer solcher Klassen sollten darauf achten, daß die Aus- und Eingaben des Programms den jeweiligen nationalen Besonderheiten entsprechen.

5.7.1 Theorie

Damit der Programmierer diese Besonderheiten nun nicht selbst erst herausfinden muß, gibt es im JDK die Klasse `java.util.Locale`, um Besonderheiten zu identifizieren, und das Paket `java.text`, mit dessen Klassen es seine Ein- und Ausgaben an diese Besonderheiten anpassen kann. Das Paket enthält eine Hierarchie von `Locale`-abhängigen Formatklassen, die jeweils bestimmte Besonderheiten implementieren (Abbildung 5.8).

Ein `Locale` ist bestimmt durch eine Sprache (ISO 639: Language Code), ein Land (ISO 3166: Country Code) und eine Variante (Hersteller- oder Browser-spezifisch).

Für jede der Formatklassen existieren eine Liste von verfügbaren Formaten, Methoden zur Erzeugung von Formatobjekten des Standard-`Locales` und Methoden zur

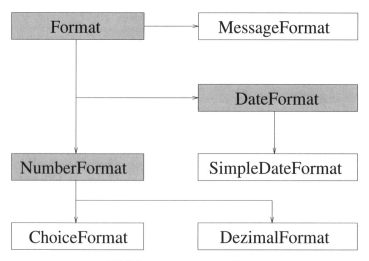

Abbildung 5.8: *Formatklassen*

Erzeugung von Formatobjekten zu einem bestimmten als Parameter übergebenen Locales.

Die folgende Uhr wechselt in jeder Sekunde ihr Aussehen, indem sie alle verfügbaren besonderen Zeitformate nacheinander anzeigt.

Beispiel:
```
   // Datei jf/kapitel5/abschnitt7/LocalizedClock.java
 1 package jf.kapitel5.abschnitt7;
 2 import java.util.Locale;
 3 import java.util.Date;
 4 import java.text.DateFormat;
 5 public class LocalizedClock extends Thread {
 6    private Locale[] locales = null;
 7    public static void main( String[] args ) {
 8       new LocalizedClock().start();
 9    }
```

Der Konstruktor bestimmt die vorhandenen Datumsformate und speichert sie in der Instanzvariablen `locales` ab.

```
10    public LocalizedClock() {
11       locales = DateFormat.getAvailableLocales();
12    }
```

Die Methode run() geht das gespeicherte Formatfeld sekundenweise Schritt für Schritt durch, zeigt Datum und Uhrzeit in dem entsprechenden Format und den Namen dieses Formats an.

```
13    public void run() {
14       int localeIndex = 0;
15       while ( isAlive() ) {
```

5.7 Globalisierung

```
16              System.out.print( "\r" +
17                  DateFormat.getDateTimeInstance(
18                      DateFormat.DEFAULT,
19                      DateFormat.DEFAULT,
20                      locales[localeIndex]).format(new Date())
21                  + " - Locale: "
                    + locales[ localeIndex ].toString()
22                  + "                              " );
23              if ( ++localeIndex >= locales.length - 1 )
                    localeIndex = 0;
24              try {
25                  sleep( 1000 );
26              }
27              catch ( InterruptedException e ) {}
28          }
29      }
30 }
```

Will ein Programmierer eigene Locale-abhängige Klassen (analog zu den java.text-Klassen) verfassen, muß er von der Klasse ResourceBundle des Paketes java.util abgeleitete Klassen implementieren, in denen er die verschiedenen Formate beschreibt. Die Klasse enthält wiederum Methoden, Locale-abhängige Instanzen zu erzeugen. Das sind dann die vom Programmierer beschriebenen.

5.7.2 Sprachangepaßte Buchverwaltung

Die virtuelle Bibliothek soll nun für verschiedensprachige Benutzer vorbereitet werden. Die bisherigen Aufschriften der Oberfläche waren in einem Feld von Zeichenketten zusammengefaßt. Dieses gilt es nun zu verändern. Dazu dient die folgende neue Oberfläche.

```
    // Datei jf/kapitel5/abschnitt7/LocalizedDatabaseViewer.java
 1  package jf.kapitel5.abschnitt7;

 2  import jf.kapitel5.abschnitt5.StandardDatabaseViewer;
 3  import jf.kapitel5.abschnitt5.DatabaseFactory;
```

Die beiden wichtigen Klassen für die Sprachanpassung sind Locale und ResourceBundle.

```
 4  import java.util.ResourceBundle;
 5  import java.util.Locale;

 6  public class LocalizedDatabaseViewer extends StandardDatabaseViewer {

 7      public LocalizedDatabaseViewer( DatabaseFactory factory ) {
 8          super( factory );
 9      }
```

Die Veränderung der Oberfläche setzt in der Methode `createGUI()` an. Zunächst bestimmt die Methode das gültige `Locale`-Objekt. Die Zeile 11 zeigt die normale Vorgehensweise, für Testzwecke existiert die Zeile 12. Geht man wie in Zeile 11 vor, so wird das `Locale`-Objekt entsprechend dem Aufrufland gesetzt.

```
10      public void createGUI() {
11          // Locale locale = Locale.getDefault();
12          Locale locale = Locale.US;
```

Für das gesetzte Locale sucht die Methode nun eine passende Ressource-Klasse. Hier ist es wichtig, auch den Paketnamen mit anzugeben.

Die Suche läuft in der folgenden Reihenfolge ab:

```
<Basisklasse>_<Locale-Sprache>_<Locale-Land>_<Locale-Variante>,
<Basisklasse>_<Locale-Sprache>_<Locale-Land>,
<Basisklasse>_<Locale-Sprache>,
<Basisklasse>_<Default-Sprache>_<Default-Land>_<Default-Variante>,
<Basisklasse>_<Default-Sprache>_<Default-Land>,
<Basisklasse>_<Default-Sprache>
<Basisklasse>,
```

Die Suche verläuft also vom speziellsten bereitgestellten ResourceBundle zum allgemeinsten. Findet der Algorithmus keine Klassen, die zum angegebenen Locale passen, sucht er nach Klassen für den Default-Locale. In unserem Fall ist das allerdings derselbe. Findet er auch dafür nichts, benutzt er die Basisklasse. Diese sollte als letzter Ausweg immer vorhanden sein. Für alle nicht englisch- oder deutschsprachigen Länder findet dieser Algorithmus also die allgemeine Klasse `ViewerBundle`. Wie diese Klasse und ihre Varianten aussehen, folgt im Anschluß.

```
13          ResourceBundle labelBundle = ResourceBundle.getBundle(
14              "jf.kapitel5.abschnitt7.ViewerBundle", locale );
```

Aus dem `ResourceBundle` bestimmt die Methode die nun gültigen Aufschriften.

```
15          labels[ 0 ] = labelBundle.getString( "resultLabel" );
16          labels[ 1 ] = labelBundle.getString( "searchButton" );
17          labels[ 2 ] = labelBundle.getString( "clearButton" );
18          labels[ 3 ] = labelBundle.getString( "enterLabel" );
19          labels[ 4 ] = labelBundle.getString( "executeButton" );
20          labels[ 5 ] = labelBundle.getString( "nextButton" );
21          labels[ 6 ] = labelBundle.getString( "previousButton" );
```

Den eigentlichen Aufbau der Oberfläche überläßt sie ihrer Superklasse.

```
22          super.createGUI();
23      }
24  }
```

Nun müssen die verschiedenen Aufschriften in den von `ResourceBundle` abgeleiteten Klassen beschrieben werden.

Die Klasse `ViewerBundle` ist eine Unterklasse der Klasse `ListResourceBundle` und zeigt an, daß sie eine Liste von Locale-abhängigen Ressourcen verwaltet. Ei-

5.7 Globalisierung

ne Ressource ist durch ein Schlüsselwort und den tatsächlich anzuzeigenden Text gekennzeichnet. Die angegebenen Texte werden immer dann angezeigt, wenn das Laufzeitsystem keine besser passenden Unterklassen von `ViewerBundle` findet.

```
   // Datei jf/kapitel5/abschnitt7/ViewerBundle.java
 1 package jf.kapitel5.abschnitt7;

 2 import java.util.ListResourceBundle;

 3 public class ViewerBundle extends ListResourceBundle {
```

In diesem Fall sollen englische Bezeichnungen angezeigt werden.

```
 4     static final Object[][] labels = {
 5         { "resultLabel", "search result:" },
 6         { "searchButton", "search" },
 7         { "clearButton", "clear" },
 8         { "nextButton", "SQL query" },
 9         { "previousButton", "Text query" },
10         { "executeButton", "execute" },
11         { "enterLabel", "<- enter query" }};
```

Die Klasse überschreibt die Methode `getContents()` ihrer Superklasse und gibt das gerade definierte Feld zurück.

```
12     public Object[][] getContents() {
13         return labels;
14     }
15 }
```

Für unterschiedliche Sprachen und Länder kann der Programmierer nun spezielle Klassen von `ViewerBundle` ableiten. Die Namen dieser neuen Klassen ergeben sich nach einer der Vorschriften:

<Basisklasse>_<Sprache>_<Land>_<Variante>,
<Basisklasse>_<Sprache>_<Land> oder
<Basisklasse>_<Sprache>

Für deutschsprachige Gebiete dient dementsprechend die Klasse `ViewerBundle_de`.

```
   // Datei jf/kapitel5/abschnitt7/ViewerBundle_de.java
 1 package jf.kapitel5.abschnitt7;

 2 public class ViewerBundle_de extends ViewerBundle {

 3     static final Object[][] contents = {
 4         { "resultLabel", "Suchergebnis:" },
 5         { "searchButton", "Suchen" },
 6         { "clearButton", "Besen" },
 7         { "nextButton", "SQL-Anfrage" },
 8         { "previousButton", "Text-Anfrage" },
 9         { "executeButton", "Starten" },
10         { "enterLabel", "<- Frage eingeben" }};
```

```
11    public Object[][] getContents() {
12        return contents;
13    }
14 }
```

In englischsprachigen Gebieten werden die Texte der Klasse `ViewerBundle_en` angezeigt.

```
   // Datei jf/kapitel5/abschnitt7/ViewerBundle_en.java
1  package jf.kapitel5.abschnitt7;

2  public class ViewerBundle_en extends ViewerBundle {
3      static final Object[][] labels = {
4              { "resultLabel", "search result:" },
5              { "searchButton", "search" },
6              { "clearButton", "clear" },
7              { "nextButton", "SQL" },
8              { "previousButton", "Text" },
9              { "executeButton", "execute" },
10             { "enterLabel", "<- enter query" }};

11     public Object[][] getContents() {
12         return labels;
13     }
14 }
```

Die USA-Anwendung erhält ihr eigenes Aussehen.

```
   // Datei jf/kapitel5/abschnitt7/ViewerBundle_en_US.java
1  package jf.kapitel5.abschnitt7;

2  public class ViewerBundle_en_US extends ViewerBundle {
3      static final Object[][] labels = {
4              { "resultLabel", "result:" },
5              { "searchButton", "search" },
6              { "clearButton", "clear" },
7              { "nextButton", "sql" },
8              { "previousButton", "text" },
9              { "executeButton", "exec" },
10             { "enterLabel", "<- enter" }};

11     public Object[][] getContents() {
12         return labels;
13     }
14 }
```

Damit ist das unterschiedliche Erscheinungsbild der Oberfläche vorbereitet. Die folgende Konfigurationsklasse nutzt die neue Oberfläche.

```
   // Datei jf/kapitel5/abschnitt7/BookLocalFactory.java
1  package jf.kapitel5.abschnitt7;
```

5.7 Globalisierung

```
2 import jf.kapitel5.abschnitt5.BookFactory;
3 import jf.kapitel5.abschnitt5.DatabaseViewer;

4 public class BookLocalFactory extends BookFactory {
```
Hier kommt die neue Oberfläche zum Einsatz.
```
5      protected DatabaseViewer basicCreateViewer() {
6          return new LocalizedDatabaseViewer( this );
7      }
8      protected String basicCreateTitle() {
9          return super.basicCreateTitle() + ", international";
10     }
11 }
```
Applikation und Applet haben entsprechend das folgende Aussehen (siehe Abbildung 5.9)

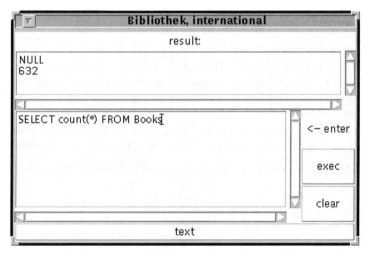

Abbildung 5.9: Die Oberfläche für die USA

```
// Datei jf/kapitel5/abschnitt7/BookLocalApplication.java
1 package jf.kapitel5.abschnitt7;

2 import jf.kapitel5.abschnitt5.DatabaseApplication;

3 public class BookLocalApplication extends DatabaseApplication {
4     static { factory = new BookLocalFactory(); }
5 }
```
```
// Datei jf/kapitel5/abschnitt7/BookLocalApplet.java
1 package jf.kapitel5.abschnitt7;

2 import jf.kapitel5.abschnitt5.DatabaseApplet;
```

```
3 public class BookLocalApplet extends DatabaseApplet {
4     public void init() {
5         factory = new BookLocalFactory();
6     }
7 }
```

Übung

- Entwerfen Sie ein Uhrprogramm, das die Uhr gemäß einem als Kommandozeilenargument übergebenen `Locale`-Wert anzeigt.

5.8 Security und Unterzeichnung von Applets

Das Paket `java.security` enthält Klassen und Schnittstellen zur Schlüsselerzeugung für Verschlüsselungsverfahren, zur Unterzeichnung von Daten und für Nachrichten-Digests.

Die Methoden zur Unterzeichnung von Daten sind interessant im Zusammenhang mit der in Kapitel 5.5 getroffenen Aussage, daß das dortige Applet nicht netzwerkfähig ist. Signierte Applets haben im `appletviewer` des JDK-1.1 dieselben Rechte wie ein lokal geladenes Applet. Wenn es also gelingt, das Datenbank-Applet zu signieren, ist zumindest für den `appletviewer` eine Variante gefunden, dem Applet den Zugriff zu dritten Rechnern zu ermöglichen. Auch für andere Browser wird es Abstufungen im Zugriffsschutz geben, die von der Herkunft des Applets abhängen.

Im JDK-1.2 gibt es spezifischere Möglichkeiten, die Rechte eines Applets einzustellen.

5.8.1 Unterzeichnung von Daten

Bevor der Abschnitt die Unterzeichnung des Applets beschreibt, zeigt er zunächst ein einfaches Beispiel zur Schlüsselgenerierung in einem Java-Programm, für das Applet wird diese Aufgabe das Programm `jarsigner` übernehmen.

Beispiel:
```
    // Datei jf/kapitel5/abschnitt8/TestSecurityAPI.java
1 package jf.kapitel5.abschnitt8;
```
Das Beispiel benötigt einige Klassen aus dem Paket `java.security`.
```
2 import java.security.KeyPairGenerator;
3 import java.security.KeyPair;
4 import java.security.SecureRandom;
5 import java.security.Signature;
6 import java.security.PrivateKey;
7 import java.security.PublicKey;
8 import java.security.SignatureException;
```

5.8 Security und Unterzeichnung von Applets

```
 9 import java.security.NoSuchAlgorithmException;
10 import java.security.InvalidKeyException;
```

Das Beispiel enthält lediglich die Methode `main()`. Die Methode erzeugt ein Schlüsselpaar, unterzeichnet mit dem privaten Schlüssel ein Bytefeld und testet anschließend mit dem öffentlichen Schlüssel die Signatur des Feldes. Die Zwischenergebnisse gibt sie jeweils aus.

```
11 public class TestSecurityAPI {
12     public static void main( String[] args ) {
13         if ( args.length < 1 ) return;
14         String algorithm = "DSA";
15         try {
```

Zunächst erzeugt die Methode ein Objekt der Klasse `KeyPairGenerator` für den Algorithmus "DSA" und initialisiert es mit der Schlüssellänge 1024 und einer Zufallszahl. Für Verschlüsselungszwecke gibt es jetzt statt der Klasse `java.util.Random` die Klasse `SecureRandom` zur Erzeugung von Zufallszahlen.

```
16             KeyPairGenerator keyPairGenerator =
17                 KeyPairGenerator.getInstance( algorithm );
18             keyPairGenerator.initialize( 1024, new SecureRandom() );
```

Das eben erzeugte Objekt dient nun der Erzeugung des Schlüsselpaares, der private Schlüssel verbleibt im allgemeinen beim Unterzeichner, mit dem öffentlichen Schlüssel kann jeder, der ihn kennt, die Identität des Unterzeichners überprüfen.

```
19             KeyPair keyPair = keyPairGenerator.generateKeyPair();
20             PrivateKey privateKey = keyPair.getPrivate();
21             PublicKey publicKey = keyPair.getPublic();
22             System.out.println(
                    "private key: " + privateKey.toString() );
23             System.out.println( "public key: " + publicKey.toString() );
```

Nun erfolgt die eigentliche Unterzeichnung. Wieder ist das `Signature`-Objekt vom verwendeten Algorithmus abhängig. Als zu signierendes Datum verwendet die Zeile 26 das erste Kommandozeilenargument. Für die Unterzeichnung wird also ein `Signature`-Objekt erzeugt, mit dem privaten Schlüssel für die Unterzeichnung initialisiert und mit Daten gefüllt, die im letzten Schritt unterzeichnet werden.

```
24             Signature signature = Signature.getInstance( algorithm );
25             signature.initSign( privateKey );
26             signature.update( args[ 0 ].getBytes() );
27             byte[] signedArg = signature.sign();
28             System.out.println(
                    "signed arg: " + new String( signedArg ));
```

Zwischen dem letzten und dem folgenden Schritt könnte man sich einen Datentransport über eine Netzverbindung vorstellen. Die Identität der unterzeichneten Daten ist nun zu prüfen. Die Überprüfung verläuft ebenfalls in drei Schritten: Das `Signature`-Objekt wird mit dem öffentlichen Schlüssel für die Verifikation initialisiert und mit den zu überprüfenden Daten gefüllt, bevor die Daten verifiziert werden.

```
29              signature.initVerify( publicKey );
30              signature.update( args[ 0 ].getBytes() );
31              System.out.println(
                    "verified: " + signature.verify( signedArg ));
32          }
33          catch ( SignatureException sE ) {
34              System.err.println( "SignatureException: " + sE );
35          }
36          catch ( NoSuchAlgorithmException nE ) {
37              System.err.println( "NoSuchAlgorithmException: " + nE );
38          }
39          catch( InvalidKeyException iE ) {
40              System.err.println( "InvalidKeyException: " + iE );
41          }
42      }
43 }
```

In diesem Beispiel sollte als letzte Ausgabe stets `true` erscheinen, die beiden Schlüssel wurden ja gerade gemeinsam erzeugt.

5.8.2 Der neue Security-Mechanismus

Im JDK-1.0 lief der Code, der über ein Netzwerk geladen wurde (z.B. Applets) in einer sogenannten Sandbox. Diese beschränkte den Zugriff auf Systemressourcen (wie Dateien, ausführbare Programme). Die Beschränkungen wurden durch einen Security-Manager überwacht. Über das Netz geladene Applets durften also zum Beispiel generell keine lokalen Dateien lesen oder schreiben.

Das JDK-1.1 lockerte diese restriktiven Bedingungen, indem es die Unterzeichnung von Applets einführte. Unterzeichnete Applets erhielten dieselben Rechte wie lokal geladener Code. Über das Netz geladene nicht unterzeichnete Applets durften generell keine lokalen Dateien lesen oder schreiben. Applets dagegen, die durch eine vom Benutzer autorisierte Person unterzeichnet waren, konnten lokale Dateien lesen und schreiben.

Der jetzt propagierte Mechanismus erlaubt viel speziellere Zuweisungen von Rechten an den Code als die früheren Alles-oder-Nichts-Varianten. Zur Ladezeit (über einen `ClassLoader`) erhält der geladene Code bestimmte Rechte, auf Systemressourcen zuzugreifen. Geht der Code über diese Rechte hinaus, führt dies zu einer `SecurityException`.

Ohne die zugrunde liegenden Mechanismen genauer zu erklären, erläutert dieser Abschnitt, wie der Benutzer einem Applet bestimmte Rechte einräumen kann.

5.8.3 Policy

Als Policy wird die Zuweisung von Rechten an Code in Abhängigkeit von dessen Herkunft bezeichnet. Zur Laufzeit existieren Policy-Objekte, mit deren Hilfe die

Einhaltung dieser Rechte überprüft wird. Der Benutzer beschreibt die Rechte (im JDK-1.2) in einer Textdatei, deren Syntax weiter unten erläutert ist. Diese Datei kann der Benutzer auch mit Hilfe des Programms `policytool` erzeugen.

5.8.4 Permissions

Derartige Rechte sind im JDK-1.2 durch Permissions repräsentiert. Von der abstrakten Klasse java.security.Permission sind Subklassen abgeleitet, die für spezifische Zugriffsrechte stehen. Unter anderen sind das

`java.io.FilePermission`. Diese Klasse vergibt das Recht zum Lesen (`read`), Schreiben (`write`), Löschen (`delete`) und Ausführen (`execute`) von Dateien und Verzeichnissen. Die Namen von Dateien und Verzeichnissen können mit * (alle Dateien im Verzeichnis) oder - (alle Dateien und Verzeichnisse im Verzeichnis und rekursiv in allen Unterverzeichnissen) angegeben sein.

`java.net.SocketPermission`. Das Recht zum Öffnen und Entgegennehmen von Socketverbindungen zu anderen Rechnern beschreibt diese Klasse. Für den anderen Rechner ist der Name und die IP-Adresse und der zugelassene Portbereich anzugeben.

`java.util.PropertyPermission`. Nicht alle Properties der Laufzeitumgebung sind frei verfügbar. Der Name des Anwenders ist zum Beispiel zunächst vor dem Ablesen durch ein Applet geschützt. Mit der `PropertyPermission` kann man dem Code das Recht einräumen, Properties zu lesen (`read`) oder zu schreiben (`write`). Mit * (z.B. `user.*`) kann man abkürzend Rechte für mehrere Properties gleichzeitig vergeben.

`java.lang.RuntimePermission`. Dieses Recht beschreibt das Ausführen bestimmter Aktionen zur Laufzeit, wie das Beenden der Anwendung (`exitVM`), das Laden von Bibliotheken (`loadLibrary`) oder das Starten eines Druckauftrages (`queuePrintJob`).

`java.awt.AWTPermission`. Der Anwender kann mit diesem Recht fremden Code gestatten, Fenster ohne Warnung zu öffnen (`showWindowWithoutWarningBanner`, die Zwischenablage abzufragen (`accessClipboard`) und auf die Ereignisschlange zuzugreifen (`accessEventQueue`).

`java.security.SecurityPermission`. Der Anwender kann den Zugriff auf und das Lesen von Objekten des Securitymechanismus zulassen.

`java.net.NetPermission`. Die Klasse beschreibt spezielle Rechte zur Authentifizierung in einer Netzverbindung.

`java.lang.reflect.ReflectPermission`. Mit diesem Recht kann fremder Code auch die Namen von privaten oder protected Methoden sowie Objektvariablen eines Objekts abfragen (`supressAccessChecks`).

`java.io.SerializablePermission`. Dieses Recht behandelt die Frage, ob es fremdem Code möglich sein soll, den eingebauten Mechanismus zum Speichern und Laden von Objekten zu überschreiben (`enableSubclassImplementation`) und ob ein Objekt während des Ladens oder Speicherns ausgetauscht werden darf (`enableSubstitution`).

`java.security.AllPermissions`. Nach Vergabe dieses Rechtes hat fremder Code dieselben Rechte, wie der Code einer Java-Applikation.

5.8.5 CodeSource

Rechte werden dem Code einer bestimmten Herkunft eingeräumt. `CodeSource` beschreibt diese Herkunft. Sie besteht aus einer URL und keinem, einem oder mehreren Zertifikaten.

5.8.6 Policy-Dateien

Eine Policy-Datei beschreibt in Textform die eingeräumten Rechte. Sie enthält einen optionalen Verweis auf eine Schlüsseldatei (für unterzeichneten Code) und ein oder mehrere Einträge zur Vergabe von Rechten. Ein solcher Eintrag vergibt Rechte an Code, der von einer bestimmten URL geladen wird und von bestimmten Personen unterzeichnet ist.

Beispiel:
```
    keystore ".keystore";

    grant
        SignedBy "Ralf",
        CodeBase "http://www.hu-berlin.de/" {
            permission java.util.PropertyPermission "user.name", "read";
        };
```

Mit dieser Datei erhält Code, der von der URL `http://www.hu-berlin.de/` geladen und durch `Ralf` unterzeichnet wurde, das Recht, den Namen des Benutzers (in der Property `user.name` gespeichert) zu lesen. Der Unterzeichner `Ralf` muß dabei einen Eintrag in der lokalen Schlüsseltabelle (Datei `.keystore`) haben, damit Java die Unterschrift prüfen kann.

Die Syntax einer Rechtevergabe sieht wie folgt aus:

```
Rechtevergabe   ::=   {
  grant
  [ SignedBy Namensliste ]
  [ , CodeBase URL ] {
  { permission Permission.Klassen.Name
  [ Bezug ] [ , Aktion ] [ ,SignedBy Namensliste ]; }
  }; }.
```

Die *Namensliste* enthält alle Namen von Personen, die den Code unterzeichnet haben müssen. Sie kann aber auch weggelassen werden. In diesem Fall gelten die dann gewährten Rechte auch für nicht signierten Code.

URL beschreibt die Herkunft des Codes. Auch der Code aus Unterverzeichnissen dieser URL erhält die angegebenen Rechte. Fehlt die URL, so spielt die Herkunft keine Rolle.

Permission.Klassen.Name gibt den vollständigen Klassennamen (mit Paketnamen) des eingeräumten Rechtes an (z.B.: `java.util.PropertyPermission`).

Mit *Bezug* legt man fest, auf welche konkrete Sache sich das Recht bezieht (z.B.: `user.name`). Für jede Permission-Klasse sind dabei mögliche Bezüge festgelegt. Bei `java.io.FilePermission` kann der Bezug zum Beispiel Platzhalter enthalten (`/tmp/*`).

Aktion beschreibt, welche Handlung mit dem Bezug ausgeführt werden darf (z.B.: `read`). Auch die möglichen Aktionen sind Permission-spezifisch definiert.

Innerhalb dieser Datei können mittels *${property.name}* Systemeigenschaften extrahiert werden. Mit `${/}` (Abkürzung für `${file.separator}`) wird zum Beispiel die Systemeigenschaft `file.separator` extrahiert. Diese Eigenschaft kann man benutzen, wenn eine Policy-Datei für verschiedene Plattformen benötigt wird.

5.8.7 Rechte für die virtuelle Bibliothek

Das Applet aus Kapitel 5.5 für die virtuelle Bibliothek läßt sich noch nicht über das Netz benutzen.

Startet man es mit dem Applet-Viewer (<host> durch den eigenen WWW-Rechner ersetzen):

`appletviewer http://<host>/sources/jf/kapitel5/abschnitt5/BookApplet.html`

so bricht das Applet ab. Die erwartete Folge dieses Aufrufes ist eine Ausnahme:

```
java.security.AccessControlException:
    access denied (java.util.PropertyPermission user.name read)
    at java.security.AccessControlContext.checkPermission(Compiled Code)
    at java.security.AccessController.checkPermission(Compiled Code)
    at java.lang.SecurityManager.checkPermission(Compiled Code)
    at java.lang.SecurityManager.checkPropertyAccess(Compiled Code)
    at java.lang.System.getProperty(Compiled Code)
    at jf.kapitel5.abschnitt5.StandardDatabaseFactory.createUser()
    at jf.kapitel5.abschnitt5.StandardDatabaseFactory.init(Compiled Code)
    at jf.kapitel5.abschnitt5.DatabaseApplet.start(Compiled Code)
    at sun.applet.AppletPanel.run(Compiled Code)
    at java.lang.Thread.run(Compiled Code)
```

Das Applet hat also versucht, den Namen des Benutzers zu bestimmen, und das ist ihm nicht erlaubt. Im folgenden versucht es außerdem, eine Netzverbindung zum Datenbankrechner zu eröffnen und den Datenbanktreiber zu setzen. Auch diese Schritte sind ihm nicht gestattet. Der Anwender muß dem Applet erst die benötigten Rechte dafür einräumen. Dies geschieht in der folgenden Policy-Datei (granted.policy).

```
grant CodeBase "http://<host>/sources/"
     {
            permission java.net.SocketPermission "bibohost", "connect";
            permission java.util.PropertyPermission "user.name", "read";
            permission java.util.PropertyPermission "jdbc.drivers", "write";
     };
```

Das Applet erhält das Recht, die Netzverbindung aufzubauen, den Benutzernamen zu lesen und den Datenbanktreiber zu setzen, falls es von der angegebenen Quelle kommt.

Nun muß der Applet-Viewer aber auch erkennen, daß dem Applet die beschriebenen Rechte eingeräumt sind. Das geschieht durch das Setzen einer Eigenschaft für den Interpreter beim Aufruf:

```
appletviewer -J-Djava.security.policy=granted.policy
             http://<host>/sources/jf/kapitel5/abschnitt5/BookApplet.html
```

Die zu setzende Systemeigenschaft heißt `java.security.policy`. Mit der Option J wird die Definition an den vom Appletviewer benutzten Interpreter weitergereicht. Für JDK-1.2-fähige Browser wird es andere Mechanismen geben, die zu benutzende Policy-Datei einzustellen.

Nach diesem Aufruf funktioniert das Applet wie gewünscht. Der Code ist nicht unterzeichnet, wichtig ist nur, das er von der angegebenen Quelle kommt.

Zu bemerken ist, daß man sehr genau auf die Syntax der Policy-Datei achten muß, da nicht alle Syntaxfehler signalisiert werden. Wenn jedoch ein Eintrag einen Syntaxfehler enthält, wird dieser nicht wirksam.

Nun kann man Rechte auch in Abhängigkeit von mitgelieferten Unterschriften verteilen. Wenn der Benutzer dem Bibliotheks-Applet seine Arbeit nur gestatten will, falls es von einer Person `Ralf` unterzeichnet ist, dann muß er die folgende Policy-Datei (`signed.policy`) verwenden.

```
keystore ".keystore";

grant SignedBy "Ralf",
      CodeBase "http://<host>/sources/"
      {
             permission java.net.SocketPermission "bibohost", "connect";
             permission java.util.PropertyPermission "user.name", "read";
             permission java.util.PropertyPermission "jdbc.drivers", "write";
      };
```

5.8 Security und Unterzeichnung von Applets

Mit `SignedBy` drückt der Benutzer diese Forderung aus. Beim Überprüfen der Rechte schaut der Mechanismus nach, ob der Code unterzeichnet ist und ob die Unterschrift zu einer Person `Ralf` gehört, die in der Schlüsseldatei `.keystore` im aktuellen Verzeichnis enthalten ist. Der Aufruf

```
appletviewer -J-Djava.security.policy=signed.policy
             http://<host>/js/jf/kapitel5/abschnitt5/BookApplet.html
```

scheitert hier, da der Code noch nicht unterzeichnet ist.

5.8.8 Schlüsseldateien

Schlüsseldateien werden mit dem im JDK-1.2 enthaltenen Tool `keytool` bearbeitet. Mit diesem Tool können Unterschriften anderer Personen in eine Schlüsseldatei importiert oder eigene Unterschriften angelegt werden. Die folgenden beiden Befehle erzeugen (falls noch nicht vorhanden) eine Schlüsseldatei, legen eine Unterschrift an und zertifizieren diese:

```
#Erzeugen des Keystores und Anlegen eines Schlüssels
keytool -keystore .keystore
        -storepass fibel12
        -genkey
              -dname "CN=Ralf Kuehnel, OU=IfI, O=HU, S=Berlin, C=DE"
              -alias Ralf -keypass fibel
#Selbst zertifizieren
keytool -keystore .keystore
        -storepass fibel12
        -selfcert
        -alias Ralf
```

Die Schlüsseldatei selbst kann jetzt nur mit dem Paßwort `fibel12` bearbeitet werden, die Person `Ralf` erhält das Paßwort `fibel`.

Die gerade gezeigte Vorgehensweise ist etwas verkürzt, da hier Benutzer und Unterzeichner in einer Person zusammenfallen. Üblicherweise wird der Benutzer die öffentlichen Paßwörter von gewünschten Anbietern in die eigene schon vorhandene Schlüsseldatei importieren (ebenfalls mit `keytool`). Das Unterzeichnen ist dann Sache des Anbieters.

5.8.9 Unterzeichnung

Schließlich muß das Applet unterzeichnet sein, damit es unter den jetzt eingestellten Rechten arbeiten kann. Für die Unterzeichnung enthält das JDK-1.2 das Tool `jarsigner`, das Archivdateien unterzeichnet.

Stellen wir also zunächst eine Archivdatei her:

```
jar cf jf/kapitel5/abschnitt8/BookUnsignedApplet.jar
       jf/kapitel5/abschnitt5/*.class;
```

und unterzeichnen das Archiv:

```
jarsigner -keystore .keystore
         -storepass fibel12
         -keypass fibel
         -signedjar BookSignedApplet.jar
         BookUnsignedApplet.jar Ralf
```

Das unterzeichnete Archiv (`BookSignedApplet.jar`) dient nun als Quelle in der HTML-Datei (`BookSignedApplet.html`):

```
<HTML>
<HEAD>
<TITLE>
BookSignedApplet
</TITLE>
</HEAD>
<BODY>
<H3>
BookSignedApplet
</H3>
<applet code=jf/kapitel5/abschnitt5/BookApplet.class
        archive=BookSignedApplet.jar
        width=560 height=340>
<param name=db_descr_url
       value=../abschnitt5/rkDB.dsc>
</applet>
</BODY>
</HTML>
```

Der Aufruf

```
appletviewer -J-Djava.security.policy=signed.policy
         http://<host>/js/jf/kapitel5/abschnitt5/BookSignedApplet.html
```

führt nun wieder zum Erfolg.

Für unterzeichneten Code muß der Benutzer also das öffentliche Paßwort des Unterzeichners in seine eigene Schlüsseltabelle aufnehmen (`keytool` mit der Option `-import`). Der Unterzeichner selbst muß seinen Code archivieren und unterzeichnen.

Übung

- Vollziehen Sie die in diesem Abschnitt beschriebenen Schritte nach und überprüfen Sie, ob Ihr signiertes Applet dieselben Rechte hat wie ein lokales Applet.

5.9 Kompression

Im Paket `java.util.zip` enthält das JDK Klassen und Schnittstellen für verschiedene Kompressions- und Archivierungsalgorithmen. Die folgenden beiden Programme wandeln eine Datei in eine komprimierte Zip-Datei um, bzw. entpacken eine Zip-Datei.

Beispiel:
```
   // Datei jf/kapitel5/abschnitt9/Zip.java
 1 package jf.kapitel5.abschnitt9;
 2 import java.io.FileInputStream;
 3 import java.io.FileOutputStream;
 4 import java.io.File;
```
Die eigentliche Arbeit übernehmen Methoden der Klassen `ZipOutputStream` und `ZipEntry` aus `java.util.zip`.
```
 6 import java.util.zip.ZipOutputStream;
 7 import java.util.zip.ZipEntry;
 8 import java.util.zip.ZipException;
 9 public class Zip {
10     public static void main( String[] args ) {
```
Das Programm überträgt die Datei in Abschnitten zu je 1024 Bytes.
```
11         final int bufLength = 1024;
12         byte[] buffer = new byte[ bufLength ];
13         int readReturn = 0;
14         File source = null, target = null;
15         FileInputStream in = null;
```
Die Ausgabe und damit die Umwandlung in das Zip-Format erfolgt über die Variable out vom Typ `ZipOutputStream`.
```
16         ZipOutputStream out = null;
```
Das Programm prüft zunächst die Gültigkeit der Kommandozeilenargumente. Die umzuwandelnde Datei muß vorhanden sein, die Zieldatei darf das dagegen nicht.
```
17         if ( args.length != 2 ) {
18             System.err.println( "java Zip quelle ziel" );
19             Runtime.getRuntime().exit( -1 );
20         }
21         source = new File( args[ 0 ] );
22         if ( ! source.exists() ) {
23             System.err.println(
24                 "Datei "+args[ 0 ]+" nicht gefunden");
25             Runtime.getRuntime().exit( -1 );
26         }
27         target = new File( args[ 1 ] );
28         if ( target.exists() ) {
29             System.err.println(
```

```
30                   "Datei "
31                   + target.getPath()
32                   + " existiert bereits" );
33              Runtime.getRuntime().exit( -1 );
34         }
35         try {
36              in = new FileInputStream( source );
```

Die nächsten Zeilen erzeugen den Zip-Ausgabestrom. Die Methode setMethod() legt fest, daß der Ausgabestrom die Daten komprimiert, die Methode setLevel() legt das Maß der Komprimierung (0-9) fest.

```
37              out = new ZipOutputStream( new FileOutputStream( target ));
38              out.setComment( "Generated by Zip" );
39              out.setMethod( out.DEFLATED );
40              out.setLevel( 9 );
41              out.putNextEntry( new ZipEntry( source.getName() ));
```

Schließlich überträgt das Programm die Datei in Blöcken zu je 1024 Bytes.

```
42              do {
43                   readReturn = in.read( buffer );
44                   if ( readReturn != -1 )
                        out.write( buffer, 0, readReturn );
45              }
46              while ( readReturn != -1 );
47              out.closeEntry();
48              out.finish();
49              out.close();
50         }
51         catch ( ZipException ze ) {
52              System.err.println( "ZipException: " + ze.getMessage() );
53         }
57         catch ( Exception e ) {
58              System.err.println( "Fehler: " + e.getMessage() );
59         }
60    }
61 }
```

Das folgende Programm dekomprimiert eine gepackte Zip-Datei wieder. Es verwendet dafür einen Zip-Eingabestrom.

Beispiel:
```
   // Datei jf/kapitel5/abschnitt9/Unzip.java
 1 package jf.kapitel5.abschnitt9;
 2 import java.io.FileInputStream;
 3 import java.io.FileOutputStream;
 4 import java.io.File;
 6 import java.util.zip.ZipInputStream;
 7 import java.util.zip.ZipEntry;
 8 import java.util.zip.ZipException;
 9 public class Unzip {
10    public static void main( String[] args ) {
```

5.9 Kompression

Wiederum erfolgt die Übertragung in Blöcken zu je 1024 Bytes.

```
11          final int bufLength = 1024;
12          byte[] buffer = new byte[ bufLength ];
13          int readReturn = 0;
14          File source = null, target = null;
15          ZipInputStream in = null;
16          FileOutputStream out = null;
```

Nach der Überprüfung der Argumente legt das Programm einen Zip-Eingabestrom an und bestimmt den nächsten Eintrag in diesem Feld.

```
            ...
27          try {
28              in = new ZipInputStream( new FileInputStream( source ));
29              ZipEntry zipEntry = in.getNextEntry();
```

Falls kein zweites Argument in der Kommandozeile angegeben worden ist, bestimmt das Programm den Namen aus dem Zip-Eintrag.

```
30              if ( args.length >=2 )
31                  target = new File( args[ 1 ] );
32              else
33                  target = new File( zipEntry.getName() );
```

Auch hier soll die Zieldatei noch nicht existieren. Die Übertragung der Daten übernimmt die Schleife in der Zeile 42.

```
                ...
41              out = new FileOutputStream( target );
42              do {
43                  readReturn = in.read( buffer );
44                  if ( readReturn != -1 )
                        out.write( buffer, 0, readReturn );
45              }
46              while ( readReturn != -1 );
47              in.close();
48              out.close();
49          }
50          catch ( ZipException ze ) {
51              System.err.println( "ZipException: " + ze.getMessage() );
52          }
56          catch ( Exception e ) {
57              System.err.println( "Fehler: " + e.getMessage() );
58          }
59      }
60  }
```

Mit den Klassen in `java.util.zip` hat der Programmierer also Werkzeuge in der Hand, Dateien in verschiedenen Komprimierungs- und Archivierungsformaten zu lesen und zu schreiben. Das Programm `jar` nutzt diese Klassen zum Beispiel, um zu einem Applet gehörende Dateien in einem Archiv zusammenzufassen.

Übung

- Entwerfen Sie Zip- und Unzip-Programme, die auch mehrere Dateien komprimieren und archivieren bzw. entpacken können.

- Entwerfen Sie analoge Programme mit den GZIP-Klassen.

5.10 Remote Method Invocation

Dieser Abschnitt stellt beispielhaft die Anwendung des von Sun eingeführten Konzepts der Remote Method Invocation zur Programmierung von verteilten Softwaresystemen mit Java vor.

Das Datenbank-Applet aus dem Kapitel 5.5 soll nun keine direkte Verbindung mehr zum Datenbankrechner aufnehmen. Das ist ihm ja auch untersagt, wenn der Datenbankrechner nicht gleichzeitig der WWW-Server ist. Um dem Applet trotzdem einen Datenbankzugriff zu erlauben, soll auf dem WWW-Server ein Programm installiert werden, das die Anfragen des Applets an die Datenbank weiterleitet. Die Implementierung soll so viele Teile wie möglich aus der ursprünglichen Anwendung verwenden.

5.10.1 Architektur und Schnittstellen des Beispiels

Eine mögliche Architektur stellt die Abbildung 5.10 dar. Die Datenbankklassen

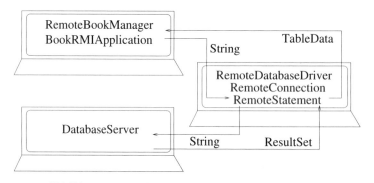

Abbildung 5.10: *Architektur unter Nutzung von RMI*

werden aus der ursprünglichen Implementierung herausgelöst und arbeiten als entfernte Objekte auf dem WWW-Server. Der Methodenaufruf bei diesen Objekten ist für die Klasse `RemoteDatabaseManager` fast transparent. Allerdings unterscheidet sich der Ergebnistyp einer Anfrage von der lokalen Implementierung. Parameter und Ergebnisse müssen von einem Standardtyp oder einer serialisierbaren Klasse gebildet sein, damit RMI sie versenden kann. Das kann man bei der Schnittstelle `ResultSet` bzw. bei der sie implementierenden Klasse nicht voraussetzen. Die Klas-

5.10 Remote Method Invocation

se `RemoteStatement` wandelt diese Daten deshalb in einen eigenen serialisierbaren Typ um.

Für die Implementierung entfernter Objekte mit RMI muß der Programmierer zunächst die Schnittstellen dieser Objekte festlegen. Das Beispiel implementiert Klassen für drei entfernte Objekte. Diese Klassen benutzen die folgenden Schnittstellen.

```
// Datei jf/kapitel5/abschnitt10/RemoteDatabaseDriver.java
1 package jf.kapitel5.abschnitt10;
2 import jf.kapitel5.abschnitt5.DatabaseDescription;
3 import java.rmi.RemoteException;
4 import java.rmi.Remote;
```

Eine Schnittstelle für RMI-Klassen muß die Schnittstelle `Remote` aus `java.rmi` erweitern. Alle Methoden müssen die Ausnahme `RemoteException` erzeugen.

```
5 public interface RemoteDatabaseDriver extends Remote {
```

Die Schnittstelle enthält nur eine Methode, mit deren Hilfe ein Objekt der Schnittstelle `RemoteConnection` erzeugt werden kann. Als Argument wird an sie ein Objekt der Klasse `DatabaseDescription` gesendet. Das ist möglich, da Objekte dieser Klasse serialisierbar sind (die Klasse implementiert die Schnittstelle `Serializable`).

```
6     public RemoteConnection getConnection(
            DatabaseDescription description )
7         throws RemoteException;
8 }
```

Die Schnittstelle `RemoteConnection` enthält eine Methode zur Erzeugung eines Objekts der Schnittstelle `RemoteStatement` und eine Methode zum Schließen der Verbindung.

```
// Datei jf/kapitel5/abschnitt10/RemoteConnection.java
1 package jf.kapitel5.abschnitt10;
2 import java.rmi.RemoteException;
3 import java.rmi.Remote;
4 import java.sql.SQLException;
5 public interface RemoteConnection extends Remote {
```

Diese Methode erzeugt zusätzlich die Ausnahme `SQLException`, falls die Datenbankverbindung einen Fehler produziert hat.

```
6     public RemoteStatement createStatement()
7         throws RemoteException, SQLException;
8     public void close() throws RemoteException;
9 }
```

Die Schnittstelle `RemoteStatement` enthält schließlich ähnliche Methoden, wie die Schnittstelle `Statement` aus `java.sql`.

```
// Datei jf/kapitel5/abschnitt10/RemoteStatement.java
1 package jf.kapitel5.abschnitt10;
2 import jf.kapitel5.abschnitt5.TableData;
```

```
3 import java.rmi.RemoteException;
4 import java.rmi.Remote;
5 import java.sql.SQLException;
6 public interface RemoteStatement extends Remote {
```

Die Methode `executeQuery()` hat jetzt aber aus den genannten Gründen einen anderen Ergebnistyp. Sie muß die Daten aus einem Objekt der Klasse `ResultSet` später in ein Objekt der Schnittstelle `TableData` umwandeln.

```
7      public TableData executeQuery( String query )
8          throws RemoteException, SQLException;
9      public void executeUpdate( String update )
10         throws RemoteException, SQLException;
11     public void close()
12         throws RemoteException, SQLException;
13 }
```

Als die Schnittstelle `TableData` implementierende Klasse wird die schon bekannte Klasse `ResultSetTableData` eingesetzt.

5.10.2 Implementierung der Schnittstellen

Der Programmierer muß nun Klassen programmieren, die die aufgezählten Schnittstellen implementieren. Die Implementierungen reichen im allgemeinen die Methodenaufrufe an Objekte von entsprechenden `java.sql`-Klassen weiter.

Eine Instanz der Klasse `RemoteDatabaseDriverImpl` dient später als das Objekt, das auf dem WWW-Server gestartet wird und Applet-Anfragen bedient.

```
// Datei jf/kapitel5/abschnitt10/RemoteDatabaseDriverImpl.java
1 package jf.kapitel5.abschnitt10;

2 import jf.kapitel5.abschnitt5.DatabaseDescription;

3 import java.rmi.RemoteException;
4 import java.rmi.server.UnicastRemoteObject;

5 import java.sql.DriverManager;

6 import java.util.Properties;
```

Klassen, von denen entfernte Objekte erzeugt werden sollen, müssen die Klasse `UnicastRemoteObject` erweitern. Außerdem müssen sie eine von `Remote` abgeleitete Schnittstelle implementieren.

```
7 public class RemoteDatabaseDriverImpl extends UnicastRemoteObject
8     implements RemoteDatabaseDriver {
```

Die Klasse enthält einen parameterlosen Konstruktor, um die Ausnahme des Superklassenkonstruktors nach außen weiterzuleiten.

```
 9      public RemoteDatabaseDriverImpl() throws RemoteException {
10          super();
11      }
```

Schließlich implementiert die Klasse die Schnittstelle `RemoteDatabaseDriver`. Sie erzeugt in der Methode ein Objekt des tatsächlichen Datenbanktreibers und geht dabei genauso vor wie in Kapitel 5.5.

```
12      public RemoteConnection getConnection(
                                  DatabaseDescription description )
13          throws RemoteException {
14          try {
15              Class.forName( description.getDbDriver() );
16              // deprecated: DriverManager.setLogStream( System.out );

17              Properties props = new Properties();
18              props.put( "user", description.getDbUser() );
19              props.put( "password", description.getDbPassword() );
```

Die Methode erzeugt ein Objekt der Klasse `RemoteConnectionImpl` und übergibt ihrem Konstruktor eine Verbindung zur Datenbank.

```
20              RemoteConnection remoteConnection =
21                  new RemoteConnectionImpl(
22                      DriverManager.getConnection (
23                          description.getDbProt() + ":" +
24                          description.getDbHost() + ":" +
25                          description.getDbPort() + "/" +
26                          description.getDbName(), props ));

27              return remoteConnection;
28          }
29          catch ( Exception ex ) {
30              System.err.println(
                    "Couldn't initialize: " + ex.toString() );
31              throw new RemoteException();
32          }
33      }
34  }
```

Für die Erzeugung eines Treiberobjekts wird ein eigener Server implementiert, der als Applikation gestartet werden kann.

```
    // Datei jf/kapitel5/abschnitt10/RemoteDatabaseServer.java
 1  package jf.kapitel5.abschnitt10;

 2  import java.rmi.Naming;
 3  import java.rmi.RMISecurityManager;
 4  import java.rmi.RemoteException;

 5  import java.net.MalformedURLException;

 6  public class RemoteDatabaseServer {
```

In der Methode `main()` muß die Klasse mit der besprochenen Funktion ein Objekt der Treiberklasse erzeugen und dieses dann beim Namensdienst anmelden (Zeile 12). Ein Objekt eines anderen Rechners erreicht nun mit dem Namen ///RemoteDatabaseDriver das installierte Objekt.

```
 7    public static void main( String[] args ) {
 8        System.setSecurityManager( new RMISecurityManager() );
 9        try {
10            RemoteDatabaseDriverImpl remoteDriver =
11                new RemoteDatabaseDriverImpl();
12            Naming.rebind( "///RemoteDatabaseDriver", remoteDriver );
13        }
14        catch( RemoteException re ) {
15            System.err.println( "RemoteException: " + re.toString() );
16        }
17        catch( MalformedURLException me ) {
18            System.err.println(
                  "MalformedURLException: " + me.toString() );
19        }
20    }
21 }
```

Die Klasse `RemoteConnectionImpl` implementiert `RemoteConnection`.

```
   // Datei jf/kapitel5/abschnitt10/RemoteConnectionImpl.java
 1 package jf.kapitel5.abschnitt10;
 2 import java.rmi.RemoteException;
 3 import java.rmi.server.UnicastRemoteObject;
 4 import java.sql.Connection;
 5 import java.sql.SQLException;
 6 public class RemoteConnectionImpl extends UnicastRemoteObject
 7     implements RemoteConnection {
```

Objekte dieser Klasse enthalten eine Objektvariable zur Speicherung einer Datenbankverbindung. Die Variable wird durch den Konstruktor initialisiert.

```
 8    private Connection connection = null;
 9    public RemoteConnectionImpl( Connection connection )
10        throws RemoteException {
11        super();
12        this.connection = connection;
13    }
```

An die gespeicherte Datenbankverbindung leitet ein Objekt der Klasse den Methodenaufruf `createStatement()` weiter (Zeile 19) und initialisiert mit dem erzeugten Objekt der Schnittstelle `Statement` ein neues Objekt der Klasse `RemoteStatementImpl`, das schließlich das Ergebnis der Methode darstellt.

```
14    public RemoteStatement createStatement()
15        throws RemoteException, SQLException {
16        if ( connection != null ) {
17            RemoteStatement remoteStatement =
```

5.10 Remote Method Invocation

```
18                    new RemoteStatementImpl(
19                      connection.createStatement() );
20              return remoteStatement;
21          }
22          else throw new RemoteException();
23      }
```

Die Methode `close()` schließt die Verbindung.

```
24      public void close() throws RemoteException {
25          try {
26                  if ( connection != null )
27                      connection.close();
28          }
29          catch( Exception e ) {}
30          connection = null;
31      }
32 }
```

Die Klasse `RemoteStatementImpl` ist am aufwendigsten zu implementieren. Sie muß die Anfragen und Ergebnisse zwischen dem Applet und der Datenbank hin- und herleiten.

```
   // Datei jf/kapitel5/abschnitt10/RemoteStatementImpl.java
1  package jf.kapitel5.abschnitt10;

2  import jf.kapitel5.abschnitt5.ResultSetTableData;
3  import jf.kapitel5.abschnitt5.TableData;

4  import java.rmi.RemoteException;
5  import java.rmi.server.UnicastRemoteObject;

6  import java.sql.Statement;
7  import java.sql.ResultSet;
8  import java.sql.ResultSetMetaData;
9  import java.sql.SQLException;

10 import java.util.Vector;

11 public class RemoteStatementImpl extends UnicastRemoteObject
12     implements RemoteStatement {
```

Objekte dieser Klasse enthalten eine Objektvariable zur Speicherung einer Datenbankanfrage. Die Variable wird durch den Konstruktor initialisiert.

```
13      private Statement statement = null;

14      public RemoteStatementImpl( Statement statement )
15          throws RemoteException {
16          super();
17          this.statement = statement;
18      }
```

Die Methode `executeQuery()` leitet die Anfrage an die Datenbank weiter, empfängt das Ergebnis und wandelt es in ein Objekt der Schnittstelle `TableData` um, das sie an den Aufrufer zurücksendet.

```
19      public TableData executeQuery( String query )
20          throws RemoteException, SQLException {
21          if ( statement == null ) throw new RemoteException();
22
23          ResultSet rs = statement.executeQuery( query );
24          TableData table = new ResultSetTableData( rs );
25          rs.close();

26          return table;
27      }
```

Die Methode `executeUpdate()` muß sich nicht um ein Ergebnis kümmern und leitet die Anfrage einfach an die Variable `statement` weiter.

```
28      public void executeUpdate( String update )
29          throws RemoteException, SQLException {
30          if ( statement != null ) statement.executeUpdate( update );
31          else throw new RemoteException();
32      }
```

Auch die Methode `close()` leitet die Anweisung nur weiter.

```
33      public void close()
34          throws RemoteException, SQLException {
35          if ( statement != null ) statement.close();
36          else throw new RemoteException();
37      }
38  }
```

5.10.3 Erzeugung von RMI-Hilfsklassen

Mit den bisher implementierten Klassen kann das Programm `rmic` notwendige Hilfsklassen (Stubs) für die Kommunikation zwischen den Objekten erzeugen. Das Programm erhält die folgenden Argumente

```
rmic -d /cd/book/classes
    jf.kapitel5.abschnitt10.RemoteStatementImpl
    jf.kapitel5.abschnitt10.RemoteConnectionImpl
    jf.kapitel5.abschnitt10.RemoteDatabaseDriverImpl
```

und erzeugt die Stub-Klassen im Verzeichnis `/cd/book/classes`.

5.10.4 Anwendung

Die Klasse `RemoteDatabaseManager` nutzt nun die entfernten Objekte, um eine indirekte Datenbankverbindung aufzubauen. Sie ersetzt in der Anwendung die Klasse `StandardDatabaseManager`.

5.10 Remote Method Invocation

```
   // Datei jf/kapitel5/abschnitt10/RemoteDatabaseManager.java
 1 package jf.kapitel5.abschnitt10;

 2 import jf.kapitel5.abschnitt5.DatabaseManager;
 3 import jf.kapitel5.abschnitt5.DatabaseFactory;
 4 import jf.kapitel5.abschnitt5.TableData;

 5 import java.rmi.Naming;
 6 import java.rmi.RMISecurityManager;
 7 import java.rmi.RemoteException;
 8 import java.rmi.NotBoundException;

 9 import java.sql.SQLException;

10 import java.net.MalformedURLException;

11 public class RemoteDatabaseManager implements DatabaseManager {
```

Die Klasse definiert Objektvariablen zur Speicherung einer Verbindung, des Datenbanktreibers und des zugehörenden Factory-Objekts.

```
12     // database connection
13     private RemoteConnection remoteConnection = null;
14     private RemoteDatabaseDriver remoteDriver = null;
15     private DatabaseFactory factory = null;
```

Im Konstruktor erhält die Klasse eine Referenz auf die Factory und ruft die Methode init() auf.

```
16     public RemoteDatabaseManager( DatabaseFactory fac ) {
17         factory = fac;
18         init();
19     }
```

Die Methode init() stellt die Verbindung zu dem entfernten Datenbanktreiber her. Sie installiert dazu zunächst einen Security-Manager, falls das noch nicht geschehen ist. Ein solcher Security-Manager ist für RMI-Anwendungen notwendig. Bei einem Applet ist im allgemeinen bereits ein Security-Manager installiert, dann ist die Bedingung in Zeile 21 nicht erfüllt.

```
20     public void init() {
21         if ( System.getSecurityManager() == null )
22             System.setSecurityManager( new RMISecurityManager() );
23         String serverName = null;
24         String remoteHost =
                   (String) factory.getArguments().get( "registryHost" );
25         if ( remoteHost == null )
                serverName = "///RemoteDatabaseDriver";
26         else serverName = "//" + remoteHost + "/RemoteDatabaseDriver";
```

Für die Verbindungsaufnahme nutzt die Methode die Klassenmethode lookup() der Klasse Naming. In der Variablen remoteDriver ist nach dem Aufruf dieser Methode eine Referenz auf ein entferntes Objekt gespeichert, das auf dem WWW-Server und nicht lokal arbeitet.

```
27      try {
28          remoteDriver =
                (RemoteDatabaseDriver) Naming.lookup( serverName );
29      }
30      catch ( MalformedURLException e ) {
31          System.err.println(
                "MalformedURLException: " + e.toString() );
32      }
33      catch ( NotBoundException ne ) {
34          System.err.println( "NotBoundException: " + ne.toString() );
35      }
36      catch ( RemoteException re ) {
37          System.err.println( "RemoteException: " + re.toString() );
38      }
39   }
```

Die Methode connect() erzeugt ein Objekt der Schnittstelle RemoteConnection. Dieses Objekt arbeitet tatsächlich auf dem WWW-Server und nicht auf dem lokalen Rechner.

```
40   public void connect() {
41      try {
42          remoteConnection = remoteDriver.getConnection(
43              factory.getDbDescription() );
44      }
45      catch ( Exception ex ) {
46          System.err.println(
                "Couldn't initialize: " + ex.toString() );
47          Runtime.getRuntime().exit( -1 );
48      }
49   }
```

Die Methode executeUpdate() erzeugt ein entferntes Objekt der Schnittstelle RemoteStatement, um die Anfrage weiterzuleiten. Dieses leitet seinerseits die Anfrage an die Datenbank.

```
50   public void executeUpdate( String update ) {
51      try {
52          if ( remoteConnection == null ) {
53              factory.getViewer().showWarning(
                    "no database connection established" );
55              return;
56          }
57          RemoteStatement stmt = remoteConnection.createStatement ();
58          stmt.executeUpdate( update );
59          stmt.close();
60      }
61      catch ( Exception ex ) {
```

```
62                    factory.getViewer().showWarning(
                              "Exception: " + ex.toString()));
63            }
64        }
```

Die gleichen Schritte unternimmt die Methode `executeQuery()`. Sie nimmt aber zusätzlich die Ergebnistabelle entgegen und zeigt sie in der Oberfläche an.

```
65    public void executeQuery( String query ) {
66        try {
67            if ( remoteConnection == null ) {
68                factory.getViewer().showWarning(
69                        "no database connection established" );
70                return;
71            }

72            RemoteStatement stmt = remoteConnection.createStatement ();

74            TableData result = stmt.executeQuery( query );
75            factory.getViewer().showResult( result );

76            stmt.close();
77        }
78        catch ( Exception ex ) {
79            factory.getViewer().showWarning(
                      "Exception: " + ex.toString()));
80        }
81    }
```

Mit der Methode `close()` wird die Datenbankverbindung beendet.

```
82    public void close() {
83        try {
84            if ( remoteConnection != null ) remoteConnection.close();
85        }
86        catch ( Exception e ) {}
87        remoteConnection = null;
88    }
89 }
```

5.10.5 Datenbankapplet mit Netzverbindung

Um den neuen Manager nutzen zu können, muß ein neuer Konfigurator implementiert sein:

```
  // Datei jf/kapitel5/abschnitt10/BookRMIFactory.java
1 package jf.kapitel5.abschnitt10;

2 import jf.kapitel5.abschnitt5.BookFactory;
3 import jf.kapitel5.abschnitt5.DatabaseManager;

4 public class BookRMIFactory extends BookFactory {
```

Dieser setzt das Objekt für die Datenbankanbindung auf ein Objekt der gerade implementierten Klasse.

```
5     protected DatabaseManager basicCreateManager() {
6         return new RemoteDatabaseManager( this );
7     }
8     protected String basicCreateTitle() {
9         return super.basicCreateTitle() + " mit RMI";
10    }
```

Den Nutzernamen setzt er auf **unknown**, um die Abfrage des Nutzernamens und die dadurch hervorgerufene Ausnahme in Applets zu verhindern.

```
11    protected String basicCreateUser() { return "unknown"; }
12 }
```

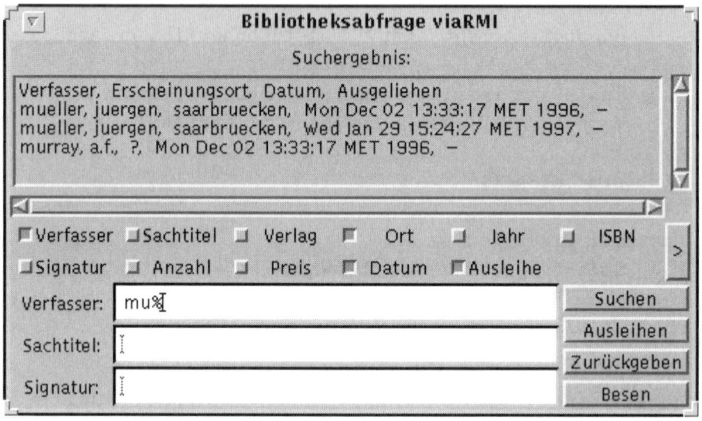

Abbildung 5.11: Datenbankabfrage über RMI

Die Abbildung 5.11 zeigt das Ergebnis der Implementierung. Die folgende Klasse implementiert ein Applet, das nicht mehr nur lokal (wie in Kapitel 5.5) für Datenbankabfragen eingesetzt werden kann.

```
   // Datei jf/kapitel5/abschnitt10/BookRMIApplet.java
1 package jf.kapitel5.abschnitt10;

2 import jf.kapitel5.abschnitt5.DatabaseApplet;
3 import jf.kapitel5.abschnitt5.DatabaseDescription;
```

Das Applet setzt die neue Konfiguration ein.

```
4 public class BookRMIApplet extends DatabaseApplet {
5     public void init() {
6         factory = new BookRMIFactory();
7         factory.setArguments( this );
8     }
```

Und es sorgt dafür, daß sich das Objekt für die Datenbankanbindung an den Herkunftsrechner des Applets wenden wird. Die Methode **get()** realisiert die Schnittstelle `Arguments`. Das Objekt der Klasse `RemoteDatabaseManager` fragt diese in der Zeile 24 nach dem Rechnernamen ab.

```
9    public Object get( String name ) {
10       if ( name.equals( "registryHost" ))
11          return getCodeBase().getHost();
12       else return super.get( name );
13   }
14 }
```

Genauso kann sich auch eine Applikation an den entfernten Datenbanktreiber wenden,

```
   // Datei jf/kapitel5/abschnitt10/BookRMIApplication.java
1  package jf.kapitel5.abschnitt10;

2  import jf.kapitel5.abschnitt5.DatabaseApplication;
```

wenn sie die entsprechende Konfiguration benutzt.

```
3  public class BookRMIApplication extends DatabaseApplication {
4     static { factory = new BookRMIFactory(); }
5  }
```

5.10.6 Start des RMI-Servers

Applet und Applikation funktionieren jedoch nur, wenn der entfernte Datenbanktreiber (also die Klasse `RemoteDatabaseServer`) tatsächlich auf dem WWW-Server des Applets gestartet wurde. Den Start bewirken die folgenden Kommandos, die der Programmierer auf dem WWW-Server ausführen muß.

```
rmiregistry
java -Djava.rmi.server.codebase=
     http://<Rechner>/cd/book/classes/jf/kapitel5/abschnitt10/
     jf.kapitel5.abschnitt10.RemoteDatabaseServer
```

Zuerst ist also das Programm `rmiregistry` zu starten. Es übernimmt den Namensdienst. Danach wird der Java-Interpreter mit der Klasse `RemoteDatabaseServer` aufgerufen. Beim Aufruf des Interpreters muß man den Wert von `java.rmi.server.codebase` auf den Pfad der benutzten Byte-Code-Dateien festlegen. Die Angabe `<Rechner>` soll hier den WWW-Rechner bezeichnen.

Damit sind alle notwendigen Schritte aufgezeigt und das Applet kann arbeiten.

Übung

- Entwerfen Sie auf der Grundlage Ihrer Klassen für die doppelt verkette Liste eine entfernte doppelt verkettete Liste. Die Liste soll also nicht mehr auf demselben Rechner wie die Bedienoberfläche arbeiten.

5.11 Corba

Dieser Abschnitt des Kapitels beschreibt die Programmierung von Corba-Objekten mit Java.

5.11.1 Architektur und Schnittstellen des Beispiels

Wieder soll das Datenbankapplet netzfähig gemacht werden. Genauso wie RMI ist Corba ein Weg, verteilte Softwaresysteme zu implementieren. Im Unterschied zu RMI ist Corba jedoch ein sprachunabhängiger Industriestandard. Es ist bei Corba also nicht wichtig, in welcher Sprache die Objekte implementiert wurden, lediglich ihre Schnittstellen müssen in einer speziellen Sprache (IDL, Interface Description Language) beschrieben sein. In Java stellt sich die Programmierung mit Corba ähnlich dar, wie die Programmierung mit RMI. Das wird an der Struktur dieses Abschnitts deutlich; er vollzieht die gleichen Schritte wie im letzten Abschnitt. Das Ergebnis ist wie dort ein netzfähiges Applet.

Die Architektur der Anwendung gleicht der RMI-Struktur (Abbildung 5.12). Die

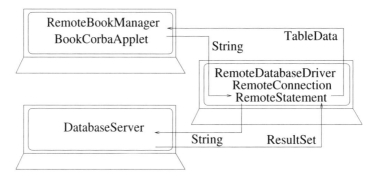

Abbildung 5.12: *Architektur unter Nutzung von Corba*

Schnittstellen der entfernten Objekte können nun nicht in Java selbst beschrieben werden. Der Programmierer muß dazu nämlich die durch Corba definierte Sprache IDL verwenden.

```
// Datei jf/kapitel5/abschnitt11/RemoteDatabase.idl
```

Das Paket `jf.kapitel5.abschnitt11` entspricht in der Java-IDL-Abbildung dem Modul `abschnitt11` im Modul `kapitel5` im Modul `jf`.

```
1  module jf {
2      module kapitel5 {
3          module abschnitt11 {
```

Zunächst legt die Beschreibung zusätzliche Datentypen für Parameter und Ergebnisse der folgenden Methoden fest. Die Struktur `IDLDatabaseDescription` ist eine abgerüstete Variante der Klasse `DatabaseDescription`, die Struktur `Table` entspricht der Klasse `Table` des letzten Abschnitts.

5.11 Corba

```
4           struct IDLDatabaseDescription {
5               string dbDriver;
6               string dbProt;
7               string dbName;
8               string dbHost;
9               string dbPort;
10              string dbUser;
11              string dbPassword;
12          };
13          struct Table {
14              sequence < string > head;
15              sequence < string > content;
16          };
```

Die Ausnahme SQLException ersetzt später die Ausnahme SQLException des Paketes java.sql.

```
17          exception SQLException {};
```

Es folgen die zum letzten Abschnitt analogen Schnittstellen für die entfernten Objekte. Die Beschreibung unterscheidet sich offensichtlich nur in der Syntax.

```
18          interface RemoteStatement {
19              Table executeQuery( in string query )
                    raises( SQLException );
20              void executeUpdate( in string update )
                    raises( SQLException );
21              void close() raises( SQLException );
22          };
23          interface RemoteConnection {
24              RemoteStatement createStatement()
                    raises( SQLException );
25              void close();
26          };
27          interface RemoteDatabaseDriver {
28              RemoteConnection getConnection(
29                  in IDLDatabaseDescription description );
30          };
31      };
32  };
33 };
```

5.11.2 Erzeugung von Corba-Hilfsklassen

Auf Grundlage dieser Beschreibung müssen nun zunächst Corba-Hilfsklassen erzeugt werden. Diese übernehmen wieder die Steuerung der Kommunikation zwischen den Objekten. Den dazu notwendigen Compiler muß man sich separat vom WWW-Server von SUN besorgen, er ist nicht bei den Tools des JDK-1.2 dabei.

```
idltojava -j stubs RemoteDatabase.idl
```

Das Kommando `idltojava` erzeugt die Klassen für den Server und den Client und legt sie im Verzeichnis `stubs` ab. Für die Datei `RemoteDatabase.idl` erzeugt `idltojava` die folgenden Dateien:

```
IDLDatabaseDescription.java
IDLDatabaseDescriptionHelper.java
IDLDatabaseDescriptionHolder.java
RemoteConnection.java
RemoteConnectionHelper.java
RemoteConnectionHolder.java
RemoteDatabaseDriver.java
RemoteDatabaseDriverHelper.java
RemoteDatabaseDriverHolder.java
RemoteStatement.java
RemoteStatementHelper.java
RemoteStatementHolder.java
SQLException.java
SQLExceptionHelper.java
SQLExceptionHolder.java
Table.java
TableHelper.java
TableHolder.java
_RemoteConnectionImplBase.java
_RemoteConnectionStub.java
_RemoteDatabaseDriverImplBase.java
_RemoteDatabaseDriverStub.java
_RemoteStatementImplBase.java
_RemoteStatementStub.java
```

Diese Klassen benutzt man für die Implementierung der obigen Schnittstellen.

5.11.3 Implementierung der Schnittstellen

Ein Objekt der Klasse `RemoteDatabaseDriverImpl` übernimmt wie im letzten Abschnitt die Rolle des Server-Objekts. Es wird später beim Namensdienst angemeldet. Ein ORB (Object Request Broker) verwaltet Referenzen auf entfernte Objekte und besitzt im allgemeinen einen Namensdienst, um Objekte zu adressieren.

```
  // Datei jf/kapitel5/abschnitt11/RemoteDatabaseDriverImpl.java
1 package jf.kapitel5.abschnitt11;

2 import jf.kapitel5.abschnitt5.DatabaseDescription;
3 import org.omg.CORBA.ORB;
4 import java.sql.DriverManager;
5 import java.util.Properties;
```

Die Implementierung einer IDL-Schnittstelle muß hier durch eine Klasse erfolgen, die von der entsprechenden `_XXXImplBase`-Klasse abgeleitet ist.

5.11 Corba

```
 6  public class RemoteDatabaseDriverImpl
            extends _RemoteDatabaseDriverImplBase {
 7      private ORB orb;

 8      public RemoteDatabaseDriverImpl( ORB orb ) {
 9          this.orb = orb;
10      }
```

Die Methode `getConnection()` soll die Datenbankverbindung herstellen und ein entsprechendes entferntes Objekt zurückgeben. Ihr Ergebnistyp ist deshalb `RemoteConnection`. Als Parameter erhält die Methode ein Objekt der Klasse `IDLDatabaseDescription`, die das Programm `idltojava` vorher erzeugt hatte.

```
11      public RemoteConnection getConnection(
12                       IDLDatabaseDescription description ) {
13          try {
14              Class.forName( description.dbDriver );
15              // deprecated: DriverManager.setLogStream( System.out );

16              Properties props = new Properties();
17              props.put( "user", description.dbUser );
18              props.put( "password", description.dbPassword );
```

Das entfernte Objekt wird in Zeile 20 erzeugt. Der Konstruktor der Klasse `RemoteConnectionImpl` übernimmt dabei das vom lokalen Datenbanktreiber (`DriverManager`) mit der Methode `getConnection()` erzeugte Objekt und eine Referenz auf den ORB. Das erzeugte Objekt wird mit dem ORB verbunden.

```
19              RemoteConnection remoteConnection =
20                  new RemoteConnectionImpl(
21                      DriverManager.getConnection (
22                          description.dbProt + ":" +
23                          description.dbHost + ":" +
24                          description.dbPort + "/" +
25                          description.dbName, props ),
26                      orb );
27              orb.connect( remoteConnection );
28              return remoteConnection;
29          }
30          catch ( Exception ex ) {
31              System.err.println(
                    "Couldn't initialize: " + ex.toString() );
32              return null;
33          }
34      }
35  }
```

Die Klasse `RemoteDatabaseServer` übernimmt die Aufgabe des Servers. Sie erzeugt einen entfernten Datenbanktreiber.

```
    // Datei jf/kapitel5/abschnitt11/RemoteDatabaseServer.java
 1  package jf.kapitel5.abschnitt11;
```

```
 2 import jf.kapitel5.abschnitt5.DatabaseDescription;

 3 import org.omg.CORBA.ORB;
 4 import org.omg.CORBA.Object;
 5 import org.omg.CosNaming.NameComponent;
 6 import org.omg.CosNaming.NamingContext;
 7 import org.omg.CosNaming.NamingContextHelper;

 9 public class RemoteDatabaseServer {
```

Die Methode main() initialisiert zunächst den Broker, erzeugt dann ein entferntes Objekt der Klasse RemoteDatabaseDriver und meldet es beim ORB an.

```
10     public static void main( String[] args ) {
11         try {
12             ORB orb = ORB.init( args, null );

13             RemoteDatabaseDriver remoteDriver =
14                     new RemoteDatabaseDriverImpl( orb );
15             orb.connect( remoteDriver );
```

Im Anschluß erzeugt die Methode den Namensdienst.

```
16             org.omg.CORBA.Object nContextObj =
17                 orb.resolve_initial_references( "NameService" );
18             NamingContext nContext =
                    NamingContextHelper.narrow( nContextObj );
```

Sie meldet den Datenbanktreiber auch beim Namensdienst an.

```
19             NameComponent nComponent =
20                 new NameComponent( "RemoteDatabaseDriver", "" );
21             NameComponent[] nPath = { nComponent };
22             nContext.rebind( nPath, remoteDriver );

23             System.out.println( "driver installed" );
```

Der Server wartet, bis er unterbrochen wird. Die Laufzeitumgebung des Datenbanktreibers muß ja weiter arbeiten.

```
25             java.lang.Object sync = new java.lang.Object();
26             synchronized( sync ) { sync.wait(); }
27         }
28         catch( Exception re ) {
29             System.err.println(
                    "Exception: " + re.toString() + "\n\n\n" );
30             re.printStackTrace();
31             return;
32         }
33     }
34 }
```

Die Klasse RemoteConnectionImpl implementiert die obige IDL-Schnittstelle RemoteConnection. Sie erweitert dafür die Klasse _RemoteConnectionImplBase.

5.11 Corba

```
   // Datei jf/kapitel5/abschnitt11/RemoteConnectionImpl.java
 1 package jf.kapitel5.abschnitt11;

 2 import org.omg.CORBA.ORB;
 3 import java.sql.Connection;

 4 public class RemoteConnectionImpl extends _RemoteConnectionImplBase {
```

Ein Objekt dieser Klasse besitzt eine Objektvariable für die Speicherung der Datenbankverbindung und eine Referenz auf den ORB, die der Konstruktor initialisiert.

```
 5     private ORB orb = null;
 6     private Connection connection = null;

 7     public RemoteConnectionImpl( Connection connection, ORB orb ) {
 8         this.connection = connection;
 9         this.orb = orb;
10     }
```

Die Methode createStatement() erzeugt in der Zeile 15 ein Objekt der Schnittstelle RemoteStatement und bindet es an den ORB.

```
11     public RemoteStatement createStatement() throws SQLException {
12         try {
13             if (( connection != null ) && ( orb != null )) {
```

Die Erzeugung des Objekts stützt sich auf die Methode createStatement() der Klasse Connection.

```
14                 RemoteStatement remoteStatement =
15                     new RemoteStatementImpl(
                            connection.createStatement() );
16                 orb.connect( remoteStatement );
17                 return remoteStatement;
18             }
19             else throw new SQLException();
20         }
21         catch ( java.sql.SQLException e ) {
22             throw new SQLException();
23         }
24     }
```

Die Methode close() schließt die Verbindung.

```
25     public void close() {
26         try {
27             if ( connection != null )
28                 connection.close();
29         }
30         catch( Exception e ) {}
31         connection = null;
32     }
33 }
```

Die Klasse `RemoteStatementImpl` implementiert die eben definierte IDL-Schnittstelle `RemoteStatement` und übernimmt den eigentlichen Datentransport zwischen einem Client und der Datenbank.

```
   // Datei jf/kapitel5/abschnitt11/RemoteStatementImpl.java
 1 package jf.kapitel5.abschnitt11;

 2 import java.sql.Statement;
 3 import java.sql.ResultSet;
 4 import java.sql.ResultSetMetaData;

 5 import java.util.Vector;

 6 public class RemoteStatementImpl extends _RemoteStatementImplBase {
```

Ein Objekt dieser Klasse besitzt eine Objektvariable für die Speicherung des SQL-Kommandos, die der Konstruktor initialisiert.

```
 7     private Statement statement = null;

 8     public RemoteStatementImpl( Statement statement ) {
 9         this.statement = statement;
10     }
```

Es folgen die bekannten Methoden zur Datenbankabfrage. Die hier implementierte Methode `executeQuery` muß jedoch zusätzlich die Struktur `ResultSet` in die Struktur `Table` überführen. Diese Struktur ist in der IDL-Schnittstelle beschrieben und kann so im Gegensatz zu `ResultSet` über das Netz übertragen werden.

```
11     public Table executeQuery( String query ) throws SQLException {
12         if ( statement == null ) throw new SQLException();

14         try {
15             ResultSet rs = statement.executeQuery( query );
16             if ( rs == null ) throw new SQLException();

17             ResultSetMetaData rsmd = rs.getMetaData ();
18             int numCols = rsmd.getColumnCount ();

19             String[] head = new String[ numCols ];
20             for ( int i = 1; i <= numCols; i++ )
21                 head[ i - 1 ] = rsmd.getColumnLabel( i );

22             boolean more = rs.next();
23             Vector lineVector = new Vector();

24             while ( more ) {
25                 for ( int i = 1; i <= numCols; i++ )
26                     lineVector.addElement( rs.getString( i ).trim() );
27                 more = rs.next();
28             }
```

5.11 Corba

```
29              rs.close();

30              String[] content = new String[ lineVector.size() ];
31              for ( int i = 0; i < lineVector.size(); i++ )
32                  content[ i ] = (String) lineVector.elementAt( i );

33              return new Table( head, content );
34          }
35          catch ( java.sql.SQLException e ) {
36              throw new SQLException();
37          }
38      }
```

Die beiden folgenden Methoden unterscheiden sich von den analogen Methoden der RMI-Implementierung nicht.

```
39      public void executeUpdate( String update ) throws SQLException {
40          try {
41              if ( statement != null ) statement.executeUpdate( update );
42              else throw new SQLException();
43          }
44          catch ( java.sql.SQLException e ) {
45              throw new SQLException();
46          }
47      }
48      public void close() throws SQLException {
49          try {
50              if ( statement != null ) statement.close();
51              else throw new SQLException();
52          }
53          catch ( java.sql.SQLException e ) {
54              throw new SQLException();
55          }
56      }
57  }
```

5.11.4 Anwendung

Wieder nutzt die Klasse `RemoteDatabaseManager` die entfernten Objekte, um eine indirekte Datenbankverbindung aufzubauen.

```
    // Datei jf/kapitel5/abschnitt11/RemoteDatabaseManager.java
1   package jf.kapitel5.abschnitt11;

2   import jf.kapitel5.abschnitt5.DatabaseManager;
3   import jf.kapitel5.abschnitt5.DatabaseFactory;
4   import jf.kapitel5.abschnitt5.DatabaseDescription;
5   import jf.kapitel5.abschnitt5.TableData;

6   import org.omg.CORBA.ORB;
```

```
 7  import org.omg.CORBA.Object;
 8  import org.omg.CosNaming.NameComponent;
 9  import org.omg.CosNaming.NamingContext;
10  import org.omg.CosNaming.NamingContextHelper;

11  public class RemoteDatabaseManager implements DatabaseManager {
```

Ein Objekt der Klasse besitzt Objektvariablen zur Speicherung einer Datenbankverbindung, des Datenbanktreibers und des zugehörenden Factory-Objekts.

```
12      // database connection
13      private RemoteConnection remoteConnection = null;
14      private RemoteDatabaseDriver remoteDriver = null;

15      private DatabaseFactory factory = null;

16      public RemoteDatabaseManager( DatabaseFactory fac ) {
17          factory = fac;
18          init();
19      }
```

Die Methode `init()` initialisiert zunächst den Object Request Broker. Sie fragt dazu die Argumente nach dem initialen Rechnernamen und den Port ab. Sie geben an, wo der ORB läuft.

```
20      public void init() {
21          try {
22              String[] orbProps = null;
23              String host =
                    (String) factory.getArguments().get( "ORBInitialHost" );
24              String port =
                    (String) factory.getArguments().get( "ORBInitialPort" );

25              if (( host == null ) && ( port == null ))
26                  orbProps = new String[ 0 ];
27              else if ( host == null ) {
28                  orbProps = new String[ 2 ];
29                  orbProps[ 0 ] = "-ORBInitialPort";
30                  orbProps[ 1 ] = port;
31              }
32              else if ( port == null ) {
33                  orbProps = new String[ 2 ];
34                  orbProps[ 0 ] = "-ORBInitialHost";
35                  orbProps[ 1 ] = host;
36              }
37              else {
38                  orbProps = new String[ 4 ];
39                  orbProps[ 0 ] = "-ORBInitialHost";
40                  orbProps[ 1 ] = host;
41                  orbProps[ 2 ] = "-ORBInitialPort";
42                  orbProps[ 3 ] = port;
```

5.11 Corba

```
43                  }

45                  ORB orb = ORB.init( orbProps, null );
```

Nachdem die Initialisierung erfolgt ist, berechnet die Methode in Zeile 48 eine Referenz auf den Namensdienst des ORBs.

```
46                  org.omg.CORBA.Object nContextObj =
47                      orb.resolve_initial_references( "NameService" );
48                  NamingContext nContext =
                        NamingContextHelper.narrow( nContextObj );
```

Diese Referenz nutzt sie, um die Referenz auf den entfernten Datenbanktreiber abzufragen. Dieser muß sich also vorher beim Namensdienst angemeldet haben. Die Methode `resolve()` des Namensdienstes liefert die Referenz auf den Treiber. Diese Methode entspricht der Methode `lookup()` der Klasse `Naming` in der RMI-Implementierung. Der eigentliche Treiber arbeitet danach auf dem angegebenen Server.

```
49                  NameComponent nComponent =
50                      new NameComponent( "RemoteDatabaseDriver", "" );
51                  NameComponent[] nPath = { nComponent };

52                  remoteDriver = RemoteDatabaseDriverHelper.narrow(
53                      nContext.resolve( nPath ));
54              }
55              catch( Exception e ) {
56                  System.err.println( "Couldn't bind remote driver: " + e );
57                  e.printStackTrace();
58              }
59          }
```

Die Methode `connect()` erzeugt die entfernte Datenbankverbindung. Die Variable `remoteConnection` verweist wieder auf ein Objekt, das auf dem entfernten Rechner arbeitet.

```
60          public void connect() {
61              DatabaseDescription dd = factory.getDbDescription();
62              try {
63                  remoteConnection =
64                      remoteDriver.getConnection(
65                          new IDLDatabaseDescription( dd.getDbDriver(),
66                              dd.getDbProt(), dd.getDbName(),
67                              dd.getDbHost(), dd.getDbPort(),
68                              dd.getDbUser(), dd.getDbPassword() ));
69              }
70              catch ( Exception ex ) {
71                  System.err.println(
                        "Couldn't initialize: " + ex.toString() );
72                  Runtime.getRuntime().exit( -1 );
73              }
74          }
```

Die Methode `executeUpdate()` erzeugt ein entferntes Objekt der Schnittstelle `RemoteStatement`, um die Anfrage weiterzuleiten. Dieses leitet seinerseits die Anfrage an die Datenbank.

```
75      public void executeUpdate( String update ) {
76          try {
77              if ( remoteConnection == null ) {
78                  factory.getViewer().showWarning(
79                      "no database connection established" );
80                  return;
81              }

82              RemoteStatement stmt = remoteConnection.createStatement();
83              stmt.executeUpdate( update );
84              stmt.close();
85          }
86          catch ( Exception ex ) {
87              factory.getViewer().showWarning(
                    "Exception: " + ex.toString());
88          }
89      }
```

Die gleichen Schritte unternimmt die Methode `executeQuery()`. Sie nimmt aber zusätzlich eine `Table`-Struktur entgegen, wandelt diese in ein Objekt der Schnittstelle `TableData` um und zeigt es in der Oberfläche an.

```
90      public void executeQuery( String query ) {
91          try {
92              if ( remoteConnection == null ) {
93                  factory.getViewer().showWarning(
94                      "no database connection established" );
95                  return;
96              }

97              RemoteStatement stmt = remoteConnection.createStatement();
98
99              TableData rs =
                    new CorbaTableData( stmt.executeQuery( query ));
100             factory.getViewer().showResult( rs );

101             stmt.close();
102         }
103         catch ( Exception ex ) {
104             factory.getViewer().showWarning(
                    "Exception: " + ex.toString());
105         }
106     }
```

Mit der Methode `close()` wird die Datenbankverbindung beendet.

```
107     public void close() {
108         try {
```

5.11 Corba

```
109            if ( remoteConnection != null ) remoteConnection.close();
110        }
111        catch ( Exception e ) {}
112        remoteConnection = null;
113    }
114 }
```

Es gibt hier eine neue Klasse, die die Schnittstelle `TableData` implementiert.

```
  // Datei jf/kapitel5/abschnitt11/CorbaTableData.java
1 package jf.kapitel5.abschnitt11;

2 import jf.kapitel5.abschnitt5.TableData;

3 public class CorbaTableData implements TableData {

4     private Table table = null;

5     public CorbaTableData( Table result ) {
6         table = result;
7     }
```

Diese Klasse bildet die zu implementierenden Zugriffsmethoden auf die Struktur Table ab.

```
8     public String getColumnName( int columnIndex ) {
9         if ( table.head[ columnIndex ] != null )
10            return table.head[ columnIndex ];
11        else return "";
12    }
13    public int getColumnCount() {
14        return table.head.length;
15    }
16    public int getRowCount() {
17        return table.content.length / table.head.length;
18    }
19    public Object getValueAt( int rowIndex, int columnIndex ) {
20        return
              table.content[ rowIndex*table.head.length+columnIndex ];
21    }
22 }
```

Die Datenbankverbindung über einen dritten Rechner wird nun wieder in einem Applet angewendet. Zuvor muß eine neue Konfiguration implementiert werden.

5.11.5 Datenbankapplet mit Netzverbindung

```
  // Datei jf/kapitel5/abschnitt11/BookCorbaFactory.java
1 package jf.kapitel5.abschnitt11;

2 import jf.kapitel5.abschnitt5.BookFactory;
```

```
  3 import jf.kapitel5.abschnitt5.DatabaseManager;

  4 public class BookCorbaFactory extends BookFactory {
```
Analog zur RMI-Konfiguration setzt sie die richtige Datenbankanbindung ein.
```
  5     protected DatabaseManager basicCreateManager() {
  6         return new RemoteDatabaseManager( this );
  7     }
  8     protected String basicCreateTitle() {
  9         return super.basicCreateTitle() + " mit Corba";
 10     }
 11     protected String basicCreateUser() { return "unknown"; }
 12 }
```
Das Applet ist in der Abbildung 5.13 dargestellt und wie folgt implementiert.

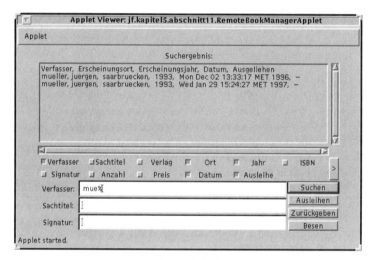

Abbildung 5.13: *SQL-Anfrage über Corba*

```
  // Datei jf/kapitel5/abschnitt11/BookCorbaApplet.java
1 package jf.kapitel5.abschnitt11;

2 import jf.kapitel5.abschnitt5.DatabaseApplet;
3 import jf.kapitel5.abschnitt5.DatabaseDescription;

4 public class BookCorbaApplet extends DatabaseApplet {
5     public void init() {
6         factory = new BookCorbaFactory();
7         factory.setArguments( this );
8     }
```
Wiederum sorgt das Applet durch das Setzen von Argumenten dafür, daß die Datenbankanbindung sich an den WWW-Rechner wendet.

5.11 Corba

```
 9     public Object get( String name ) {
10         if ( name.equals( "ORBInitialHost" ))
11             return getCodeBase().getHost();
12         else return super.get( name );
13     }
14 }
```

Auch hier kann man eine Applikation einsetzen.

```
   // Datei jf/kapitel5/abschnitt11/BookCorbaApplication.java
 1 package jf.kapitel5.abschnitt11;

 2 import jf.kapitel5.abschnitt5.DatabaseApplication;

 3 public class BookCorbaApplication extends DatabaseApplication {
 4     static { factory = new BookCorbaFactory(); }
 5 }
```

5.11.6 Start des Corba-Servers

Wieder muß der Programmierer dafür sorgen, daß der Server auf dem WWW-Rechner des Applets gestartet wird. Dazu startet er erst den Namensdienst und dann den Applikationsserver.

```
tnameserv -ORBInitialPort 1050
java jf.kapitel5.abschnitt11.RemoteDatabaseServer
        -ORBInitialHost www
        -ORBInitialPort 1050
```

Das Applet kann nun die indirekte Datenbankverbindung aufnehmen, wenn es in die folgende HTML-Seite eingebunden ist.

```
<HTML>
<HEAD>
<TITLE>
BookCorbaApplet
</TITLE>
</HEAD>
<BODY>
<H3>
BookCorbaApplet
</H3>
<applet code=jf.kapitel5.abschnitt11.BookCorbaApplet
        codebase=../../../../classes width=560 height=340>
<param name=db_descr_url value=../abschnitt5/rkDB.dsc>
<PARAM name=ORBInitialPort value=1050>
</applet>
</BODY>
</HTML>
```

Die Anwendung wäre wie folgt zu starten.

```
java jf.kapitel5.abschnitt11.BookCorbaApplication
     -ORBInitialHost www
     -ORBInitialPort 1050
```

Lesern, die sich intensiver mit dem Thema Corba und Java auseinandersetzen wollen, sei das Buch von Jens-Peter Redlich zu Corba empfohlen ([JR96]).

Übung

- Lösen Sie die Aufgabe des letzten Abschnittes noch einmal, diesmal aber mit Corba.

5.12 Swing

Dieser Abschnitt soll die schon seit mehreren Abschnitten strapazierte Datenbankanwendung in ihrer Benutzerschnittstelle neu gestalten. Der Abschnitt gibt so einen kleinen Einblick in die Möglichkeiten der Oberflächengestaltung, die das JDK-1.2 eröffnet. Das JDK-1.2 enthält eine große Anzahl von neuen Oberflächenelementen. Diese neuen Klassen bauen auf dem AWT auf, besitzen allerdings keine zugehörenden Peer-Klassen, wie bei AWT-Oberflächenelementen üblich. Man bezeichnet sie deshalb als Leichtgewichtskomponenten. Die Gestaltung dieser Komponenten hängt nicht unbedingt vom unterliegenden Betriebssystem ab, sondern kann vom Programmierer eingestellt werden (pluggable look and feel). Die Architektur der Swing-Klassen lehnt sich eng an das Modell-View-Controller-Konzept an, das bereits in einigen Klassenbibliotheken Anwendung fand. Eine Komponente gliedert sich dabei in ihre interne Datenrepräsentation (Modell), ihre Darstellung gegenüber einem Benutzer (View) und in den Mechanismus, der auf Ereignisse reagiert und eventuell interne Daten ändert (Controller). Die Swing-Designer fügten allerdings den View- und den Controller-Aspekt einer Komponente wieder zusammen, um die Interaktion zwischen diesen beiden Teilen zu vereinfachen. Besonders die Abtrennung des Modells von der Sicht ist in diesem Abschnitt interessant. Im übrigen hielt sich auch schon die Struktur der virtuellen Bibliothek an dieses Konzept. Die Abstraktion `DatabaseViewer` beschrieb View und Controller, die Abstraktion `DatabaseManager` das Modell. Weitere Aspekte von Swing werden in den folgenden Kapiteln behandelt (Drag and Drop, Java2D).

5.12.1 Beschwingte Oberfläche

Die grafische Oberfläche des Datenbankapplets soll sich nun konkret in zwei Punkten ändern. Die Ergebnistabelle erschien bisher in einem Textfenster und sah dadurch ziemlich unstrukturiert aus. Sie soll jetzt eine Tabellenform annehmen. Außerdem konnte der Programmierer zwischen einer einfachen Abfrage und einer SQL-Abfrage hin- und herschalten. Das AWT bot dazu das Card-Layout an. Aber der Programmierer mußte die Wechselmöglichkeit dem Benutzer durch den Einbau von Buttons erst zugänglich machen. Dieser Wechsel soll jetzt in der Form eines Karteikastens (mit einer außen sichtbaren Indexierung) gestaltet werden (siehe Abbildung 5.14).

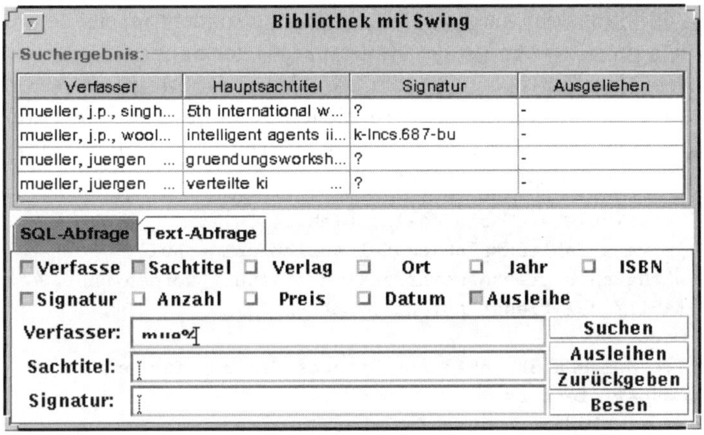

Abbildung 5.14: *Beschwingte Bibliothek*

Diese Änderungen sind in die bisherige Anwendung durch eine neue Implementierung der Schnittstelle `DatabaseViewer` einzubauen.

```
// Datei jf/kapitel5/abschnitt12/SwingDatabaseViewer.java
1 package jf.kapitel5.abschnitt12;
```

Die Klasse verwendet wichtige Klassen des 5. Abschnitts.

```
2 import jf.kapitel5.abschnitt5.StandardDatabaseViewer;
3 import jf.kapitel5.abschnitt5.DatabaseFactory;
4 import jf.kapitel5.abschnitt5.TableData;
```

Die Anwendung stützt sich nicht vollständig auf Swing, sondern verwendet weiterhin direkt AWT-Klassen.

```
5 import java.awt.Dimension;
6 import java.awt.Panel;
7 import java.awt.BorderLayout;
```

Schließlich importiert sie die benötigten Klassen aus dem Swing-Paket. Besonders wichtig für die betrachtete Aufgabenstellung sind die Klassen `JTable` und `JTabbedPane`. JTable realisiert die Anzeige einer Tabelle und `JTabbedPane` die Anzeige eines Karteikastens.

```
 8 import javax.swing.JTable;
 9 import javax.swing.JPanel;
10 import javax.swing.JTabbedPane;
11 import javax.swing.BorderFactory;
12 import javax.swing.JScrollPane;
```

Die Klasse erweitert die Standardimplementierung der Oberfläche und kann so viele ihrer Methoden nutzen.

```
13 public class SwingDatabaseViewer extends StandardDatabaseViewer {
```

Die Variable `tableModel` hält eine Referenz auf das Modell einer Tabelle. Bei der Initialisierung der Variable `tableModel` muß man folgendes beachten: Die Methode `createAnswerPanel()` (Zeile 35) verwendet diese Variable, und sie wird bereits im Konstruktor der Superklasse aufgerufen. Sie kann also nicht im eigenen Konstruktor gesetzt werden, da ja der Aufruf des Konstruktors der Superklasse die erste Aktion sein muß. Wenn die Wertbelegung aber wie hier in die Methode verlegt ist (Zeile 36), dann darf die Variable in Zeile 16 nicht mit `null` initialisiert werden, denn diese Initialisierung findet erst nach dem Konstruktor der Superklasse statt und würde den ursprünglich gesetzten Wert überschreiben.

```
16      private TableDataTableModel tableModel;
17      // private TableDataTableModel tableModel = null;
18      // würde nach createAnswerPanel ausgeführt werden und
19      // tableModel wieder auf null setzen !!

20      public SwingDatabaseViewer( DatabaseFactory factory ) {
21          super( factory );
22          // tableModel = new TableDataTableModel();
23          // würde nach createAnswerPanel ausgeführt werden und
24          // table mit null initialisieren !!
25      }
```

Das Setzen von neuen Daten im Modell führt zur Aktualisierung der Oberfläche, die vom Modell über Datenänderungen informiert wird (Entwurfsmuster: Observer).

```
26      public void showResult( TableData tableData ) {
27          tableModel.setTableData( tableData );
28      }
```

Warnungen und Statusmeldungen erscheinen hier auf der Standardausgabe oder -fehlerausgabe.

```
29      public void showWarning( String s ) {
30          System.err.println( s );
31      }

32      public void showStatus( String s ) {
33          System.out.println( s );
34      }
```

Das Panel, das später die Antworttabelle aufnehmen wird, soll mindestens eine Größe von 500 mal 200 Pixeln haben. Die folgende Methode erzeugt dafür ein Objekt einer von `JPanel` abgeleiteten anonymen Klasse. Die anonyme Klasse überschreibt Methoden zur Größenbestimmung. Sonst hat die Klasse `JPanel` dieselbe Grundfunktion wie die Klasse `Panel`, sie ist eine nicht mehr abstrakte Container-Implementierung und kann so andere Oberflächenelemente aufnehmen.

```
35      protected Panel createAnswerPanel() {
36          tableModel = new TableDataTableModel();
37          JPanel jPanel = new JPanel() {
38              public Dimension getMinimumSize() {
39                  return new Dimension( 500, 200 );
```

```
40              }
41              public Dimension getPreferredSize() {
42                  return new Dimension( 500, 200 );
43              }
44          };
45          jPanel.setLayout( new BorderLayout() );
```

In der folgenden Zeile erhält das Panel einen Rahmen. Das ist eine neue Möglichkeit von Swing. Der Rahmen stellt sich in diesem Fall als eine Linie dar, die in der linken oberen Ecke durch die in `labels[ 0 ]` bezeichnete Zeichenkette unterbrochen ist. Das Outfit des Rahmens kann der Programmierer einstellen.

```
46          jPanel.setBorder(
                BorderFactory.createTitledBorder( labels[ 0 ] ));
```

Die Zeile 47 führt die Ansicht der Tabelle ein. Der Konstruktor übernimmt das schon initialisierte Modell. Wenn sich dieses ändert, wird sich auch die Ansicht neu darstellen. Dieser Mechanismus ist in die entsprechenden Swing-Klassen bereits eingebaut. Um die Tabelle legt die Zeile 48 ein Panel, das bei Bedarf mit Scrollbalken ausgestattet ist.

```
47          JTable table = new JTable( tableModel );
48          JScrollPane answer = new JScrollPane( table );
49          jPanel.add( answer, BorderLayout.CENTER );

50          Panel panel = new Panel();
51          panel.setLayout( new BorderLayout() );
52          panel.add( "Center", jPanel );

53          return panel;
54      }
```

Die Methode `combinePanels()` überschreibt die Methode der Superklasse und führt den besagten Karteikasten ein. Dieser erhält ebenfalls eine minimale Größe.

```
55      protected Panel combinePanels( Panel textPanel, Panel sqlPanel ) {
56          JTabbedPane jPanel = new JTabbedPane() {
57              public Dimension getMinimumSize() {
58                  return new Dimension( 500, 150 ); }
59              public Dimension getPreferredSize() {
60                  return new Dimension( 500, 150 ); }};
```

Schließlich füllt sich der Kasten mit Karteikarten. Das erste Argument der Methode `addTab()` ist eine Zeichenkette, die auf dem Kartenrand erscheint. Zusätzlich kann das zweite Argument ein Icon enthalten, das dann ebenfalls den Rand ziert. Das letzte Argument gibt den Inhalt der Karte an. Mit der Methode `setSelectedIndex()` legt der Programmierer fest, welche Karte im Vordergrund zu sehen ist.

```
61          jPanel.addTab( labels[ 5 ], null, textPanel );
62          jPanel.setSelectedIndex( 0 );
63          jPanel.addTab( labels[ 6 ], null, sqlPanel );
```

```
64        Panel panel = new Panel();
65        panel.setLayout( new BorderLayout() );
66        panel.add( "Center", jPanel );

67        return panel;
68    }
```

Die Methode `clearAnswerPanel()` zeigt eine leere Tabelle an.

```
69    protected void clearAnswer() {
70        showResult( null );
71    }
72 }
```

5.12.2 Modell einer Tabelle

Die neue Oberfläche benutzte ein bestimmtes Tabellenmodell und erzeugte dieses als Instanz der Klasse `TableDataTableModel`. Diese Klasse muß die Schnittstelle `TableModel` implementieren, um als Modell einer Tabelle (`JTable`) fungieren zu können. Sie hat folgendes Aussehen.

```
   // Datei jf/kapitel5/abschnitt12/TableDataTableModel.java
 1 package jf.kapitel5.abschnitt12;

 2 import jf.kapitel5.abschnitt5.TableData;
 3 import jf.kapitel5.abschnitt5.NullTableData;

 4 import javax.swing.table.AbstractTableModel;
 5 import javax.swing.event.TableModelEvent;
```

Die Ableitung von `AbstractTableModel` erleichtert die Aufgabe. Die Variable `table` speichert die Tabellendaten.

```
 6 public class TableDataTableModel extends AbstractTableModel {

 7    private TableData table = NullTableData.instance();
```

Werden diese Daten durch den Aufruf der Methode `setTableData()` verändert, so benachrichtigt das Modell die Oberfläche mit dem Aufruf der Methode `fireTableStructureChanged()`. Die Variable `table` erhält dabei niemals den Wert `null`, sondern höchstens den der leeren Tabelle (Entwurfsmuster: Null Object, Singleton).

```
 8    public void setTableData( TableData t ) {
 9        if ( t == null )
10            table = NullTableData.instance();
11        else table = t;

14        fireTableStructureChanged();
15    }
```

5.12 Swing

Die Klasse liefert nun für die Schnittstelle notwendige Zugriffsmethoden, die sie auf Abfragen der Struktur `TableData` abbildet.

```
16     public String getColumnName( int columnIndex ) {
17         return table.getColumnName( columnIndex );
18     }
```

Der Typ aller Spalten ist vereinfacht als `String` angegeben, die Veränderung von Datenelementen soll nicht möglich sein.

```
19     public Class getColumnClass( int columnIndex ) {
20         return String.class;
21     }
22     public boolean isCellEditable( int rowIndex, int columnIndex ) {
23         return false;
24     }
25     public int getColumnCount() {
26         return table.getColumnCount();
27     }
28     public int getRowCount() {
29         return table.getRowCount();
30     }
31     public Object getValueAt( int rowIndex, int columnIndex ) {
32         return table.getValueAt( rowIndex, columnIndex );
33     }
```

Das Setzen eines Wertes wird nicht weitergeleitet. Dies hätte ein erneutes Datenbankkommando zur Folge.

```
34     public void setValueAt( Object newValue,
                               int rowIndex, int columnIndex ) {
35         System.err.println( "update is not permitted" );
36     }
37 }
```

5.12.3 Anwendung

Die neue Oberfläche kann nun wieder in Applet und Applikation zum Einsatz kommen. Die dazu notwendige Konfiguration ist `BookSwingFactory`.

```
   // Datei jf/kapitel5/abschnitt12/BookSwingFactory.java
1  package jf.kapitel5.abschnitt12;

2  import jf.kapitel5.abschnitt5.BookFactory;
3  import jf.kapitel5.abschnitt5.DatabaseViewer;

4  public class BookSwingFactory extends BookFactory {

5      protected DatabaseViewer basicCreateViewer() {
6          return new SwingDatabaseViewer( this );
```

```
 7    }
 8    protected String basicCreateTitle() {
 9        return super.basicCreateTitle() + " mit Swing";
10    }
11 }
```

Applet und Applikation nehmen folgende Gestalt an.

```
   // Datei jf/kapitel5/abschnitt12/BookSwingApplet.java
 1 package jf.kapitel5.abschnitt12;

 2 import jf.kapitel5.abschnitt5.DatabaseApplet;

 3 public class BookSwingApplet extends DatabaseApplet {
 4     public void init() {
 5         factory = new BookSwingFactory();
 6     }
 7 }
```

```
   // Datei jf/kapitel5/abschnitt12/BookSwingApplication.java
 1 package jf.kapitel5.abschnitt12;

 2 import jf.kapitel5.abschnitt5.DatabaseApplication;

 3 public class BookSwingApplication extends DatabaseApplication {
 4     static { factory = new BookSwingFactory(); }
 5 }
```

Übung

- Setzen Sie die Überschrift der Oberfläche an den rechten Rand.

- Entwerfen Sie ein Tabellenmodell, das die Daten direkt aus einer `ResultSet`-Struktur herausliest und die Typangaben genauer berücksichtigt.

5.13 Java2D

Dieser Abschnitt behandelt einen wichtigen Ausschnitt aus Swing: die Darstellung von 2D-Grafiken. Es verläßt dabei das Leitbeispiel der letzten Abschnitte.

Mit der Klasse `Graphics` war es schon im bisherigen AWT möglich, 2D-Objekte zu zeichnen. Allerdings war diese Funktionalität sehr eingeschränkt. Man denke nur an die häufig in den entsprechenden Newsgruppen gestellte Frage nach der Transparenz (Durchscheinen des Hintergrunds) von Applets. Andere Einschränkungen gab es beim Füllen von Flächen, bei der Einstellung der Linienart (z.B. gestrichelt) und der Strichdicke. Für all diese Fragen gibt es mit dem Java-2D-API neue Konzepte, die in diesem Abschnitt beispielhaft vorgestellt werden.

5.13.1 Die wesentlichen Strukturen

Der Benutzer soll einen Text nicht nur verschieben, sondern auch drehen, vergrößern und verkleinern, in seinem Füllstil und der verwendeten Linienart verändern können. Diese Forderungen realisiert das Applet `Text2D`. Die verschiedenen Konzepte werden im folgenden anhand eines Beispiels erläutert.

```
  // Datei jf/kapitel5/abschnitt13/Text2D.java
1 package jf.kapitel5.abschnitt13;
```

```
2 import java.applet.Applet;
```

Das Applet importiert einige bereits bekannte Klassen aus dem AWT. Man soll ja schließlich nicht alles neu lernen müssen.

```
3 import java.awt.Dimension;
4 import java.awt.FontMetrics;
5 import java.awt.Graphics;
6 import java.awt.Image;
7 import java.awt.Color;
```

Graphics2D. Aber einiges ist doch neu. Die Klasse `Graphics2D` erweitert die Klasse `Graphics`. Sie verkörpert den grafischen Kontext, in dem man die Konzepte vom JDK-1.2 anwenden kann. Die Kompatibilität zu früheren JDK-Versionen ist dadurch gewährleistet, daß die Methoden, die dem Programmierer einen grafischen Kontext in die Hand geben (also z.B. `paint()` aus `Applet`), ihre Signatur im JDK-1.2 beibehalten (d.h. weiterhin Objekte der Klasse `Graphics` übergeben). Will der Programmierer 1.2-Konzepte anwenden, so muß er `Graphics`-Objekte zu `Graphics2D`-Objekten casten.

```
8 import java.awt.Graphics2D;
```

Paint. Die Schnittstelle `Paint` ist eine neue Abstraktion für den Füllstil einer Fläche. Die Klasse `java.awt.Color` ist eine Implementierung dieser Schnittstelle, `GradientPaint` eine weitere im JDK-1.2 neu vorhandene Implementierung.

Shape. Die zu füllende Fläche ist durch ihren Umriß beschrieben. Auch für den Umriß enthält das JDK-1.2 eine neue Abstraktion: die Schnittstelle `java.awt.Shape`. Implementierungen dieser Schnittstelle sind z.B. die Klassen `java.awt.geom.Rectangle2D` und `java.awt.geom.GeneralPath` (allgemeiner Umriß). Auch Fonts definieren Umrisse der Buchstabenfiguren.

Composite. Eine weitere wichtige Abstraktion in Verbindung mit `Paint` ist die Schnittstelle `Composite`. Diese Schnittstelle beschreibt, wie ein neuer Füllstil mit der vorhandenen Hintergrundfarbe komponiert wird.

```
 9 import java.awt.Paint;
10 import java.awt.GradientPaint;
```

Stroke. Die Schnittstelle `Stroke` ist eine Abstraktion für den Strichtyp und die Strichstärke. `BasicStroke` ist die einzige im JDK-1.2 enthaltene Implementierung dieser Schnittstelle. Die Klasse unterstützt unterschiedliche Strichstärken und Linienmuster.

```
11 import java.awt.Stroke;
12 import java.awt.BasicStroke;
```

Die verschiedenen Funktionen des Applets werden bei verschiedenen Ereignissen ausgelöst. Das Applet importiert deshalb entsprechende Klassen für die Ereignisbehandlung.

```
13 import java.awt.event.KeyAdapter;
14 import java.awt.event.MouseAdapter;
15 import java.awt.event.MouseMotionAdapter;
16 import java.awt.event.ComponentAdapter;
17 import java.awt.event.KeyEvent;
18 import java.awt.event.MouseEvent;
19 import java.awt.event.ComponentEvent;
```

2D-Objekte. Im Paket `java.awt.geom` befinden sich wichtige Klassen für das neue 2D-API. So sind für viele mögliche Umrisse (`Rectangle2D`, `Ellipse2D`, ..) Klassen definiert. Sie unterscheiden sich von eventuell im AWT schon vorhandenen ähnlichen Klassen (`Rectangle`) insbesondere dadurch, daß sie nicht auf `int`-Koordinaten, sondern auf `float`- oder `double`-Koordinaten beruhen. Für jede dieser neuen Umrißklassen gibt es deshalb Implementierungen auf `double`-Basis (`Rectangle2D.Double`: genauer, aber langsamer) und auf `float`-Basis (`Rectangle2D.Float`: schneller, aber ungenauer).

```
21 import java.awt.geom.Point2D;
```

AffineTransform. Die Klasse `AffineTransform` beschreibt eine Koordinatentransformation im 2-dimensionalen Raum (Verschiebung, Drehung, Skalierung). Intern ist eine solche Transformation als eine 3x3-Matrix repräsentiert, mit deren Hilfe ein Koordinatenvektor in einen neuen Vektor durch Matrixmultiplikation umgerechnet wird. Dieses Modell gestattet es, eine beliebige Anzahl von nacheinander ausgeführten Transformationen wieder in einer Matrix darzustellen, so daß die Anzahl der Transformationen keinen Einfluß auf die Umrechnungszeit hat. Es ist jeweils nur eine Matrixmultiplikation notwendig. Das Applet wird von dieser Eigenschaft regen Gebrauch machen, indem es bei Mausbewegungen neue Transformationen ergänzt.

Bei der Darstellung eines geometrischen Objekts werden aus den Koordinaten, die der Benutzer angibt (User Space), die Koordinaten berechnet, an denen das Objekt nach der Transformation tatsächlich dargestellt wird (Device Space). Will der Programmierer also ein geometrisches Objekt tatsächlich an die Stelle x, y des Gerätes positionieren, so muß er zunächst Koordinaten x' und y' berechnen, deren Transformation auf x und y führen. Er muß also die inverse Transformation berechnen; dafür sind folgende Methoden vorgesehen.

5.13 Java2D

```
22 import java.awt.geom.AffineTransform;
23 import java.awt.geom.NoninvertibleTransformException;

24 public class Text2D extends Applet {
```

Im Lauf der Abarbeitung benötigt das Applet einige Punktobjekte, z.B. für den Ursprung der Zeichnung und für die letzte und die aktuelle Mausposition. Aus Gründen der Effektivität werden diese Punkte bereits hier angelegt und an den entsprechenden Stellen nur verändert. Diese Vorgehensweise verhindert das häufige erneute Erzeugen von Objekten, allerdings auf Kosten der allgemeinen Sichtbarkeit von eigentlich lokalen Objekten. Die Variablen sind dabei alle als `final` gekennzeichnet, damit der Zugriff aus anonymen Listener-Klassen möglich ist.

```
25      private final Point2D.Float originPoint       = new Point2D.Float();
26      private final Point2D.Float clickPoint        = new Point2D.Float();
27      private final Point2D.Float anchorPoint       = new Point2D.Float();
28      private final Point2D.Float modificationPoint = new Point2D.Float();
29      private final Point2D.Float newOriginPoint    = new Point2D.Float();
```

Die Variable `requestedTransform` speichert die vom Benutzer mit der Maus eingestellten Transformationen des Textes. Ein neues Objekt der Klasse `AffineTransform` beschreibt zunächst die identische Transformation (die Abbildung der Koordinaten auf sich selbst). Eine solche identische Transformation wird mit `identityTransform` sowohl beim Löschen des Hintergrunds vor dem Neumalen, als auch beim Zurücksetzen des Textes durch den Benutzer (durch Drücken der Eingabetaste) benötigt.

```
30      private final AffineTransform requestedTransform
                                          = new AffineTransform();
31      private final AffineTransform identityTransform
                                          = new AffineTransform();
```

Die Variable `movingString` verweist auf den darzustellenden Text. Das Applet verwendet Double Buffering (vergleiche Kapitel 5.2) für den Bildaufbau und legt deshalb Variablen für das interne Bild an.

```
32      private String         movingString     = null;
33      private Graphics2D     transBuffer      = null;
34      private Image          transBufferImage = null;
35      private Dimension      appletDimension  = null;
```

Mit der Escape-Taste kann der Benutzer den Strichstil und den Füllstil einiger Figuren verändern. Die momentanen Einstellungen sind in Objektvariablen gespeichert. Ein neues Objekt der Klasse `BasicStroke` beschreibt zunächst einen durchgezogenen Strich mit einer Stärke von einem Pixel.

```
36      private Paint           currentPaint    = Color.red;
37      private Stroke          currentStroke   = new BasicStroke();
38      private final Stroke    defaultStroke   = new BasicStroke();
```

Der Browser ruft nach der Applet-Erzeugung die Methode `init()` auf, die im folgenden die Listener für die verschiedenen Ereignisse installiert.

```
39      public void init() {
40          movingString = new String( "Java 1.2" );
```

5.13.2 Ereignisbehandlung

Der Listener für Tastatureingaben des Benutzers über der Appletfläche reagiert auf die gedrückte Eingabetaste und die gedrückte Escape-Taste.

```
43      addKeyListener(
44          new KeyAdapter() {
45              public void keyPressed( KeyEvent e ) {
46                  if ( e.getKeyCode() == e.VK_ENTER ) {
47                      // Eingabetaste gedrückt
```

Bei gedrückter Eingabetaste setzt der Listener den Text auf die ursprünglichen Werte zurück. Der Text ist danach nicht mehr verschoben, noch gedreht, noch in der Größe verändert.

```
48                      requestedTransform.setToIdentity();
49                      currentPaint  = Color.red;
50                      currentStroke = defaultStroke;
51                      repaint();
52                  }
53                  else if ( e.getKeyCode() == e.VK_ESCAPE ) {
54                      // Escape-Taste gedrückt
```

Bei gedrückter Escape-Taste berechnen die beiden aufgerufenen Methoden neue zufällige Füll- und Strichstile.

```
55                      changePaintStyle();
56                      changeStrokeStyle();
57                      repaint();
58                  }
59              }
60          }
61      );

62      addMouseListener(
63          new MouseAdapter() {
64              public void mousePressed( MouseEvent e ) {
```

Das Maus-Ereignis enthält die Koordinaten im Koordinatensystem des Gerätes. Diese können in das Koordinatensystem des Benutzers umgerechnet werden, indem man die momentan erreichte Transformation invertiert. Daß diese Umrechnung funktioniert hat, sieht der Leser daran, daß dort, wo sich die gedrückte Maus befindet, ein blaues Rechteck erscheint. Dieses Rechteck wird in der Methode paint() an die Position anchorPoint gemalt. Dabei erfolgt die Transformation zurück in das Koordinatensystem des Gerätes und damit in die Mauskoordinaten. Es ist wichtig, daß die folgenden Berechnungen immer im selben Koordinatensystem stattfinden (also entweder alle im System des Benutzers oder alle im System des Gerätes).

```
65              clickPoint.setLocation( e.getX(), e.getY() );
66              inversTransform( clickPoint, anchorPoint );
67              repaint();
68            }
69          }
70        );
```

Der Listener auf Bewegungen der gedrückten Maus verbindet die Varianten (linke, mittlere, rechte Maustaste, mit Shift- und mit Controltaste) mit unterschiedlichen Funktionen, die jeweils in eigenen Methoden implementiert sind. Jeder dieser Methoden wird für die Berechnung entsprechender Parameter der Ursprungspunkt, die letzte Mausposition und die momentane Mausposition übergeben.

```
71        addMouseMotionListener(
72          new MouseMotionAdapter() {
73            public void mouseDragged( MouseEvent e ) {
74              clickPoint.setLocation( e.getX(), e.getY() );
75              inversTransform( clickPoint, modificationPoint );
```

Bei gedrückter mittlerer Maustaste (oder zusätzlicher Alt-Taste) kann der Anwender die Größe des Textes verändern.

```
76              if ( e.isAltDown() ) {
77                // mittlere Maustaste
78                // oder Maustaste + Alt-Taste
79                // ( e.getModifiers() & e.BUTTON2_MASK ) != 0
80                scale(  originPoint,
81                        anchorPoint,
82                        modificationPoint );
83              }
```

Bei gedrückter rechter Maustaste (oder zusätzlicher Meta-Taste) kann der Anwender den Text drehen.

```
84              else if ( e.isMetaDown() ) {
85                // rechte Maustaste
86                // oder Maustaste + Meta-Taste
87                // ( e.getModifiers() & e.BUTTON3_MASK ) != 0
88                rotate( originPoint,
89                        anchorPoint,
90                        modificationPoint );
91              }
```

Bei gedrückter Maustaste mit zusätzlicher Meta-Taste kann der Anwender den Text proportional vergrößern, bzw. verkleinern. Der Vergrößerungsfaktor ist für die x- und y-Richtung derselbe.

```
92              else if ( e.isShiftDown() ) {
93                // Maustaste + Shift-Taste
94                uniformScale( originPoint,
95                              anchorPoint,
96                              modificationPoint );
97              }
```

Bei gedrückter Maustaste und zusätzlicher Controltaste kann der Anwender eine Shear-Transformation auslösen. Dabei werden y-Werte in Abhängigkeit des x-Wertes, und x-Werte in Abhängigkeit des y-Wertes transformiert (x'=x+cx*y, y'=y+cx*x).

```
 98                  else if ( e.isControlDown() ) {
 99                      // Maustaste + Controltaste
100                      shear( originPoint,
101                             anchorPoint,
102                             modificationPoint );
103                  }
```

Bei gedrückter linker Maustaste (ohne zusätzliche Taste) kann der Anwender den Text verschieben.

```
104                  else {
105                      // linke Maustaste ohne Zusatztaste
106                      // ( e.getModifiers() & e.BUTTON1_MASK ) != 0
107                      translate( originPoint,
108                                 anchorPoint,
109                                 modificationPoint );
110                  }
```

Die Position der Maus wird nun in das neu eingestellte Koordinatensystem des Benutzers umgerechnet. Die Variable `anchorPoint` ist damit beim nächsten Auslösen dieses Ereignisses auf die letzte Mausposition in den Nutzerkoordinaten eingestellt. Schließlich bewirkt `repaint()` die Darstellung des Textes in der neu eingestellten Transformation.

```
111                  inversTransform( clickPoint, anchorPoint );
112                  repaint();
113              }
114          }
115      );
```

Wenn der Benutzer die Größe des Appletfensters ändert, muß das Applet neue Objekte für das Hintergrundbild berechnen. Dieses soll genauso groß wie die Appletfläche sein.

```
116      addComponentListener(
117          new ComponentAdapter() {
118              public void componentResized( ComponentEvent e ) {
119                  createBufferedImage();
120              }
121          }
122      );
123  }
```

5.13.3 Darstellung mit Double Buffering

Dieselbe Methode verwendet `start()` um das Hintergrundbild beim Start des Applets zu berechnen.

```
124     public void start() { createBufferedImage(); }
```

Der Aufruf von `repaint()` führt zum Aufruf von `update()`, diese Methode leitet den Aufruf an `paint()` weiter. Damit sind die Schritte für die Darstellung der Zeichnung in einer Methode zusammengefaßt und außerdem das Verhalten der Superklasse überschrieben, das vor dem Aufruf von `paint()` die Appletfläche löscht und zum Flackern führt.

```
125     public void update( Graphics g ) {
126         paint( g );
127     }
```

Die Methode `paint()` wird ebenfalls aufgerufen, wenn das Applet wieder in den Vordergrund rückt, nachdem es verdeckt oder ein Icon war. Aber auch `paint()` malt nicht die einzelnen Bestandteile, sondern überläßt das der Methode `draw()`. Dieser übergibt sie das `Graphics2D`-Objekt des Hintergrundbildes. Die Methode `draw()` ordnet darin die einzelnen geometrischen Objekte an. Die Methode `paint()` malt das Hintergrundbild in die Appletfläche und übermalt zugleich das frühere Bild. Das erfordert aber im JDK-1.2, daß die Hintergrundfarbe des neuen Bildes nicht transparent ist, sonst wäre das alte Bild noch sichtbar.

```
128     public void paint( Graphics g ) {
129         draw( transBuffer );
130         g.drawImage( transBufferImage, 0, 0, this );
131     }
```

Die Methode `draw()` plaziert die geometrischen Objekte nun tatsächlich (siehe Abbildung 5.15). Sie löscht dafür zunächst das alte Bild. Wichtig ist, daß vor

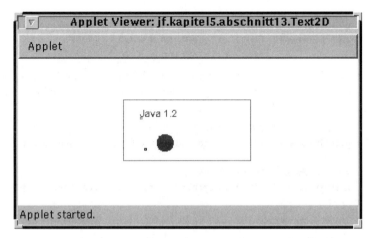

Abbildung 5.15: Bewegter Text

dem Löschen die identische Transformation eingestellt ist, denn sonst bezieht sich `clearRect()` nicht auf das Rechteck des Appletfensters, sondern auf ein entsprechend transformiertes (z.B. gedrehtes) Rechteck. Das könnte dazu führen, daß Teile des alten Bildes nicht gelöscht sind. Außerdem bewirkt `clearRect()` das Übermalen mit der Hintergrundfarbe, wieder darf diese also nicht transparent sein (hier ist sie `Color.white`, siehe später).

```
133     protected void draw( Graphics2D g2D ) {
134         g2D.setTransform( identityTransform );
135         g2D.clearRect( 0, 0, appletDimension.width,
                                 appletDimension.height );
```

Alle weiteren Methoden für das Zeichnen beziehen sich nun auf die eingestellte Transformation. Die angegebenen Koordinaten werden also vor dem Zeichnen entsprechend dieser Transformation umgerechnet.

Für die Veränderung der Transformation gibt es in der Klasse `Graphics2D` weitere Methoden, die relativ zur momentanen Transformation operieren (`translate()`, `rotate()`, `scale()`, `shear()`). Das Applet verwendet ähnliche Methoden direkt bei der Transformation, ihre Wirkung wird an der entsprechenden Stelle besprochen.

```
136         g2D.setTransform( requestedTransform );
```

Die Methode malt zunächst ein graues Rechteck mit dem eingestellten Linienstil.

```
137         g2D.setStroke( currentStroke );
138         g2D.setPaint( Color.gray );
139         g2D.drawRect( (int) originPoint.x - 20,
                          (int) originPoint.y - 20, 150, 70 );
```

Danach schreibt sie im normalen Linienstil den Text und füllt einen Kreis. Sie verwendet dazu den eingestellten Füllstil. Nach entsprechenden Transformationen kann sich der Kreis auch deformieren.

```
140         g2D.setStroke( defaultStroke );
141         g2D.setPaint( currentPaint );
142         g2D.drawString( movingString, originPoint.x, originPoint.y );
143         g2D.fillOval( (int) originPoint.x + 20,
                          (int) originPoint.y + 20, 20, 20 );
```

Schließlich malt die Methode noch Rechtecke an die momentane Position der Maus und den Ursprungspunkt der Zeichnung, an dem sich der Anwender beim Verändern der Zeichnung orientieren kann.

```
144         g2D.setPaint( Color.blue );
145         g2D.drawRect( (int) anchorPoint.x, (int) anchorPoint.y, 2, 2 );

146         g2D.setPaint( Color.green );
147         g2D.drawRect( (int) originPoint.x, (int) originPoint.y, 2, 2 );
148     }
```

Die Methode `createBufferedImage()` erzeugt das Hintergrundbild und berechnet danach den Ursprungspunkt unter Berücksichtigung der Textlänge. Das erzeugte `Graphics`-Objekt wandelt die Methode gleich in ein `Graphics2D`-Objekt um. Auf diesem Weg werden, wie oben beschrieben, Konzepte des JDK-1.2 angewendet.

```
149     protected void createBufferedImage() {
150         appletDimension = getSize();

151         transBufferImage = createImage( appletDimension.width,
                                            appletDimension.height );
152         transBuffer = (Graphics2D) transBufferImage.getGraphics();
153         transBuffer.setBackground( Color.white );

154         FontMetrics fm = getFontMetrics( getFont() );
155         originPoint.x = ( appletDimension.width -
156                           fm.stringWidth( movingString )) / 2;
157         originPoint.y = ( appletDimension.height - fm.getHeight() ) / 2;
158     }
```

Die nächsten Methoden betreiben ein wenig Mathematik. Sie rechnen Mausbewegungen in entsprechende Transformationen um. Die neue Transformation wird dabei jeweils zur aktuellen Transformation ergänzt. Zu einer Verschiebung könnte also zum Beispiel eine zusätzliche Drehung kommen. Methoden mit derselben Signatur existieren auch für Graphics2D-Objekte. Diese Methoden führen auch dort zum Hinzufügen und nicht zum Neusetzen von Transformationen.

5.13.4 Transformationen

Verschieben. Die Methode translate() ergänzt eine Transformation, die das Koordinatensystem so verschiebt, daß der Punkt p1 danach an der Stelle p2 erscheint. Das führt bei diesem Applet dazu, daß die Zeichnung der Mausbewegung folgt.

```
160     protected void translate( Point2D.Float o, Point2D.Float p1,
                                  Point2D.Float p2 ) {
161         requestedTransform.translate( p2.x - p1.x, p2.y - p1.y );
162     }
```

Skalieren. Die Methode scale() skaliert die Zeichnung (siehe Abbildung 5.16). Der Skalierungsfaktor ergibt sich aus der Mausbewegung: der letzte Abstand der Maus zum Ursprungspunkt der Zeichnung wird mit dem momentanen Abstand ins Verhältnis gesetzt. Das Wegbewegen vom Ursprungspunkt führt damit zur Vergrößerung, das Hinbewegen zur Verkleinerung. Damit der Faktor in Ursprungsnähe keine zu großen Werte annimmt, ist der x- bzw. y-Abstand jeweils um 10 erhöht.

```
163     protected void scale( Point2D.Float o, Point2D.Float p1,
                              Point2D.Float p2 ) {
164         requestedTransform.transform( o, newOriginPoint );

165         float dX1 = 10.0f + Math.abs( o.x - p1.x );
166         float dY1 = 10.0f + Math.abs( o.y - p1.y );
```

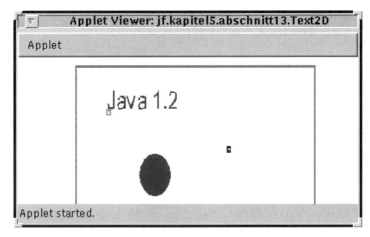

Abbildung 5.16: *Bewegter Text, skaliert*

```
167         float dX2 = 10.0f + Math.abs( o.x - p2.x );
168         float dY2 = 10.0f + Math.abs( o.y - p2.y );

169         requestedTransform.scale( dX2 / dX1, dY2 / dY1 );
```

Neben der Skalierung führt die Methode eine zweite Transformation aus: sie sorgt dafür, daß der Ursprungspunkt nach der Vergrößerung an derselben Stelle auf dem Bildschirm erscheint, an dem er sich vorher befand. Ohne diese zusätzliche Verschiebung bleibt bei der Skalierung nur der linke, obere Punkt der Zeichnung an seiner alten Stelle. Die Methode rechnet dafür die Nutzerkoordinaten des Ursprungspunktes (o) in Gerätekoordinaten (newOriginPoint) um. Das sind die Koordinaten, an denen sich der Punkt tatsächlich befindet. Nach der Skalierung berechnet die Methode diejenigen Nutzerkoordinaten, die in die Gerätekoordinaten (newOriginPoint) umgerechnet würden. Dazu ist wieder eine inverse Transformation notwendig, das Ergebnis enthält wiederum die Variable newOriginPoint. Schließlich verschiebt die Methode die Zeichnung entsprechend der berechneten Punkte.

```
170         inversTransform( newOriginPoint, newOriginPoint );
171         translate( null, o, newOriginPoint );
172      }
```

Die Methode uniformScale() arbeitet analog zu der Methode scale(). Sie sorgt aber dafür, daß die Zeichnung proportional, d.h. in x- und y-Richtung mit demselben Faktor, skaliert wird.

```
173      protected void uniformScale( Point2D.Float o, Point2D.Float p1,
                                      Point2D.Float p2 ) {
174         requestedTransform.transform( o, newOriginPoint );

175         float dX1 = 10.0f + Math.abs( o.x - p1.x );
176         float dX2 = 10.0f + Math.abs( o.x - p2.x );
177         requestedTransform.scale( dX2 / dX1, dX2 / dX1 );
```

```
178           inversTransform( newOriginPoint, newOriginPoint );
179           translate( null, o, newOriginPoint );
180       }
```

Shear-Transformation. Die Shear-Transformation verändert y-Werte in Abhängigkeit des x-Wertes, und x-Werte in Abhängigkeit des y-Wertes. Die Faktoren ergeben sich hier aus der x- bzw. y-Differenz der letzten und der momentanen Mausposition. Diese Transformation bewirkt eine deutliche Veränderung der Zeichnung, die Faktoren sind deshalb auf ein Bruchteil der eigentlichen Differenz festgelegt.

```
181       protected void shear( Point2D.Float o, Point2D.Float p1,
                                 Point2D.Float p2 ) {
182           requestedTransform.transform( o, newOriginPoint );

183           requestedTransform.shear( 0.01 * (p2.x-p1.x),
                                         0.01 * (p2.y-p1.y) );
184           inversTransform( newOriginPoint, newOriginPoint );
185           translate( null, o, newOriginPoint );
186       }
```

Drehen. Die Methode `rotate()` berechnet zunächst den Winkel zwischen den drei Punkten `p1`, `o` und `p2`, um den die Zeichnung gedreht werden soll. Für den Benutzer dreht sich dadurch die Zeichnung mit der Mausbewegung um den Ursprungspunkt (siehe Abbildung 5.17). Die Winkelberechnung kann der Leser in

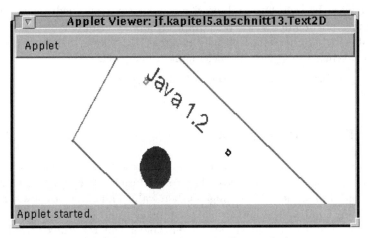

Abbildung 5.17: Bewegter Text, gedreht

einem Mathematik-Nachschlagewerk nachvollziehen. Sie beruht darauf, daß sich der Cosinus des Winkels zwischen zwei Richtungsvektoren aus dem Quotienten des Skalarprodukts und dem Produkt der Längen der Vektoren ergibt. Da die Methode `Math.acos()` immer einen Wert zwischen 0 und Pi berechnet, bestimmt die anschließende Fallunterscheidung, ob es sich um eine Linksdrehung (positive Winkel) oder eine Rechtsdrehung (negative Winkel) handelte.

```
187      protected void rotate( Point2D.Float o, Point2D.Float p1,
                                 Point2D.Float p2 ) {
188          double x1    = p1.x - o.x;
189          double y1    = p1.y - o.y;
190          double x2    = p2.x - o.x;
191          double y2    = p2.y - o.y;
192          double theta = Math.acos( ( x1*x2 + y1*y2 ) /
193                                    ( Math.sqrt(x1*x1 + y1*y1) *
194                                      Math.sqrt(x2*x2 + y2*y2) )
195                                  );

196          if ( y1 == 0 )
197              theta = ( ((x1>=0) && (y2<=0)) ||
                           ((x1<0) && (y2>=0)) )? -theta: theta;
198          else if ( y2 == 0 )
199              theta = ( ((x2>=0) && (y1>=0)) ||
                           ((x2<0) && (y1<=0)) )? -theta: theta;
200          else {
201              double q1 = x1 / y1;
202              double q2 = x2 / y2;

203              if ( y1*y2 >= 0 ) theta = (q1<=q2) ? -theta: theta;
204              else theta = (q1<=q2) ? theta: -theta;
205          }
```

Auch hier wäre bei der Verwendung der reinen Rotation wieder eine zusätzliche Verschiebung notwendig, wenn der Ursprungspunkt erhalten bleiben sollte. Für diesen Fall gibt es aber eine spezielle `rotate()`-Methode, bei der man angeben kann, um welchen Punkt sich die Zeichnung drehen soll.

```
206          requestedTransform.rotate( theta, o.x, o.y );
207      }
```

5.13.5 Füll- und Linienstil

Die Methoden `changePaintStyle()` und `changeStrokeStyle()` werden beim Drücken der Escape-Taste ausgelöst. Die erste Methode berechnet einen zufälligen neuen Füllstil, indem sie zwei zufällige Farben wählt und ein neues `GradientPaint`-Objekt anlegt. Die Klasse `GradientPaint` implementiert einen Füllstil, bei dem die Farbe an zwei Punkten festgelegt ist. Die Farbe der anderen Punkte ergibt sich aus einem Mischverhältnis der beiden Farben, das vom Abstand des Punktes zu den beiden vorgegebenen Punkten abhängt. Die gefüllte Fläche stellt dann einen Übergang der einen in die andere Farbe dar. Als feste Punkte sind hier der Ursprungspunkt und die letzte Mausposition gewählt. Der Nutzer kann also durch Mausklick bestimmen, an welcher Stelle der Zeichnung sich das Zentrum der zweiten Farbe befinden soll (siehe Abbildung 5.18).

```
208      protected void changePaintStyle() {
209          Color c1 = new Color(    (float) Math.random(),
```

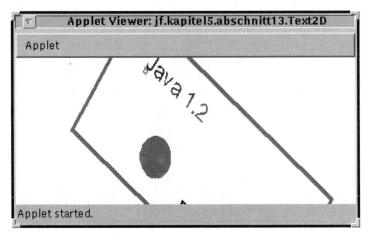

Abbildung 5.18: *Bewegter Text, gefüllt*

```
210                      (float) Math.random(),
211                      (float) Math.random() );
212        Color c2 = new Color(   (float) Math.random(),
213                      (float) Math.random(),
214                      (float) Math.random() );

215        currentPaint = new GradientPaint( originPoint, c1,
                                              anchorPoint, c2 );
216    }
```

Die zweite Methode legt eine neue Strichdicke fest. Die Klasse `BasicStroke` könnte auch dafür verwendet werden, ein Linienmuster festzulegen, was hier aber nicht geschieht.

```
217    protected void changeStrokeStyle() {
218        currentStroke = new BasicStroke( (float) Math.random() * 10 );
219    }
```

Die an mehreren Stellen verwendete Methode `inversTransform()` kapselt den Aufruf von `inversTransform()` bei der aktuellen Transformation und fängt insbesondere die mögliche Ausnahme ab.

```
220    private void inversTransform( Point2D src, Point2D dst ) {
221        try {
222            requestedTransform.inverseTransform( src, dst );
223        }
224        catch( NoninvertibleTransformException e ) {
225            dst.setLocation( src );
226        }
227    }
228 }
```

Damit ist das Applet vollständig implementiert und kann nach Einbindung in eine HTML-Seite loslegen. Der Leser hat einen Einblick in das neue Java-2D-API erhalten. Beim Test hat sich herausgestellt, daß die Darstellung relativ langsam ist, aber Java-Programmierer sind ja schon Kummer gewohnt.

Übung

- Erweitern Sie das vorgestellte Applet um eine Animation, bei der Transformationen nicht durch Mausbewegungen, sondern durch einen Zeittakt ausgelöst werden!

5.14 Drag & Drop

Ein im JDK 1.2 neues Features, mit dem die JDK-Entwickler offenbar einige Schwierigkeiten hatten und das sich jetzt stabilisiert, soll in diesem Abschnitt besprochen werden: die Unterstützung von Drag & Drop-Operationen.

Das im folgenden besprochene Beispiel benutzt einige Swing-Klassen und führt zum ersten Mal die neue Klasse JApplet ein, die eine Verbindung zwischen Applet- und Swing-Programmierung schafft.

Oft kommt es vor, daß die Software, die zu entwerfen ist, Dateien des Benutzers bearbeiten soll. Im allgemeinen wird deshalb die Software an der entsprechenden Stelle einen Dateidialog öffnen, in dem der Benutzer die zu bearbeitende Datei angeben muß. Für den Benutzer ist es aber in manchen Fällen einfacher, die betreffende Datei mit der Maus über die Oberfläche der Bearbeitungssoftware zu ziehen. Ein Beispiel dafür ist ein Texteditor: Schiebt der Benutzer eine Textdatei über den schon geöffneten Editor, so sieht er danach deren Text und kann ihn bearbeiten. Das ist eine Anwendung von Drag & Drop, und eine einfache Version dieses Verfahrens, nämlich das Anzeigen von einer oder mehreren Dateien, soll das folgende Beispiel realisieren.

Die Klasse `FileViewer` realisiert die Anzeige von Dateien in einem Textfenster. Sie kann aus einem Java-Applet oder einer Java-Applikation heraus verwendet werden.

```
   // Datei jf/kapitel5/abschnitt14/FileViewer.java
 1 package jf.kapitel5.abschnitt14;
```

Das JDK 1.2 führt neue Klassen für Sammlungen von Objekten ein. Die Schnittstelle `Iterator` hat dabei dieselbe Funktion wie die seit dem JDK 1.0 existierende Schnittstelle `Enumeration` und wird diese langfristig ersetzen.

```
 2 import java.util.List;
 3 import java.util.Iterator;
```

Die Dateioperationen führen die bekannten Eingabe-Klassen aus.

```
 4 import java.io.File;
 5 import java.io.FileInputStream;
 6 import java.io.InputStreamReader;
 7 import java.io.BufferedReader;
```

Auch bei der Programmierung mit Swing kann man weiter bekannte AWT-Klassen benutzen.

```
 8 import java.awt.Font;
 9 import java.awt.BorderLayout;
```

Die Klasse `FileViewer` stellt die Textdateien in einem falls notwendig mit Scrollbalken ausgestatteten Textfenster dar.

```
10 import javax.swing.JTextArea;
11 import javax.swing.JScrollPane;
```

5.14.1 Drag & Drop-Klassen

Die Schnittstelle `Transferable` beschreibt das per Drag & Drop bewegte Objekt, in unserem Fall also eine Datei. Die Klasse `DataFlavor` enthält Angaben zu bestimmten Formaten, die mit Drag & Drop bewegt werden können. Vorgesehen sind zum Beispiel Zeichenketten, Java-Objekte und Dateilisten.

```
12 import java.awt.datatransfer.Transferable;
13 import java.awt.datatransfer.DataFlavor;
```

Schließlich importiert das Beispiel Klassen und Schnittstellen aus dem Drag & Drop-Paket. Diese Klassen sorgen dafür, daß das bewegte Objekt in der Java-Anwendung ankommt.

```
14 import java.awt.dnd.DropTarget;
15 import java.awt.dnd.DropTargetListener;
16 import java.awt.dnd.DnDConstants;
17 import java.awt.dnd.DropTargetEvent;
18 import java.awt.dnd.DropTargetDragEvent;
19 import java.awt.dnd.DropTargetDropEvent;
```

Die Klasse `FileViewer` erweitert direkt die Swing-Klasse `JScrollPane` und kann damit einerseits ein Textfenster aufnehmen und es gegebenenfalls mit Scrollbalken ausstatten. Andererseits kann ein Objekt dieser Klasse in einem `JFrame`-Objekt für Anwendungen bzw. in einem `JApplet` für Applets dargestellt werden. Die Klasse implementiert die Schnittstelle `DropTargetListener` und kann so mit den entsprechenden Methoden auf eine Drop-Operation reagieren.

```
20 public class FileViewer extends JScrollPane
                    implements DropTargetListener {
```

Die private Objektvariable `target` referenziert das Textfeld für die anzuzeigenden Dateien. Die Objektvariable `acceptedFlavor` ist auf das Format Dateiliste voreingestellt. Drop-Operationen mit Objekten anderer Formate werden nicht akzeptiert.

```
21     private JTextArea target = null;
22     private DataFlavor acceptedFlavor = DataFlavor.javaFileListFlavor;
```

Der Konstruktor erzeugt das Textfenster, setzt einen neuen Font und trägt insbesondere einen Hinweistext für das Textfenster ein. Dieser sogenannte Tooltip erscheint immer dann, wenn die Maus länger über dem Textfenster ruht.

```
23      public FileViewer() {
24          target = new JTextArea( 20, 60 );
25          target.setFont( new Font( "Dialog", Font.PLAIN, 12 ));
26          target.setEditable( true );
27          target.getAccessibleContext().setAccessibleName(
                                         "File Viewer" );
28          target.setToolTipText(
                "Drag a File from File Manager and drop it here" );
```
Schließlich fügt der Konstruktor das Textfenster in die Oberfläche ein.
```
29          getViewport().add( target );
```

5.14.2 Vorbereitung von Drag & Drop

Zuletzt erfolgen die notwendigen Schritte zur Vorbereitung der Drop-Operationen. Ein Objekt der Klasse `DropTarget` kann Drop-Operationen entgegennehmen, in diesem Fall solche, die für das Textfenster target gedacht sind (Zeile 31). Das `DropTarget`-Objekt wird das `FileViewer`-Objekt (`this`) benachrichtigen, falls der Benutzer eine Drop-Operation ausgeführt hat (Zeile 33).

```
30          DropTarget dropTarget = new DropTarget();
31          dropTarget.setComponent( target );
32          try {
33              dropTarget.addDropTargetListener( this );
34          }
35          catch( Exception e ) {
36              e.printStackTrace();
37          }
38      }
```

Es folgen die zur Implementierung der Schnittstelle `DropTargetListener` notwendigen Methoden. Außer der eigentlichen `drop()`-Methode zeigen alle diese Methoden ihre Aktivierung nur durch entsprechende Schreibanweisungen an, haben sonst aber keine Funktion in diesem Beispiel. Die ersten beiden Methoden zeigen an (Zeilen 42 und 46), daß die Drop-Operation `COPY` gestattet ist. Weitere mögliche Operationen sind `MOVE`, `LINK` und `REFERENCE`.

```
39      // DropTargetListener operations
40      public void dragEnter( DropTargetDragEvent dtde ) {
41          System.err.println( "dragEnter" );
42          dtde.acceptDrag( DnDConstants.ACTION_COPY );
43      }
44      public void dragOver( DropTargetDragEvent dtde ) {
45          System.err.println( "dragOver" );
46          dtde.acceptDrag( DnDConstants.ACTION_COPY );
47      }
48      public void dropActionChanged( DropTargetDragEvent dtde ) {
49          System.err.println( "dropActionChanged" );
50      }
```

5.14 Drag & Drop

```
51      public void dragExit( DropTargetEvent dtde ) {
52          System.err.println( "dragExit" );
53      }
```

5.14.3 Datentransport

Die hier wesentliche Methode ist `drop()`. Sie wird aufgerufen, wenn der Benutzer die Drop-Operation wirklich ausgeführt, d.h. wenn er die Datei über dem Textfenster losgelassen hat. Die lokale Variable `success` soll am Ende den Erfolg bzw. Mißerfolg der Operation dokumentieren.

```
54      public void drop( DropTargetDropEvent dtde ) {
55          System.err.println( "drop" );

56          boolean success = false;
```

Die Drop-Operation wird zunächst nur akzeptiert, falls COPY eine der durch das Ereignis `dtde` angezeigten Drop-Operationen ist.

```
57          if (( dtde.getSourceActions() &
                 DnDConstants.ACTION_COPY ) == 0 )
58              dtde.rejectDrop();
59          else {
60              System.err.println( "drop accepted" );
61              dtde.acceptDrop( DnDConstants.ACTION_COPY );
```

Im positiven Fall liest die Methode nun das transportierte Objekt aus dem Ereignis aus und referenziert es als ein Transferable-Objekt.

```
62              Transferable trans = dtde.getTransferable();
63              // Test reicht nicht, müssen kompatiblen Flavor herausfinden!
```

Die nächsten Codezeilen beschäftigen sich damit, die Daten tatsächlich aus dem transportierten Objekt zu lesen. Dazu ist zunächst das Format (der Flavor) des übertragenen Objekts zu bestimmen. Es wäre, wie in Zeile 64 gezeigt, möglich, direkt bei dem Objekt zu prüfen, ob es das gewünschte Format unterstützt. Das reicht jedoch nicht, da wir später beim Lesen der Daten den exakten Flavor-Wert benötigen.

```
64              // if ( trans.isDataFlavorSupported( acceptedFlavor )) {
```

Die allgemein gewählte Vorgehensweise ist es deshalb, alle möglichen Flavors zu durchmustern und den passenden auszuwählen.

```
65              DataFlavor[] currentFlavors = dtde.getCurrentDataFlavors();
66              DataFlavor selectedFlavor = null;

68              System.err.println( "Mime Type: " +
69                  acceptedFlavor.getMimeType());

70              for ( int i = 0; i < currentFlavors.length; i++ ) {
71                  System.err.println( "Mime Type " + i + ": "
72                      + currentFlavors[i].getMimeType());
```

Der in Zeile 74 durchgeführte Test ist nämlich kein Test auf Gleichheit, sondern prüft, ob die beiden beteiligten Flavors kompatibel sind. Ist dies der Fall, so unterbricht die Methode die Schleife und arbeitet mit dem gefundenen Wert weiter.

```
73              // Test auf Kompatibilität, nicht auf Gleichheit!
74              if ( acceptedFlavor.equals( currentFlavors[i] )) {
75                  selectedFlavor = currentFlavors[i];
76                  break;
77              }
78          }
79          System.err.println( "Flavor 1: " + acceptedFlavor );
80          System.err.println( "Flavor 2: " + selectedFlavor );
```

Falls also ein passendes Format gefunden wurde, dann liest die Methode in Zeile 83 die übertragenen Daten mit Hilfe des Formats ein. Die Variable `acceptedFlavor` war nun so eingestellt, daß nur Dateilisten akzeptiert werden. Das ist das Format, in dem Dateien bei Drag & Drop-Operationen verpackt sind. Auf der Java-Seite kann man solche Objekte als eine Liste von `java.io.File`-Objekten empfangen. Bevor sie die Liste abarbeitet, beschafft sich die Methode einen Iterator der Liste, der das elementweise Durchlaufen der Liste unterstützt.

```
81          if ( selectedFlavor != null ) {
82              try {
83                  Iterator files = ((List) trans.getTransferData(
84                          selectedFlavor )).iterator();
85                  while ( files.hasNext() ) {
86                      File file = (File) files.next();
```

Für jede enthaltene Datei schreibt die Methode den Dateinamen auf.

```
87                      target.append( "\n--------\n" );
88                      target.append( file.getPath() );
89                      target.append( "\n--------\n\n" );
```

Falls die Datei lesbar und kein Verzeichnis ist, wird sie zeilenweise in das Textfenster übertragen.

```
90                      if ( file.isFile() && file.canRead() ) {
91                          BufferedReader in = new BufferedReader(
92                              new InputStreamReader(
93                                  new FileInputStream(
94                                      file )));
95                          String line = null;
96                          while (( line = in.readLine()) != null ) {
97                              target.append( line );
98                              target.append( "\n" );
99                          }
100                     }
101                     else {
102                         target.append( "not readable" );
103                     }
104                     target.append( "\n" );
105                 }
```

5.14 Drag & Drop

Falls die Methode bis zu dieser Stelle der Abarbeitung gelangt ist, also durch keine Ausnahme unterbrochen wurde, ist die Drop-Operation erfolgreich verlaufen.

```
106                       success = true;
107                   }
108                   catch ( Exception e ) { e.printStackTrace(); }
109               }
110           }
```

Der Status der Operation soll wie in Zeile 112 an den Aufrufer propagiert werden.

```
111           System.err.println( success );
112           dtde.getDropTargetContext().dropComplete( success );
113       }
114 }
```

5.14.4 Drag & Drop-Applikation

Die vorgestellte Klasse wird nun in einer Applikation und in einem Applet verwendet.

```
    // Datei jf/kapitel5/abschnitt14/FileViewerApplication.java
1 package jf.kapitel5.abschnitt14;

2 import java.awt.Cursor;
3 import java.awt.Dimension;
4 import java.awt.Toolkit;
5 import java.awt.BorderLayout;

6 import java.awt.event.WindowEvent;
7 import java.awt.event.WindowAdapter;
```

Die Container-Klasse für Swing-Anwendungen ist `JFrame`.

```
8 import javax.swing.JFrame;

9 public class FileViewerApplication {
```

Die obligatorische Methode `main()` erzeugt die notwendigen Bestandteile und stellt den `FileViewer` in der Mitte des Bildschirmes dar (siehe Abbildung 5.19).

```
10     public static void main( String[] args ) {

11         Dimension screenSize =
                       Toolkit.getDefaultToolkit().getScreenSize();
12         JFrame f = new JFrame( "File Viewer" );
13         f.getContentPane().setLayout( new BorderLayout() );
14         f.setLocation( screenSize.width/2 - 300,
                          screenSize.height/2 - 200 );
15         f.setSize( 600, 400 );
```

Sie sorgt auf die übliche Art dafür, daß man die Anwendung korrekt beenden kann.

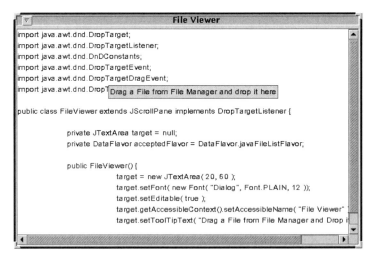

Abbildung 5.19: File Viewer

```
16          f.addWindowListener(
17            new WindowAdapter() {
18              public void windowClosing( WindowEvent e ) {
19                System.exit( 0 );
20              }
21            }
22          );
23          f.getAccessibleContext().setAccessibleDescription(
                                  "demonstrates Drag and Drop" );
24          f.setCursor( Cursor.getPredefinedCursor(
                          Cursor.DEFAULT_CURSOR ));
25          f.getContentPane().add( new FileViewer(), BorderLayout.CENTER );
26          f.setVisible( true );
27        }
28      }
```

5.14.5 Drag & Drop-Applet mit der Klasse JApplet

Analoge Schritte führt das Applet aus.

```
    // Datei jf/kapitel5/abschnitt14/FileViewerApplet.java
1 package jf.kapitel5.abschnitt14;

2 import java.awt.Cursor;
3 import java.awt.BorderLayout;
```

Die neue Container-Klasse für Swing-Applets ist dabei JApplet. Diese Klasse ist von java.awt.Applet abgeleitet. Der Appletprogrammierer muß sich so in den Grundmethoden nicht umstellen. Weiterhin kann er die Methoden init(), start(), stop(), destroy() etc. implementieren, um das Verhalten des Applets

5.15 Servlets

zu steuern. Unterschiede gibt es in der Art, wie grafische Komponenten in das Applet eingefügt werden. JApplet hält sich da an die in Swing übliche Methode: Jede Containerklasse enthält ein Panel, in das die Komponenten eingefügt werden müssen (Zeile 10) und das im Layout verändert werden kann (Zeile 7).

```
 4  import javax.swing.JApplet;

 5  public class FileViewerApplet extends JApplet {
 6      public void init() {
 7          getContentPane().setLayout( new BorderLayout() );
 8          setCursor( Cursor.getPredefinedCursor( Cursor.DEFAULT_CURSOR ));
 9          getAccessibleContext().setAccessibleDescription(
                                  "demonstrates Drag and Drop" );
10          getContentPane().add( new FileViewer(), BorderLayout.CENTER );
11          setVisible( true );
12      }
13  }
```

Schließlich bindet man das Applet wie gewohnt in eine HTML-Seite ein.

```
<HTML>
<HEAD>
<TITLE>
FileViewerApplet
</TITLE>
</HEAD>
<BODY>
<H3>
FileViewerApplet
</H3>
<applet code=jf.kapitel5.abschnitt14.FileViewerApplet
   codebase=../../../../classes width=560 height=340>
</applet>
</BODY>
</HTML>
```

Übung

- Wandeln Sie das vorgestellte Programm derart ab, daß die Namen der gelieferten Dateien zunächst in einer Auswahlbox erscheinen. Der Inhalt einer Datei soll erst erscheinen, nachdem der Benutzer die Datei ausgewählt hat.

5.15 Servlets

Dieser Abschnitt führt in ein Thema ein, das als Alternative zur Gestaltung interaktiver WWW-Seiten mit CGI-Skripten entwickelt wurde: Servlets sind Java-Programme, die bei einem WWW-Server installiert sind und dort arbeiten. Sie übernehmen vollständig die Funktionalität der CGI-Skripte, haben aber den Vorteil für den Java-Programmierer, daß er zum einen keine andere Sprache einsetzen muß (bei der CGI-Programmierung ist ja Perl weit verbreitet) und sich zum anderen die Kommunikation einfacher gestaltet: ein Applet kann mit einem Servlet Java-Objekte austauschen.

Das für die Programmierung von Servlets notwendige Paket von Klassen und Schnittstellen war während der Beta-Phase des JDK-1.2 zeitweise mit im JDK enthalten, ist nun aber wieder als eigenständiges Produkt von Sun zu beziehen. Trotzdem soll diese interessante Technologie hier am Beispiel der Bibliothek vorgestellt werden. Nach der Lösung mit RMI und mit CORBA ist das eine dritte Alternative, auf dem WWW-Server einen Vermittlungsserver zwischen Applet und Datenbank zu schalten, um das Verbot der Netzverbindung zu einem dritten Rechner zu umgehen.

5.15.1 Das Servlet

Die Klasse `RemoteDatabaseServer` implementiert ein Servlet, daß die Datenbankverbindung verschiedener Applets gleichzeitig verwalten kann. Sie führt ein einfaches Konzept für eine Sitzung ein. Meldet sich ein Applet zum ersten mal an, speichert das Servlet dessen Informationen unter einer appletspezifischen Kennung ab. Jede weitere Anfrage dieses Applets bezieht sich dann auf diese gespeicherten Informationen.

Im Servlet-Paket gibt es ebenfalls Klassen für die Sitzungsverwaltung. Das Beispiel benutzt diese aber nicht.

```
   // Datei jf/kapitel5/abschnitt15/RemoteDatabaseServer.java
 1 package jf.kapitel5.abschnitt15;
```

Für den Verbindungsaufbau übergibt das Applet dem Servlet ein Objekt der Klasse `DatabaseDescription` mit der Beschreibung der Datenbank. Bei Anfragen an die Datenbank sendet das Servlet dem Applet die Ergebnistabelle in einem Objekt der Klasse `ResultSetTableData`.

```
 2 import jf.kapitel5.abschnitt5.DatabaseDescription;
 3 import jf.kapitel5.abschnitt5.ResultSetTableData;
```

Für die interne Verwaltung der Datenbankverbindungen für verschiedene Applets benötigt das Servlet einige Hilfsklassen.

```
 4 import java.util.Properties;
 5 import java.util.Hashtable;
 6 import java.util.Iterator;
```

Es importiert die üblichen Klassen für die Datenbankanbindung.

```
 7 import java.sql.Connection;
 8 import java.sql.DriverManager;
 9 import java.sql.ResultSet;
10 import java.sql.Statement;
```

5.15 Servlets

Die Kommunikation zwischen Applet und Servlet erfolgt durch den Austausch von Java-Objekten. Das Servlet importiert die dazu notwendigen Ein- und Ausgabestromklassen.

```
11  import java.io.ObjectInputStream;
12  import java.io.ObjectOutputStream;
13  import java.io.IOException;
```

Neu sind die Klassen für die Servletprogrammierung. Das Paket `javax.servlet` ist eine Standarderweiterung des JDK. Das bedeutet, daß es zwar nicht direkt zum JDK gehört, aber zusätzlich installiert werden kann und dann auch zu den Systempaketen zählt. Um das Paket zu installieren, muß man das zugehörenden Klassenarchiv in das für Erweiterungen vorgesehene Verzeichnis des JDK legen. Die Variable `CLASSPATH` muß man nicht setzen. Alle Standarderweiterungen sind durch den mit `javax` beginnenden Paketnamen gekennzeichnet.

```
14  import javax.servlet.ServletConfig;
15  import javax.servlet.ServletException;

16  import javax.servlet.http.HttpServlet;
17  import javax.servlet.http.HttpServletRequest;
18  import javax.servlet.http.HttpServletResponse;
```

Das hier implementierte Servlet ist für Verbindungen über das HTTP-Protokoll gedacht und erweitert deshalb die Klasse `HttpServlet`. Bei der Implementierung eines Servlets muß sich der Programmierer den Ablauf eines Servlets vergegenwärtigen. Wird das Servlet zum ersten mal über den WWW-Server angefordert, so erzeugt dieser eine Instanz der Servletklasse. Diese Instanz übernimmt im folgenden alle (eventuell auch gleichzeitigen) Anfragen für das Servlet. Falls der Programmierer es nicht explizit durch die Implementierung der Schnittstelle `SingleThreadModel` ausschließt, kann es deshalb vorkommen, daß verschiedene Threads Methoden dieser Servlet-Instanz überlappend aufrufen. Diese Aufrufe sind insbesondere bei der Abfrage von Objektvariablen zu synchronisieren, damit es nicht zu Effekten kommt, wie sie in Kapitel 3.6 beschrieben sind.

Das hier vorgestellte Servlet besitzt deshalb nur eine Objektvariable, in der es die appletspezifischen Informationen speichert. Abfragen dieser Variablen muß es synchronisieren. Alle anderen zu speichernden Daten werden als Argumente in Methodenaufrufen übergeben. Diese Daten existieren dann je Funktionsaufruf und unterliegen keiner Konkurrenzbedingung.

```
19  public class RemoteDatabaseServer extends HttpServlet {

20      // keine weiteren Objektvariablen wegen Threads
21      private Hashtable connections = null;
```

Nach der Erzeugung der Servlet-Instanz ruft der WWW-Server deren `init()`-Methode auf. Das ist die Stelle, an der die Hashtabelle erzeugt wird.

```
22      public void init( ServletConfig config ) throws ServletException {
23          super.init( config );
```

```
24          connections = new Hashtable();
25          System.out.println( "Database servlet created" );
26      }
```

Im HTTP-Protokoll sind verschiedene Methoden vorgesehen, auf eine Netz-Entität zuzugreifen. Für jede dieser Varianten kann ein Servlet eine Methode implementieren, die dann der WWW-Server bei entsprechender Anfrage aufruft. Im vorliegenden Fall ruft das Applet das Servlet mit der Methode Post auf. Es kann so Informationen an das Servlet senden, die das Servlet aus der Struktur HttpServletRequest auslesen kann. Das Servlet wiederum sendet eventuelle Nachrichten an das Applet über die Struktur HttpServletResponse.

```
27      public void doPost(
28              HttpServletRequest request, HttpServletResponse response ) {
```

Zunächst setzt das Servlet den Typ der Antwort ein. An diesem soll der Empfänger eigentlich den Typ der Daten (entsprechend MIME-Standard) erkennen. Hier lügt das Servlet allerdings, denn es wird später keinen Text, sondern Java-Objekte versenden.

```
29          response.setContentType( "text/plain" );
```

Die vom Applet gesendeten Daten liest das Servlet aus dem Eingabestrom der Anfrage (Zeile 34). Die Daten an das Applet schreibt es in den Ausgabestrom der Antwort (Zeile 32).

```
30          try {
31              ObjectOutputStream out =
32                  new ObjectOutputStream( response.getOutputStream() );
33              ObjectInputStream in =
34                  new ObjectInputStream( request.getInputStream() );
```

Für den Aufbau der einfachen Sitzungsverwaltung sendet das Applet zunächst eine Kennung. Alle Anfragen unter dieser Kennung und von derselben Rechneradresse (mit der Methode getRemoteAddr() abgefragt) beziehen sich dann auf die in der Hashtabelle abgelegte Datenbankverbindung. Diese Vorgehensweise ist nicht sicher, sondern dient nur der Demonstration.

```
35          Object o = in.readObject();
36          String client = request.getRemoteAddr() + "-" + (String) o;
37          Connection c = (Connection) connections.get( client );
```

Die zweite Nachricht des Applets beschreibt die Aktion, die das Servlet ausführen soll. Es kann die Datenbankverbindung aufbauen, die Datenbank abfragen oder die Verbindung wieder schließen. In jedem Fall ruft das Servlet die zur Aktion gehörende Methode mit den benötigten Argumenten auf. Abhängig davon, ob das Applet für die Aktion weitere Nachrichten sendet oder eine Antwort erwartet, benötigt die Methode Referenzen auf den Ein- oder Ausgabestrom. Jede Methode erhält eine Referenz auf die zum Applet gehörende Datenbankverbindung (c). Auf andere als die vier vorgesehenen Nachrichten reagiert das Servlet nicht.

5.15 Servlets

```
38              o = in.readObject();

39              if ( o instanceof String ) {
40                  String s = (String) o;
41                  if ( s.equals( "connect" ))
42                      connect( c, client, in );
43                  else if ( s.equals( "executeUpdate" ))
44                      executeUpdate( c, in );
45                  else if ( s.equals( "executeQuery" ))
46                      executeQuery( c, in, out );
47                  else if ( s.equals( "close" ))
48                      close( c, client );
49              }
50          }
51          catch ( Exception e ) {
52              System.err.println( "Couldn't init: " + e.toString() );
53          }
54      }
```

Mit der Methode getServletInfo() gibt das Servlet seinen Namen an.

```
55      public String getServletInfo() {
56          return "DatabaseServer";
57      }
```

Bevor der WWW-Server ein Servlet löscht, ruft er dessen destroy()-Methode auf. Das vorliegende Applet muß in diesem Fall alle eröffneten Datenbanken schließen. Das Schließen muß es mit eventuell gerade stattfindenden Abfragen synchronisieren. In Zeile 60 bestimmt es zunächst die Liste aller vorhandenen Verbindungen.

```
58      public void destroy() {
59          Iterator cons = null;

60          synchronized( connections ) {
                cons = connections.values().iterator(); }
```

Sobald die einzelnen Verbindungen frei, d.h. nicht gerade von einem anderen Thread benutzt sind, schließt das Servlet die Verbindung und löscht im Anschluß die Tabelle.

```
61          while ( cons.hasNext() ) {
62              Connection c = (Connection) cons.next();
63              synchronized( c ) {
                    try { c.close(); } catch ( Exception e ) {}}
64          }

65          connections = null;
66      }
```

Falls das Applet eine Verbindung öffnen möchte, obwohl diese bereits existiert, schließt das Servlet die alte Verbindung und löscht sie aus der Tabelle.

```
67        protected void connect( Connection c, String client,
                                   ObjectInputStream in ) {
68            try {
69                if ( c != null ) {
70                    synchronized ( c ) { c.close(); }
71                    synchronized ( connections ) {
                          connections.remove( client ); }
72                }
```

Für den Verbindungsaufbau benötigt das Servlet eine Datenbankbeschreibung. Diese sendet das Applet als dritte Nachricht, und das Servlet liest sie in Zeile 73. Danach lädt das Servlet den Datenbanktreiber und stellt die Verbindung her.

```
73                DatabaseDescription descr =
                      (DatabaseDescription) in.readObject();
74                if ( descr == null ) return;

75                Class.forName( descr.getDbDriver() );
76                Properties props = new Properties();
77                props.put( "user", descr.getDbUser() );
78                props.put( "password", descr.getDbPassword() );

79                c = DriverManager.getConnection(
80                    descr.getDbProt() + ":" +
81                    descr.getDbHost() + ":" +
82                    descr.getDbPort() + "/" +
83                    descr.getDbName(), props );
```

Diese Verbindung ist nun für weitere Anfragen des Applets geschaltet. In Zeile 84 speichert das Servlet die Verbindung in der Tabelle unter der Kennung des Applets ab.

```
84                synchronized ( connections ) {
                      connections.put( client, c ); }
85            }
86            catch ( Exception e ) {
87                System.err.println( "Couldn't connect: " + e.toString() );
88            }
89        }
```

Für die Update-Aktion sendet das Applet die SQL-Anweisung. Das Servlet liest sie in Zeile 92.

```
90        protected void executeUpdate( Connection c, ObjectInputStream in ) {
91            try {
92                String update = (String) in.readObject();

93                if ( c == null ) return;
```

Es sendet sie in Zeile 96 an die Datenbank. Die Verbindung darf dabei nicht gerade durch einen anderen Thread benutzt werden.

5.15 Servlets

```
94              synchronized ( c ) {
95                  Statement stmt = c.createStatement();
96                  stmt.executeUpdate( update );
97                  stmt.close();
98              }
99          }
100         catch ( Exception ex ) {
101             System.err.println( "Couldn't update: " + ex.toString() );
102         }
103     }
```

Für die Query-Aktion sendet das Applet wieder die SQL-Anweisung. Das Servlet liest sie in Zeile 107.

```
104     protected void executeQuery( Connection c,
105                 ObjectInputStream in, ObjectOutputStream out ) {
106         try {
107             String query = (String) in.readObject();
```

Das Applet erwartet diesmal eine Antwort. Nach dem Weiterleiten der Anfrage in Zeile 114

```
108             if ( c == null ) {
109                 out.writeObject( null );
110                 return;
111             }

112             synchronized ( c ) {
113                 Statement stmt = c.createStatement();
114                 ResultSet rs = stmt.executeQuery( query );
```

schreibt das Applet in Zeile 115 die Ergebnistabelle in den Ausgabestrom an das Applet.

```
115                 out.writeObject( new ResultSetTableData( rs ));

117                 stmt.close();
118             }
119         }
120         catch ( Exception ex ) {
121             System.err.println(
                    "Couldn't execute query: " + ex.toString() );
122             try { out.writeObject( null ); } catch ( Exception exc ) {}
123         }
124     }
```

Mit der Close-Aktion schließt das Applet die Datenbankverbindung. Das Servlet streicht sie aus der Tabelle.

```
125     protected void close( Connection c, String client ) {
126         try {
127             if ( c != null ) {
128                 synchronized( c ) { c.close(); }
```

```
129                 synchronized ( connections ) {
                        connections.remove( client ); }
130             }
131         }
132         catch ( Exception ex ) {
133             System.err.println( "Couldn't close: " + ex.toString() );
134         }
135     }
136 }
```

5.15.2 Start des Servlets

Das so implementierte Servlet muß nun dem eigenen WWW-Server bekannt gegeben werden. Dieser Schritt ist von Server zu Server verschieden und ist dem jeweiligen Manual zu entnehmen. Für Testzwecke gibt es jedoch im Servlet-Paket das Tool `servletrunner`. Es kann Anfragen zu einem Servlet wie ein WWW-Server entgegennehmen und Servlets starten. Diesem Tool macht man Servlets in einer Property-Datei bekannt. Für das Datenbank-Servlet gibt es die folgende Datei `servlet.properties`.

```
servlet.dbserver.code=jf.kapitel5.abschnitt15.RemoteDatabaseServer
```

Der mittlere Name der Eigenschaft (`dbserver`) bezeichnet dabei den Namen des Servlets, unter dem man es später abfragt. Der Wert der Eigenschaft bestimmt den Namen der Servlet-Klasse.

Das Programm wird wie folgt gestartet:

```
servletrunner    -p 8080
      -m 10
      -t 2000
      -d /cd/buch/classes/
      -r /cd/buch/sources/jf/kapitel5/abschnitt15
      -s /cd/buch/sources/jf/kapitel5/abschnitt15/servlet.properties
```

Das Programm wartet nun auf dem Port 8080 auf Anfragen, kann 10 Clients gleichzeitig bearbeiten, hat eine Timeout-Zeit von 2 Sekunden, bezieht Byte-Code-Dateien aus dem Verzeichnis `/cd/buch/classes`, Textdateien aus dem Verzeichnis `/cd/buch/sources/jf/kapitel5/abschnitt15` und angemeldete Servlets aus der Datei `servlet.properties`. In der getesteten Version des Programmes mußten die vollständigen Pfade angegeben werden, da es sonst die angeforderten Servlets nicht findet.

5.15.3 Das Applet

Wir haben einen neuen Datenbanktreiber in Form eines Servlets installiert. Es fehlt das Applet, daß mit diesem Treiber kommuniziert. Diesem Zweck dient die neue Klasse `RemoteDatabaseManager`, die eine weitere Variante für die Datenbankanbin-

5.15 Servlets

dung implementiert, nämlich den Umweg über das Servlet. Durch das Servlet ist bereits die Reihenfolge der zu sendenden Nachrichten festgelegt.

```
   // Datei jf/kapitel5/abschnitt15/RemoteDatabaseManager.java
 1 package jf.kapitel5.abschnitt15;
```

Die Klasse benutzt Klassen aus dem Datenbankabschnitt.

```
 2 import jf.kapitel5.abschnitt5.DatabaseManager;
 3 import jf.kapitel5.abschnitt5.DatabaseFactory;
 4 import jf.kapitel5.abschnitt5.NullTableData;
 5 import jf.kapitel5.abschnitt5.TableData;
```

Mit den beiden folgenden Klassen baut die Klasse die Verbindung zum Servlet auf. Ein Servlet wird also ebenfalls mit einer URL adressiert. Die URL muß auf das Servletverzeichnis eines WWW-Servers verweisen. Daran erkennt der Server, daß ein Servlet gemeint ist.

```
 6 import java.net.URL;
 7 import java.net.URLConnection;
```

Die Kommunikation mit dem Servlet erfolgt hier, wie gesagt, durch den Austausch von Java-Objekten.

```
 8 import java.io.ObjectInputStream;
 9 import java.io.ObjectOutputStream;

10 public class RemoteDatabaseManager implements DatabaseManager {
```

Die Klasse legt Objektvariablen für Referenzen auf die Servlet-URL, auf den Ein- und Ausgabestrom und das Sitzungskennzeichen an.

```
11     private URL servlet = null;
12     private ObjectInputStream in = null;
13     private ObjectOutputStream out = null;
14     private String sessionID = null;

15     private DatabaseFactory factory = null;
```

Der Konstruktor verwendet eine unsichere, aber einfache Variante, um ein Sitzungskennzeichen zu berechnen: er bestimmt die aktuelle Systemzeit in Millisekunden. Dieses Kennzeichen benutzt die Klasse nun bei jedem Auftrag an das Servlet.

```
16     public RemoteDatabaseManager( DatabaseFactory fac ) {
17         factory = fac;
18         sessionID = new Long( System.currentTimeMillis() ).toString();
19         init();
20     }
```

Die Methode init() bestimmt die Servlet-URL und richtet ein URL-Objekt ein.

```
21     public void init() {
22         String servletURL =
               (String) factory.getArguments().get( "servlet_url" );
23         try {
24             servlet = new URL( servletURL );
```

```
25        }
26        catch ( Exception ex ) {
27            System.err.println( "Couldn't init: " + ex.toString() );
28            Runtime.getRuntime().exit( -1 );
29        }
30    }
```

Die Klasse implementiert nun alle in der Schnittstelle geforderten Methoden. Bei all diesen Methoden öffnet sie zunächst die Verbindung zum Servlet, sendet ihre Kennung, die verlangte Aktion und eventuell dazugehörende Informationen, wartet gegebenenfalls auf eine Antwort und schließt die Verbindung zum Servlet wieder.

Wie bei der Kommunikation mit einem CGI-Skript kommt auch hier die Klasse URLConnection zum Einsatz. Diese Verbindung ist in Zeile 34 für die Ausgabe vorbereitet.

```
31    public void connect() {
32        try {
33            URLConnection servletC = servlet.openConnection();
34            servletC.setDoOutput( true );
```

Die Methode bestimmt den Ausgabestrom an das Servlet.

```
35            out = new ObjectOutputStream( servletC.getOutputStream() );

36            if ( out == null ) {
37                factory.getViewer().showWarning(
38                    "no database connection established" );
39                return;
40            }
```

Sie schreibt das Kennzeichen, die Aktion und die Datenbankbeschreibung an das Servlet.

```
41            out.writeObject( sessionID );
42            out.writeObject( "connect" );
43            out.writeObject( factory.getDbDescription() );
44            out.flush();
```

Die eigentliche Verbindung zum Servlet öffnet sich bei der getesteten Version erst, wenn das Applet nun seinerseits die Daten des Servlets liest. Dies sendet hier zwar keine Daten, und die Methode liest auch keine, aber zumindest sind die Daten nun beim Servlet angelangt, und die Verbindung zur Datenbank steht.

```
45            servletC.getInputStream();
46        }
47        catch ( Exception ex ) {
48            System.err.println( "Couldn't connect: " + ex.toString() );
49            ex.printStackTrace();
50            Runtime.getRuntime().exit( -1 );
51        }
52    }
```

Wieder öffnet die Methode zunächst die Servlet-Verbindung und bestimmt den Ausgabestrom.

5.15 Servlets

```
53      public void executeUpdate( String update ) {
54        try {
55          URLConnection servletC = servlet.openConnection();
56          servletC.setDoOutput( true );
57          out = new ObjectOutputStream( servletC.getOutputStream() );
```

Sie schickt diesmal nach der Aktion die SQL-Anweisung an das Servlet.

```
58          out.writeObject( sessionID );
59          out.writeObject( "executeUpdate" );
60          out.writeObject( update );
61          out.flush();
```

Auch diese Methode erwartet keine Antwort, sondern öffnet in Zeile 62 eigentlich die Verbindung.

```
62          servletC.getInputStream();
63        }
64        catch ( Exception ex ) {
65          factory.getViewer().showWarning(
                "Exception: " + ex.toString()); 
66          ex.printStackTrace();
67        }
68      }
```

Die Methode `executeQuery()` erwartet nun eine Antwort.

```
69      public void executeQuery( String query ) {
70        try {
71          URLConnection servletC = servlet.openConnection();
72          servletC.setDoOutput( true );
73          out = new ObjectOutputStream( servletC.getOutputStream() );
```

Zunächst sendet sie jedoch die SQL-Anfrage an das Servlet.

```
74          out.writeObject( sessionID );
75          out.writeObject( "executeQuery" );
76          out.writeObject( query );
77          out.flush();
```

Nach der Bestimmung des Eingabestromes liest sie die vom Servlet geschickte Ergebnistabelle und zeigt sie in der Oberfläche an. Man sieht hier, wie einfach der Datenaustausch zwischen Applet und Servlet sein kann.

```
78          in = new ObjectInputStream( servletC.getInputStream() );

79          TableData result = (TableData) in.readObject();
80          if ( result != null )
81            factory.getViewer().showResult( result );
82          else
83            factory.getViewer().showResult(
                  NullTableData.instance() );
84        }
85        catch ( Exception ex ) {
```

```
86                 factory.getViewer().showWarning(
                       "Exception: " + ex.toString());
87                 ex.printStackTrace();
88             }
89     }
```

Die Methode `close()` bewirkt die Schließung der Datenbankverbindung im Servlet.

```
90     public void close() {
91         try {
92             URLConnection servletC = servlet.openConnection();
93             servletC.setDoOutput( true );
94             out = new ObjectOutputStream( servletC.getOutputStream() );

95             out.writeObject( sessionID );
96             out.writeObject( "close" );
97             out.flush();

98             servletC.getInputStream();
99         }
100        catch ( Exception e ) {}
101    }
102 }
```

Die neue Klasse für die Datenbankanbindung soll wieder in ein Applet und eine Applikation eingebaut werden. Zunächst gibt es eine neue Konfigurationsklasse.

```
    // Datei jf/kapitel5/abschnitt15/BookServletFactory.java
1 package jf.kapitel5.abschnitt15;

2 import jf.kapitel5.abschnitt5.BookFactory;
3 import jf.kapitel5.abschnitt5.DatabaseManager;

4 public class BookServletFactory extends BookFactory {
```

Sie setzt die Datenbankanbindung über ein Servlet ein.

```
5      protected DatabaseManager basicCreateManager() {
6          return new RemoteDatabaseManager( this );
7      }
8      protected String basicCreateTitle() {
9          return super.basicCreateTitle() + " mit Servlet";
10     }
11     protected String basicCreateUser() { return "unknown"; }
12 }
```

Applet und Applikation erhalten entsprechend die folgende kurze Form.

```
    // Datei jf/kapitel5/abschnitt15/BookServletApplet.java
1 package jf.kapitel5.abschnitt15;

2 import jf.kapitel5.abschnitt5.DatabaseApplet;
3 import jf.kapitel5.abschnitt5.DatabaseDescription;
```

5.15 Servlets

```
4 public class BookServletApplet extends DatabaseApplet {
5     public void init() {
6         factory = new BookServletFactory();
7         factory.setArguments( this );
8     }
9 }
```

```
  // Datei jf/kapitel5/abschnitt15/BookServletApplication.java
1 package jf.kapitel5.abschnitt15;

2 import jf.kapitel5.abschnitt5.DatabaseApplication;

3 public class BookServletApplication extends DatabaseApplication {
4     static { factory = new BookServletFactory(); }
5 }
```

Das Applet arbeitet nach dem Einfügen in die folgende HTML-Seite.

```
<HTML>
<HEAD>
<TITLE>
BookServletApplet
</TITLE>
</HEAD>
<BODY>
<H3>
BookServletApplet
</H3>
<applet code=jf.kapitel5.abschnitt15.BookServletApplet
        codebase=../../../../classes width=560 height=340>
<param name=db_descr_url value=../abschnitt5/rkDB.dsc>
<param name=servlet_url value=http://www:8080/servlet/dbserver>
</applet>
</BODY>
</HTML>
```

Zu beachten ist die als Parameter `servlet_url` angegebene URL. Hinter dem WWW-Server auf dem Rechner `www` auf Port 8080 verbirgt sich hier der `servletrunner`. Durch die Angabe `servlet` erkennt er, daß das Applet ein Servlet adressiert. Der Name des Servlets ist `dbserver`. Die Property-Datei des `servletrunners` besagt, welche Klasse für diesen Namen zu instantiieren ist.

Analog ist die Applikation mit dem folgenden Befehl zu starten. Auch eine Applikation kann ein Servlet benutzen.

```
java jf.kapitel5.abschnitt15.BookServletApplication
    -servlet_url http://www:8080/servlet/dbserver
```

Übung

- Lösen Sie die Aufgabe aus Kapitel 5.10 mit einem Servlet.

6

Abspann

Zu guter Letzt sollen noch ein paar Themen und der Inhalt der CD angesprochen werden, die den Leser zur weiteren Beschäftigung mit Java anregen mögen.

6.1 Die CD-ROM

Die dem Buch beiliegende CD enthält

- das JDK-1.2 für SUN-Solaris
- das JDK-1.2 für Windows-95/NT
- die Dokumentation und API-Referenz des JDK-1.2
- das Beans Development Kit 1.0 (Juli 1998)
- das Java Servlet Development Kit (JSDK) 2.0
- das Buch in einer für das World Wide Web aufbereiteten Form
- alle Beispiele des Buches im Quelltext

In jedem Hauptverzeichnis der CD gibt es eine Datei `index.html`. Mit einem WWW-Browser kann der Leser dadurch den Inhalt der CD durchblättern. Alle Dateien des Buches, der Dokumentation und der API-Beschreibung sind mit langen und kurzen Dateinamen auf der CD enthalten, so daß diese Abschnitte auch unter Windows-3.x gelesen werden können. Manche Dateinamen enthalten mehr als einen Punkt, auch wenn diese unter Windows95 nicht mit ihrem eigentlichen Namen erscheinen, sollte man den Verweisen mit kurzen Dateinamen folgen.

Die Verzeichnisse `book` und `docs` sind zusätzlich als ZIP-Datei im Verzeichnis `archives` abgelegt. Leser, die mit ihrem System nur kurze Dateinamen auf der CD sehen, können diese Dateien mit einem Unzip-Programm entpacken, das lange Dateinamen erzeugt (z.B. WinZip für Windows95).

Im Verzeichnis jdk-1.2 findet der Leser die JDK-1.2-Pakete für Solaris und Windows-95 bzw. Windows-NT (komprimiert im Verzeichnis archives). Sie sind wie folgt zu installieren:

Installation unter Windows. Das Windowspaket ist ein selbstextrahierendes Archiv (*.exe). Die Extraktion wird durch die Ausführung des Programms (z.B. Doppelklick auf das Icon im Explorer) gestartet. Es ist dabei unwichtig, in welchem Verzeichnis sich Java entfaltet. Auf jeden Fall entstehen neue Verzeichnisse und Dateien.

Nun muß der Leser den Pfad zu den Java-Entwicklungsprogrammen (bin) in seine PATH-Variable einfügen.

Für die Nutzung des JDK direkt von der CD sind die Variable PATH und der Pfad für die Byte-Code-Dateien auf die entsprechenden Verzeichnisse der CD einzustellen. Das Laufwerk f: steht im folgenden für das CD-ROM-Laufwerk. Außerdem empfiehlt es sich, die Variable HOME auf ein temporäres Verzeichnis einzustellen, weil der Appletviewer dort ein Verzeichnis .hotjava anlegt. Die Befehle sind im einzelnen:

```
> set PATH=f:\jdk-1.2\win32\bin
> set CLASSPATH=f:\book\classes
> set HOME=c:\windows\temp
```

Die Beispiele können daraufhin im DOS-Eingabemodus genauso ausgeführt werden, wie im Buch beschrieben.

Installation unter Solaris. Das gepackte Archiv wird wie folgt extrahiert:

```
# chmod a+x jdk1.2-solaris2-sparc.sh
# ./jdk1.2-solaris2-sparc.sh
```

Das bin-Verzeichnis, das während der Extraktion entsteht, muß in die PATH-Variable eingefügt werden.

Für die Nutzung des JDK direkt von der CD sind die Variable PATH und der Pfad für die Byte-Code-Dateien auf die entsprechenden Verzeichnisse der CD einzustellen. Das Verzeichnis /cdrom/java-fibel/ steht hier für das Verzeichnis, unter dem die CD-ROM gemountet ist. Die Befehle sind im einzelnen:

```
# setenv PATH /cdrom/java-fibel/jdk-1.2/solaris/bin
# setenv CLASSPATH /cdrom/java-fibel/book/classes
```

Die Beispiele können daraufhin genauso ausgeführt werden, wie im Buch beschrieben.

6.2 Java und JavaScript

SUN und Netscape entwickeln gemeinsam die Skriptsprache JavaScript. Informationen zu dieser Sprache findet der Leser auf dem World Wide Web-Server http://www.netscape.com. JavaScript ist, anders als Java, nicht über eine Referenz, sondern direkt in einer HTML-Seite enthalten.

JavaScript ist syntaktisch an Java angelehnt, soll jedoch eine noch einfachere Programmierung gestatten. Die Sprache ist vor allem für die einfache Verknüpfung von Anwendungen mit dem World Wide Web gedacht.

Bei der Verwendung einer Skriptsprache steht man immer vor der Diskrepanz zwischen zu kleinen Anwendungen oder zu öffentlichem Code. Denn da der Quelltext direkt in der Seite enthalten ist, kann ihn im allgemeinen jeder lesen.

Java und JavaScript sind deshalb keine echten Konkurrenten. Während Java für die Programmierung echter Anwendungen eingesetzt wird, dient JavaScript der Einbindung der Anwendungen und der Gestaltung von Oberflächen für das World Wide Web vor allem im Zusammenhang mit CGI-Skripten.

6.3 Java und Design Patterns

Eine interessante und weitbeachtete Richtung in der objektorientierten Programmierung ist der gezielte Einsatz von Design Patterns ([GHJV95]). Solche Muster beschreiben eine Herangehensweise an bestimmte Designprobleme. Die Entwickler von Java verwenden zum Beispiel das Muster `Abstract Factory` für die Implementierung der Peer-Klassen für das AWT.

Das Muster `Strategy` wird bei der Strukturierung der Uhr in Kapitel 3.1 benutzt. `Strategy` beschreibt, wie man bestimmte Funktionen aus einer Klasse herauslöst, in einer eigenen Klasse implementiert und der ursprünglichen Klasse zugänglich macht. Beide Klassen können dann weitgehend unabhängig voneinander erweitert werden und trotzdem zusammenarbeiten, wenn sie nur vereinbarte Schnittstellen bedienen.

Java bietet durch die klare Trennung zwischen der Vererbung von Klassen und der Vererbung von Schnittstellen die Möglichkeit, die vorgeschlagenen Design Patterns auf einfache Weise anzuwenden.

6.4 Was fehlt?

6.4.1 Im JDK

Was im JDK-1.2 fehlt, ist eine komfortable Entwicklungsumgebung. Im Netz gibt es hierfür verschiedene Angebote, die unterschiedlich stabil laufen.

Verschiedene Firmen bieten kommerzielle Java-Entwicklungsumgebungen an. Einige C++-Klassenbrowser können an Java angepaßt werden.

Viele Programmierer halten speziell das AWT für nicht umfangreich genug. Das Paket muß praktisch den Spagat zwischen Plattformunabhängigkeit und Funktionalität bewältigen. Deshalb sind die in ihm enthaltenen Klassen ein gemeinsamer Nenner der verschiedenen Fenstersysteme. Im JDK-1.2 hat der Programmierer mit dem Swing-Paket nun eine große Auswahl.

6.4.2 Im Buch

Im Buch ist keine vollständige API-Referenz enthalten. Diese findet der Leser auf der CD. Viele Beispiele zeigen aber die im JDK-1.2 enthaltenen Pakete in Auszügen.

Java bietet die Möglichkeit, Programmteile einzubinden, die in einer anderen Programmiersprache implementiert wurden. Der so entstehende Code ist jedoch nicht mehr plattformunabhängig. Das Buch verzichtet deshalb auf die Darstellung dieser Möglichkeit und der dazu notwendigen Werkzeuge.

Im Zusammenhang mit dem HotJava-Browser ist die Programmierung von Protokollhandler- und Contenthandler-Klassen interessant. Der Browser kann zur Laufzeit mit neuer Funktionalität ausgestattet werden, neue Dateiformate anzeigen und über neue Protokolle kommunizieren. Das Buch geht nicht auf die Programmierung derartiger Klassen ein.

Anregungen und Kritiken zum Inhalt des Buches sind erwünscht: `kuehnel@informatik.hu-berlin.de`.

6.5 Java-Software und Informationsquellen im Netz

Java ist von SunSoft entwickelt worden. Das JDK-1.2, das den Java-Compiler, einige Tools sowie die Java-Basisklassen enthält, wurde von Sun für die Plattformen Microsoft Windows NT (auch Windows 95) und Sun Solaris bereitgestellt (http://java.sun.com, ftp://ftp.javasoft.com). Die Quellen sind nicht frei verfügbar, sondern werden über eine spezielle Lizenzvereinbarung bereitgestellt. Sie erlaubt nur eine Weitergabe der Binärversionen der Programme. Damit hat Sun die Portierung von Java auf zahlreiche Plattformen sichergestellt.

So ist zum Beispiel das JDK auf eines der verbreitetsten Freeware-Betriebssysteme, Linux, portiert worden. Nähere Informationen findet der Leser auf dem WWW-Server http://www.blackdown.org.

Die Liste der Hersteller, die Anfang 1996 Entwicklungsumgebungen für Java angekündigt hatten, ist relativ lang. Es finden sich dort unter anderem Borland, Symantec und Sybase (Watcom) wieder. Aktuelle Informationen zu den einzelnen Produkten werden sicherlich auf den World Wide Web-Seiten der Hersteller zu finden sein.

6.5 Java-Software und Informationsquellen im Netz

Die hier gegebene Übersicht ist bewußt knapp gehalten, da die aufgeführten Informationen sehr schnell überholt sein können. Die aktuellsten Informationen wird der Leser immer im Internet finden. Zum Beispiel unter:

```
http://www.javasoft.com
    // Seite der Entwickler
http://www.gamelan.com
    // Sammlung von Applets
http://www.blackdown.org
    // JDK für Linux
http://www.java.de
    // deutsche Java-Seite
news:de.comp.lang.java
news:comp.lang.java.*
    // Die Newsgruppen zu Java (ziemlich überladen)
```

A

Syntax – kompakt

The Unicode Standard: Worldwide Character Encoding ::=
   ftp://unicode.org.

Unicode-Zeichen ::=
   The Unicode Standard: Worldwide Character Encoding.

Unicode-Ziffer ::=   *The Unicode Standard: Worldwide Character Encoding.*

Unicode-Buchstabe ::=
   The Unicode Standard: Worldwide Character Encoding.

Zeichen ::= `\u{u}` *Hexadezimalziffer Hexadezimalziffer Hexadezimalziffer Hexadezimalziffer* |
   Unicode-Zeichen.

Eingabezeichen ::=   < *Zeichen,* **aber nicht** `ASCII-CR,ASCII-LF` >.

Zeilenendekennzeichen ::=
   `ASCII-CR ASCII-LF` | `ASCII-CR` | `ASCII-LF`.

Quelltext ::=   { *Kommentar* | *Leerzeichen* | *Sprachelement* }.

Leerzeichen ::= `ASCII-SP` | `ASCII-HT` | `ASCII-FF` | *Zeilenendekennzeichen.*

Sprachelement ::=   *Schlüsselwort* | *Identifikator* | *Literal* | *Separator*
   | *Operator.*

Operator ::=   *Inkrementoperator* | *Dekrementoperator* | *Vorzeichenoperator*
   | *Negationsoperator* | *Multiplikationsoperator* | *Additionsoperator*
   | *Schiebeoperator* | *Ordnungsoperator* | *Vergleichsoperator*
   | ? | : | && | || | & | | | ^ | *Zuweisungsoperator.*

Kommentar ::= /* < *Zeichen*, **aber nicht** * > { *Kommentarinhalt* } */ |
   /** { *Kommentarinhalt* } */ |
   // *Kommentarzeile Zeilenendekennzeichen*.

Kommentarinhalt ::= {

   < *Zeichen*, **aber nicht** * > *Zeichen* |
   * < *Zeichen*, **aber nicht** / > *Zeichen* |
   Zeilenendekennzeichen

   }.

Kommentarzeile ::= { *Zeichen* }.

Identifikator ::= *Unicode-Buchstabe*
   { *Unicode-Buchstabe* | *Unicode-Ziffer* }.

Literal ::= *Zahl-Literal* | *Gleitkommazahl-Literal* |
   Wahrheitswert-Literal |
   Zeichen-Literal | *Zeichenkette-Literal* |
   Klassen-Literal.

Zahl-Literal ::= (

   Dezimalzahl-Literal | *Oktalzahl-Literal* |
   Hexadezimalzahl-Literal

)
   [l | L].

Dezimalzahl-Literal ::= < *Ziffer*, **aber nicht** 0 > { *Ziffer* }.

Oktalziffer ::= 0 | 1 | 2 | 3 | 4 | 5 | 6 | 7.

Ziffer ::= *Oktalziffer* | 8 | 9.

Hexadezimalziffer ::= *Ziffer* | a | A | b | B |
   c | C | d | D | e | E | f | F.

Hexadezimalzahl-Literal ::= 0 (x | X) { *Hexadezimalziffer* }.

Oktalzahl-Literal ::= 0 { *Oktalziffer* }.

Gleitkommazahl-Literal   ::=   (

    Ziffer { *Ziffer* } . { *Ziffer* } [*Exponent*] |
    . *Ziffer* { *Ziffer* } [*Exponent*] |
    Ziffer { *Ziffer* } *Exponent*

)
[f | F | d | D].

Exponent   ::=   (e | E) [[+ | -] *Ziffer* { *Ziffer* }].

Wahrheitswert-Literal   ::=   true | false.

Zeichen-Literal   ::=
    ' (< *Zeichen*, **aber nicht** ' oder \ > | *Escape-Literal*) '.

Escape-Literal   ::=   \ b | \ t | \ n | \ f | \ r | \ " | \ ' | \\ |
    Oktalziffer | *Oktalziffer Oktalziffer* |
    (0 | 1 | 2 | 3) *Oktalziffer Oktalziffer*.

Zeichenkette-Literal   ::=
    " { < *Zeichen*, **aber nicht** " oder \ > | *Escape-Literal* } ".

Klassen-Literal   ::=   *Typ*.class.

Schlüsselwort   ::=   abstract | boolean | break | byte | case | cast | catch
    | char | class | const | continue | default | do | double | else | extends
    | final | finally | float | for | future | generic | goto | if | implements
    | import | inner | instanceof | int | interface | long | native | new
    | null | operator | outer | package | private | protected | public | rest
    | return | short | static | super | switch | synchronized | this | throw
    | throws | transient | try | var | void | while.

Separator   ::=   (|) | { | } | [|] | ; | , | ..

Quelltextdatei   ::=   [*Paketfestlegung*] { *Import* } { *Typdeklaration* }.

Paketfestlegung   ::=   package *Paketname* ;.

Paketname   ::=   *Bezeichner*.

Import   ::=   *Typimport* | *Paket-Typimport*.

Typimport   ::=   `import` *Paketname* . *Identifikator* ;.

Paket-Typimport   ::=   `import` *Paketname* .`*` ;.

Typdeklaration   ::=   *Klassendeklaration* | *Schnittstellendeklaration*.

Toplevelklasse   ::=   [*Klassensichtbarkeit*] *Klassendeklaration*.

Klassendeklaration   ::=
  [*Abstraktionsebene*] `class` *Identifikator*
  [`extends` *Klassentyp*]
  [`implements` *Schnittstellentyp* { , *Schnittstellentyp* }]
  Klassenkörper.

Klassensichtbarkeit   ::=   `public`.

Abstraktionsebene   ::=   `abstract` | `final`.

Klassenkörper   ::=   { { *Komponentendeklaration* | *Initialisierung* } }.

Komponentendeklaration   ::=   *Variablendeklaration* | *Methodendeklaration* |
  Konstruktordeklaration | *InnereKlasse*.

InnereKlasse   ::=   [*Sichtbarkeit*] [`static`] *Klassendeklaration* |
  [*Sichtbarkeit*] [`static`] *Schnittstellendeklaration*.

Variablendeklaration   ::=   [*Sichtbarkeit*]
  ([`static`] [`final`] | [`transient`])
  Typ Variable { , *Variable* } ;.

Sichtbarkeit   ::=   `public` | `protected` | `private`.

Variable   ::=   *Identifikator* { `[]` } [`=` *Variableninitialisierung*].

Variableninitialisierung   ::=   *Ausdruck* |
  [`new`*Feldtyp*] { [*Variableninitialisierung* { , *Variableninitialisierung* }] }.

Methodendeklaration   ::=   [*Sichtbarkeit*] [`static`] [*Abstraktionsebene*]
  [*Quelle*] [*Synchronisation*]
  Methodensignatur [`throws` *Referenztyp* { , *Referenztyp* }] *Methodenkörper*.

Synchronisation   ::=   `synchronized`.

Quelle   ::=   **native**.

Resultattyp   ::=   **void** | *Typ*.

Methodensignatur   ::=
   Resultattyp Identifikator { [] } ([*Parameterliste*]) { [] }.

Parameterliste   ::=   [**final**] *Typ Identifikator* { [] }
   { ,[**final**] *Typ Identifikator* { [] } }.

Methodenkörper   ::=   *Block* | ;.

Konstruktordeklaration   ::=   [*Sichtbarkeit*] *Klassentyp* ([*Parameterliste*])
   [**throws** *Referenztyp* { , *Referenztyp* }] *Konstruktorkörper*.

Konstruktorkörper   ::=   { [*Konstruktoraufruf*] [*Blockkörper*] }.

Konstruktoraufruf   ::=
   (**this** | [*Referenzausdruck* .] **super**) (*Argumentliste*) ;.

Initialisierung   ::=   [**static**] *Block*.

Schnittstellendeklaration   ::=   [*Schnittstellensichtbarkeit*]
   [*Schnittstellenbenutzung*] **interface** *Identifikator*
   [**extends** *Schnittstellentyp* { , *Schnittstellentyp* }] *Schnittstellenkörper*.

Schnittstellensichtbarkeit   ::=   **public**.

Schnittstellenbenutzung   ::=   **abstract**.

Schnittstellenkörper   ::=   { { *Schnittstellenkomponentendeklaration* } }.

Schnittstellenkomponentendeklaration   ::=
   Schnittstellenvariablendeklaration | *Schnittstellenmethodendeklaration* |
   InnereKlasse.

Schnittstellenvariablendeklaration   ::=   [*Schnittstellensichtbarkeit*]
   [**static**] [**final**]
   Typ Schnittstellenvariable { , *Schnittstellenvariable* } ;.

Schnittstellenvariable   ::=
   Identifikator { [] } = *Schnittstellenvariableninitialisierung*.

Schnittstellenvariableninitialisierung ::= *Konstantenausdruck* |
  { [*Schnittstellenvariableninitialisierung*
  { , *Schnittstellenvariableninitialisierung* }] }.

Schnittstellenmethodendeklaration ::=
  [*Schnittstellensichtbarkeit*] [*Schnittstellenbenutzung*]
  Methodensignatur [**throws** *Referenztyp* { , *Referenztyp* }] ; .

Typ ::= *Referenztyp* | *Standardtyp*.

Referenztyp ::= *Klassentyp* | *Schnittstellentyp* | *Feldtyp*.

Standardtyp ::= **boolean** | **char** | **byte** | **short** | **int** | **long** | **float** | **double**.

Klassentyp ::= *Bezeichner*.

Schnittstellentyp ::= *Bezeichner*.

Feldtyp ::= *Typ* **[]**.

Block ::= **{** *Blockkörper* **}**.

Blockkörper ::= { *Lokalvariablendeklaration* ; | *Anweisung*
  | *Klassendeklaration* }.

Lokalvariablendeklaration ::= [**final**] *Typ Variable* { , *Variable* }.

Anweisung ::= *Leeranweisung* | *Ausdrucksberechnung* ; |
  Auswahlanweisung | *Schleifenanweisung* | *Sprungmarkierung* |
  Sprunganweisung ; |
  Synchronisationsanweisung | *Ausnahmeanweisung* | *Block*.

Leeranweisung ::= ; .

Ausdrucksberechnung ::= *Zuweisung* | *Präinkrement* | *Postinkrement* |
  Prädekrement | *Postdekrement* | *Methodenaufruf* | *Objekterzeugung*.

Zuweisung ::= *Referenzzugriff Zuweisungsoperator Ausdruck*.

Zuweisungsoperator ::= **=** | **+=** | ***=** | **-=** | **/=** | **%=** | **&=** | **|=** | **^=**
  | **<<=** | **>>=** | **>>>=**.

Präinkrement ::= *Inkrementoperator Referenzzugriff*.

Postinkrement ::= *Referenzzugriff Inkrementoperator*.

Prädekrement ::= *Dekrementoperator Referenzzugriff*.

Postdekrement ::= *Referenzzugriff Dekrementoperator*.

Inkrementoperator ::= ++.

Dekrementoperator ::= --.

Methodenaufruf ::= *Komponentenzugriff* ([*Argumentliste*]).

Auswahlanweisung ::= if (*Ausdruck*) *Anweisung* [else *Anweisung*] |
  switch (*Ausdruck*) { { *Fallunterscheidung* } }.

Fallunterscheidung ::= case *Konstantenausdruck* : *Anweisung* |
  default : *Anweisung*.

Schleifenanweisung ::= while ([*Ausdruck*]) *Anweisung* |
  do *Anweisung* while ([*Ausdruck*]) ; |
  for (*Schleifeninitialisierung* ; [*Ausdruck*] ; *Schleifenschritt*) *Anweisung*.

Schleifeninitialisierung ::= *Schleifenschritt* | *Lokalvariablendeklaration*.

Schleifenschritt ::= [*Ausdrucksberechnung* { , *Ausdrucksberechnung* }].

Sprungmarkierung ::= *Identifikator* : *Schleifenanweisung*.

Sprunganweisung ::= break [*Identifikator*] |
  continue [*Identifikator*] |
  return [*Ausdruck*] |
  throw *Referenzzugriff*.

Synchronisationsanweisung ::= synchronized (*Ausdruck*) *Anweisung*.

Ausnahmeanweisung ::= try *Block* { catch (*Ausnahme*) *Block* }
  (finally | catch (*Ausnahme Identifikator*)) *Block*.

Ausnahme ::= *Klassentyp*.

Argumentliste ::= *Ausdruck* { , *Ausdruck* }.

Referenzausdruck ::= *Referenzzugriff* | *Objekterzeugung*.

Grundausdruck ::= *Referenzausdruck* | *Literal*.

Referenzzugriff ::= *Bezeichner* | *Feldzugriff* | *Komponentenzugriff* |
  Methodenaufruf | (*Ausdruck*).

Bezeichner ::= [*Qualifikator* .] *Identifikator* | **this** | **super** | **null**.

Qualifikator ::= { *Identifikator* . } *Identifikator*.

Feldzugriff ::= *Referenzausdruck* [*Ausdruck*].

Komponentenzugriff ::=
  [(*Referenzausdruck* | *Zeichenkette-Literal*) .] *Identifikator*.

Objekterzeugung ::= [*Referenzausdruck* .] **new** *Typ*
  (
     ([*Argumentliste*]) [*Klassenkörper*] |
     [*Ausdruck*] { [*Ausdruck*] } { [ ] }
).

Faktor ::= *Präinkrement* | *Prädekrement* | *Grundfaktor* |
  Vorzeichenoperator Faktor.

Vorzeichenoperator ::= + | -.

Grundfaktor ::= *Grundausdruck* | *Postinkrement* | *Postdekrement* |
  Typkonvertierung | *Negationsoperator Faktor*.

Negationsoperator ::= ~ | !.

Typkonvertierung ::= (*Standardtyp*) *Faktor* | (*Typ*) *Grundfaktor*.

Term ::= *Faktor* { *Multiplikationsoperator Faktor* }.

Multiplikationsoperator ::= * | / | %.

Additionsausdruck ::= *Term* { *Additionsoperator Term* }.

Additionsoperator ::= + | -.

Schiebeausdruck ::=
   Additionsausdruck { *Schiebeoperator Additionsausdruck* }.

Schiebeoperator ::= « | » | »>.

Ordnungsausdruck ::=
   Schiebeausdruck { *Ordnungsoperator Schiebeausdruck* } |
   Schiebeausdruck **instanceof** *Typ* { [ ] }.

Ordnungsoperator ::= < | > | <= | >=.

Vergleichsausdruck ::=
   Ordnungsausdruck { *Vergleichsoperator Ordnungsausdruck* }.

Vergleichsoperator ::= == | !=.

Bit-Und-Ausdruck ::= *Vergleichsausdruck* { **&** *Vergleichsausdruck* }.

Bit-Exklusiv-Oder-Ausdruck ::=
   Bit-Und-Ausdruck { ^ *Bit-Und-Ausdruck* }.

Bit-Oder-Ausdruck ::=
   Bit-Exklusiv-Oder-Ausdruck { | *Bit-Exklusiv-Oder-Ausdruck* }.

Und-Ausdruck ::=
   Bit-Oder-Ausdruck { **&&** *Bit-Oder-Ausdruck* }.

Oder-Ausdruck ::=
   Und-Ausdruck { || *Und-Ausdruck* }.

Bedingungsausdruck ::=
   Oder-Ausdruck { ? *Ausdruck* : *Oder-Ausdruck* }.

Ausdruck ::= *Bedingungsausdruck* | *Zuweisung*.

B

Glossar

Abstrakte Klasse. Eine abstrakte Klasse wird mit dem Schlüsselwort `abstract` eingeführt. Von ihr können keine Objekte gebildet werden, da sie im allgemeinen spezifizierte, jedoch nicht implementierte Methoden enthält. Erst von Subklassen, die diese Methoden implementieren, gibt es Objekte. Eine abstrakte Klasse steht in ihrer Anwendung zwischen Schnittstelle und Klasse. Sind alle enthaltenen Methoden abstrakt, sollte sie als Schnittstelle eingeführt werden (Kapitel 2.4).

Aktuelle Parameterliste. Aktuelle Parameter treten als Argumente beim *Methodenaufruf* auf. Sie werden dabei den formalen Parametern zugewiesen. Typen und Anzahl der Argumente im Methodenaufruf und in der Methodensignatur müssen übereinstimmen (Kapitel 2.5).

Anonyme Klasse. Das JDK-1.1 erweitert den Sprachumfang um anonyme Klassen; Klassen, die lokal zu einem Block bei einer Objekterzeugung definiert, jedoch nicht benannt werden (Kapitel 2.11).

Applet. Ein Applet ist die Anwendung von Java für das World Wide Web. Es kann in World Wide Web-Seiten integriert und mit bestimmten World Wide Web-Browsern betrachtet werden. Es kann so als ausführbarer Inhalt bezeichnet werden (Kapitel 4).

appletviewer. Der Applet-Viewer testet Applets. Er durchsucht dazu eine als Argument angegebene HTML-Datei nach Applet-Aufrufen und zeigt diese auf dem Bildschirm an (Kapitel 1.5).

Arithmetische Typen. Zu den arithmetischen Typen von Java gehören `byte`, `short`, `int`, `long`, `float`, `double` (Kapitel 2.6).

ASCII. (American Standard Code for Information Interchange). ASCII spezifiziert eine 7-Bit-Zeichenkodierung.

Ausnahme. Ausnahmen stellen eine Methode dar, den normalen Programmfluß zu unterbrechen und besondere Bedingungen zu behandeln. Java verwaltet Ausnahmen als Objekte bestimmter Ausnahmeklassen, sie können mittels `throw` erzeugt und mit `try-catch-finally` bearbeitet werden (Kapitel 3.5).

Ausnahmebehandlung. Die Behandlung einer bestimmten Ausnahme steht im `catch`-Block einer `try`-Anweisung und beschreibt, wie das Programm reagieren soll, wenn im `try`-Block die entsprechende Ausnahme erzeugt wird. Eine besondere Form ist `finally`, die Anweisungen des zugehörenden Blocks werden nach jeder Ausnahme des `try`-Blockes ausgeführt (Kapitel 3.5).

AWT. Das AWT (Abstract Window Toolkit) ist das Paket zur Gestaltung von Benutzeroberflächen im JDK Sie implementiert die heute gebräuchlichen Elemente einer Fensterumgebung (Menü, Textfenster, Grafik usw.) (Kapitel 4.6).

Beans. Beans heißt das Mittel, Java-Komponenten zu entwerfen. Komponenten sind vorgefertigte lauffähige Softwareeinheiten, die zu einer Endanwendung zusammengestellt werden können (Kapitel 5.6).

Block. Ein Block ist eine in geschweiften Klammern stehende, möglicherweise leere Folge von Anweisungen und Deklarationen lokaler Variablen und Klassen. Er besitzt einen eigenen Namensraum (Kapitel 2.8).

boolean. Im Gegensatz zu C stellt Java die logischen Begriffe „wahr" und „falsch" nicht als 1 und 0, sondern in einem eigenen Typ, nämlich `boolean`, dar. Dieser Typ enthält die Literale `true` und `false` (Kapitel 2.6).

Byte-Code. Der Java-Compiler (`javac`) erzeugt aus einem Java-Quelltext den Java-Byte-Code, den der Java-Interpreter (`java`) ausführen kann. Der Byte-Code ist so eine maschinenunabhängige Zwischenrepräsentation. Der Portierungsaufwand für Java beschränkt sich dadurch auf die Bereitstellung eines entsprechenden Interpreters (Kapitel 1.5).

Collections. Das JDK-1.2 führt im Paket `java.util` neue Klassen zur Darstellung von Objektsammlungen unter dem Namen `Collections` ein (Kapitel 3.4).

Compiler. Ein Compiler ist ein Programm, das Quelltext in ein ausführbares Format übersetzt. Der Java-Compiler übersetzt Java-Quelltexte in ein vom Java-Interpreter ausführbares Format, den Java-Byte-Code (Kapitel 1.5).

Corba. Corba ist ein Industriestandard für die Programmierung verteilter Software-Systeme. Im JDK-1.2 ist das Paket `java.idl` enthalten, mit dem der Programmierer Java-Objekte zu Corba-Objekten machen und mit entfernten Corba-Objekten kommunizieren kann (Kapitel 5.11).

Definition. Unter diesem Begriff versteht man die Initialisierung einer vorher deklarierten Entität des Programms (Kapitel 2.7).

Deklaration. Eine Deklaration assoziiert einen Bezeichner mit einer bestimmten Bedeutung. Damit ist im allgemeinen keine Speicherplatzvergabe verbunden (Kapitel 2.7).

Doppelte Genauigkeit. Der Java-Standardtyp `double` enthält 64 Bit lange Gleitkommazahlen. Die definierten Operationen rechnen gegenüber `float` doppelt genau.

Einfache Genauigkeit. Die einfache Genauigkeit bezeichnet das Rechnen mit 32 Bit langen Gleitkommazahlen des Standardtyps `float`.

Feld. Der Feldtyp ist ein spezieller Java-Typ. Ein Feld enthält eine Menge von Objekten des gleichen Typs, die über einen Index referenziert werden können. Die Form eines Feldes ist von seiner Initialisierung abhängig und ist nicht auf Vektoren oder Matritzen beschränkt. Die Größe eines Feldes kann zur Laufzeit festgelegt werden (Kapitel 2.6).

Formale Parameterliste. Die Signatur einer Methode definiert eine Liste formaler Parameter, die zu den lokalen Variablen der Methode zählen. Innerhalb des Methodenkörpers referenzieren formale Parameter aktuelle Parameter eines Methodenaufrufs (Kapitel 2.5).

Garbage Collection. In Java gibt es im Gegensatz zu C und C++ keine explizite Anweisung zur Freigabe nicht mehr benötigten Speichers (diese ist tatsächlich eine häufige Fehlerquelle). Statt dessen übernimmt ein nebenläufiger Thread die Aufgabe, nicht mehr referenzierte Objekte zu entdecken und ihren Speicher freizugeben. Dazu ruft er gegebenenfalls die `finalize()`-Methode des Objekts auf (Kapitel 3.4).

Gleitkommazahlentypen. Gleitkommazahlen sind in Java durch `float` und `double` repräsentiert (Kapitel 2.6).

Hotjava. Hotjava ist ein Browser für das World Wide Web, der in Java implementiert wurde und Java-Applets abspielen kann.

HTML. (HyperText Markup Language) HTML ist ein auf `SGML` basierendes Dateiformat für Hypertextdokumente. Andere Dateien können mittels URL-Adressen referenziert werden (Kapitel 4.2).

HTTP. (HyperText Transfer Protocol) HTTP ist ein TCP/IP-basiertes Protokoll zu Übertragung von Hypertextdokumenten.

IDL. Corba definiert eine Interface Definition Language. Corba-Objekte müssen in dieser Sprache beschrieben sein. Entsprechend muß der Programmierer für die Java-Corba Verbindung IDL-Beschreibungen anfertigen (Kapitel 5.11).

Innere Klasse. Eine innere Klasse ist eine zu einem Objekt gehörende Klasse, die als nicht statische Komponente in einer Klasse definiert wurde. Innere Klassen haben Zugriff auf die Komponenten des zugehörenden Objekts (Kapitel 2.11).

Instanz. Der Begriff Instanz wird in Java als Synonym für den Begriff Objekt verwendet (Kapitel 1.7).

Interpreter. Ein Interpreter arbeitet eine Kommandodatei ab. Diese enthält in der Regel Kommandos einer Programmiersprache, oder, wie in Java, ein noch nicht vom Prozessor selbst ausführbares Zwischenformat (Kapitel 1.5).

Java2D. Das JDK-1.2 führt ein neues API zur Programmierung von 2D-Grafiken ein (Kapitel 5.13).

javac. `javac` ist der von SUN im Java-Paket mitgelieferte Java-Compiler (Kapitel 1.5).

java. `java` ist der von SUN im Java-Paket mitgelieferte Java-Byte-Code-Interpreter (Kapitel 1.5).

JDBC. Java Database Connectivity ist ein Protokoll für die Anbindung von Datenbanken an Java-Programme. Entsprechende Klassen befinden sich im Paket `java.sql` (Kapitel 5.5).

JDK. Das JDK-1.2 (Java Developers Kit) umfaßt eine Sammlung von Klassen, die Lösungen für bestimmte Standardprobleme, wie Ein- und Ausgabe, Netzzugriff, Oberflächengestaltung, zur Verfügung stellt sowie Werkzeuge für die Benutzung von Java (Kapitel 1.4).

Klasse. Eine Klasse beschreibt eine Menge von gleichartigen Objekten durch die Deklaration von Variablen zur Kennzeichnung des Zustandes und von Methoden zur Bestimmung des Verhaltens sowie von Komponentenklassen (innere und Toplevel-). Eine Klasse ist in eine Vererbungshierarchie eingebunden und implementiert gegebenenfalls bestimmte Schnittstellen (Kapitel 2.4).

Klassenmethode. Das Schlüsselwort `static` kennzeichnet eine Methode als ihrer Klasse zugehörend. Sie kann nur auf Klassenvariablen zugreifen. (Kapitel 2.5).

Klassenvariable. Ebenso wie die Klassenmethode deklariert `static` eine Klassenvariable. Auch sie ist ein Einzelexemplar. Ihre Veränderung wirkt sich in allen erzeugten Objekten der Klasse aus (Kapitel 2.7).

Kommentar. Kommentare erscheinen in Java in drei Formen: `/* erste Form */`, `/** zweite Form für die Quelltextdokumentation */` und `// gültig bis zum Ende der Zeile` (Kapitel 2.2).

Konstanten. Das Konzept der Konstanten wird in Java durch `final`-gekennzeichnete Variablen realisiert. Sie müssen initialisiert sein und dürfen nicht mehr verändert werden. Das JDK-1.1 läßt nun auch lokale finale Variablen zu, diesen darf nur einmal ein Wert zugewiesen werden (Kapitel 2.7).

Konstruktor. Konstruktoren erzeugen Objekte einer Klasse. Sie sind dadurch gekennzeichnet, daß sie den gleichen Namen wie die zugehörige Klasse haben (Kapitel 2.5).

Kritischer Bereich. Dieser Begriff kommt ursprünglich aus der Theorie paralleler Prozesse und ist in Java für die Thread-Programmierung notwendig. Ein kritischer Bereich (`synchronized`) darf in Java nicht von zwei Threads gleichzeitig betreten werden (Kapitel 3.6).

Literal. Ein Literal ist ein Element eines Standardtyps bzw. des Typs `String` (Kapitel 2.1).

Lokale Klasse. Eine lokale Klasse ist eine in einem Block definierte und mit einem Namen versehene Klasse, die Zugriff auf lokale finale Variablen des Blockes und die Komponenten des zugehörigen Objekts hat (Kapitel 2.11).

Lokale Variable. Lokale Variablen führt der Programmierer in einem Block, in der Initialisierung einer `for`-Schleife oder als Parameter in einer Methodensignatur ein. Sie sind jeweils nur lokal bezogen auf den entsprechenden Block sichtbar (Kapitel 2.7).

Mehrfachvererbung. Das aus anderen objektorientierten Programmiersprachen bekannte Konzept der Mehrfachvererbung gibt es in Java nicht. Java hat stattdessen das Schnittstellenkonzept aus Objective C übernommen (Kapitel 1.7).

Methode. Eine Methode beschreibt das Verhalten der Objekte einer Klasse. Ihre Deklaration erfolgt im Körper einer Klasse. Sie ist durch ihre Signatur und den sie implementierenden Block gekennzeichnet (Kapitel 2.5).

Namensraum. Der Namensraum bestimmt, welche Bezeichner an einer Stelle des Programms sichtbar sind (Kapitel 2.12).

Netscape. Netscape ist ebenso wie Hotjava ein Browser für das World Wide Web, der Java-Applets (1.2) abspielen kann.

Objekt. Objekte werden dynamisch während des Programmablaufs nach dem Muster einer Klasse erzeugt. Sie sind durch ihren inneren Zustand (die Belegung ihrer Objektvariablen) und ihr Verhalten (bestimmt durch die Objektmethoden) gekennzeichnet. Objekte haben in Java keine direkten Bezeichner und können nur über Variablen referenziert werden (Kapitel 1.7).

Objekterzeugung. In Java erfolgt die Objekterzeugung mit Hilfe des Schlüsselwortes `new` (oder durch die Methode `newInstance` der Klasse `Class` oder über die Klasse `Constructor`) und den Aufruf eines Konstruktors der entsprechenden Klasse. Das Ergebnis des Aufrufs ist eine Objektreferenz, die in einer Variablen gespeichert werden kann. Die Deklaration einer Variablen von einem gewissen Klassentyp bewirkt keine Objekterzeugung, diese muß vielmehr explizit erfolgen (Kapitel 2.9).

Objektmethode. Objektmethoden (Instanzmethoden) beschreiben das Verhalten eines Objekts. Ihre Deklaration befindet sich im Körper der entsprechenden Klasse (weder `static` noch `abstract`) (Kapitel 2.5).

Objektreferenz. Eine Objektreferenz ist die Form, wie ein Objekt im Programmverlauf bezeichnet und in Variablen gespeichert wird. Die Übergabe von Objekten an die formalen Parameter einer Methode geschieht ebenso als Referenz (Kapitel 2.7).

Objektvariable. Eine Objektvariable (Instanzvariable) enthält eine Komponente des Objektzustandes. Sie wird im entsprechenden Klassenkörper deklariert, existiert aber für jedes erzeugte Objekt separat. Ihre Änderung wirkt sich also nur im assoziierten, nicht jedoch in allen anderen Objekten der Klasse aus (Kapitel 2.7).

Paket. Ein Paket faßt eine Menge von Klassen und Schnittstellen unter bestimmten Gesichtspunkten zusammen. Alle Klassen, die in mit gleichen Paketdefinitionen eingeleiteten Übersetzungseinheiten deklariert sind, gehören zu einem Paket, Ihre Java-Byte-Code-Dateien befinden sich alle im selben Verzeichnis, das durch den Paketnamen festgelegt ist (Kapitel 2.3).

Permission. Das im JDK-1.2 eingeführte Konzept der Vergabe von Rechten an Code beruht auf einer Reihe von Permission-Klassen (Kapitel 5.8).

Policy. Eine Policy beschreibt die Vergabe von Rechten an Code einer bestimmten Herkunft (Kapitel 5.8).

Qualifizierter Bezeichner. Durch seine Qualifizierung kann ein im Namensraum überdeckter Bezeichner sichtbar gemacht werden. Die Qualifizierung erfolgt durch einen Paket-, einen Klassen- oder Variablennamen. Eine Besonderheit ist die Auszeichnung durch die Bezeichner `this` und `super` (Kapitel 2.12).

Referenz. Eine Referenz ist ein Bezug auf ein Objekt. Referenzen sind die Werte von Referenztypen (Klassen, Felder). Im JDK-1.2 gibt es Klassen zur Repräsentation von Referenzen (Kapitel 3.4).

RMI. Remote Method Invocation ist das von SUN selbst entwickelte Konzept zur Programmierung verteilter Softwaresysteme mit Java (im Gegensatz zu Corba). Das JDK-1.1 enthält das Paket `java.rmi` mit entsprechenden Klassen (Kapitel 5.10).

Schnittstelle. Eine Schnittstelle legt eine Menge von Methodensignaturen fest, nicht jedoch ihre Implementierung. Sie kann außerdem Konstanten enthalten. Eine Klasse implementiert die Schnittstelle, indem sie für alle Signaturen eine Implementierung bereitstellt. Sie kann dabei die Konstanten verwenden. Schnittstellen sind in Java als Konzept zur Ersetzung der Mehrfachvererbung gedacht (Kapitel 2.10).

Servlets. Ein Servlet ist ein Java-Programm, das auf einem WWW-Server arbeitet und Anfragen eines WWW-Clients beantworten kann. Es kann den Einsatz von CGI-Skripten ersetzen (Kapitel 5.15).

Signatur. Eine Signatur legt den Bezeichner sowie die Anzahl und die Typen der formalen Parameter einer Methode fest (Kapitel 2.5).

Sockets. Sockets implementieren Internet-Protokolle. Sie haben ihren Ursprung in Unix-Systemen und stehen auch im JDK-1.2 für die Kommunikation über ein Netzwerk zur Verfügung (Kapitel 5.4).

Subklasse. Eine Subklasse wird mit dem Schlüsselwort `extends` von einer anderen Klasse abgeleitet und erbt dabei deren Komponenten. Befinden sich beide Klassen im selben Paket, erbt die Subklasse alle nicht als `private` deklarierten, anderenfalls nur die als `public` oder `protected` gekennzeichneten Komponenten. Die Subklasse kann Methoden der vererbenden Klasse überschreiben und Variablen überdecken, jedoch weder eine Variable mit dem Namen einer Methode noch eine Methode mit dem Namen einer Variablen der Superklasse bezeichnen (Kapitel 2.4).

Superklasse. Eine Superklasse vererbt Komponenten an ihre Subklassen. Endgültig implementierte Klassen (`final`) können nicht als Superklasse auftreten, abstrakte müssen es (ansonsten sind sie überflüssig), da nach ihrem Muster keine Objekte erzeugt werden können (Kapitel 2.4).

Swing. Das JDK-1.2 enthält mit dem Swing-Paket eine Sammlung von neuen Elementen zur Oberflächenprogrammierung (Kapitel 5.12).

Thread. Threads beschreiben parallele Abläufe. Java bietet für dieses Konzept Sprachkonstrukte, Bibliotheksklassen und einen Scheduler im Laufzeitsystem an (Kapitel 3.6).

Toplevelklasse. Klassen, die als statische Komponenten von Klassen definiert sind, heißen Toplevelklassen. Toplevelklassen realisieren seit dem JDK-1.1 ein neues Strukturierungskonzept unterhalb der Pakete (Kapitel 2.11).

Typen der ganzen Zahlen. Teilbereiche der ganzen Zahlen sind in Java durch `byte`, `short`, `int` und `long` repräsentiert (Kapitel 2.6).

Typkonvertierung (Cast). Eine Typkonvertierung wandelt Werte eines Typs in Werte eines anderen Typs um. In Java ist das nur jeweils zwischen arithmetischen Typen bzw. zwischen Klassentypen eines Pfades in der Vererbungshierarchie möglich. Eine Typkonvertierung nach `boolean` gibt es nicht (Kapitel 2.9).

Überdeckung. Deklariert eine Subklasse eine Variable, so überdeckt sie eine eventuell vorhandene gleichnamige Variable der Superklasse. Diese hat dann immer noch einen eigenen Speicherplatz, der Wert wird durch eine Typkonvertierung in die Superklasse sichtbar (Kapitel 1.7).

Überladung. Ein Bezeichner kann mehrere Methoden einer Klasse bezeichnen. Wichtig ist nur, daß sich ihre Signaturen in den formalen Parameterlisten unterscheiden. Beim Aufruf muß der Compiler, in manchen Fällen auch der Interpreter, anhand der Typen und der Anzahl der aktuellen Parameter entscheiden, welche Methode aufzurufen ist. Die Überladung von Operatoren (wie etwa in C++) ist in Java nicht vorgesehen (Kapitel 1.7).

Überschreibung. Deklariert eine Subklasse eine Methode, so überschreibt sie eine Methode der Superklasse, wenn beide Signaturen übereinstimmen. Auch wenn ein Objekt der Subklasse mittels Typkonvertierung zu einem Objekt der Superklasse wird, führt der Methodenaufruf zur Benutzung der Methode der Subklasse. Die Methode der Superklasse ist nur noch in eigenen Objektmethoden über das Schlüsselwort `super` sichtbar.

Übersetzungseinheit. Eine Übersetzungseinheit beschreibt eine Datei (Extension `.java`), die der Java-Compiler übersetzen kann (Kapitel 2.3).

Unicode. Der Unicode-Standard definiert eine Zeichenkodierung, in der jedes Zeichen durch 16 Bit dargestellt wird.

URL. Eine URL-Adresse bezeichnet eine Informationseinheit im World Wide Web, in ihrer allgemeinsten Form durch die Angabe eines Protokolls, des Rechners (Internet-Adresse) und des Dateinamens:
`Protokoll://Adresse.des.Rechners/lokaler/Datei/name`.

Variable. Eine Variable assoziiert einen Speicherplatz mit einem Bezeichner und einem Typ (Kapitel 2.7).

Vererbung. Als Vererbung wird der Mechanismus bezeichnet, durch den eine Subklasse alle nicht privaten Komponenten einer im selben Paket enthaltenen Superklasse bzw. alle als `public` oder `protected` gekennzeichneten Komponenten einer paketfremden Superklasse automatisch übernimmt. Variablen kann die Subklasse dabei überdecken, Methoden überschreiben (Kapitel 1.7).

Zeiger. Zeiger wurden als Konzept zur direkten Manipulation des Speichers in verschiedene Programmiersprachen eingeführt. Java verzichtet auf Zeigerarithmetik und arbeitet stattdessen mit Objekt- bzw. Feldreferenzen (Kapitel 2.7).

Index

A

ActionEvent 201
Adapter 202
AdjustmentEvent 201
AdjustmentListener 215
AffineTransform 372
AllPermissions 330
Anweisung
    Ausnahmebehandlung 72
    Ausnahmeerzeugung 71
    bedingte 65
    Fallunterscheidung 66
    Fortsetzung einer 70
    Synchronisation 72
    Verlassen einer 69
    wiederholte 66
Anwendung 101
API 29
Applet
    an Servlet 400
    AppletContext 194
    die Klasse Applet 191
    Fehlersuche in 220
    hostile 223
    Netzverbindung 348
    Parameter für 190
    Rechte 331
    und Threads 223
    Unterzeichnung 326, 333
APPLET-Tag 188
Applet-Viewer 21
    Policy 332
Applikation 101

Archiv 333
Argumente 108
AudioClip 239
Ausdruck
    Bedingungs- 81
    Faktor 76
    Feldzugriff 74
    Komponentenzugriff 75
    konstanter 82
    Methodenaufruf 75
    Objekterzeugung 75
    Referenz 74
    Typkonvertierung 78
Ausgabe
    -strom 122
    DataOutputStream 118
    gefilterte 125
    OutputStream 122
    RandomAccessFile 131
    Reader 122
    ZipOutputStream 335
Ausnahme 151
    Behandlung einer 72
    Erzeugung einer 50, 71
    java.lang 154
AWT 171, 215
AWTPermission 329

B

BasicStroke 383
BeanBox 305
Beans 299
    BeanInfo 305
    Customizer 306

Eigenschaft 300
Beispiel
    Append 131
    Arguments 263
    AskDialog 270
    Attribute 287
    BookApplet 298
    BookApplication 297
    BookBeanApplet 317
    BookBeanApplication 311
    BookBeanCustomizer 306
    BookBeanFactory 304
    BookBeanViewer 301
    BookBeanViewerBeanInfo 305
    BookCorbaApplet 362
    BookCorbaApplication 363
    BookCorbaFactory 361
    BookFactory 296
    BookLocalApplet 325
    BookLocalApplication 325
    BookLocalFactory 324
    BookRMIApplet 348
    BookRMIApplication 349
    BookRMIFactory 347
    BookServletApplet 402
    BookServletApplication 403
    BookServletFactory 402
    BookSwingApplet 370
    BookSwingApplication 370
    BookSwingFactory 369
    BubbleSortAlgorithmImpl 83
    BufferedOutput 125
    BytefieldInput 116
    Calculator 176
    CalculatorApplet 210
    CGICommunication 254
    ClassHolder 87
    Clock 29
    ClockApplet 34
    ClockModel 103
    ClockModelImplWithoutThreads 155
    ClockPointerCoordinates 141
    ClockView 103
    ColorApplet 197
    ComponentsApplet 212
    ConfigClockModelImpl 109
    ConfigClockViewImpl 109
    ConfigClockViewImplApplet 190
    CopyBinaryFile 129
    CopyCharacterFile 128
    CorbaTableData 361
    DatabaseApplet 265
    DatabaseApplication 263
    DatabaseDescription 261
    DatabaseFactory 262
    DatabaseManager 260
    DatabaseViewer 260
    DatagramClient 248
    Divide 154
    DontLookAtMeApplet 193
    DoubleBufferingImageApplet 231
    DrawAnonym 92
    DrawInner 89
    DrawLocal 91
    DrawOuter 88
    EchoClient 244
    EchoClientApplet 245
    EchoServer 242
    EmbeddedCalculatorApplet 211
    EnterClockViewImplApplet 206
    EscapingClockViewImplApplet 207
    EventListenerApplet 203
    ExclusiveOrImageApplet 232
    FileInput 117, 151
    FileInputWithoutExceptions 152
    FileOutput 124
    FileSequenceInput 119
    FileViewer 384
    FileViewerApplet 390
    FileViewerApplication 389
    FilterImageApplet 233
    FontApplet 197
    GenericClockViewImpl 143
    InnerMouseMotionListenerExt 90
    InterruptClockViewImplApplet 205
    IntSortTypeImpl 82
    KeyClockViewImplApplet 209
    LineInput 120
    LinkedListSortedListModel 140

Index   431

LocalizedClock 320
LocalizedDatabaseViewer 321
LookAtMeApplet 193
MovingClockViewImplApplet 207
MulticastReceiver 251
MulticastSender 250
NullArguments 294
NullTableData 276
PartialRemovingImageApplet 229
PhantomMap 149
PipeInput 118
PointerClockViewImpl 217
PrintWilli 237
RemoteConnection 339
RemoteConnectionImpl 342, 354
RemoteDatabase.idl 350
RemoteDatabaseDriver 339
RemoteDatabaseDriverImpl 340, 352
RemoteDatabaseManager 344, 357, 399
RemoteDatabaseServer 341, 353, 392
RemoteStatement 339
RemoteStatementImpl 343, 356
ResultSetTableData 274
SecondClockViewImplApplet 195
ShowUrl 252
SimpleButton 172
SimpleCache 145
SimpleClockModelImpl 102
SimpleClockViewImpl 104
SimpleClockViewImplApplet 186
SimpleFrame 171
SimplePanel 173
SimpleSortedListModelImpl 135
SimpleTextField 175
Sort 99
SortAlgorithm 86
SortedListModel 135
SortType 86
StandardDatabaseDescription 288
StandardDatabaseFactory 266
StandardDatabaseManager 271
StandardDatabaseViewer 277
StandardTableDescription 290
Startable 107
StartableClockViewImpl 107
Starter 105
StopClockViewImpl 111
StringArrayArguments 291
StringInput 116
StringMirror 134
SwingDatabaseViewer 365
TableData 261
TableDataTableModel 368
TableDescription 261
TestSecurityAPI 326
Text2D 371
TickTack 157
TickTackGroup 163
TickTackJoin 169
TickTackRunnable 161
TickTackSynchronized 167
TickTackWithPriority 166
Unzip 336
URLArguments 292
VectorSortedListModelImpl 137
VeronikaApplet 239
ViewerBundle 323
ViewerBundle_de 323
ViewerBundle_en 324
ViewerBundle_en_US 324
WeakMap 147
Zip 335
Bezeichner 93
  Wahl eines 97
Bild
  -manipulation 233
  DoubleBuffering 231
  Erzeugen eines 235
  Exclusiv-Oder 232
  Filter 235
  Flackern 228
  in einem Programm 237
  Selektives Löschen 229
Block 61
boolean 54
BorderFactory 367
BorderLayout 174

break-Anweisung 69
Button 172
byte 54

C
Canvas 219
CardLayout 174
CD-ROM 405
CGI-Skript 185, 253
  Get 255
  Post 255
char 54
Checkbox 215
CheckboxGroup 215
Choice 216
CLASSPATH 17
CodeSource 330
Collections 139
Color 178, 197
Compiler 18
Component 196
ComponentEvent 201
ComponentListener 376
Composite 371
Container 198
ContainerEvent 201
continue-Anweisung 70
Controller 364
Corba 350
  Client 358
  Server 353
  Start 363
CropImageFilter 233, 235
Cursor 213
Customizer 306

D
Dämon 170
DataFlavor 385
Datagram-Sockets 248
Datenbank
  Abfrage 258, 273
  Ergebnisse 258, 275
  Treiber 257
  Verbindungsaufbau 258, 273
Datenstrom 111

Debugger 182
  Kommandos 183
Dekrement 63
Design Pattern 407
do-while-Anweisung 67
double 55
Double Buffering 231, 377
Drag & Drop 384
Drehen 381
DropTarget 386
Drucken 237

E
EBNF 39
Eingabe
  -strom 112
  gefilterte 121
  InputStream 113
  RandomAccessFile 131
  Reader 114
  Standard- 111
  ZipInputStream 336
Entwurfsmuster 407
  Abstract Factory 262
  Factory Method 266
  Mediator 262
  Null Object 267, 276
  Observer 366
  Singleton 267, 276
  Strategy 407
Ereignis 200
  Adapter 202
  isMetaDown() 207
  Listener 201
  Quelle 202
Error 152
Event 200
Exception 152

F
Feld 56
  Zugriff 74
File 124, 128, 129
  RandomAccessFile 131
FileDialog 313

FilePermission 329
FilteredImageSource 235
finalize 137
finally 144, 155
Flackern 229
float 55
FlowLayout 174
FocusEvent 201
FocusListener 204
Font 197
for-Anweisung 68
Frame 171
Füllstil 382
Funktion
   mathematische 140

G
Geometrische Figuren 372
GradientPaint 382
Grafik
   2D 370
   Drehen 381
   Shear-Transformation 381
   Skalieren 379
   Verschieben 379
Graphics 228
Graphics2D 371
GridBagLayout 174
GridLayout 174
GUI 215

H
HashMap 145
Hashtable 291
Hat 26
Hintergrundbild 378
HTML 188
HttpServlet 393
HttpServletRequest 394
HttpServletResponse 394

I
IDL 350
idltojava 351
if-Anweisung 65
Import 44

Inkrement 63
InputEvent 201
InputStream 113
   BufferedInputStream 122
   ByteArrayInputStream 116
   DataInputStream 118, 121
   FileInputStream 117, 129, 131
   PipedInputStream 118, 125
   PushbackInputStream 122
   SequenceInputStream 119
int 54
Interface 47
Internationalisierung 319
Interpreter 19
Ist 26
ItemEvent 201
Iterator 140

J
JApplet 390
jar 333
jarsigner 333
java 19
java.awt 171
java.sql 257
Java2D 370
javac 18
javax 393
javax.swing 225
jdb 182, 220
JDBC 257
JFC 364
JFrame 389
JPanel 366
JScrollPane 367, 385
JTabbedPane 365
JTable 365
   Modell 368
Just-In-Time-Compiler 19

K
KeyEvent 201
KeyListener 204, 374
keytool 333
Klasse 25, 46
   anonyme Klasse 92

Deklaration einer 46
Initialisierung einer 47
innere Klasse 88
java.applet.Applet 191
java.applet.AppletContext 194
java.awt.Component 196
java.awt.Container 198
java.io.InputStream 113
java.io.OutputStrem 122
java.io.Reader 114
java.io.Writer 123
java.lang.Class 142
java.lang.Math 140
java.lang.String 132
java.lang.StringBuffer 134
java.lang.Thread 158
java.lang.ThreadGroup 162
java.lang.Throwable 153
java.net.ServerSocket 241
java.net.Socket 242
java.net.URL 252
java.util.Vector 138
Körper einer 47
Komponenten einer 47
lokale Klasse 91
Toplevelklasse 87
Klassenbibliothek 29
Kommandozeile 108
Kommentar 41
Kommunikation
  Corba 350
  mit einem CGI-Skript 253
  mit einem URL-Objekt 252
  mit Servlets 391
  Multicast 249
  RMI 338
  über TCP 241
  über UDP 248
  zwischen Applets 195
Komponente 299
Komponentenbeziehung 26
Komprimierung 335
Konstante 57
Konstruktor 28, 51
  der Superklasse 366

Körper eines 52
Koordinaten
  Device Space 372
  Transformation 372
  Umrechnung 374
  User Space 372
Kritischer Bereich 167

L
Label 216
Laden einer Klasse 106
Layout 174
  BorderLayout 174
  CardLayout 174, 284
  FlowLayout 174
  GridBagLayout 174
  GridLayout 174
Linienstärke 382
Linienstil 382
LinkedList 139
List 139, 216
Liste
  dynamische 135
Listener 201
  Aktivierung 203
  als anonyme Klasse 206
  als innere Klasse 213
  ComponentListener 376
  FocusListener 204
  in der Klasse selbst 203
  ItemListener 282
  KeyListener 204
  MouseListener 205
  MouseMotionListener 205
Literal 73
Locale 319
long 54

M
main 101
Map 140
Maus
  Taste 207
MediaTracker 228
Menu 216, 313
MenuBar 216, 313

MenuItem 313
MenuShortcut 313
Methode
    abstrakte 49
    Aufruf einer 64, 75
    Deklaration einer 49
    finale 49
    Implementierung einer 51
    Körper einer 51
    private 49
    Rücksprung aus einer 71
    Schnittstellen- 85
    Signatur einer 50
    statische 49
    synchronisierte 49
    Überladen einer 28
Modell 102, 364
Monitor 167
MouseEvent 201
MouseListener 205, 374
MouseMotionListener 205
Multicast-Sockets 249

N
Namensdienst
    abfragen 359
    anmelden 354
    referenzieren 359
Namensraum 95
Naming 345
NetPermission 329

O
ObjectInputStream 393
ObjectOutputStream 393
Objekt 25
    Erzeugung eines 28, 65, 75
    Serialization 302, 316
Operator 76
    Zuweisung 62
ORB
    Initialisierung 358
OutputStream 122
    BufferedOutputStream 125
    ByteArrayOutput 125
    DataOutputStream 125

FileOutputStream 124, 129
PipedOutputStream 118, 125
PrintStream 128

P
paint 227
Paint 371
Paket 43
    java.applet 225
    java.awt 225
    java.awt.datatransfer 225
    java.awt.dnd 225
    java.awt.event 225
    java.awt.geom 225
    java.awt.image 226
    java.beans 226
    java.io 226
    java.lang 226
    java.lang.ref 226
    java.lang.reflect 226
    java.math 226
    java.net 226
    java.rmi 226
    java.security 226
    java.sql 226
    java.text 227
    java.util 227
    java.util.zip 227
    org.omg.CORBA 227
Panel 173
PARAM-Tag 190
Permissions 329
Phantomreferenz 149
Policy 328
    -Datei 330
PopupMenu 318
Post 394
Printjob 238
PropertyPermission 329

Q
Quelltextdatei 43

R
Rahmen 171
Reader 114

BufferedReader 116, 119, 128
FileReader 120, 128
InputStreamReader 119
LineNumberReader 120
StringReader 116
ReferenceQueue 147
Referenz 74, 144
ReflectPermission 329
Remote 339
repaint 227
ResourceBundle 321
    Namen 323
    Suche 322
return-Anweisung 71
RMI 339
    Client 344
    Naming 345
    SecurityManager 345
    Server 340
    Start 349
    Stubs 344
rmic 344
rmiregistry 349
RuntimePermission 329

S
Sandbox 328
Schlüssel 327
Schlüsseldatei 333
Schnittstelle 27, 47
    Deklaration einer 84
    java.util.Enumeration 138
    Körper einer 84
    Komponenten einer 84
    Methoden einer 85
Scrollbar 216
Scrollpane 217
Security 326
SecurityPermission 329
SerializablePermission 330
Serialization 302, 316
ServerSocket 241
Servlet
    Nachricht an ein 400
    URL 399

servletrunner 398
Servlets 391
Session 392
Set 140
Shape 371
Shear-Transformation 381
short 54
Sichtbarkeit 97
Signierung 327, 333
Sitzung 392
Skalieren 379
Socket 242
SocketPermission 329
Sockets 240
Softreferenz 145
Softwarekomponente 299
Sound 239
SQL 257
Standarderweiterung 393
Standardtyp 54
String 132
StringBuffer 134
Stroke 371
super 98
Swing 364
switch-Anweisung 66
synchronized 395
synchronized-Anweisung 72, 167

T
TableModel 366
TCP 241
TextArea 216
TextEvent 201
TextField 175, 216
this 98
Thread
    Dämon 170
    Definition 157
    die Klasse Thread 158
    die Schnittstelle Runnable 161
    Gruppen von 162
    Priorität eines 165
    Scheduling 165
    stop() 164

Synchronisation 72, 167, 393
synchronisierter 49
Zustände eines 164
throw 153
throw-Anweisung 71
Throwable 153
tnameserv 363
Toolkit 237
Tooltip 385
Transferable 385
Transformation
   Drehen 381
   Invertieren 383
   Shear 381
   Skalieren 379
   Verschieben 379
transient 302
try-catch-Anweisung 72
Typ 54
   Konvertierung 78
   Standard- 54
   zur Laufzeit 56

U
UDP 248
Übersetzung
   Applet-Viewer 21
   Compiler 18
   Interpreter 19
   Just-In-Time 19

Unicode 40
Unterzeichnung 327, 333
Unzip 336
update 227
URL 252, 399
URLConnection 255, 400

V
Variable
   Instanz- 57
   Klassen- 57
   lokale 58
   Schnittstellen- 85
Vererbung 26
   Mehrfach- 27
Verschieben 379
View 102, 364

W
Weakreferenz 147
while-Anweisung 66
WindowEvent 201
Writer 123
   FileWriter 128
   PrintWriter 124, 128

Z
Zeichenkette 132
Zip 335
Zuweisung 62

Klassenindex

javax.swing
BorderFactory 365
JApplet 390
JFrame 389
JPanel 365
JScrollPane 365, 384
JTabbedPane 365
JTable 365
JTextArea 384

javax.swing.event
TableModelEvent 368

javax.swing.table
AbstractTableModel 368

java.applet
Applet 34, 186, 193, 193, 197, 197, 203, 210, 211, 212, 229, 231, 233, 239, 245, 265, 371
AppletContext 239
AudioClip 239

java.awt
AWTEvent 317
BasicStroke 371
BorderLayout 176, 212, 237, 270, 277, 306, 365, 390, 389
Button 172, 173, 175, 176, 237, 245, 277, 306
Canvas 217, 237
CardLayout 277
Checkbox 212, 277, 306
CheckboxGroup 212
Choice 212
Color 176, 197, 232, 371
Component 311, 317
Container 277
Cursor 212, 390, 389
Dialog 270
Dimension 88, 89, 91, 92, 217, 231, 237, 306, 365, 371, 389
FileDialog 311
FlowLayout 173, 175, 245
Font 197, 384
FontMetrics 371
Frame 88, 89, 91, 92, 171, 172, 173, 175, 176, 210, 237, 263, 270, 311, 317
GradientPaint 371
Graphics 34, 88, 89, 90, 91, 92, 186, 190, 195, 197, 197, 203, 217, 229, 231, 232, 233, 237, 371
Graphics2D 371
GridLayout 176, 212, 245, 277, 306
Image 229, 231, 233, 237, 371
Label 212, 245, 270, 277, 306
List 212
MediaTracker 229, 231, 233, 237
Menu 311
MenuBar 311
MenuItem 311, 317
MenuShortcut 311
Paint 371
Panel 173, 175, 176, 212, 245, 263, 265, 277, 306, 365
Point 195, 207, 207
PopupMenu 317

PrintJob 237
Rectangle 233
ScrollPane 212
Scrollbar 212
Stroke 371
TextArea 212, 277
TextField 175, 176, 245, 270, 277, 287, 306
Toolkit 237, 389

java.awt.datatransfer
DataFlavor 384
Transferable 384

java.awt.dnd
DnDConstants 384
DropTarget 384
DropTargetDragEvent 384
DropTargetDropEvent 384
DropTargetEvent 384
DropTargetListener 384

java.awt.event
ActionEvent 172, 173, 175, 176, 212, 237, 245, 270, 277, 306, 311, 317
ActionListener 172, 173, 175, 176, 212, 237, 245, 270, 277, 306, 311, 317
AdjustmentEvent 212
AdjustmentListener 212
ComponentAdapter 371
ComponentEvent 371
FocusEvent 203, 212
FocusListener 203
ItemEvent 212, 277, 306
ItemListener 212, 277, 306
KeyAdapter 209, 371
KeyEvent 203, 209, 311, 306, 371
KeyListener 203
MouseAdapter 205, 206, 207, 212, 371
MouseEvent 88, 89, 90, 91, 92, 203, 205, 206, 207, 207, 212, 229, 231, 232, 233, 317, 371
MouseListener 203, 233
MouseMotionAdapter 88, 89, 91, 92, 207, 207, 371

MouseMotionListener 203, 229, 231, 233
TextEvent 175
TextListener 175
WindowAdapter 171, 172, 173, 175, 176, 210, 237, 263, 270, 311, 317, 389
WindowEvent 171, 172, 173, 175, 176, 210, 237, 263, 270, 311, 317, 389

java.awt.geom
AffineTransform 371
NoninvertibleTransformException 371
Point2D 371

java.awt.image
CropImageFilter 233
FilteredImageSource 233

java.beans
BeanDescriptor 305
Customizer 306, 317
Introspector 311, 317
PropertyChangeListener 306
PropertyChangeSupport 306
SimpleBeanInfo 305

java.io
BufferedOutputStream 125
BufferedReader 116, 119, 128, 242, 244, 245, 252, 254, 292, 384
ByteArrayInputStream 116
DataInputStream 118
DataOutputStream 118
File 124, 128, 129, 131, 152, 292, 311, 335, 336, 384
FileInputStream 117, 119, 129, 131, 151, 152, 304, 311, 335, 336, 384
FileNotFoundException 117, 119, 120, 151, 152
FileOutputStream 124, 129, 311, 335, 336
FileReader 120, 128
FileWriter 128
FilenameFilter 311

Klassenindex

IOException 111, 116, 117, 120, 125, 151, 152, 242, 244, 245, 252, 292, 301, 335, 336, 392
InputStream 125
InputStreamReader 119, 242, 244, 245, 252, 254, 292, 384
LineNumberReader 120
ObjectInput 304, 311
ObjectInputStream 301, 304, 311, 392, 399
ObjectOutput 311
ObjectOutputStream 301, 311, 392, 399
OutputStream 125
OutputStreamWriter 242, 244, 245, 254
PipedInputStream 118, 125
PipedOutputStream 125
PrintWriter 124, 128, 242, 244, 245, 254
RandomAccessFile 131
SequenceInputStream 119
Serializable 260, 260, 261, 261, 261 287
StringReader 116

java.lang
Boolean 105,
Class 105, 143, 271, 311, 317, 340, 352, 368, 392
Integer 135, 137, 140, 141, 145, 197, 248
Long 399
Runtime 105, 128, 129, 131, 171, 172, 173, 175, 176, 237, 335, 336, 344, 357 399,
String 29, 34, 82, 86, 102, 103, 107, 109, 119, 120, 128, 134, 135, 135, 137, 141, 155, 157, 161, 166, 167, 169, 176, 209, 242, 244, 245, 248, 250, 251, 252, 254, 260, 260, 261, 261, 261, 262, 263, 265, 266, 270, 271, 274, 276, 277, 287, 288, 290, 291, 292, 294, 296, 301, 304, 311, 324, 326, 339, 343, 344, 347, 348, 356, 357, 361, 361, 362, 365, 368, 369, 371, 384, 392, 399, 402
StringBuffer 109, 134, 135, 137, 277

System 29, 34, 83, 87, 90, 99, 104, 105, 107, 111, 116, 116, 117, 118, 119, 120, 125, 128, 129, 131, 135, 143, 145, 147, 149, 151, 152, 154, 157, 161, 163, 166, 167, 169, 193, 193, 203, 229, 231, 233, 237, 239, 242, 244, 248, 250, 251, 252, 254, 263, 266, 271, 277, 292, 304, 311, 317, 320, 326, 335, 336, 340, 341, 344, 352, 357, 353, 365, 368, 384, 392, 399
Thread 29, 34, 102, 125, 157, 161, 163, 166, 167, 169, 242, 320
ThreadGroup 163
Throwable 135

java.lang.ref
PhantomReference 149
Reference 147, 149
ReferenceQueue 149
SoftReference 145
WeakReference 147

java.lang.reflect
Constructor 143
InvocationTargetException 143

java.net
DatagramPacket 248, 250, 251
DatagramSocket 248
InetAddress 248, 250, 251
MalformedURLException 229, 231, 233, 239, 252, 341, 344
MulticastSocket 250, 251
ServerSocket 242
Socket 242, 244, 245
URL 193, 193, 229, 231, 233, 239, 252, 254, 292 399,
URLConnection 254, 399
UnknownHostException 244, 245

java.rmi
Naming 341, 344
NotBoundException 344
RMISecurityManager 344
Remote 339, 339, 339

RemoteException 339, 339, 339, 340,
    341, 342, 343, 344

java.rmi.server
UnicastRemoteObject 340, 342, 343

java.security
InvalidKeyException 326
KeyPair 326
KeyPairGenerator 326
NoSuchAlgorithmException 326
PrivateKey 326
PublicKey 326
SecureRandom 326
Signature 326
SignatureException 326

java.sql
Connection 271, 342, 354, 392
DriverManager 271, 340, 352, 392
ResultSet 271, 274, 343, 356, 392
ResultSetMetaData 274, 343, 356
SQLException 339, 339, 342, 343, 344
Statement 271, 343, 356, 392

java.text
DateFormat 320

java.util
Calendar 29, 34, 102, 155
Date 29, 34, 102, 109, 155, 320
Enumeration 119
HashMap 145, 147, 149
Hashtable 291, 292, 392
Iterator 384, 392

LinkedList 140
List 384
ListResourceBundle 323
Locale 320, 321
Properties 271, 340, 352, 392,
ResourceBundle 321
StringTokenizer 292
TimeZone 29, 34, 102, 155
Vector 137, 261, 274, 277, 290, 292, 296,
    301, 306, 343, 356

java.util.zip
ZipEntry 335, 336
ZipException 336
ZipInputStream 336
ZipOutputStream 335

javax.servlet
ServletConfig 392
ServletException 392

javax.servlet.http
HttpServlet 392
HttpServletRequest 392
HttpServletResponse 392

org.omg.CORBA
ORB 352, 353, 354, 357
Object 357

org.omg.CosNaming
NameComponent 357
NamingContext 357
NamingContextHelper 357

L

Literaturverzeichnis

[CF88]   Matthias Clauß, Günther Fischer. *Programmieren mit C*. VEB Verlag Technik Berlin, 1988.

[DS90]   Stephen C. Dewhurst, Kathy S. Stark. *Programmieren in C++*. Carl Hanser und Prentice-Hall International, München, 1990.

[GHJV95] Erich Gamma, Richard Helm, Ralph Johnson, John Vlissides. *Design Patterns*. Addison-Wesley, Reading, MA, 1995.

[GG95]   James Gosling, Henry McGilton. *The Java Language Environment - A White Paper*. Sun Microsystems, Mountain View, CA, 1995.

[JR96]   Jens-Peter Redlich. *Corba 2.0*. Addison-Wesley, Bonn, 1996.

[Sau94]   Hermann Sauer. *Relationale Datenbanken*. Addison-Wesley, Bonn, 1994.

[Java95] *The Java Language Specification*. Sun Microsystems, Mountain View, CA, 1995.

[Str91]   Bjarne Stroustrup. *The C++ Programming Language*. Addison-Wesley, Reading, MA, 1991, Second Edition.

[Str94]   Bjarne Stroustrup. *The Design and Evolution of C++*. Addison-Wesley, Reading, MA, 1994.

Der Einstieg in professionelle Java™-Entwicklung

Das Magazin für professionelle Java-Entwicklung

Das Java Magazin, jede Ausgabe mit CD

Das *Java Magazin* informiert Sie über einen rasant sich entwickelnden und faszinierenden Markt und hilft Ihnen mit praxisorientierten Tips und Tricks bei der Realisierung Ihrer Projekte weiter. Ähnlich wie beim „Schwestermagazin" *Der Entwickler* sind unsere Autoren professionelle Software-Entwickler, die Sie über die mächtigen Java™-Entwicklungsmöglichkeiten auf dem Laufenden halten.

Wir berichten über alles, was für die Java™-Welt relevant ist

Grundlagen, Workshops, Tips & Tricks, Produktinformationen, Add-Ons, Java™ und Datenbankanbindung, sowie alle Entwicklungen rund um Java™ als Betriebssystem und speziell dafür konzipierte Hardware.
Alles Wichtige für Java™ aus der übrigen Welt der Software-Entwicklung.

Wir behandeln unter anderem folgende Entwicklungstools

Entwicklungstools Borland JBuilder, IBM Visual Age for Java, Microsoft Visual J++, Sybase PowerJ und Symantec Visual Café.

Die CD

Die CD beinhaltet alle Quellcodes und Beispielanwendungen zu den Artikeln, sowie Applets, Komponenten, SDK´s, Testversionen, Shareware, Betaversionen, Patches und vieles mehr . . .

JETZT TESTEN!

3 Ausgaben zum Vorzugspreis von nur 30,- DM statt 47,40 DM im Einzelverkauf.

Bestellcoupon

❏ Ja, ich möchte im **Test-Abo** drei Ausgaben des *Java Magazins* mit CD-Rom zum Vorzugspreis von 30,- DM beziehen. Das Test-Abo endet automatisch nach Erhalt der dritten Ausgabe.

❏ Nach Ablauf des Test-Abos möchte ich das *Java Magazin* im regulären Abonnement weiter beziehen.
Das Abonnement gilt zunächst für ein Jahr und verlängert sich automatisch um ein weiteres, wenn es nicht sechs Wochen vor Ablauf des Bezugszeitraumes gekündigt wird.

❏ Ja, ich bin an einer Java-Schulung interessiert. Bitte senden Sie mir Schulungsunterlagen zu.

Firma
Name, Vorname
Straße, Hausnummer
PLZ/ Ort
Telefon/ fax

Software & Support Verlag GmbH
Gartenstr. 6
60594 Frankfurt
Tel: 069-61 31 30 Fax: 069-61 33 60
Internet: http://www.javamagazin.com

Ich bezahle den Preis von
❏ DM 30,- für das Test-Abo incl. CD
❏ DM 85,- für das Jahres-Abo incl. CD
❏ DM 75,- für Studenten (Studienbescheinigung!)
❏ DM 105,- im europ. Ausland

❏ per Bankeinzug

Kreditinstitut:
BLZ:
Konto Nr.:

❏ Visa   ❏ American Express   ❏ Eurocard

KartenNr:
gültig bis:

❏ nach Erhalt der Rechnung

Datum, 1.Unterschrift:

Ich weiß, daß ich diese Vereinbarung innerhalb einer Woche widerrufen kann. Zur Wahrung der Frist genügt die rechtzeitige Absendung des Widerrufs an die obenstehende Adresse.
Ich bestätige die Kenntnisnahme durch meine

2. Unterschrift:

THE SIGN OF EXCELLENCE

JFC 1.1 mit Swing 1.0

Ein Tutorial für die Gestaltung
grafischer Benutzeroberflächen

André Meyer

In diesem Buch werden die Grundlagen, die Konzepte und die Implementierung von Benutzerschnittstellen mit Hilfe der Java Foundation Classes und der Swing-Komponenten erklärt und an Beispielen demonstriert. Der Aufbau der Klassenbibliothek wird dargelegt. Ebenso wird auf die Bedeutung der einzelnen Benutzerschnittstellen-Komponenten sowie deren Gestaltung und Verwendung hingewiesen. Abschließend wird eine vollständige illustrierte Referenz zu Swing 1.0 zur Verfügung gestellt, die bei der Implementierung eigener Anwendungen einen schnellen Überblick bietet.

528 S., 1. Auflage 1998, geb.
DEM 79,90, ATS 583, CHF 73,00
ISBN 3-8273-1384-8

THE SIGN OF EXCELLENCE

Entwurfsmuster

Elemente wiederverwendbarer
objektorientierter Software

Erich Gamma
Richard Helm
Ralph Johnson
John Vlissides

Die Autoren formulieren in diesem Buch 23 Entwurfsmuster, benennen und beschreiben sie und erläutern ihre Verwendung. Diese Entwurfsmuster bieten dem Programmierer einfache und prägnante Lösungen für sich häufig stellende Programmieraufgaben. Sie erlauben die Wiederverwendung bewährter Lösungsstrategien und ermöglichen die Verständigung über die eigene Arbeit.
Übersetzung aus dem Amerikanischen von Dirk Riehle.
Das Buch wurde mit dem „Software Productivity Award" ausgezeichnet.
**448 S., 1. Auflage 1996, geb., Großformat
DEM 79,90, ATS 583, CHF 73,00
ISBN 3-89319-950-0**

THE SIGN OF EXCELLENCE

UML konzentriert

Die neue Standard-
Objektmodellierungssprache
anwenden

**Martin Fowler
Kendall Scott**

Das Buch bietet eine konzentrierte Einführung in UML. Die wesentlichen Elemente der UML-Notation, der Semantik und der Verfahren werden überblicksartig und konzis erklärt. Das Buch enthält auch einen Einblick in die Geschichte, die Entwicklung und die Entwurfsentscheidungen von UML sowie Erörterungen zur Integration von UML in den objektorientierten Entwicklungsprozeß. Einen Eindruck in die konkrete Benutzung von UML gewinnt der Leser durch die im Buch enthaltenen Java-Programmierbeispiele, die die Implementierung eines UML-basierten Entwurfs skizzieren.

**192 S., 1. Auflage 1998, geb.,
DEM 59,90, ATS 437, CHF 53,00
ISBN 3-8273-1329-5**